शिक्षा मनोविज्ञान

शिक्षा मनोविज्ञान
EDUCATIONAL PSYCHOLOGY

जे. सी. अग्रवाल

SHIPRA

ISBN : 978-81-7541-485-3

First Published in India in 2009

शिक्षा मनोविज्ञान

Educational Psychology

Published by :
SHIPRA PUBLICATIONS
115-A, Vikas Marg, Shakarpur, Delhi-110092 (India)
Tel. : 91-11-65277210, 22500954, Fax : 91-11-22458662
Email : info@shiprapublications.com
www.shiprapublications.com

प्राक्कथन

प्रस्तुत पुस्तक विभिन्न राज्यों के 'शिक्षा के डिप्लोमा' पाठ्यक्रम के सन्दर्भ में लिखी गयी है। पुस्तक में सामग्री देने समय इस बात पर विशेष बल दिया गया है कि छात्र अच्छे में अच्छे ग्रेड/अंक प्राप्त कर सकते हैं अतः पुस्तक 'छात्र केन्द्रित' तथा 'परीक्षा केन्द्रित' है। साथ ही इस बात पर भी पूर्ण ध्यान देने का प्रयास रहा है कि इसके गहन अध्ययन से छात्र मनोविज्ञान के सिद्धान्तों को व्यावहारिक रूप प्रदान कर सकें।

पाठ्यक्रम में दिए गए प्रत्येक विषय पर पुस्तकें लिखी गई हैं परन्तु प्रस्तुत पुस्तक में विषय से सम्बन्धित आधारभूत तथा महत्त्वपूर्ण सामग्री को ही सरल भाषा में दिया गया है। पाठ्यसामग्री का विश्लेषण मनोविज्ञान तथा वैज्ञानिक है।

तकनीकी पदों को आवश्यकतानुसार हिन्दी तथा अंग्रेजी दोनों में रखा गया है।

इस पुस्तक के कुल 30 अध्याय हैं जो चार इकाइयों में निम्न प्रकार से विभाजित किए गए हैं।

इकाई संख्या	विषय	अध्यायों की संख्या
I.	शिक्षा में मनोविज्ञान की प्रकृति, कार्य तथा विधियां	8
II.	अधिगमकर्ता की वृद्धि तथा विकास	11
III.	व्यक्तित्व विकास तथा समायोजन	4
IV.	अधिगमकर्तों (सीखने वाले) में व्यक्तिगत विभिन्नताएँ	7

लेखक उन सभी प्रकाशकों तथा लेखकों का आभारी है जिनके प्रकाशनों से यह पुस्तक लिखने में सहायता ली गई।

जे.सी. अग्रवाल

विषय सूची

इकाई II
अधिगमकर्त्ता की वृद्धि तथा विकास
Growth and Development of the Learner

इकाई IV

अधिगमकर्त्ताओं (सीखने वाले) में व्यक्तिगत भिन्नताएँ
Individual Differences among Learners

पुस्तक के बारे में

प्रस्तुत पुस्तक में छात्रों के सर्वांगीण विकास में शिक्षा मनोविज्ञान की भूमिका को सरल तथा व्यावहारिक ढंग से प्रस्तुत किया गया है। छात्रों के व्यक्तित्व के विकास में विभिन्नताओं के महत्त्व को उजागर किया गया है। विभिन्न अवस्थाओं पर किस प्रकार की विशेषताएँ होती हैं। विभिन्न अवस्थाओं पर किस प्रकार की विशेषताएँ होती हैं तथा उनका निराकरण कैसे किया जाता है, आदि प्रकरणों को स्पष्ट किया गया है।

अधिगम, बुद्धि तथा व्यक्तित्व सम्बन्धी नवीनतम पाठ्य सामग्री का पुस्तक में समावेश किया गया है।

व्यक्तित्व के संतुलित विकास में घर तथा स्कूल को प्रभावी बनाने के ठोस सुझाव दिए गए हैं।

इकाई I

शिक्षा में मनोविज्ञान की प्रकृति, कार्य तथा विधियां

NATURE, ROLE AND METHODS OF PSYCHOLOGY IN EDUCATION

1

शिक्षा मनोविज्ञान का अर्थ तथा प्रकृति
(Meaning and Nature of Educational Psychology)

1.1 शिक्षा मनोविज्ञान का अर्थ
(Meaning of Educationl Psychology)

शिक्षा मनोविज्ञान शिक्षा की समस्याओं का विवेचन, अन्वेषण तथा विश्लेषण शिक्षा ग्रहण करने में छात्रों के व्यवहार का विभिन्न परिस्थितियों में अध्ययन करता है ताकि छात्र अपने व्यक्तित्व का सर्वांगीण विकास कर सकें। शिक्षा मनोविज्ञान छात्रों के उचित व्यवहार के लिए प्रभावी वातावरण निर्माण करने का अध्ययन करता है। इसका विशेष संबंध निम्न तत्वों से होता है:

1. छात्रों के व्यवहार सम्बन्धी उनकी जन्मजात क्षमताएँ, मूल प्रवृत्तियाँ आदि।
2. सीखने की विधियाँ आदि।
3. छात्रों की व्यक्तिगत विभिन्नताएँ तथा उनके विकास के नियम तथा विधियाँ।

संक्षेप में शिक्षा मनोविज्ञान का अर्थ उस विज्ञान से है जो छात्रों की प्रवृतियों, क्षमताओं तथा विशेषताओं का शैक्षिक वातावरण अध्ययन करता है तथा उनके व्यवहार में वांछित परिवर्तन लाने का प्रयास करता है। शिक्षा मनोविज्ञान शिक्षा प्रक्रिया को उन्नत बनाने में हमारी सहायता करता है।

शिक्षा मनोविज्ञान की परिभाषा
(Definition of Educational Psychology)

शिक्षा मनोविज्ञान सम्बन्धी कुछ प्रसिद्ध परिभाषाएँ निम्नलिखित हैं जोकि इसके विभिन्न पक्षों को दर्शाती हैं:

1. *क्रो एवं क्रो* (Crow and Crow) के अनुसार, ''शिक्षा मनोविज्ञान जन्म से लेकर वृद्धावस्था तक व्यक्ति के सभी सीखने सम्बन्धी अनुभवों का वर्णन और व्याख्या करता है।''

2. *कालस्निक* (Kolesnik) का कहना है, ''शिक्षा के क्षेत्र में मनोविज्ञान के सिद्धान्तों तथा उसकी उपलब्धियों को प्रयोग में लाना ही शिक्षा का मनोविज्ञान है।''

3. जूड (Judd) के विचार में, ''शिक्षा मनोविज्ञान वह विज्ञान है जो किसी व्यक्ति में होने वाले उन परिवर्तनों की व्याख्या तथा वर्णन करता है जो उसमें विकास की विभिन्न अवस्थाओं में से गुजरते समय होते हैं।''

4. *चार्ल्स ई. स्किनर* (C.E. Skinner) के अनुसार, ''मनोविज्ञान की वह शाखा जिसका सम्बन्ध शिक्षण अधिगम से है, उसे शिक्षा मनोविज्ञान कहते हैं।''

5. *वाल्टर्स बी.* (Walter B.) का कहना है कि ''शिक्षा मनोविज्ञान उन तथ्यों तथा सिद्धान्तों का अध्ययन है जो शिक्षा की प्रक्रिया की व्याख्या करने तथा उसको उन्नत बनाने में हमारी सहायता करता है।''

6. *स्टेफन* (Stephen) के शब्दों में, ''शिक्षा मनोविज्ञान शैक्षिक अभिवृद्धि तथा विकास का क्रमबद्ध अध्ययन है।''

7. *पील* (Peel) के विचार में, ''शिक्षा मनोविज्ञान वह विज्ञान है जो अध्यापक की इस बात की सहायता करता है कि वह अपने विद्यार्थियों के विकास, उनकी क्षमताओं के क्षेत्र, उनके सीखने की प्रक्रिया तथा उनके सामाजिक सम्बन्धों को समझ सके।''

8. *टेलकोर्ड* (Telcord) ने लिखा है, ''शिक्षा मनोविज्ञान का सम्बन्ध मुख्यत: सीखने से है। यह मनोविज्ञान की वह शाखा है जिसका बुनियादी सम्बन्ध शिक्षा के मनोवैज्ञानिक पक्षों की वैज्ञानिक खोज करना है।''

9. *ट्रो* (Trow) का कहना है, ''शिक्षा मनोविज्ञान शैक्षिक परिस्थितियों में मनोवैज्ञानिक पक्ष का अध्ययन है।

उपसंहार: ऊपर दी गई शिक्षा मनोविज्ञान की परिभाषाओं के आधार पर कहा जा सकता है कि शिक्षा मनोविज्ञान अधिगम परिस्थितियों में छात्र एवं अधिगम प्रक्रिया से संबोधित है तथा शिक्षण वांछित व्यवहार परिवर्तन लाने में सहायता देता है। यह छात्रों को अपने आप से तथा समाज से उचित तारतम्य स्थापित करने में मार्गदर्शन करता है।

1.2 शिक्षा मनोविज्ञान के उद्देश्य (Objectives of Educational Psychology)

शिक्षा मनोविज्ञान के उद्देश्यों का वर्गीकरण
(Classifcation of Objectives of Educational psychology)

(1) सामान्य उद्देश्य (General Objectives)

(2) विशिष्ट उद्देश्य (Specific Objectives)

शिक्षा मनोविज्ञान का सामान्य उद्देश्य (General Objectives of Educational Psychology): प्रसिद्ध लेखक जी.एल. एण्डरसन (G. L. Anderson) ने शिक्षा मनोविज्ञान के सामान्य उद्देश्य इस प्रकार दर्शाएँ हैं, ''शिक्षा मनोविज्ञान का सामान्य उद्देश्य व्यवस्थित (संगठित) तथ्यों तथा सामान्य सिद्धान्तों का संग्रह प्रदान करना है जिसकी सहायता से अध्यापक अधिक से अधिक सांस्कृतिक तथा वृत्तिक (व्यावसायिक) उद्देश्यों की प्राप्ति कर सके।''

शिक्षा मनोविज्ञान के विशिष्ट उद्देश्य (Specific Objectives of Educational Psychology): शिक्षा मनोविज्ञान के विशिष्ट उद्देश्य इस प्रकार हैं:

1. अध्यापकों को छात्र के स्वभाव की जानकारी देना।

2. अध्यापकों को इस बात से परिचित कराना कि छात्रों के सामाजिक व्यवहार को कहाँ तक सुधारा जा सकता है।
3. छात्रों को इस बात की जानकारी कराना कि उनको व्यक्तिगत समायोजन में कहाँ तक सहायता दी जा सकती है।
4. छात्रों को अपने वातावरण से समायोजन करने में सहायता देना।
5. छात्रों की वृद्धि तथा विकास का ज्ञान कराना।
6. अध्यापकों को इस बात से परिचित कराना कि प्रत्येक छात्र किस सीमा तक सीख सकता है।
7. शिक्षा के स्वरूप तथा प्रयोजनों से अध्यापकों तथा अन्य सम्बन्धित वर्गों को परिचित कराना।
8. छात्रों के प्रति सहानुभूतिपूर्ण तथा निष्पक्ष दृष्टिकोण विकसित करने में सहायता देना।
9. अध्यापकों को सीखने के सिद्धान्तों तथा विधियों से परिचित कराना।
10. अध्यापकों की सामाजिक सम्बन्धों के स्वरूप तथा महत्त्व को भली-भाँति समझने में सहायता करना।
11. छात्रों को संवेगों के नियन्त्रण तथा शैक्षिक महत्त्व का अध्ययन कराना।
12. अध्यापकों को चरित्र निर्माण के सिद्धान्तों तथा विधियों से परिचित कराना।
13. स्कूल में पढ़ाए जाने वाले विषयों में सम्बन्धित छात्रों की योग्यताओं का मापन करने की विधियों से अध्यापकों को परिचित कराना तथा प्रशिक्षण देना।
14. अध्यापकों को शिक्षा मनोविज्ञान के सिद्धान्तों तथा तथ्यों की जानकारी के लिए प्रयोग की जाने वाली वैज्ञानिक विधियों से परिचित कराना।
15. अध्यापकों को छात्रों की शैक्षिक समस्याओं के बारे में मनोवैज्ञानिक ढंग से विचार करने में सहायता देना।
16. अध्यापकों को शिक्षण अधिगम गतिशील बनाए रखने की विधियों से परिचित कराना।

कुछ विद्वानों द्वारा दिए गए शिक्षा मनोविज्ञान के उद्देश्य
(Objectives of Educational Psychology According to Some Scholars)

1. *कोलेसनिक* (*Kolesnik*) के अनुसार, शिक्षा मनोविज्ञान का उद्देश्य शिक्षक को उन समस्याओं का समाधान करने में सहायता देना है, जिनका सम्बन्ध प्रेरणा, मूल्यांकन, कक्षा-प्रबंधन शिक्षण विधियों, छात्रों की व्यक्तिगत भिन्नताओं, उनके मानसिक लक्ष्य तथा उनके चरित्र निर्माण से होता है।

2. *डब्ल्यू. ए. कैली* (*W. A. Kelly*) ने शिक्षा मनोविज्ञान के उद्देश्य बताए हैं:

(i) बालक की वृद्धि तथा विकास का ज्ञान प्रदान करना।
(ii) बालक के स्वभाव का ज्ञान प्रदान करना।
(iii) बालक को अपने वातावरण से सांमजस्य स्थापित करने में सहायता देना।
(iv) शिक्षा के स्वरूप उद्देश्यों तथा परियोजनाओं से परिचित कराना।
(v) सीखने तथा सिखाने के सिद्धान्तों तथा विधियों से अवगत करना।

(vi) चरित्र निर्माण की विधियों की जानकारी देना।

(vii) विद्यालय में पढ़ाए जाने वाले विषयों में छात्रों की योग्यता का मूल्यांकन करने की विधियों में प्रशिक्षण देना।

(viii) संवेगों के नियन्त्रण की विधियों का अध्ययन करना।

(ix) शिक्षा मनोविज्ञान के तथ्यों तथा सिद्धान्तों की जानकारी के लिए प्रयोग की जाने वाली वैज्ञानिक विधियों का ज्ञान प्रदान करना।

1.3 शिक्षा मनोविज्ञान की प्रकृति
(Nature of Educational Psychology)

शिक्षा मनोविज्ञान की निम्नलिखित विशेषताएँ शिक्षा मनोविज्ञान की प्रकृति पर प्रकाश डालती हैं:

1. *शिक्षा मनोविज्ञान सकारात्मक विज्ञान के रूप में* (Educational Psychology as a Positive Science): शिक्षा मनोविज्ञान मानव व्यवहार को बेहतर बनाने वाला विज्ञान है।

2. *शिक्षा मनोविज्ञान विकासशील विज्ञान के रूप में* (Educational Psychology as a Developing Science): निरन्तर हो रही खोजों के कारण शिक्षा मनोविज्ञान तीव्रता से विकास कर रहा है।

3. *शिक्षा मनोविज्ञान सामाजिक विज्ञान के रूप में* (Educational Psychology as a Social Science): जिस प्रकार सामाजिक ज्ञान सामाजिक समस्याओं से सम्बन्धित है, उसी प्रकार शिक्षा मनोविज्ञान व्यक्ति के सामाजिक पक्ष को शिक्षा प्रक्रिया का महत्वपूर्ण अंग मानता है।

4. *शिक्षा मनोविज्ञान प्रयोगात्मक विज्ञान के रूप में* (Educational Psychology as an Experimental Science): शिक्षा मनोविज्ञान में प्रयोगों का अत्यन्त महत्त्व है। प्रयोगों के बिना यह विज्ञान/अध्ययन अधूरा है।

5. *शिक्षा मनोविज्ञान व्यावहारिक विज्ञान के रूप में* (Educational Psychology as an Applied Science): शिक्षा मनोविज्ञान अधिगम की स्थितियों के सन्दर्भ में छात्रों के व्यवहार का अध्ययन करता है।

6. *शिक्षा मनोविज्ञान अनेक अन्य विज्ञानों से सम्बन्धित होने के रूप में* (Educational Psychology as Related to Several other Subjects): शिक्षा मनोविज्ञान का अन्य कई विषयों से सम्बन्ध है। यह उनको प्रभावित करता है तथा उनसे प्रभावित होता है।

7. *शिक्षा मनोविज्ञान तथ्यों का समूह है* (Educational Psychology as Body of Facts): शिक्षा मनोविज्ञान में तथ्यों के ऐसे समूह हैं जो निरीक्षण, व्यवहारिक तथा प्रयोगात्मक विषयों से इसे प्राप्त हुए हैं।

8. *शिक्षा मनोविज्ञान शैक्षिक समस्याओं के समाधान के रूप में* (Educational Psychology in the form of Solution Provider of Educational Problems): शिक्षा मनोविज्ञान विभिन्न प्रकार की शैक्षिक समस्याओं के समाधान में सहायता करता है।

9. *शिक्षा मनोविज्ञान सिद्धान्तों के प्रतिपादन के रूप में* (Educational Psychology as Originator of Several Theories): अनुसन्धान के आधार पर शिक्षा मनोविज्ञान अनेक शैक्षिक सिद्धान्तों का प्रतिपादन करता है।

1.4 शिक्षा मनोविज्ञान एक व्यवहारिक अध्ययन के रूप में (Educational Psychology as an Applicant Field)

शिक्षा मनोविज्ञान बच्चों, बालकों, वयस्कों तथा उन सभी के व्यवहार का अध्ययन करता है जो सीखना चाहते हैं। शिक्षा मनोविज्ञान का सम्बन्ध दो महत्त्वपूर्ण क्रियाओं से हैं। ये क्रियाएँ है–सीखने तथा सिखाने की क्रियाएँ। इन क्रियाओं का उद्देश्य होता है। इन्हें अधिक से अधिक सुगम तथा प्रभावपूर्ण बनाना। शिक्षा मनोविज्ञान केवल सिद्धान्ति नहीं है। इस विषय के अन्तर्गत छात्रों के अनुभव एवं व्यवहार का शैक्षणिक पृष्ठभूमि में इस प्रकार अध्ययन किया जाता है कि उन्हें शिक्षा ग्रहण करने में तथा आगे बढ़ने में आवश्यक सहायता प्रदान की जा सके।

प्रसिद्ध लेखक *पील* (*Peel*) ने शिक्षा मनोविज्ञान को ऐसा तकनीकी तथा विज्ञान का शास्त्र माना है जो शिक्षा के उद्देश्यों तथा कार्यों को पूरा करने में उसी प्रकार सहायता करता है जिस प्रकार दैनिक कार्यों में विज्ञान तथा तकनीकी विज्ञान तथा तकनीकी हमें कम से कम समय में शक्ति तथा साधन लगाकर अधिक से अधिक कार्य करने की सामर्थ्य देते हैं, उसी प्रकार शिक्षा मनोविज्ञान यह भूमिका शिक्षण–अधिगम प्रक्रिया में निभाता है वह अपने में निहित ज्ञान–विज्ञान द्वारा शिक्षा के क्षेत्र में कार्यरत व्यक्तियों की यथा सम्भव सहायता करता है। यह ज्ञान हमारा मार्गदर्शन करता है कि सिद्धान्तों को व्यवहारिक रूप किस प्रकार प्रदान किया जा सकता है।

शिक्षा मनोविज्ञान एक कला है जो अध्यापकों को शिक्षण–अधिगम कार्य में प्रभावी बनाती है। वास्तव में इस कार्य में जो समस्याएँ होती हैं उन्हें कुशलता पूर्वक सुलझाने में सहायक होती है।

अध्यापक एक संगीतकार की भाँति कलाकार है जो अपने शिष्यों के व्यवहार में शिक्षा मनोविज्ञान की सहायता से परिवर्तन लाता है।

शिक्षा मनोविज्ञान अध्यापकों का मार्गदर्शन करता है कि वे किस प्रकार से छात्रों को पढ़ाएँ कि कम से कम समय तथा शक्ति लगाकर उनका अधिक से अधिक हित–चिन्तन हो सके।

शिक्षक अपने छात्रों को यह भी सिखाते हैं कि वे कम से कम शक्ति तथा समय लगाकर सीखे तथा अधिगम अनुभव अर्जित करें। इस प्रकार सिखाने तथा सीखने दोनों ही क्रियाओं को सफलतापूर्वक सम्पन्न करने की कुंजी शिक्षा मनोविज्ञान में होती है।

ऊपर के विवरण से स्पष्ट हो जाता है कि शिक्षा मनोविज्ञान व्यावहारिक ज्ञान का क्षेत्र है।

1.5 शिक्षा मनोविज्ञान एक विषय के रूप में अथवा विज्ञान (Educational Psychology as a Discipline or Science)

यह जानने के लिए कि शिक्षा मनोविज्ञान एक स्वतंत्र विषय के रूप में है या नहीं, हमें विषय की विशेषताओं को जानना होगा, स्वतंन्त्रता विषय को कई बार विज्ञान की संज्ञा भी दी जाती है।

विज्ञान अथवा स्वतंत्र विषय की निम्नलिखित विशेषताएँ होती हैं:

1. समस्या (Problem) का होना।

2. परिकल्पना (Hypothesis) निर्धारण करना।
3. वैज्ञानिक पद्धति (Scientific Method) को अपनाना।
4. तथ्यों (Facts) का अध्ययन करना।
5. आंकड़े एकत्रित करना (Collecting Data)
6. तथ्यों का वर्गीकरण तथा विश्लेषण करना (Analysis and Classification of Data).
7. सामान्यीकरण करना अथवा सामान्य सिद्धान्तों का निर्माण करना (Generalisation or formulating principle).
8. प्रयोगशाला (Laboratory) का होना।
9. परीक्षण (Testing) नियमों की वैधता तथा सत्यता का परीक्षण करना (Testing the validity and Reliablity)।
10. सार्वभूमिकता (Universality)–नियमों का प्रत्येक स्थान पर प्रयोग में लिया जाना।
11. कार्यकारण की खोज (Casual Relationship) का होना।
12. शिक्षा मनोविज्ञान का क्रमबद्ध विषय अथवा प्राकृतिक विज्ञानों की श्रेणी में न होना (Educational Psychology not in the Category of Systematic Discipline or Natural Science).

1.6 समीक्षा (Analysis)

मनोविज्ञान को हम ऊपर दी गई विज्ञान की कसौटियों के सन्दर्भ में आंकते हैं। शिक्षा मनोविज्ञान में स्वतन्त्र विषय अथवा विज्ञान के निम्नलिखित तत्व विद्यमान हैं:

1. शिक्षा मनोविज्ञान वैज्ञानिक विधि का प्रयोग करता है।
2. शिक्षा मनोविज्ञान निरीक्षण का प्रयोग करता है।
3. शिक्षा मनोविज्ञान खोज के आधार पर सिद्धान्त बताता है।
4. शिक्षा मनोविज्ञान के सिद्धान्तों की पुष्टि की जाती है।
5. शिक्षा मनोविज्ञान कारण तथा प्रभाव के सिद्धान्त को दर्शाता है।
6. शिक्षा मनोविज्ञान में भविष्यवाणी का प्रावधान है।
7. शिक्षा मनोविज्ञान में समस्या का समाधान निकाला जाता है।
8. इसकी प्रयोगशाला भी होती है।

शिक्षा मनोविज्ञान, भौतिकशास्त्र, रसायनशास्त्र तथा गणितशास्त्र आदि की भाँति पूर्ण विकसित एवं सशक्त विज्ञान नहीं है। शिक्षा मनोविज्ञान में छात्रों के व्यवहार का मुख्यत: अध्ययन किया जाता है। व्यवहार गतिशील तथा परिवर्तनशील है। अब छात्र जो है अथवा वह जो व्यवहार कर रहा है, वह ऐसा ही रहेगा, इसके बारे में निश्चित रूप से कुछ नहीं जा सकता है। दूसरी ओर प्राकृतिक विज्ञानों–रसायनशास्त्र, भौतिकशास्त्र आदि में जिन वस्तुओं की प्रकृति अथवा क्रियाओं का अध्ययन किया जाता है, उनके बारे में निश्चित रूप से कुछ कहा जा सकता है। इस कारण इन विषयों में किया जाने वाला अध्ययन यथार्थ, सुनिश्चित एवं वस्तुनिष्ठ होता है।

शिक्षा मनोविज्ञान ने व्यवहार का अध्ययन करने के लिए यद्यपि वैज्ञानिक ढंग अपनाने

का प्रयास किया है परन्तु फिर भी इसके पास न तो वैज्ञानिक विषयों की भाँति यथार्थ एवं वस्तुनिष्ठ साधन हैं और न ही विकसित वैज्ञानिक विधियाँ।

भौतिकशास्त्र तथा रसायनशास्त्र की भाँति इसके पास सम्पूर्ण प्रयोगशाला नहीं होती है जहाँ उचित ढंग से प्रयोग किए जा सकें। इस प्रकार से शिक्षा मनोविज्ञान को अन्य विज्ञानों की भाँति पूर्ण विकसित तथा सशक्त विज्ञान नहीं कहा जा सकता। फिर भी इसकी वैज्ञानिक प्रकृति के कारण इसे विज्ञान की श्रेणी में रखा जाता है। इसमें तथ्यों का अध्ययन वैज्ञानिक ढंग से किया जाता है। विश्लेषण किया जाता है तथा निष्कर्ष निकालकर सिद्धान्तों का प्रतिपादन किया जाता है। अनेक प्रकार के टेस्ट निर्माण किए जा रहे हैं जो वैध भी हैं तथा सार्वभौमिक भी। अत: शिक्षा मनोविज्ञान को एक विकासशील विज्ञान की संज्ञा दी जाती है। इसलिए निष्कर्ष के रूप में शिक्षा मनोविज्ञान की प्रकृति को इस प्रकार दर्शाया जा सकता है—शिक्षा मनोविज्ञान एक ऐसा विकासशील तथा सकारात्मक विज्ञान है जिसके अन्तर्गत छात्रों के व्यवहार का उनके पर्यावरण के सन्दर्भ में अध्ययन किया जाता है तथा उचित समायोजन के लिए प्रयास किए जाते हैं।

1.7 शिक्षा मनोविज्ञान की सीमाएँ (Limitations of Educational Psychology)

शिक्षा मनोविज्ञान की कुछ प्रमुख सीमाएँ हैं जिन्हें ध्यान में रखना बहुत आवश्यक है:

1. शिक्षा मनोविज्ञान का सम्बन्ध मुख्यत: छात्र तथा अध्यापक के व्यवहार से है जो गतिशील तथा परिवर्तनशील होता है। व्यवहार का अध्ययन पूर्णतया वैज्ञानिक ढंग से नहीं किया जा सकता है तथा इसमें वस्तुनिष्ठता की गुंजाइश रहती है।
2. मन की सभी अवस्थाओं का शिक्षा मनोविज्ञान में अध्ययन किया जाता है। परन्तु मन बहुत चंचल है। स्थायी नहीं है।
3. व्यक्तियों के व्यवहार में अनेक प्रकार की भिन्नताएँ पाई जाती हैं। यही नहीं, व्यक्ति का व्यवहार उसी प्रकार की स्थितियों में एक जैसा नहीं रहता।
4. शिक्षा मनोविज्ञान के परीक्षण का क्षेत्र प्राय: विस्तृत होता है। एक कमरे तक सीमित नहीं रहता।
5. शिक्षा मनोविज्ञान के उपकरण अन्य विज्ञानों की तरह विश्वसनीय नहीं होते हैं।
6. शिक्षा मनोविज्ञान के प्रयोग, परीक्षण तथा निरीक्षण उतने यथार्थ (Valid), सुनिश्चित (Definite), वस्तुनिष्ठ (Objective) एवं विश्वसनीय (Reliable) नहीं बन सकते जितने कि प्रयोगात्मक विज्ञानों के।

उपसंहार: शिक्षा मनोविज्ञान धीरे-धीरे एक स्वतंत्र विषय के रूप में उभर रहा है। अभी उसे सामाजिक विज्ञान के रूप में ही प्राय: लिया जा रहा है। भरसक प्रयास किए जा रहे हैं कि वह प्राकृतिक विषयों की श्रेणी में लाया जा सके।

2

शिक्षा मनोविज्ञान का कार्यक्षेत्र तथा प्राथमिक स्कूल अध्यापक के लिए उपयोगिता

(Scope of Educational Psychology and Relevance for the Primary School Teacher)

2.1 शिक्षा मनोविज्ञान का क्षेत्र अथवा विषय सामग्री

(Scope or Subject Matter of Education Psychology)

शिक्षा मनोविज्ञान का क्षेत्र बहुत व्यापक तथा गहन है। वास्तव में शिक्षा का कोई भी पक्ष ऐसा नहीं है जिसका सरोकार प्रोक्ष तथा अपरोक्ष रूप से शिक्षा विज्ञान से नहीं है और तौर पर शिक्षा मनोविज्ञान का क्षेत्र निम्न चित्र में दर्शाया गया है:

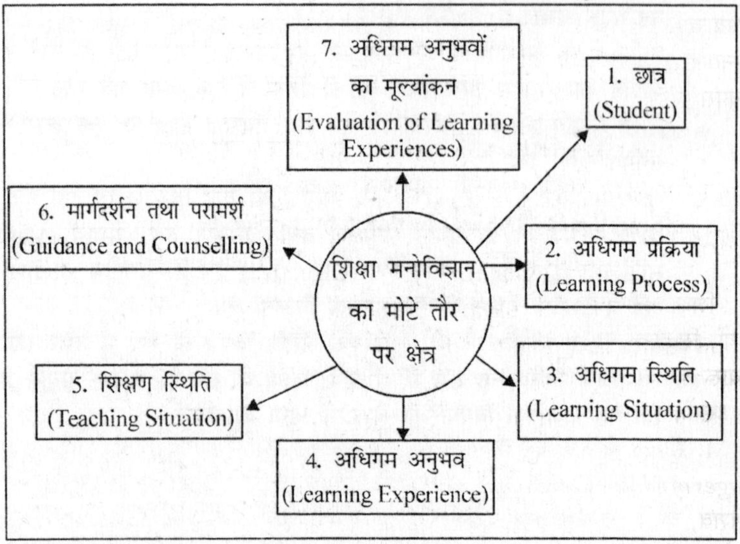

चित्र 2.1: मोटे तौर पर शिक्षा मनोविज्ञान का क्षेत्र

(Broad Subject Matter of Educational Psychology)

शिक्षा मनोविज्ञान एक नवीन तथा स्वतन्त्र विषय के रूप में अभी उभर रहा है। इसमें सन्देह नहीं है कि इसके क्षेत्र की सीमाएँ अभी तक निश्चित नहीं हो सकी हैं।

शिक्षा मनोविज्ञान के क्षेत्र पर कुछ लेखकों के विचार
(Views of Some Writers on the Scope of Educational Psychology)

1. *क्रो एवं क्रो* (*Crow and Crow*) के अनुसार–''शिक्षा मनोविज्ञान एक व्यक्ति के जन्म से वृद्धावस्था तक के सीखने के अनुभवों का वर्णन एवं व्याख्या करता है। इसकी विषय वस्तु का सम्बन्ध सीखने को प्रभावित करने वाली स्थितियों से है।''

2. *जी. लेस्टर एण्डरसन* (*G. Lester Anderson*) के शब्दों में, ''शिक्षा मनोविज्ञान की विषय सामग्री को मोटे तौर पर निम्न समूहों में रखा जा सकता है: (i) भूमिका अनुभाग जिसमें शिक्षा मनोविज्ञान की प्रकृति तथा विधियाँ शामिल हैं। (ii) व्यक्तित्व की प्रकृति तथा सामान्य और विकलांग बच्चों की समस्याओं का समायोजन। (iii) बच्चों तथा किशोरों की वृद्धि तथा विकास। (iv) सीखने की प्रकृति तथा इसके विशिष्ट पक्ष यथा अभिप्रेरणा तथा अधिगम का स्थानान्तरण। (v) अन्वेषण तथा मूल्यांकन के साधन।

3. *स्किनर* (*Skinner*) का कहना है, ''शिक्षा मनोविज्ञान के क्षेत्र में वे सब ज्ञान तथा विधियाँ सम्मिलित हैं जो अधिगम प्रक्रिया को भली-भाँति समझने और अधिक कुशलता से निर्देशित करने के लिए आवश्यक हैं।

4. *डॉगलस तथा हॉलैण्ड* (*Douglas and Holland*) के विचार में, ''शिक्षा मनोविज्ञान की विषय-सामग्री शिक्षा प्रक्रिया में भाग लेने वाले व्यक्ति की प्रकृति, सामाजिक जीवन तथा व्यवहार है।''

5. *गैरिसन तथा अन्यों* (*Garrison and Others*) के विचार, ''शिक्षा मनोविज्ञान की विषय सामग्री दो दृष्टिकोणों से निर्मित है: (i) छात्रों के जीवन को ऊँचा उठाना तथा समृद्ध करना। (ii) शिक्षकों को अपने शिक्षण में गुणवत्ता लाने के लिए ज्ञान तथा सूझ-बूझ का विकास करना।

2.2 शिक्षा मनोविज्ञान के विषय सम्बन्धी अथवा क्षेत्र सम्बन्धी महत्त्वपूर्ण तत्व: वर्गीकरण-I
(Significant Elements Relating to the Subject-Matter of Educational Psychology: Classification-I)

शिक्षा मनोविज्ञान को मनोविज्ञान की वह शाखा माना जाता है जिसमें मनोविज्ञान के तथ्यों, सिद्धान्तों एवं नियमों का शिक्षा के कार्यों (पढ़ने-पढ़ाने तथा सीखने-सिखाने) को सुचारू रूप से सम्पन्न करने हेतु प्रयोग में लाया जाता है। शिक्षा मनोविज्ञान व्यवहारात्मक है। इसमें निम्न बातों पर बल दिया जाता है:

1. *सीखने वाले अर्थात् छात्र की सारी विकास अवस्थाओं का अध्ययन* (*Study of All Stages of Child's Development*): इसके अन्तर्गत छात्र के विकास की सभी अवस्थाओं (शैशव, बाल्य, किशोर तथा प्रौढ़) तथा इनमें से प्रत्येक अवस्था में उसके विकास की विशेषताओं का अध्ययन किया जाता है। तत्पश्चात् इन विशेषताओं के दृष्टिगत शिक्षा की योजना बनाई जाती है।

2. *छात्र को भली भाँति जानने तथा उसके व्यवहार से सम्बन्धित अध्ययन सामग्री (Relevant Information for Understanding the Child and His Behaviour)*: इसमें इस प्रकार के तत्त्व शामिल हैं–बुद्धि का अध्ययन, व्यक्तिगत भिन्नताएँ तथा उनका मापन, बुद्धि और विकास में वंशानुक्रम एवं वातावरण की भूमिका, व्यक्ति की जन्मजात योग्यताएँ और क्षमताएँ, व्यक्तित्व तथा उसका मापन।

3. *सीखने की प्रक्रिया का अध्ययन (Study of Learning Process)*: छात्र के व्यवहार में सीखने की कला का विशेष महत्त्व है। अत: शिक्षा मनोविज्ञान में सीखने के विभिन्न पक्षों सम्बन्धी नियमों आदि का समावेश किया जाता है। अध्यापक के लिए आवश्यक है कि वह सीखने की प्रक्रिया का गहन तथा विस्तृत अध्ययन करे।

4. *छात्र के व्यक्तित्व की समस्त विशेषताओं का अध्ययन (Study of All Characteristics of Student's Personality)*: छात्र के व्यक्तित्व के विकास में सहायता करना शिक्षा के महान उद्देश्यों में से एक है। अत: शिक्षा मनोविज्ञान के क्षेत्र में छात्र के व्यक्तित्व तथा उसकी समस्याओं का समावेश है। छात्र के सन्तुलन तथा असन्तुलन सम्बन्धी समस्याओं का विवेचन भी शिक्षा मनोविज्ञान में किया जाता है।

5. *बुद्धि, अभिरुचियों तथा उपलब्धियों का अध्ययन (Study of Child's Intelligence Aptitudes, and Achievements)*: बुद्धि तथा विशेष योग्यता की जाँच करना भी शिक्षा मनोविज्ञान के क्षेत्र में सम्मिलित है। इसके लिए विभिन्न प्रकार के टैस्ट बनाए गए हैं तथा इन सबका अध्ययन शिक्षा मनोविज्ञान में किया जाता है।

6. *क्या पढ़ा जाए तथा कैसे पढ़ाया जाए ('What', and'How' of Teaching)*: छात्रों के व्यवहार में वांछित परिवर्तन लाने के लिए पाठ्यक्रम का चयन किया जाता है। पाठ्यक्रम में किस प्रकार के विषय तथा क्रियाएँ हों, इनका चयन छात्रों की आयु तथा स्तर के अनुसार किया जाता है जिसके लिए शिक्षा मनोविज्ञान हमारी सहायता करता है। इस कारण इन सब बातों का शिक्षा मनोविज्ञान में अध्ययन किया जाता है।

7. *उचित शिक्षण विधियों तथा तकनीकी का अध्ययन (Study of Proper Teaching Methods and Techniques)*: शिक्षा मनोविज्ञान के अन्तर्गत शिक्षा तथा सीखने की विधियों को शामिल किया जाता है ताकि शिक्षण सीखने की प्रक्रिया में सहायता मिल सके।

8. *शैक्षिक वातावरण सम्बन्धी अध्ययन (Study of Educational Environment)*: सीखने और सिखाने की प्रक्रिया में वातावरण की बहुत ही महत्त्वपूर्ण भूमिका होती है। इस प्रक्रिया में किस प्रकार की परिस्थितियाँ तथा वातारण सहायक सिद्ध होता है, इस तथ्य को जानना जरूरी है। इस कारण वातावरण का अध्ययन शिक्षा मनोविज्ञान में किया जाता है।

9. *विशिष्ट एवं समस्यात्मक छात्रों के निदेशन करने की सामग्री का अध्ययन (Study of Literature Relating to the Guidance of the Speical and Problem Children)*: शिक्षाक्रम में सभी प्रकार के छात्रों का व्यवहार आता है। कक्षा में सामान्य, विशिष्ट एवं समस्यात्मक सभी तरह के छात्र होते हैं। उन्हें सही दिशा देने के लिए शिक्षा मनोविज्ञान के कई तथ्यों की आवश्यकता पड़ती है। इस प्रकार शिक्षा मनोविज्ञान में ऐसी सामग्री का समावेश किया जाता है कि छात्रों की विशेष समस्याओं के उचित हल निकाले जा सकें।

10. *शैक्षिक, व्यावसायिक तथा व्यक्तिगत मार्गदर्शन (Educational, Vocational and Personal Guidance)*: वर्तमान संसार बहुत जटिल होता जा रहा है। इसमें इतनी

तेजी से परिवर्तन आ रहे हैं कि यदि छात्र के व्यवहार का उचित मार्गदर्शन न किया जाए तो वह कई प्रकार की भूलभूलैयियों में फँस सकता है। इसके अतिरिक्त छात्र की विशेष आवश्यकताएँ तथा विशेषताएँ होती हैं। अत: शिक्षा मनोविज्ञान में शैक्षिक तथा व्यावसायिक मार्गदर्शन तथा परामर्श आदि सामग्री का समावेश किया जाता है।

मिश्रित तत्व (*Miscellaneous Elements*): ऊपर दिए गए विषयों के अतिरिक्त शिक्षा मनोविज्ञान के अन्तर्गत निम्न विषयों का अध्ययन किया जाता है:

11. व्यक्तित्व तथा इसका विकास
12. शिक्षण की प्रकृति
13. स्मरण तथा विस्मरण
14. समस्या समाधान व्यवहार
15. समायोजन
16. समूह गतिकी (Group Dynamics)
17. शिक्षा मनोविज्ञान की अध्ययन विधियाँ
18. शिक्षा मनोविज्ञान में सांख्यिकी विधियाँ
19. बालक की विभिन्न मानसिक क्रियाएँ जैसे–संवेदन (Sensation), प्रत्यक्षीकरण (Perception), ध्यान (Attention), कल्पना (Imagination), विचार (Thinking), तर्क (Reasoning), निर्णय (Judgement) आदि।
20. विद्यालय की विभिन्न समस्याएँ जैसे अपराधी बालक
21. आधुनिक खोजों के शिक्षा मनोविज्ञान पर प्रभाव

शिक्षा मनोविज्ञान के क्षेत्र का दूसरा वर्गीकरण (Second Classification of the Subject Matter of Educational Psychology)

कुछ लेखक शिक्षा मनोविज्ञान का क्षेत्र निम्न प्रकार से दर्शाते हैं:

1. छात्र अध्ययन (Study of the Student)
2. सीखने की प्रक्रिया का अध्ययन (Study of Learning Process)
3. शिक्षण प्रक्रिया तथा अध्यापक के व्यवहार का अध्ययन (Study of Teaching Process and Teacher Behaviour)

I. *छात्र अध्ययन (Study of the Student)*

इसके अन्तर्गत छात्र के व्यक्तिगत तथा सामूहिक व्यवहार दोनों ही प्रकार का अध्ययन किया जाता है। इस सन्दर्भ में छात्र के बारे में निम्नलिखित तत्व आ जाते हैं:

1. छात्र के विकास की अवस्थाओं का अध्ययन।
2. छात्र की रूचियों, अभिरूचियों आदि का अध्ययन।
3. छात्र के व्यक्तित्व का अध्ययन।
4. छात्र के वंशाक्रम एवं वातावरण का अध्ययन।
5. छात्र की बुद्धि का अध्ययन।
6. छात्र के सीखने की क्षमता का अध्ययन।
7. व्यक्तिगत भेदों का अध्ययन।
8. मानसिक तथा शारीरिक स्वास्थ्य का अध्ययन।

II. *सीखने की प्रक्रिया का अध्ययन (Study of the Learning Process)*

1. सीखने की प्रक्रिया का अध्ययन।
2. सीखने के नियम।
3. सीखने की प्रेरणा का अध्ययन।
4. सीखने को प्रभावित करने वाले कारकों का अध्ययन।

III. *शिक्षण प्रक्रिया तथा शिक्षक व्यवहार का अध्ययन (Study of the Teaching Process and Teacher Behaviour)*

जैसे-जैसे शिक्षा मनोविज्ञान का महत्त्व बढ़ता जा रहा है। इसमें नए विषयों का समावेश होता जा रहा है। यह एक नया तत्व है जिसे शिक्षा मनोविज्ञान में कुछ शिक्षा शास्त्री जोड़ रहे हैं:

1. शिक्षण प्रक्रिया।
2. शिक्षण के सिद्धान्त।
3. शिक्षण विधियाँ।
4. शिक्षक का व्यवहार।

2.3 शिक्षा मनोविज्ञान का अनुशासन स्थापित करने पर प्रभाव (Influence of Educational Psychology on the Maintenance of Discipline)

शिक्षा मनोविज्ञान का अनुशासन स्थापन पर विशेष प्रभाव पड़ा था। एक समय था जबकि अनुशासन स्थापित करने के लिए 'दण्ड' का सहारा लिया जाता था। विभिन्न प्रकार से शारीरिक 'दण्ड' तथा 'यातनाएँ' दी जाती थी। शिक्षक अभियान से कहते थे कि उन्होंने किस मात्रा में शारीरिक दण्ड दिया है। इस सन्दर्भ में *क्यूवरले* ने लिखा है, "एक अध्यापक ने अपने 51 वर्ष तथा सात मास के अध्यापन काल में लगभग 9,11,500 बैंत, 12,400 डण्टे, 21,000 रूलें मारीं। 1,36,700/पीठ पर चांटे लगाए, 1,020 मुँह पर थप्पड़ मारे, 7,900 बार कान मड़ोडे, 11,15,800 सिर पर थप्पड़ मारे, 1,800 बार मुर्गे बनाए आदि"। आज शिक्षा मनोविज्ञान के प्रभाव के कारण छात्रों को इन भयानक दण्डों से मुक्ति मिल गयी है। बच्चे के व्यक्तित्व तथा उसकी भावनाओं पर ध्यान दिया जाने लगा है। आत्म अनुशासन तथा सामाजिक अनुशासन पर बल दिया जा रहा है। देश के सर्वोच्च न्यायालय ने हर प्रकार के शारीरिक दण्ड पर रोक लगा दी है।

2.4 शिक्षा मनोविज्ञान का शिक्षा को योगदान (Contribution of Educational Psychology to Education)

डेविस (Davis) ने शिक्षा मनोविज्ञान के शिक्षा में योगदान को इस प्रकार दर्शाया है, "अनेक मनोविज्ञान परीक्षणों की सहायता से छात्रों की क्षमताओं तथा व्यक्तिगत भेदों की समीक्षा में योगदान दिया है। शिक्षा मनोविज्ञान ने छात्रों के प्रारम्भिक विकास तथा परिपक्वता (Maturation) को समझने में योगदान दिया है।"

ड्रिवर (Drever) ने शिक्षा मनोविज्ञान को शिक्षा का आवश्यक तत्त्व बताया है।

शिक्षा मनोविज्ञान ने शिक्षा के विभिन्न क्षेत्रों में निम्न प्रकार से योगदान दिया है:

1. *छात्रों का व्यवहार तथा शिक्षा मनोविज्ञान* (*Educational Psychology and behaviour of the Students*): शिक्षा को मोटे अर्थों में छात्रों के व्यवहार में वांछित परिवर्तन लाने होते हैं। शिक्षा मनोविज्ञान शिक्षा में लगे व्यक्तियों की सहायता करता है कि किस प्रकार व्यवहार में इस प्रकार के परिवर्तन लाए जा सकते हैं।

2. *शिक्षा मनोविज्ञान तथा शिक्षा के उद्देश्य* (*Educational Psychology and Aims of Education*): शिक्षा के उद्देश्य निर्माण करने में दर्शनशास्त्र की विशेष भूमिका रहती है। परन्तु इन उद्देश्यों को शिक्षा के विभिन्न स्तरों के लिए कैसे निर्धारित किया जाए, इस कार्य में शिक्षा मनोविज्ञान सहायक होता है। शिक्षा मनोविज्ञान शिक्षा के उद्देश्यों की प्राप्ति में भी सहायता प्रदान करता है।

3. *शिक्षा मनोविज्ञान तथा शिक्षा में व्यक्तिगत भेदों पर बल* (*Educational Psychology and Emphasis on Individual Differences*): छात्रों में अनेक प्रकार की व्यक्तिगत विभिन्नताएँ होती हैं। शिक्षा मनोविज्ञान शिक्षा प्रक्रिया में इन भेदों को जानने तथा इसके सन्दर्भ में उचित विधियाँ अपनाने में सहायता देना है।

4. *छात्र केन्द्रित शिक्षा* (*Child Centred Education*): शिक्षा मनोविज्ञान ने शिक्षा प्रक्रिया में शिक्षण विधियों को छात्र केन्द्रित करने पर बल दिया है। आज शिक्षा में कार्यरत सभी वर्ग इस तथ्य की महत्ता पर ध्यान देते हैं।

5. *मनोविज्ञान तथा पाठ्यक्रम* (*Educational Psychology and Curriculum*): पाठ्यक्रम निर्माण में शिक्षा दर्शन तथा सामाजिक दर्शन का विशेष महत्त्व है परन्तु विभिन्न स्तरों पर अध्ययन सामग्री का स्तर किस प्रकार का हो, इसमें शिक्षा मनोविज्ञान मार्गदर्शन करता है।

6. *शिक्षा मनोविज्ञान पाठ्यक्रम में पाठान्तर क्रियाएँ* (*Educational Psychology and Co-curricular Activities*): शिक्षा में पहले विषयों के अध्ययन पर जोर दिया जाता था। परन्तु शिक्षा मनोविज्ञान के प्रभाव से अनेक प्रकार के शैक्षिक कार्यक्रमों की स्कूलों में व्यवस्था की जाती है।

7. *शिक्षा मनोविज्ञान, पाठ्य पुस्तकें तथा अन्य शिक्षण-अधिगम सामग्री* (*Educational Psychology, Textbooks and other Teaching Learning material*): शिक्षा मनोविज्ञान के प्रभाव के कारण पाठ्य पुस्तकों तथा अन्य सामग्री को रोचक तथा बोधगम्य बनाया जाता है।

8. *शिक्षा मनोविज्ञान तथा समय-सारणी* (*Educational Psychology and the Time Table*): शिक्षा मनोविज्ञान के प्रभाव के परिणामस्वरूप समय सारणी बनाते समय थकान तथा विविधता आदि पक्षों को ध्यान में रखा जाता है।

9. *शिक्षा मनोविज्ञान तथा अनुशासन* (*Educational Psychology and Discipline*): शिक्षा मनोविज्ञान दर्शाता है कि किस प्रकार अनुशासन को आत्मानुशासन तथा रचनात्मक बनाया जा सकता है। अनुशासन के विभिन्न पक्षों पर अलग से चर्चा की गई है।

10. *शिक्षा मनोविज्ञान तथा शिक्षण विधियाँ* (*Educational Psychology and Teaching Methods*): सम्भवत: शिक्षा मनोविज्ञान का शिक्षा प्रक्रिया में सबसे अधिक प्रभाव शिक्षण विधियों पर पड़ा है। अब अनेक प्रकार की शिक्षण विधियों को प्रयोग में लाया जा रहा है ताकि शिक्षण-अधिगम प्रक्रिया रोचक तथा प्रभावी हो सके। छात्र इस प्रक्रिया को बोझ के रूप में न ले तथा छात्रों की अधिक से अधिक इसमें भागेदारी हो।

11. *शिक्षा मनोविज्ञान तथा श्रव्य-दृश्य साधन* (*Educational Psychology and Audio-visual Aids*): परम्परागत शिक्षण-अधिगम प्रक्रिया में 'बोलने तथा चाक' (Talk and Chalk) प्रणाली का प्रभुत्व था। परन्तु अब सभी इन्द्रियों के प्रभावी प्रयोग पर बल दिया जाता है तथा अनेक प्रकार के श्रव्य-दृश्य सहायक साधनों का प्रयोग किया जाता है।

12. *शिक्षा मनोविज्ञान तथा स्कूल-व्यवस्था* (*Educational Psychology and School Management*): शिक्षा मनोविज्ञान शिक्षा व्यवस्था में प्रभावी मानवीय सम्बन्धों पर बल देता है। स्कूल का मुख्य अध्यापक निरंकुश न होकर अध्यापकों तथा अन्य कर्मचारियों को सहयोगी जानकर स्कूल व्यवस्था में उनको उचित स्थान देता है। 'डर' के स्थान पर 'मानवता' के मूल्य को प्राथमिकता दी जाती है।

13. *शिक्षा मनोविज्ञान तथा अनुसन्धान* (*Educational Psychology and Research*): शिक्षा मनोविज्ञान द्वारा किए जा रहे अनेक प्रकार के परीक्षणों के परिणामस्वरूप शिक्षा अधिगम प्रक्रिया तथा मूल्यांकन में प्रभावी सुधार लाए जा रहे हैं।

14. *शिक्षा मनोविज्ञान तथा अध्यापक* (*Educational psychology and the Teacher*): इस प्रकरण पर अलग से प्रकाश डाला गया है।

2.5 अध्यापक के लिए शिक्षा मनोविज्ञान का महत्त्व (Significance of Educational Psychology to the Teacher)

अध्यापक के लिए शिक्षा मनोविज्ञान की आवश्यकता तथा महत्त्व पर विद्वानों के विचार: शिक्षा मनोविज्ञान के ज्ञान के द्वारा अध्यापक बालकों का उचित मार्गदर्शन करने तथा निर्देश देने में दक्षता प्राप्त करता है। शिक्षा मनोविज्ञान एक अध्यापक को सफल बनने और शिक्षा सम्बन्धी अपने उत्तरदायित्वों को भली भाँति निभाने में बहुत मदद करता है। शिक्षा मनोविज्ञान एक ऐसा उपयोगी विषय है जो अध्यापक की पग-पग पर सहायता करता है। अध्यापक शिक्षा मनोविज्ञान के अध्ययन से बालकों का अनेक प्रकार की परिस्थितियों में उचित सामंजस्य स्थापित करने में मार्गदर्शन कर सकता है। कुछ विद्वानों के विचार नीचे दिए जा रहे हैं:

1. *क्यूनटिलीयन* (*Quintilian*): क्यूनटिलीयन-जो कि प्रथम शताब्दी (First Century A.D.) में इटली के प्रसिद्ध विचारक थे, ने लिखा है, "अच्छे वक्ता प्रशिक्षित करने के लिए अध्यापक को बच्चे की प्रकृति से परिचित होना चाहिए।

2. *थोमस फुलर* (*Thomas Fuller–1608-1661*) जो कि इंग्लैण्ड के प्रसिद्ध लेखक पादरी थे, ने कहा है, "एक प्रभावी अध्यापक को बच्चों के स्वभाव का उतना ही अधिक अध्ययन करना चाहिए जितना कि पुस्तकों का।

3. *पस्तालोजी, जे.एच.* (*Pestalozzi, J.H.–1746-1827*) ने कहा है "मैं शिक्षा को मनोवैज्ञानिक रूप देना चाहता हूँ।"

4. *जॉन एडम्स* (*John Adams–1857-1934*) जो कि लन्दन विश्वविद्यालय में शिक्षा-विषय के प्रोफेसर थे-ने इस बात पर बल दिया है, "अध्यापक को जॉन (अर्थात् छात्र) तथा लेटिन (Latin) भाषा-दोनों को जानना चाहिए।"

5. *स्किनर* (*Skinner*) के अनुसार, "अध्यापकों के प्रशिक्षण में शिक्षा मनोविज्ञान आधारशिला है।"

6. ब्लेयर (*Blair*) ने लिखा है, "आधुनिक अध्यापक यदि अपने कार्य में सफलता प्राप्त करना चाहता है, उसे ऐसा विशेषज्ञ होना चाहिए जो बालकों को समझे, वे कैसे विकसित होते हैं, सीखते हैं तथा कैसे समायोजन करते हैं। मनोवैज्ञानिक निदानों (Diagnosis) में प्रशिक्षित व्यक्ति शायद ही अध्यापकों के दायित्वों तथा कार्यों को निभा सकें।"

7. *हेनरी पी. स्मिथ* (*Henry P. Smith*) ने शिक्षा मनोविज्ञान को अध्यापक के लिए आवश्यक निम्न कारणों से बताया है:

1. अध्यापक को अपने छात्र-छात्रों की प्रकृति, स्वभाव तथा आवश्यकताओं की जानकारी प्राप्त होती है।
2. अध्यापक को छात्र-छात्राओं की अवस्थाओं, उनसे सम्बन्धित विभिन्न समस्याओं एवं उपचार का ज्ञान होता है।
3. अध्यापक को शिक्षा के व्यापक अर्थों एवं उदार उद्देश्यों का बोध होता है।
4. अध्यापक को छात्रों के व्यवहार में वांछित परिवर्तन लाने के लिए प्रत्येक स्तर पर छात्र की क्षमताओं तथा योग्यताओं आदि का बोध होता है।
5. अध्यापक की व्यावसायिक क्षमता तथा कुशलता में वृद्धि कराने में कई महत्त्वपूर्ण तथ्यों की जानकारी शिक्षा मनोविज्ञान में होती है।

8. स्वामी विवेकानन्द ने इस प्रकार कहा है, "सच्चा अध्यापक अपने छात्र के मन की वास्तविकता जान लेता है।"

9. श्री अरिविन्द ने इस बात पर बल दिया, "बालक की शिक्षा उसकी अपनी प्रकृति के अनुसार हो।

मुख्य तौर पर अध्यापक के लिए शिक्षा मनोविज्ञान का महत्त्व नीचे दिया जा रहा है:

1. *शिक्षा मनोविज्ञान द्वारा अध्यापक का अधिगमकर्त्ताओं अथवा छात्रों को ठीक प्रकार से समझने में सहायता प्रदान करना* (*Assisting the Teacher to Understand his Students Properly*): बालकों की रुचियों, अभिरुचियों, दृष्टिकोणों तथा क्षमताओं को समझने में शिक्षा मनोविज्ञान द्वारा अध्यापक को पर्याप्त सहायता मिलती है। छात्रों की जन्मजात योग्यताओं और अर्जित क्षमताओं के स्तर के ज्ञान से अध्यापक परिचित होकर छात्रों के सम्पूर्ण विकास के लिए कार्य करने में समर्थ होते हैं। *सर जॉन एडम* ने लिखा है कि पढ़ाने की क्रिया के दो क्रम होते हैं, एक 'छात्र' और दूसरा पढ़ाए जाने वाला 'विषय'। जैसे–"अध्यापक राम को इतिहास पढ़ाता है।" इसलिए यदि अध्यापक ने राम को सफलता से पढ़ाना है तो उसे इस क्रिया के दोनों क्रम को अच्छी तरह समझना होगा 'इतिहास' को भी और 'राम' को भी। इन दोनों का ज्ञान होना अध्यापक के लिए बहुत जरूरी है।

2. *उचित शिक्षण विधियों एवं तकनीकों के अपनाने में सहायक होना* (*Assisting the Teacher to Use Proper Teaching Aids*): शिक्षा मनोविज्ञान के अध्ययन से अध्यापक यह जान सकता है कि किस प्रकार की शिक्षण विधि किस परिस्थिति में उपयुक्त रहती है। किस प्रकार की विषय-सामग्री को सीखने की कौन-कौन तकनीक अथवा तरीका उपयुक्त रहता है। छात्रों की व्यक्तिगत भिन्नताओं को देख कर किस प्रकार से उन्हें कौन-कौन-सी पद्धति से पढ़ाना ठीक रहता है।

3. *उत्साहवर्धक शिक्षण वातावरण तथा परिस्थितियों के निर्माण में सहायक होना* (*Assisting the Teacher to Create Inspiring Environment*): शिक्षण अधिगम प्रक्रिया

की सफलता उत्साहवर्धक शिक्षण वातावरण तथा अनुकूल परिस्थितियों की व्यवस्था और आयोजन पर निर्भर करती है। शिक्षा मनोविज्ञान का ज्ञान अध्यापक को इस बात से अवगत कराता है कि वातावरण का 'सीखने-सिखाने' की प्रक्रिया पर कितना गहरा प्रभाव डालता है।

4. *छात्रों के व्यक्तिगत अन्तर जानने में सहायक होना (Assisting the Teacher in Understanding Individual Differences of Students)*: यह सर्वज्ञात है कि कोई भी दो अधिगमकर्त्ता शारीरिक, मानसिक तथा अन्य रूपों एवं गुणों में एक जैसे नहीं होते। एक ही माता-पिता के बच्चों में भी थोड़ा-बहुत अन्तर अवश्य होता है। शिक्षा मनोविज्ञान के अध्ययन से हमें पता चलता है कि किस प्रकार छात्रों की विभिन्न योग्यताएँ तथा क्षमताएँ होती हैं, जिनके अनुसार छात्रों की व्यवस्थाएँ तथा आजीविका संबंधी मार्गदर्शन करना होता है। इस सन्दर्भ में हम उनका उचित मार्गदर्शन नहीं कर सकते जब तक हमें छात्रों के बारे में अधिक-से-अधिक ज्ञान न हो। अध्यापक छात्रों का सर्वांगीण विकास तभी कर सकते हैं जबकि वे छात्रों की विभिन्नताओं से अच्छी तरह परिचित हों।

5. *छात्रों की मानसिक जटिलताओं के निवारण में सहायक होना (Assisting the Students in Solving Mental Complexes of the Students)*: अनेक छात्र स्कूल आने से पूर्व एवं स्कूल में भी कई मानसिक जटिलताओं से ग्रस्त होते हैं। ऐसे छात्रों के मार्गदर्शन के लिए किस प्रकार अध्यापक सहायक हो सकते हैं, इस बात का ज्ञान शिक्षा मनोविज्ञान द्वारा मिलता है।

6. *विशिष्ट एवं समस्यात्मक छात्रों के मार्गदर्शन में सहायक होना (Assisting the Exceptional and Problem Children in Providing Guidance)*: विशिष्ट एवं समस्यात्मक छात्रों की विशेष समस्याएँ होती हैं। शिक्षा मनोविज्ञान द्वारा अध्यापक इनकी पर्याप्त जानकारी प्राप्त करके उनके मार्गदर्शन का कार्य प्रभावपूर्ण ढंग से कर सकता है।

7. *शिक्षा मनोविज्ञान द्वारा अनुशासन में सहायता देना (Helping in Disciplinary Problems)*: शिक्षा मनोविज्ञान द्वारा हमें पता चलता है कि जिस प्रकार केवल बाँध बनाने से नदियों के बहाव नहीं रुका करते और जल रोकने के लिए कोई और मार्ग भी देना होता है, इसी प्रकार छात्रों की शक्ति को दबाकर अनुशासन स्थापित नहीं किया जा सकता। उनकी उत्तेजित शक्तियों को रचनात्मक रूप देना होगा। भय और दण्ड के स्थान पर उचित मात्रा में प्रेम, सहयोग तथा स्वयं अपने उत्तरदायित्वों को निभाने की इच्छाशक्ति छात्रों में शिक्षा मनोविज्ञान के ज्ञान से अध्यापक निर्माण कर सकता है।

8. *पाठान्तर क्रियाओं के आयोजन में सहायक होना (Assisting in Organising Co-curricular Activities)*: शिक्षा मनोविज्ञान द्वारा अध्यापक को यह जानकारी प्राप्त होती है कि कक्षा में शिक्षण के अतिरिक्त शिक्षा देने का तथा शिक्षा प्राप्त करने का एक और भी बहुत महत्त्वपूर्ण साधन विद्यालय में पाठान्तर क्रियाओं का आयोजन है। शिक्षा मनोविज्ञान से अध्यापक को इस बात में बहुत सहायता मिलती है कि वह किस प्रकार विद्यार्थियों की रुचियों, अभिरुचियों तथा अपेक्षित योग्यताओं के अनुसार विद्यालय में तथा विद्यालय से बाहर छात्रों के लिए विभिन्न प्रकार की पाठान्तर क्रियाओं का आयोजन कर सकता है।

9. *छात्रों के उचित निर्देशन एवं परामर्श में शिक्षा मनोविज्ञान की सहायक होना*

(*Assisting All Students in Guidance and Councelling*): शिक्षा मनोविज्ञान के ज्ञान द्वारा एक अध्यापक छात्रों का व्यक्तिगत, शैक्षिक, व्यावसायिक तथा अन्य प्रकार का निर्देशन एवं परामर्श कुशलतापूर्वक कर सकता है।

10. *मापन तथा मूल्यांकन में सहायक होना* (*Assisting in Evaluation*): शिक्षा मनोविज्ञान द्वारा छात्रों की शैक्षिक योग्यता, क्षमता, व्यवहार और व्यक्तित्व के मूल्यांकन करने की वांछित कुशलता अध्यापक में आ जाती है।

11. *क्रियात्मक अनुसंधान करने में सहायक होना* (*Assisting in Action Research*): शिक्षा मनोविज्ञान का ज्ञान अधयापक को शिक्षा के क्षेत्र में अनुसंधान कार्य में रुचि बढ़ाने, उसे संपादित करने तथा उसके परिणाम से लाभ उठाने की योग्यता विकसित करने से पर्याप्त सहायता करता है।

12. *छात्रों के अचेतन मन को समझने में सहायक होना* (*Assisting in Understanding the Unconscious Mind of the Students*): इसमें कोई सन्देह नहीं है कि अचेतन मन छात्रों के मन का मुख्य भाग है तथा उनके विकास में इसका महत्त्वपूर्ण स्थान है। शिक्षा मनोविज्ञान अध्यापक को छात्रों के अचेतन मन से परिचित होने में सहायता प्रदान करता है।

13. *मानसिक स्वास्थ्य के ज्ञान में सहायक होना* (*Assisting in Understanding Mental Hygiene*): माना जाता है कि संतुलित व्यक्तित्व का आधार मानसिक स्वास्थ्य होता है। उसे रीड की हड्डी की संज्ञा दी जाती है मानसिक स्वास्थ्य का ज्ञान छात्रों की मानसिक चिन्ताओं, खिंचावों तथा विरोधाभासों को जानने में सहायता करता है। अध्यापक उनको मानसिक ज्ञान के द्वारा उचित दिशा प्रदान करता है।

14. *अध्यापकों को अच्छे सम्बन्ध स्थापित करने में सहायक होना* (Assisting Teachers in Developing Good Relations): अध्यापक अनेक वर्गों विशेषकर छात्र, अभिभावक तथा अन्य शिक्षक आदि के सम्पर्क में आता है। शिक्षा मनोविज्ञान उसे विवेकपूर्ण दृष्टिकोण अपनाने में सहायक होता है।

15. *शिक्षा मनोविज्ञान के ज्ञान से अध्यापक को अपने को समझने में सहायता देना* (*Assisting the Teacher in Understanding Himself*): शिक्षा मनोविज्ञान के अध्ययन से अध्यापक की अपने व्यक्तित्व को जानने तथा विकास करने की क्षमता बढ़ती है। वह इस बात की भी जानकारी प्राप्त करता है कि उसका अपना मानसिक स्वास्थ्य कैसे ठीक रह सकता है। छात्रों के प्रति उसके दृष्टिकोण में भी उचित परिवर्तन आ जाता है।

सारांश: अधिगमकर्त्ता-मनोविज्ञान अथवा शिक्षा मनोविज्ञान निम्नलिखित कार्यों में शिक्षक विशेष सहायता देता है:

1. अधिगमकर्त्ता को पहचानना—उसकी क्षमताओं को जानना।
2. कक्षा में विभिन्न अधिगमकर्त्ताओं की विभिन्नताओं का जानना तथा तदनुसार उपयुक्त शैक्षिक वातावरण निर्माण करना।
3. शिक्षण विधियों की उचित जानकारी प्राप्त करना तथा उनका प्रयोग करना।
4. अधिगमकर्त्ता का सर्वांगीण विकास करना।

3

बाल विकास अध्ययन, बाल मनोविज्ञान तथा शिक्षा मनोविज्ञान

(Child Development, Child Psychology and Educational Psychology)

3.1 बाल विकास अध्ययन का अर्थ (Meaning of Child Study)

बाल विकास अध्ययन वह अध्ययन है जिसमें मुख्यत: बालक के रूप, व्यवहार, रूचियों और लक्ष्यों में होने वाले उन विशिष्ट परिवर्तनों की खोज पर बल दिया जाता है, जो उसके एक विकासात्मक अवस्था से दूसरी विकासात्मक अवस्था में पर्दापण करते समय होते हैं। बाल-विकास में साथ ही साथ यह खोज करने का भी प्रयास किया जाता है कि यह परिवर्तन कब होते हैं, इसके क्या कारण हैं और वह वैयक्तिक हैं या सार्वभौमिक। इन परिवर्तनों को सही दिशा किस प्रकार दी जा सकती है। इस कार्य में परिवार, अध्यापक तथा समुदाय तथा समाज किस प्रकार योगदान दे सकते हैं-आदि विषयों पर चर्चा की जाती है।

बाल मनोविज्ञान का अर्थ तथा परिभाषा (Meaning and Definition of Child Psychology): बाल मनोविज्ञान का अर्थ स्पष्ट करने के लिए निम्नलिखित परिभाषाएँ दी जा रही हैं:

क्रो और क्रो (1958) के अनुसार, "बाल-मनोविज्ञान वह वैज्ञानिक अध्ययन है जो व्यक्ति के विकास का अध्ययन गर्भकाल के प्रारम्भ से किशोरावस्था की प्रारम्भिक अवस्था तक करता है।"

जेम्स ड्रेवर (1968) के अनुसार, "बाल-मनोविज्ञान मनोविज्ञान की वह शाखा है जिसमें जन्म से परिपक्ववस्था तक विकसित हो रहे मानव का अध्ययन किया जाता है।"

आइजेक (1972) के अनुसार, "बाल-मनोविज्ञान का सम्बन्ध बालक में मनोवैज्ञानिक प्रक्रियाओं के विकास से है। गर्भकालीन अवस्था, जन्म, शैशववस्था, बाल्यावस्था, किशोरावस्था और परिपक्ववस्था तक कं बालक की मनोवैज्ञानिक विकास-प्रक्रियाओं का अध्ययन किया जाता है।"

शिक्षा मनोविज्ञान का अर्थ (Meaning of Educational Psychology): शिक्षा मनोविज्ञान, मनोविज्ञान की वह शाखा है जिसका सम्बन्ध बालक की शिक्षा तथा इसे

प्रभावित करने वाले कारकों से हैं। मनोविज्ञान की अनेक शाखाएँ हैं जो अब स्वतंत्र विषयों के रूप में उभरी हैं।

शिक्षा मनोविज्ञान, शिक्षा के क्षेत्र में एक विस्तृत प्रत्यय है। इसमें अनेक वर्गों की शिक्षा आ जाती है, जैसे शिशु शिक्षा, बाल शिक्षा, किशोर शिक्षा, वयस्क शिक्षा तथा वरीष्ठि शिक्षा जहाँ पर बाल शिक्षा तथा पूर्व किशोर शिक्षा के पक्षों पर विशेष रूप से चर्चा की गई है।

3.2 बाल विकास नामावली का प्रचलन (Use of Child Development: Nomenclature)

बाल मनोविज्ञान का आधुनिक नाम ही बाल-विकास है। आधुनिक मनोवैज्ञानिक प्राय: बाल-मनोविज्ञान के स्थान पर बाल-विकास शब्द का प्रयोग करने लगे हैं। मनोवैज्ञानिकों ने बाल-मनोविज्ञान को उस समय बाल-विकास कहना शुरू किया जब बाल-मनोविज्ञान का क्षेत्र बाल्यावस्था से युवावस्था तक हो गया। यहां युवावस्था के युवक का अभिप्राय उस व्यक्ति से है जो यद्यपि यौन की दृष्टि से परिपक्व होता है परन्तु उसे प्रौढ़ावस्था से सम्बन्धित उत्तरदायित्वों, अधिकारों और सुविधाओं को परखने की दृष्टि से परिपक्व नहीं समझा जाता है। बीसवीं शताब्दी के आरम्भ में मनोवैज्ञानिकों के अध्ययन नवजात शिशुओं की शारीरिक और मानसिक विशेषताओं तथा बालकों की भाषा, रूचि, संवेग तथा खेल से सम्बन्धित थे। इस प्रकार के अध्ययन जिस शाखा द्वारा किए जाते थे उसे बाल-मनोविज्ञान कहा जाता था। धीरे-धीरे बाल-मनोविज्ञान की लोकप्रियता बढ़ने लगी। बाल-मनोविज्ञान का क्षेत्र बढ़ता गया और बाल विकास ने बाल मनोविज्ञान का स्थान ले लिया।

3.3 बाल विकास अध्ययन का क्षेत्र (Scope of Child Development Study)

बाल-विकास अध्ययन के क्षेत्र को तीन भागों में विभक्त किया जा सकता है:

1. **बाल-विकास का विवरणात्मक क्षेत्र:** इसमें विभिन्न अवस्थाओं या आयुक्रमों में बालक की क्षमताओं, योग्यताओं एवं व्यवहारों के विकास का अध्ययन किया जाता है।

2. **बाल-विकास का विवेचनात्मक क्षेत्र:** बाल-मनोविज्ञान केवल व्यक्तिगत अध्ययनों तक सीमित नहीं है वरन् सामूहिक अध्ययनों के माध्यम से विकास सम्बन्धी मापदण्डों का भी निर्माण करता है।

बाल विकास के आधार मनोवैज्ञानिक आधार के अतिरिक्त दार्शनिक और सामाजिक आधार भी हैं।

3. **बाल-विकास का विश्लेषणात्मक क्षेत्र:** यह क्षेत्र बाल-विकास की समस्याओं का विश्लेषण तथा उनका निदान खोजने से सम्बन्धित है।

बाल-विकास विषय के अन्तर्गत निम्नलिखित बातों का अध्ययन किया जाता है:

1. विकासशील मानव की आधारभूत यान्त्रिकी और गतिशीलता का अध्ययन।
2. बालक तथा वातावरण का अध्ययन।
3. बाल-व्यवहार और अंत:क्रियाओं का अध्ययन।
4. बालक की मानसिक क्रियाओं का अध्ययन।
5. बालक की वैयक्तिक भिन्नताओं का अध्ययन।
6. बालक का मूल्यांकन।

7. असामान्य बालकों का अध्ययन।
8. बालकों की समायोजन सम्बन्धी समस्याओं का अध्ययन।
9. बालकों के प्रशिक्षण आदि समस्याओं का अध्ययन।

3.4 प्राथमिक स्कूल अध्यापक को बाल-विकास अध्ययन की उपादेयता अथवा उपयोगिता (Relevance of Child Development for the Elementary School Teacher)

भूमिका (Introduction): आधुनिक युग में बाल-विकास विषय का अध्ययन कई दृष्टियों से महत्वपूर्ण है। इस दिशा में हुए अध्ययनों से न केवल बालकों का ही कल्याण हुआ है, बल्कि माता-पिता को बालकों को समझने में बहुत सुविधा भी मिली है। प्रत्यक्ष और अप्रत्यक्ष रूप से मानव समाज का कल्याण भी हुआ है। बाल-विकास के अध्ययन से बालकों के जीवन को सुखी बनाया जा सकता है। बालकों के व्यवहार को प्रशसंनीय और उनके जीवन को समृद्धशाली बनाया जा सकता है। बाल-विकास के अध्ययन से शिक्षक, बाल-सुधारक, बाल-चिकित्सक और अभिभावक आदि सभी लाभान्वित होते हैं।

जिस प्रकार मकान की आधारशिला उसकी अन्य संरचना से अधिक महत्वपूर्ण होती है। इसी प्रकार प्रत्येक बच्चे का प्रारम्भिक विकास बाद के विकास की अपेक्षा अधिक महत्वपूर्ण होता है। इस तथ्य का वैज्ञानिक सत्यापन सर्वप्रथम *फ्रायड* (S. Freud, 1953) ने अपने प्रारम्भिक अध्ययनों में किया। आधुनिक अध्ययनों से स्पष्ट हुआ है कि जो बच्चे शैशववस्था और बाल्यावस्था में कुसुमोयोजित होते हैं, उनका समायोजन आगे चलकर दुर्बल ही रहता है तथा प्रारम्भिक विकास-अवस्थाओं में जो बालक समस्यात्मक बालक होते हैं, आगे चलकर ऐसे बालक भाषा शुद्धि, अंथवा शैक्षिक उपलब्धि आदि में कठिनाई का अनुभव करते हैं। अभिवृत्ति और मूल्यों के क्षेत्र में हुए अध्ययनों से पता चला है कि व्यक्ति की अभिवृत्तियां और मूल्य जिस प्रकार की बन जाती है, व्यक्ति आयु-वृद्धि के साथ-साथ इन पर दृढ़ होते जाते हैं। वे जीवन के विकास के साथ-साथ अभिवृत्तियों और मूल्यों को बदलना कम पसन्द करते हैं।

प्राथमिक स्कूल अध्यापक तथा बाल-विकास अध्ययन (Elementary School Teacher and Child Study): अध्यापक ने बालकों के व्यवहार तथा व्यक्तित्व को एक नया रूप देना होता है। व्यवहार तथा व्यक्तित्व की गहराइयों में अचेत मन की शक्तियां तथा मूल प्रवृत्तियां काम कर रही होती हैं। इन शक्तियों को केवल बालविकास अध्ययन के द्वारा ही समझा जा सकता है। इसलिए बाल विकास अध्ययन की आवश्यकता है। बाल विकास अध्ययन द्वारा अध्यापक को निम्नलिखित लाभ होते हैं। दूसरे शब्दों में बाल विकास अध्ययन की निम्नलिखित उपादेयता है:

1. *बालकों के स्वभाव को समझाने में सहायता*: बाल विकास अध्ययन से अध्यापकों को बालकों के स्वभाव को समझने में बहुत सहायता मिलती है। अध्यापक छात्रों की विभिन्न शारीरिक, मानसिक एवं अन्त:क्रियाओं की विशेषताओं से परिचित होते हैं।

2. *बालकों के शिक्षण में उपयोगी*: अध्यापकों के लिए बालकों को सिखाने में, उनकी शिक्षा और प्रशिक्षण में बाल विकास का ज्ञान बहुत उपयोगी है।

3. *बालकों के विकास को समझने में सहायक*: बालकों में विभिन्नताएं पाई जाती हैं।

उनका विकास विभिन्न अवस्थाओं पर किस प्रकार से होना चाहिए, यह समझने के लिए बालविकास बहुत सहायक होता है। बाल-मनोवैज्ञानिकों ने इस संदर्भ में अनेक मापदण्डों एवं मानकों की सूचियां बनाई हैं जो अध्यापकों के लिए बहुत लाभप्रद हैं।

4. *बालकों के लिए उपयुक्त वातावरण बनाने में उपयोगी*: भिन्न-भिन्न स्तरों पर बालकों की क्या-क्या रूचियां होती हैं, वे क्या-क्या पसन्द करते हैं। इन सबका ज्ञान बालविकास अध्ययन से प्राप्त होता है।

5. *बालकों के व्यक्तित्व विकास को समझने में उपयोगी*: भिन्न-भिन्न आयु-स्तरों पर बालकों के विकास को कौन-कौन से तत्व प्रभावित करते हैं, उनका व्यक्तित्व विकास किस प्रकार से असामान्य हो जाता है, आदि प्रश्नों का समाधान निकालने में बाल विकास ज्ञान सहायक होता है।

6. *बालकों के व्यवहार में सहायक*: बाल विकास अध्ययन बालकों के व्यवहार सुधारने में सहायता देता है। इसकी सहायता से बालकों के बुरे व्यवहार और आदतों को कम किया जा सकता है।

7. *बाल निर्देशन में सहायक*: बालकों की रूचियों एवं कौशलों का अध्ययन करके उन्हें अधिक योग्य तथा कुशल बनाया जा सकता है।

8. *सुखी पारिवारिक जीवन बनाने में सहायक*: बाल विकास के अध्ययन से बच्चों को चरित्रवान, गुणवान तथा आज्ञाकारी बनाया जा सकता है। ऐसे बच्चे घर के सुख-शान्ति एवं समृद्ध में सहायक होते हैं।

उपसंहार: बच्चे हमारे राष्ट्र के भावी निर्माता हैं। उनका पूर्ण शारीरिक विकास किस प्रकार होता है। उनके भाव तथा संवेग कितने प्रकार के होते हैं। मानसिक अथवा बौद्धिक विकास के लिए किस प्रकार के अनुभव उनके लिए आवश्यक हैं आदि प्रश्नों का उत्तर हमें बाल-विकास के अध्ययन से प्राप्त होते हैं।

3.5 बाल विकास प्रक्रिया के आधारभूत तथ्य तथा अध्यापक का उन्हें जानना (Basic Facts Regarding Child's Development and Teacher's Understanding About them)

एक सफल अध्यापक के लिए यह अत्यन्त महत्वपूर्ण है कि वह बाल विकास में स्वस्थ भूमिका निभाने के लिए महत्वपूर्ण निम्नलिखित तथ्यों पर विशेष ध्यान दें:

1. *किसका विकास करना है*: बालक ने सीखना है, और उसी का ही विकास करना है। अतः सबसे महत्वपूर्ण बात है बालक को 'जानना' और 'समझना'। बालक की रुचियों, अभिरुचियों तथा क्षमताओं के बारे में अध्यापक को पूरी जानकारी होनी चाहिए।

2. *किसने विकास करना है*: अध्यापक ने। इसलिए उसे जहां तक सम्भव हो, अपने आप को जानना और समझना बहुत जरूरी है। उसे अपने व्यक्तित्व तथा उदाहरण द्वारा बालक का ठीक दिशा में मार्गदर्शन करना होगा। वह अपने अन्दर अच्छे गुणों का निर्माण करें।

3. *कहां विकास होना है*: स्कूल में। स्कूल का अर्थ महज शिक्षकों और बालकों का समूह या संग्रह नहीं होता है। स्कूल का अपना एक व्यक्तितत्व होता है। एक वातावरण होता है। एक आदर्श होता है– बच्चों की सर्वांग उन्नति - सामाजिक, शारीरिक, मानसिक, आध्यात्मिक, भावात्मक, कलात्मक, नैतिक आदि।

4. *विकास क्यों करना है:* बच्चों का विकास इस कारण करना है कि वह समाज में एक सभ्य नागरिक के नाते अपने कर्त्तव्यों एवं अधिकारों की उचित जानकारी प्राप्त कर सकें।

5. *विकास की क्या अवस्थाएं हैं:* विकास की विभिन्न अवस्थाएं होती हैं जिन्हें अध्यापक अवश्य जाने।

6. *विकास कैसे हो:* बच्चों में अनेक प्रकार की भिन्नताएं होती हैं। वास्तव में हर बच्चा दूसरे से अलग होता है और इन व्यक्तिगत भिन्नताओं को अध्यापक के लिए जानना बहुत आवश्यक है।

7. *विकास की विधियां कौन-सी हैं:* एक अध्यापक केवल एक ही विधि पर निर्भर नहीं रह सकता। उसे शिक्षण एवं बाल विकास का उचित सैद्धान्तिक ज्ञान तथा व्यावहारिक अनुभव प्राप्त करना चाहिए।

3.6 बालक की प्रकृति, विकास तथा शिक्षण के बारे में विद्वानों के विचार (Views of Scholars on the Nature of the Child, Development and Teaching)

बालक के समुचित विकास तथा शिक्षा के लिए अत्यन्त आवश्यक है कि शिक्षक, अभिभावक तथा अन्य सभी वर्ग जिनका सम्बन्ध बालक के विकास तथा शिक्षा से है, बालक की प्रकृति को भली-भाँति समझें तथा तदनुसार उचित वातावरण प्रदान करें। बालक की प्रकृति सम्बन्धी कुछ प्रमुख विचार तथा तत्व नीचे दिए गए हैं:

विद्वानों के विचार

"बाल्यकाल में ज्ञानेन्द्रियों की शिक्षा ही सबसे उत्तम शिक्षा है।"

–रूसो, फ्रांस का शिक्षाविद् (Rousseau, 1712–1778)

"जिस प्रकार वृक्ष पर्यावरण से पोषण सामग्री लेकर स्वतः बढ़ता है उसी प्रकार बालक की छिपी शक्तियाँ जीवन में विकसित होती हैं। शिक्षक को पर्यावरण प्रस्तुत करने में माली का सा काम करना चाहिए।" *–पेस्तेलाजी (Pestalozzi, 1746-1827)*

"बालक स्वयं विकासोन्मुख होने वाला पौधा है।"

–फ्रोबेल–एक जर्मन शिक्षाशास्त्री (Froebel, 1782-1852)

"यदि कोई भी शैक्षणिक कार्य प्रभावशाली हो सकता है तो केवल वही जो बच्चे के व्यक्तित्व के पूर्ण विकास में सहायक सिद्ध हो क्योंकि बच्चे का शरीर बढ़ता है, आत्मा विकसित होती है। ये दोनों शारीरिक और मानसिक स्वरूप एक ही शाश्वत जीवन के दो रूप हैं। *–मेरिया माण्टेसरी (Maria Montessori, 1870-1952)*

भारतीय शिक्षाविदों के विचार

"धन्य हैं वे माता-पिता जो गर्भ धारण से लेकर जब तक सन्तान की शिक्षा पूरी न हो, तब तक सुशीलता का उपदेश देते हैं तथा आचरण करते हैं।"

–स्वामी दयानन्द (Swami Dayanand, 1824-1883)

"बालक कोमल, अनजान और मधुर है।"

–रवीन्द्रनाथ टैगोर (Rabindranath Tagore, 1861-1941)

''पौधा अपनी प्रकृति के अनुसार विकास अपने-आप ही करता है। बालक भी अपना विकास आप ही करता है। तुम केवल बाधाओं को दूर कर सकते हो, बस ज्ञान अपने स्वाभाविक रूप से प्रकट हो जाएगा।''

–स्वामी विवेकानन्द (Swami Vivekanand, 1863–1902)

''बालक को तन, मन और आत्मा की पूरी शिक्षा हस्तशिल्प के माध्यम से देनी होगी।'' *–महात्मा गाँधी (Mahatma Gandhi, 1869-1948)*

''बच्चे को ईश्वर का अंश समझिए। न वह आपकी सम्पत्ति है, न वह आपका खिलौना। वह तो आपके पास ईश्वर और मनुष्यता की एक धरोहर है।''

–डॉ. जाकिर हुसैन (Dr. Zakir Hussain 1897-1969)

3.7 बालक की प्रकृति के बारे में कुछ महत्त्वपूर्ण तथ्य (Significant Facts about Child Nature)

1. बालक जन्म के समय अपने साथ कई जन्मजात विशेषताएँ, कुशलताएँ तथा शक्तियाँ आदि लेकर संसार में आता है। वह कोरा कागज या खाली स्लेट की भाँति नहीं होता है। इनका विकास करना अत्यन्त आवश्यक है।

2. बालक के विकास पर केवल उसकी वंश-परम्परा का ही प्रभाव नहीं पड़ता, वरन् उसके चारों ओर के वातावरण तथा अभिप्रेरणा का भी उस पर बहुत प्रभाव पड़ता है। अत: बालक के व्यक्तित्व का विकास उसकी वंश-परम्परा, वातावरण और अभिप्रेरणा के संयुक्त प्रभावों पर आधारित है।

3. बालक की सहज प्रवृत्तियाँ प्रकृति ने प्रदान की हैं। उसे न बहुत उकसाकर बिगाड़िए, न बहुत दबाकर।

4. बालकों में व्यक्तिगत अन्तर पाए जाते हैं। अत: प्रत्येक बालक को उसकी अपनी मौलिक विशेषताओं के अनुसार विकसित होने के अवसर मिलने चाहिए।

5. सुप्रसिद्ध मनोवैज्ञानिक एरिक एच. एरिकसन के अनुसार बालकों में जबरदस्त प्राणशक्ति या जोश है। इस शक्ति को कुचलना--जैसाकि प्राय: माता-पिता और शिक्षक करते हैं–एक गम्भीर पाप है।

6. बच्चों में बहुत जिज्ञासा होती है। वे खाली बर्तनों, वस्तुओं, जगहों में ताक-झाँक करते हैं, घड़ी, छोटी-बड़ी चीजों, मशीनों आदि को उठा, उलट-पुलटकर यह देखना चाहते हैं कि उनमें क्या है? उनकी जिज्ञासा, प्रकृति के वातावरण में व्याप्त सभी प्रकार की वस्तुओं, घटनाओं, परिवर्तनों के बारे में हो सकती है।

छोटे बच्चे नया बालक पैदा होने पर जिज्ञासावश पूछते ही हैं कि यह कहाँ से आया है। जहाँ तक सम्भव हो सके, बच्चों की जिज्ञासा पूरी करनी चाहिए।

7. जिज्ञासा के साथ-ही-साथ बालकों में अभूतपूर्व कल्पनाशक्ति होती है। कल्पना एक महान् भेंट है। अधिकांश बालक इससे धनी रूप से सम्पन्न होते हैं। इस कल्पनाशक्ति को क्रियात्मक रूप दिया जाना चाहिए।

बालकों को कल्पनाशील कहानियों में बहुत रुचि होती है। पशु-पक्षियों, अनजाने बालकों, परियों आदि की कहानियाँ सुनने में बड़ा आनन्द आता है। जब उन्हें पशु-पक्षियों

के चित्र दिखाते हुए कोई कहानी कही जाती है या कोई बात बतलाई जाती है, तो उनकी कल्पना सजीव हो उठती है।

8. झूठमूठ में रुचि–बालकों को झूठमूठ में बहुत रुचि होती है। वे झूठमूठ की चाय, शर्बत, मिठाई बाँटते हैं, गुड़िया की शादी करते हैं, हवाई जहाज उड़ा लेते हैं। कभी-कभी तो वे इस झूठमूठ की दुनिया में ही जीते हैं।

बालकों की इस रुचि का विकास उचित ढंग से किया जाए।

9. बालक अपनी शारीरिक कमजोरी व असमर्थताओं को स्वीकार करना नहीं चाहता। इसके लिए वह अपने बड़ों का अनुसरण करता है। इस अनुसरण के साथ-साथ ही होड़ चलती रहती है। बालक यह होड़ अपने भाई-बहिनों व निकटतम बड़ों के साथ करता है। इस प्रवृत्ति को उचित दिशा में मोड़ा जाएँ।

10. बालकों में चंचलता, चपलता तथा क्रियाशीलता होती है। वे दो-तीन मिनट भी शान्ति से बैठ नहीं सकते। कुछ-न-कुछ उल्टा-सीधा करते ही रहते हैं। उनकी यह चंचलता व क्रियाशीलता निरुद्देश्य नहीं होती। ये किसी उद्देश्य से ही ऐसा करते हैं। उनमें तोड़-फोड़ की प्रवृत्ति इसीलिए होती है कि वे जानना चाहते हैं कि इस चीज में क्या है, वे नई बात या नई चीज की तलाश में रहते हैं। बड़ों के लिए जो चीज पुरानी या जानी-पहचानी हो सकती है, बाल-मन के लिए तो वह नई ही होती है। यही उसकी सृजनशीलता होती है यही मौलिकता का प्रथम बीजारोपण है। इसका पूर्ण विकास करना बहुत आवश्यक है।

11. खेल बालकों को बहुत प्यारा होता है। खेल के सहारे उनकी कई वृत्तियों को नई दिशा व नया रूप मिलता है। इसीलिए आधुनिक मनोवैज्ञानिक बालक के व्यवहार को सही दिशा में लाने के लिए खेल उपचार का प्रयोग करते हैं।

12. बालक की बुनियादी आवश्यकताओं में सुरक्षा, स्नेह, प्यार व उसकी आवश्यकताओं की पूर्ति प्रमुख हैं। जो कोई व्यक्ति उन्हें उसे प्रदान करता है, बालक उसकी ओर सहज ही आकर्षित हो जाता है। वह उसकी बात को ध्यान से सुनना, समझना व उसके अनुकूल आचरण करना चाहता है। ऐसा व्यक्ति ही उसके आचरण को सही दिशा दे सकता है।

13. शिकागो विश्वविद्यालय के शिक्षाशास्त्र के प्राध्यापक बैंजामिन ब्लूम ने 1000 बालकों के ऊपर किए गए अपने शोध अध्ययन के द्वारा बतलाया है। बच्चे का प्रथम चार वर्षों में ही बुद्धि सम्भाव्य का इतना विकास हो चुका होता है, जितना कि आगामी 13 वर्षों में होने को है, 6 वर्ष की आयु तक पहुँचने पर वह लगभग 17 वर्ष प्राप्त की जा सकने वाली बुद्धि का दो-तिहाई भाग प्राप्त कर चुका होता है। 4 से 6 वर्ष की अवधि में बुद्धि-परिवर्तन सम्भव है पर अत्यन्त कठिन, और ज्यों-ज्यों आयु बढ़ती है, यह परिवर्तन प्राय: असम्भव हो जाता है।

14. सुप्रसिद्ध मनोवैज्ञानिक जीन प्याजे ने बालक के मानसिक विकास के निम्नांकित पाँच प्रमुख चरण बतलाए हैं:

(क) *समवेदनात्मक काल (जन्म से 2 वर्ष)*: इसमें बालक अपनी मांसपेशियों पर नियंत्रण करता है और एक प्रकार की चीजों को दूसरे प्रकार की चीजों से अलग करने में असमर्थ होता है।

(ख) *प्रीऑपरेटिव काल (2 से 7 वर्ष)*: इसमें बालक अपनी सूझबूझ से तर्क कर

सकता है, वह वस्तुओं के नाम बतला सकता है, लेकिन वस्तुओं के वर्गों के नहीं।

(ग) *कंसर्व ऑपरेशन स्थिति (7 से 11 वर्ष)*: इसमें बालक वस्तुओं, वर्गों और सम्बन्धों को तो तर्कपूर्ण ढंग से बतला सकता है, लेकिन मौलिक रूप से सम्प्रत्ययों को नहीं बता सकता।

(घ) *फॉर्मल ऑपरेशन काल (11 से 15 वर्ष)*: इसमें बालक सम्प्रत्ययों की परिभाषा कर सकता है और तार्किक, व्यवस्थित और सांकेतिक ढंग से तर्क कर सकता है।

इन्हीं तथ्यों के आधार पर प्याजे का कहना है, "बालक उपयुक्त प्रकार के वातावरण से बहुत अधिक लाभान्वित हो सकता है, जिसमें वह स्वच्छन्दता और निरन्तरता से उपयुक्त प्रकार की समाज सामग्री के साथ कार्य कर सके। ऐसी सामग्री इस प्रकार की होनी चाहिए जो वर्गीकरण, क्रमीकरण, गिनना, ज्योमिति या स्थल सम्बन्धी करने की अनुमति दे, अर्थात् जो बालक के तार्किक-गणितीय क्रियाओं के निर्माण में, जो 7 या 8 वर्ष की आयु पर आरम्भ होते हैं, सहायता दे।

15. बच्चे अनुकरण (इमिटेशन), अन्तरीकरण (इंटिमेटाइजेशन) व पहचान (आइडेन्टिटी) के माध्यम से सीखते हैं; उनके सामने जैसे नमूने प्रस्तुत किए जाते हैं, वैसे ही वे सीख जाते हैं।

16. बालकों का सीखना वास्तविकता के सन्दर्भ में होता है। गूढ़ प्रकृति के सिद्धान्तों को समझना उनके लिए कठिन होता है।

17. सामूहिक क्रियाओं में भाग लेकर सीखना बालकों के लिए बहुत सुलभ और उपयोगी होता है।

18. आधुनिक युग में बालक जनसंचार के साधन–रेडियो, टेलीविजन, फिल्म, पत्र-पत्रिकाओं, कार्टून व कॉमिक पठन सामग्री से तथा विज्ञान व तकनीकी की प्रगति से बहुत अधिक प्रभावित होते हैं। अतः उनकी सामाजिक चेतना व संवेदनशीलता बहुत विकसित स्तर की पाई जाती है। सीखने और खोजने के उनके प्रयास में उनकी खुशी उनकी आँखों में चमक पैदा कर देती है। बच्चों के विकास के लिए इन साधनों का पूरा-पूरा उपयोग किया जाना चाहिए।

19. बालकों में आत्मसम्मान का भाव होता है। वे अपनी प्रशंसा व सम्मान पाकर अधिक अच्छा व्यवहार व कार्य करते हैं, परन्तु फटकार या झिटकार से उनके आत्मसम्मान तथा आत्मगौरव को ठेस लगती है और उनकी शक्तियों व अच्छाइयों का दमन होता है। शिक्षकों तथा अभिभावकों को इस बात पर सदा ध्यान रखना चाहिए।

20. बालक बहुत अधिक सुझावशील होते हैं। उन पर बड़ों के सुझावों का बहुत अधिक प्रभाव पड़ता है। इसलिए बड़ों को अत्यन्त सावधानी से बर्ताव करना चाहिए।

उपसंहार: उपर्युक्त सभी विशेषताओं को ध्यान में रखने पर ही बालकों को सही ढंग से समझा जा सकता है। अभिभावकों तथा शिक्षकों के लिए यह आवश्यक है कि वे बालकों को बेजान मिट्टी का ठेला न समझें, अपितु शक्तिशाली सम्भावनाओं से भरपूर विकासशील प्राणी समझें, तदनुसार वे उचित व्यवहार तथा शिक्षण की व्यवस्था करें।

4

बाल्यावस्था एवं पूर्व किशोरावस्था पर अधिगमकर्त्ता के व्यवहार को जानने के उपागम
(Approaches to Understand Learner's Behaviour at Childhood and Pre-adolescence Stages)

4.1 बाल्यावस्था तथा पूर्व किशोरावस्था का अर्थ
(Meaning of Childhood Stage and Pre-Adolescence Stage)

बाल्यावस्था तथा पूर्व क्रिशोर अवस्थाओं के कार्यकाल के बारे में मनोवैज्ञानिकों की एक राय नहीं है। प्राय: बाल्यावस्था का काल 6 वर्ष की आयु से लेकर 12 वर्ष का आयु के बीच माना जाता है तथा पूर्व किशोरावस्था का काल 13-14 वर्ष की आयु के बीच वैसे विभिन्न अवस्थाओं में कोई निश्चित रेखा नहीं खींची जाती। प्राथमिक कक्षाओं अर्थात् कक्षा 1 से 5 का सम्बन्ध बाल्यकाल के 6 वर्ष तथा 11-12 वर्ष के बीच है तथा ऊपर प्राथमिक के दो वर्ष 12-14 वर्ष की आयु को पूर्व किशोर अवस्था से

4.2 व्यवहार जानने की आवश्यकता
(Need for Understanding the Behaviour)

बाल्य अवस्था तथा पूर्व किशोर अवस्थाओं में विकास के लिए छात्रों की नैसर्गिक शक्तियों, रूचियों, अभिरूचियों, अभियोग्यताओं आदि का अधिगम ज्ञान प्राप्त करना अत्यन्त आवश्यक है। उनकी शक्तियों तथा कमियों के ज्ञान से ही उनके सर्वांगीण विकास के लिए उपयुक्त क्रियाओं का आयोजन करना होगा। उनको भली प्रकार से जाने बिना तथा अध्ययन किए बिना हमारे प्रयास वांछित/फल नहीं दे सकते।

4.3 उपागमों का अर्थ (Meaning of Approaches)

उपागमों का अर्थ प्राय: विधियों के अर्थ के रूप में ही लिया जाता है। शिक्षा मनोविज्ञान में केवल कुछ ही लेखक बालकों के व्यवहार को समझने के लिए उपागम शब्दावली का प्रयोग करते हैं। मनोविज्ञान की प्रचलित पुस्तकों में अधिकतर विधियाँ शब्दावली का प्रयोग किया गया है। इसी प्रकार निर्देशन तथा मार्गदर्शन पुस्तकों में भी इसी शब्दावली को अपनाया गया है।

उपागमों का अर्थ उन दृष्टिकोणों से है जो अधिगमकर्ता अथवा सीखने वालो के व्यवहार को जानने के लिए किए जाते हैं। इन उपागमों से छात्र के व्यवहार में जानकारी प्राप्त करके उनमें उनकी क्षमताओं, योग्यताओं, रूचियों, अभिरूचियों, अभियोग्यताओं, तथा रूझानों का पता लगाया जाता है।

उपागमों में अनेक प्रकार की विधियों, तकनीकों तथा उपकरणों का प्रयोग लिया जाता है।

4.4 अधिगमकता के व्यवहार जानने के उपागम (Approaches to Understand the Behaviour of the Learner)

अधिगमकर्ता के व्यवहार का अध्ययन करने के उपागमों को निम्न दो भागों में बांटा जाता है:

1. व्यवहार अध्ययन के आत्मनिष्ठ उपागम (Subjective Approaches to the Study of Behaviour)
2. व्यवहार अध्ययन के वस्तुनिष्ठ उपागम (Objective Approaches to the Study of Behaviour).

व्यवहार अध्ययन को आत्मनिष्ठ उपागम (Subjective Approaches to the Study of Behaviour)

1. आकस्मिक निरीक्षण अभिलेख (Anecdotal Record)
2. आत्मकथा (Autobiography)
3. क्रम धारण मापदण्ड (Rating Scale)
4. अन्तदर्शन उपागम (Introspection)
5. समाजमिति (Sociometry)
6. प्रश्नावली (Questionnaire)

4.5 आकस्मिक निरीक्षण अभिलेख (Anecdotal Record)

आकस्मिक निरीक्षण अभिलेख का अर्थ (Meaning of Anecdotal): आकस्मिक निरीक्षण अभिलेख का अर्थ उस अभिलेख से है जिसमें कुछ महत्त्वपूर्ण घटनाओं का विवरण रहता है जो छात्र के स्कूली जीवन में अचानक घटित होती हैं तथा जिनका तत्काल अध्यापक अथवा परामर्शदाता द्वारा अवलोकन किया जाता है

आकस्मिक निरीक्षण अभिलेख की परिभाषा मनोविदों द्वारा इस प्रकार दी गई है:

1. *रेथ्स ल्युइस* (*Raths Louis*): "किसी छात्र के जीवन की महत्त्वपूर्ण घटना का प्रतिवेदन ही आकस्मिक निरीक्षण अभिलेख है।

2. *आर्थर जे. जोन्स* (*A.J. Jones*): "सम्भावित महत्त्वपूर्ण घटनाओं का घटना-स्थल (on the spot) पर वर्णन आकस्मिक निरीक्षण है। जब ये प्रतिवेदन एक साथ संग्रहीत कर दिए जाते हैं तो वे आकस्मिक निरीक्षण अभिलेख के नाम से जाने जाते हैं।"

3. *जॉन डी. विलार्ड* (*John D. Willard*): "किसी छात्र के जीवन की घटना का, जो कि निरीक्षण द्वारा महत्त्वपूर्ण समझी जाती है, सरल वर्णन ही आकस्मिक निरीक्षण अभिलेख है।"

4. स्ट्रैंग (*Strang*) के विचार में, "वास्तविक स्थिति में बच्चे के चरित्र तथा व्यक्तित्व सम्बन्धी क्रियाओं के निरीक्षण का वर्णन ही आकस्मिक निरीक्षण अभिलेख है।"

5. ब्राउन *तथा मार्टिन* (*Brown and Martin*) के शब्दों में, "आकस्मिक निरीक्षण अभिलेख छात्र के दैनिक जीवन की घटनाओं का विस्तृत विवरण होता है।"

आकस्मिक लेखन के प्रकार (Types of Anecdotal Records)

1. अभिलेख जिनमें केवल वस्तुनिष्ठ वर्णन ही होता है। कोई टीका-टिप्पणी नहीं दी जाती।
2. व्यवहार का वर्णन तथा टीका-टिप्पणी भी होती है।
3. तीसरे प्रकार में व्यवहार का वर्णन, टीका-टिप्पणी तथा उपचार का वर्णन भी होता है।
4. चौथे प्रकार में व्यवहार का वर्णन, टीका टिप्पणी, किए गए उपचार तथा भविष्य में किए जाने वाले उपचार का भी वर्णन होता है।

आकस्मिक अभिलेख का नमूना (Specimen of on Anecdotal Record)

विद्यार्थी का नाम..................................	
दिनाँक	
घटना का तथ्यात्मक वर्णन	
....	
....	
निरीक्षक..	व्याख्या तथा
दूसरी घटना का तथ्यात्मक वर्णन	संस्तुति
....	
....	
तीसरी घटना का तथ्यात्मक वर्णन	
निरीक्षक..	निरीक्षक

इस रिकॉर्ड में अन्तिम व्याख्या या सुझाव कई बार के प्रेक्षण के पश्चात् ही दिए जाने चाहिए।

आकस्मिक अभिलेख रखने में प्रमुख निर्देशन (Directions for Writing Anecdotal Record)

1. छात्रों को यह अवगत करा दिया जाए कि अध्यापक उनके व्यवहारों का आकस्मिक अध्ययन करते रहते हैं।
2. निरीक्षण यथार्थ होना चाहिए।
3. घटनाओं का वर्णन वस्तुनिष्ठ (Objective) होना चाहिए।
4. अभिलेख लिखते समय अध्यापक को चाहिए कि उस पृष्ठभूमि का संक्षिप्त वर्णन लिख ले, जिन परिस्थितियों में छात्र की व्यावहारिक प्रतिक्रिया घटित हुई।

5. मूल आलेख गुप्त रखने चाहिए।

अच्छे आकस्मिक निरीक्षण की विशेषताएँ (Characteristics of a Good Anecdotal Record)

(1)	(2)	(3)	(4)	(5)
वस्तुनिष्ठता (Objectivity)	सम्पूर्ण चित्र (Complete View)	पृष्ठ भूमि की जानकारी (Knowledge of the Background)	घटनाओं के विवरण का क्रम (Description of the Sequence of Events)	प्रमुख सूचनाएँ (Salient Informations)

आकस्मिक निरीक्षण अभिलेखों के लाभ (Advantages of Anecdotal Records)

1. छात्र के व्यक्तित्व का ठीक-ठीक वर्णन मिलता है।
2. छात्र की विभिन्न परिस्थितियों में की गई प्रतिक्रियाओं को समझने में सहायता मिलती है।
3. परामर्शदाता छात्र की समस्या को पहले से ही समझ लेता है तथा साक्षात्कार के समय उसे कार्यवाही करने में सुविधा मिलती है।
4. जब छात्र एक विद्यालय से दूसरे विद्यालय में प्रवेश लेता है तो उसके आकस्मिक निरीक्षण अभिलेख का संक्षिप्त सार उसके साथ भेजने से नए विद्यालय के अध्यापकों को छात्रों के समझने में अधिक सुविधा हो जाती है।
5. छात्र के विभिन्न पक्षों का ज्ञान प्राप्त होता है।
6. अध्यापक छात्र के पुस्तकीय ज्ञान के अतिरिक्त उसके अन्य पक्षों के विकास के बारे में सोचता है।
7. ये अभिलेख उपचारात्मक सेवाओं (Clinical Services) में लाभदायक हैं।
8. छात्र सदैव सजग रहने की चेष्टा करते हैं ताकि अध्यापक उनके बारे में अच्छी धारणा बनाएँ।
9. इन अभिलेखों के माध्यम से अध्यापक प्रत्येक छात्र की ओर अपना ध्यान दे सकता है।
10. ये अभिलेख छात्रों के शैक्षिक तथा व्यावसायिक निर्देशन में परामर्शदाता की सहायता करते हैं।
11. इन अभिलेखों से छात्र तथा अध्यापक में आत्मीयता की भावना पनपती है।
12. स्कूल में आने वाले नए अध्यापक इन अभिलेखों का अध्ययन करके कम समय में ही छात्रों के बारे में आवश्यक जानकारी प्राप्त कर लेते हैं।
13. आकस्मिक निरीक्षण अभिलेखों की सहायता से अध्यापक छात्रों की रुचियों

तथा आवश्यकताओं को ध्यान में रखकर पाठ्यक्रम तथा शिक्षण विधियों आदि में उचित संशोधन तथा परिवर्तन कर सकते हैं।

आकस्मिक निरीक्षण अभिलेखों की सीमाएँ
(Limitations of Anecdotal Records)

(1) अध्यापक की आत्मनिष्ठता (Self Objectivity of the Teacher/ Observer)

(2) अभिलेख के रख-रखाव में कठिनाई (Difficulty in the Maintenance of the Record)

(3) निरीक्षण तथा लेखन के लिए समय का अभाव (Paucity of time with the Teacher for Observing and Recording)

(4) उपयुक्त भाषा का प्रयोग (Use of Appropriate Language)

(5) व्यवहारों का संतुलित चुनाव (Balanced Selection of Events)

4.6 आत्मकथा (Autobiography)

आत्मकथा का अर्थ (Meaning of Autobiography): *ए. ई. ट्रक्सर* के शब्दों में, "आत्मकथा व्यक्ति के व्यक्तित्व गुणों के सम्बन्ध में आँकडे एकत्रित करने वाला वह प्राकृतिक एवं तुरन्त उपलब्ध होने वाला साधन है, जिसके द्वारा वह अपने व्यक्तित्व एवं परामर्शार्थ पक्षों को प्रदर्शित करता है।"

आत्मकथा का महत्त्व (Importance of Autobiography): *रूथ स्ट्राँग* (Ruth Strang) के अनुसार, "आत्मकथा प्रकरण अध्ययन के साधन के रूप में व्यक्ति के विकासात्मक जननिक (Genitic) लेखे के विषय को प्रकट करती है। वह जाति अथवा समुदाय के सदस्यों के विशिष्ट जीवन वृत्तान्त को प्रदर्शित कर सकती है। वाकसंयमी व्यक्ति के अध्ययनार्थ उपयोगी है। अनुसन्धान कर्त्ता के प्रयत्नों द्वारा समूहों पर इसे लागू किया जा सकता है। रुचियों एवं दृष्टिकोणों को प्रदर्शित करती है और तनाव को मुक्त करने हेतु एवं अपने जीवन को अधिकाधिक समझने के लिए निदानात्मक महत्त्व रखती है।"

आत्मकथा का प्रारूप (Form of Autobiography): आत्म-कथा लिखते समय छात्र को निम्नलिखित बातों को ध्यान में रखना होता है:

1. परिवार का आर्थिक तथा सामाजिक वातावरण।
2. विद्यालय प्रवेश से पूर्व जीवन।
3. प्राथमिक विद्यालय के अनुभव।
4. विभिन्न विद्यालयों के अनुभव।
5. विद्यालय में मित्र।
6. विद्यालय में पढ़ाए जाने वाले रुचिकर विषय।
7. अरुचिकर विषय।
8. रुचिकर पाठ्यक्रम सहगामी क्रियाएँ।

9. विद्यालय से बाहर समय व्यतीत करने के साधन।
10. भ्रमण यात्राएँ।
11. अवकाश के दिन व्यतीत करने के साधन।
12. विद्यालय में जिन विषयों का अभाव है और जो छात्र के विचार में होने चाहिएँ।
13. कार्य जो छात्र करना चाहता है–तीन कार्य तथा इस प्रकार के चुनाव के कारण।
14. पत्रिकाएँ जो छात्र को रुचिकर लगती हैं।

आत्मकथा के लाभ (Advantages or Uses of Autobiography)

1. यह विधि परामर्शदाता को छात्र के जीवन-दर्शन, उसके व्यक्तित्व की संरचना, उसकी सोचने की विधि आदि को जानने में सहायता प्रदान करती है।
2. यह विधि छात्रों को आत्म-प्रदर्शन की स्वतन्त्रता देती है।
3. आत्म-कथा लिखने से व्यक्ति के अन्दर के तनाव समाप्त हो जाते हैं।
4. इस विधि द्वारा अध्यापक को छात्र के शब्दकोश, वर्ण-विन्यास (Spelling) तथा लिखने के ढंग का पता चलता है।
5. इस विधि द्वारा महान व्यक्तियों की आत्मकथाएँ पढ़ने के लिए छात्रों को प्रोत्साहन मिलता है।
6. यह विधि मितव्ययतापूर्ण है क्योंकि सभी छात्रों को एक समूह में बिठाकर एक ही समय में आत्मकथा लिखाई जा सकती है।

आत्मकथा की सीमाएँ अथवा हानियाँ (Limitations/Demerits of an Autobiography)

1. यह भय रहता है कि छात्र अपने गुणों तथा योग्यताओं को बढ़ा-चढ़ा कर प्रस्तुत कर सकता है।
2. आत्मकथा में प्राय: छात्र अपनी सीमाओं तथा त्रुटियों को छुपाने का प्रयास करता है।
3. आत्मकथाओं में अनावश्यक बातों का विवरण हो सकता है।
4. आत्मकथा छात्र की अपनी स्मृतियों पर आधारित होती है। अत: कई बार ये स्मृतियाँ अस्पष्ट तथा असत्य भी हो सकती हैं।
5. आत्मकथा में छात्रों को भाषा की कठिनाई का भी सामना करना पड़ता है। उचित भाषा का उपयोग अत्यन्त आवश्यक है।

आत्मकथा को उपयोगी बनाने के आधार (Basis for Making Autobiography Functional)

1. छात्रों के साथ समरस (Rapport) स्थापित किया जाए जिससे छात्र स्वतन्त्रतापूर्वक विचार लिख सकें।
2. उन्हें इस बात का विश्वास दिलाया जाए कि सूचनाएँ गोपनीय रहेंगी।
3. छात्रों को कुछ प्रश्न दे दिए जाएँ जिनका वह उत्तर लिखें।
4. छात्रों को आत्म-कथा का महत्त्व समझा दिया जाए।
5. छात्रों को स्वयं-आत्म-कथा लिखने की प्रेरणा दी जाए।

4.7 क्रम निर्धारण मापदण्ड अथवा वर्गक्रम मापदण्ड अथवा निर्धारण मापनी (Rating Scale)

वर्गक्रम मापदण्ड की परिभाषा तथा अर्थ (Definition and Meaning of Rating Scale): वर्गक्रम मापदण्ड विधि वह है जिसके द्वारा किसी व्यक्ति अथवा छात्र की विशेषताओं का अध्ययन किया जाता है तथा अन्य व्यक्तियों तथा छात्रों के साथ उसकी स्थिति को दर्शाया जाता है। इस अवधारणा को स्पष्ट करने के लिए निम्न परिभाषाएँ दी जा रही हैं:

1. *राईट स्टोन* (Write Stone) व अन्य का कहना है कि, ''क्रम निर्धारण मापदण्ड में कुछ चुने हुए शब्दों, वाक्यांशों, वाक्यों या पैराग्राफों की सूची होती है जिनके आगे अवलोकन करने वाला मूल्यों के किसी वस्तुनिष्ठ मान के आधार पर कुछ मूल्य अंकित करता है।''

2. *गैरेट* (Garret) के अनुसार, ''व्यक्ति के व्यवहार में कुछ लक्षण और विशेषताएँ होती हैं, जिनको वस्तुनिष्ठ परीक्षणों से सरलतापूर्वक नहीं जाना जा सकता है। क्रम-निर्धारण इन लक्षणों और विशेषताओं की सीमा के सम्बन्ध में निर्णयों को प्राप्त करने की विधि है।''

3. *क्रो व क्रो* (Crow and Crow) के शब्दों में, ''स्कूलों, कॉलेजों और अन्य संस्थाओं द्वारा प्रयोग किए जाने वाले अधिकतर क्रम-निर्धारण-मापदण्डों का इस प्रकार निर्माण किया गया है कि क्रम-निर्धारक किसी व्यक्ति के बारे में अन्य मूल्यांकन इस प्रकार दे सकता है कि वह उस व्यक्ति के किसी विशिष्ट लक्षण की विभिन्न सीमाओं को व्यक्त करे।''

4. *जॉन बेस्ट* (J. Best) के शब्दों में, ''वर्गक्रम मापदण्ड के अन्तर्गत किसी वस्तु के संक्षिप्त पक्षों अथवा व्यक्ति के गुणों का संख्यात्मक वर्णन आता है।''

5. *वी.बी. तनेजा* (V. B. Taneja) के विचार में, ''वर्गक्रम मापदण्ड एक प्रकार का यन्त्र है जो कि अध्यापक द्वारा विद्यार्थी के व्यक्तित्व अथवा निष्पत्ति के मूल्यांकन प्रयोग में लाया जाता है।

6. *रूथ स्ट्रैंग* (Ruth Strang) ने कहा है, ''निर्देशित निरीक्षण ही वर्गक्रम निर्धारण है।''

निर्धारण मापदण्ड के प्रकार (Types of Rating Scale)

(1) वर्णनात्मक मापदण्ड (Descriptive Scale)
(2) संख्यात्मक मापदण्ड (Numerical Scale)
(3) रेखान्त मापदण्ड (Graphic Scale)
(4) युगल-तुलना मापदण्ड (Man to Man Scale or Paired Comparison Scale)
(5) समूह प्रतिशत मापदण्ड (Percentage of Scale)
(6) पदक्रम मापदण्ड (Rank Order Scale)
(7) बलात् चयन मापदण्ड (Forced Choice Scale)
(8) संचयी अंक मापदण्ड (Rating by Cumulative Scale)

I. *वर्णात्मक वर्गक्रम मापदण्ड* (*Descriptive Rating Scale*): निर्णायक या मूल्य निर्धारक दिए हुए वाक्यों, शब्दों में से किसी पर चिह्न लगाकर उस वस्तु या व्यक्ति के बारे में अपना मत व्यक्त करता है।

उदाहरण:

1. इस छात्र में पर्याप्त पहल शक्ति है।
2. यह छात्र पहल शक्ति दिखाने के लिए तैयार है।
3. इस छात्र में पहल शक्ति है।
4. इस छात्र में पहल शक्ति नहीं है।
5. यह छात्र दूसरों पर निर्भर है।

II. *संख्यात्मक मापदण्ड* (*Numerical Scale*): इस विधि में अंकों को निश्चित किए हुए उद्दीपकों के साथ सम्बन्धित कर दिया जाता है।

उदाहरणार्थ–यदि हम किसी को सुन्दरता के आधार पर 7 के पैमाने पर मापना चाहें तो मापदण्ड इस प्रकार होगा:

1. सर्वाधिक सुन्दर, 2. अत्यन्त सुन्दर, 3. सुन्दर, 4. सामान्य, 5. कुरूप, 6) अत्यन्त कुरूप, (7) सर्वाधिक कुरूप।

III. *रेखांकित मापदण्ड* (*Graphic Scale*): इस मापदण्ड में एक रेखा बनी रहती है जिसे कई हिस्सों में बाँट दिया जाता है। प्रत्येक भाग में एक विशेषण लिख दिया जाता है, जिसमें से निर्णायक किसी एक पर चिह्न लगा देता है। उदाहरणार्थ–

छात्र में काम पूरा करने का उत्तरदायित्व कैसा है।

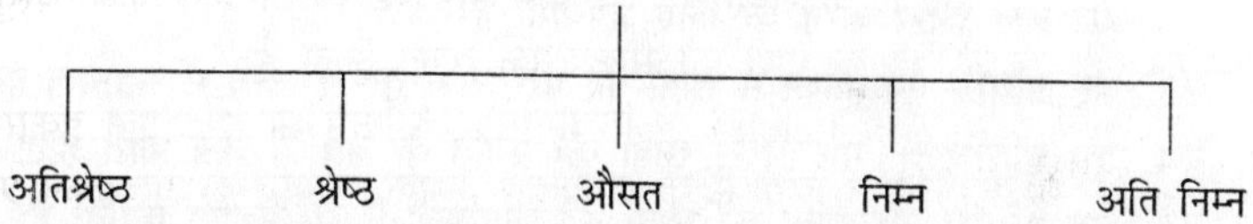

IV. *मनुष्य का मनुष्य से मिलान मापदण्ड* (*Man to Man Scale*): इस विधि में व्यक्तियों को उनके गुणों के अनुसार क्रमित किया जाता है तथा किसी व्यक्ति से कहा जाता है कि उन व्यक्तियों को ध्यान में रखकर मापदण्ड किए जाने वाले व्यक्ति को मापे।

V. *समूह प्रतिशत मापदण्ड* (*Percentage of Group Scale*): इस प्रकार के मापदण्ड में निरीक्षक समूह के पास उस विशेषता (Trait) का प्रतिशत बनाने के लिए कहा जाता है जिसके आधार पर व्यक्ति की रेटिंग की जाती है, उदाहरणार्थ किसी व्यक्ति की सहनशीलता को देखने के लिए निम्नलिखित विकल्पों में से सही विकल्प पर निशान लगाने को कहा जाता है:

(i) शीर्ष के 1 प्रतिशत में से।

(ii) शीर्ष के 10 प्रतिशत में से परन्तु शीर्ष के 1 प्रतिशत में से नहीं।

(iii) ऊपर के 25 प्रतिशत में से परन्तु ऊपर के 10 प्रतिशत में से नहीं।

(iv) ऊपर के 50 प्रतिशत में से परन्तु ऊपर के 25 प्रतिशत में से नहीं।

VI. *पदक्रम मापदण्ड* (Ranking Order Scale): इस विधि में छात्रों को उनकी प्रतिभा अथवा योग्यता क्रम में रखा जाता है। यह कार्य छात्रों के वे अध्यापक करते हैं जो

उन्हें पढ़ाते हैं। फिर सभी अध्यापकों द्वारा प्रश्न किए गए पदक्रम को मिलाकर औसत क्रम निकाला जाता है। इस प्रविधि में सांख्यिकी का प्रयोग किया जाता है।

VII. *बलात-चयन मापदण्ड* (*Forced Choice Scale*): इस प्रविधि में क्रम-निर्धारक दो-दो विकल्पों के जोड़ों में किसी एक जोड़े को चुनने के लिए बाध्य होता है। इस प्रकार यह प्रविधि किसी छात्र के विचार को निश्चित रूप से जानने में सहायक होती है। नीचे दिए विकल्पों में से किसी एक का चुनाव करना होता है:

(i) वह एक प्रभावशाली छात्र है,

(ii) उसके अन्य छात्रों के साथ अच्छे सम्बन्ध हैं,

(iii) वह निरन्तर अध्ययन करता रहता है,

(iv) वह अध्यापकों के साथ अच्छे सम्बन्ध बनाए हुए है।

VIII. *संचयी अंक मापदण्ड* (*Rating by Cumulative Points*): इस प्रविधि के अन्तर्गत छात्रों के गुणों का मूल्यांकन करने के पश्चात् उसे अंक दिए जाते हैं। प्राप्त किए गए अंकों के कुल संचयन (Cumulation) के आधार पर ही व्यक्ति के बारे में कोई अन्तिम निर्णय लिया जाता है।

निर्धारण मापदण्ड के लाभ (Advantages of Rating Scale)

1. निर्धारण मापदण्डों की सहायता से छात्रों के बारे में प्रगतिपत्र (Progress Report) लिखने में आसानी रहती है। प्रगतिपत्र में छात्रों द्वारा प्राप्त कक्षा में स्थान भी लिखा जा सकता है।
2. यह प्रविधि छात्रों की उपलब्धियों, व्यक्तित्व विकास तथा व्यवहार की विशेषताओं का ज्ञान प्रदान करने के लिए उपयोगी है।
3. यह प्रविधि एक कक्षा में छात्रों की परस्पर में तुलना करने में सहायता देती है।
4. इस प्रविधि के माध्यम से छात्रों की प्रगति के बारे में ज्ञान प्राप्त होता है।
5. यह प्रविधि अध्यापक को छात्रों की कार्यप्रणाली से अवगत कराती है।
6. यह प्रविधि छात्र के अध्ययन की अन्य प्रविधियों की पूरक है।
7. इस प्रविधि से निर्देशन प्रक्रिया में परामर्शदाता को सहायता मिलती है। इससे वह व्यक्ति की नियुक्ति तथा पदोन्नति आदि के बारे में अनुमान लगा सकता है।
8. इस प्रविधि से प्रशासन को भी व्यक्ति की पदोन्नति में सहायता मिलती है।
9. इस प्रविधि द्वारा प्रवेश के समय छात्रों का चयन करने में सहायता मिलती है।
10. निर्धारण मापदण्डों की सहायता से छात्रों को भी अभिप्रेरणा प्राप्त होती है। उसे अपनी कमियों का पता चल जाता है और वह उन्हें सुधारने का प्रयास करता है।

निर्धारण मापदण्ड के दोष (Demerits of Rating Scale)

1. *उदारता का दोष* (Generosity Error): कुछ निर्णायक स्वभाव से ही उदार होते हैं और विशेषकर जिनको वे जानते हों, उनके निर्णय में उदारता का दोष आ जाता है।
2. *कंजूसी का दोष*: कुछ निर्णायक मूल्यांकन में बहुत कंजूसी दिखाते हैं।

3. *पूर्ण प्रभाव त्रुटि* (Halo Effect): कभी-कभी निर्णायक किसी व्यक्ति के बारे में जो एक धारणा बना लेता है, वह सदा प्रत्येक कार्य में उस व्यक्ति को ऐसे ही देखता है।
4. *तार्किक त्रुटि* (Logical Error): यह त्रुटि उस समय उत्पन्न होती है जबकि गुणों को स्पष्ट करके न लिखा गया हो।
5. व्यक्तिनिष्ठ यह प्रविधि व्यक्तिनिष्ठ (Subjective) है।
6. कम विश्वसनीयता इस प्रविधि में विश्वसनीयता कम होती है।
7. इस प्रविधि में हीन-भावना तथा आत्मनिर्भरता आदि गुणों का अनुमान लगाना कठिन है।
8. कई बार निर्णायकों में मूल्यांकन करने की योग्यता में अन्तर होता है।

निर्धारण मापदण्डों की संरचना के लिए सुझाव
(Suggestions for the Construction of Rating Scales)

1. निर्धारण किए जाने वाले लक्षण की व्याख्या ठीक प्रकार से की जाए।
2. निर्धारण किए जाने वाले लक्षणों की संख्या सीमित होनी चाहिए।
3. निर्णायक को व्यक्ति के गुणों का विभिन्न परिस्थितियों में अवलोकन का अवसर मिलना चाहिए।
4. मापदण्ड के प्रयोग करने के निर्देश स्पष्ट होने चाहिए।
5. मापदण्डों की संख्या सीमित रखी जाए। सामान्यत: यह संख्या 7 होनी चाहिए।
6. कथनों (Statements) को वस्तुनिष्ठ रूप में लिखा जाए।
7. ऐसे लक्षणों का चयन किया जाए जो स्पष्ट हों।
8. मापदण्ड के प्रयोग से पहले उसका परीक्षण (Try-out) करना आवश्यक है।
9. निर्धारक व्यक्ति प्रशिक्षित हो।
10. निर्धारण मापदण्ड में समान स्तरों का प्रयोग होना आवश्यक है।
11. निर्धारण मापदण्ड की विश्वसनीयता को बढ़ाने के लिए यह आवश्यक है कि एक से अधिक निर्धारकों की व्यवस्था की जाए।

4.8 अन्तर्दर्शन विधि अथवा अन्तर्निरीक्षण विधि (Introspection Method)

अन्तर्दर्शन विधि का अर्थ (Meaning of Introspection Method): अन्तर्दर्शन विधि से तात्पर्य उस विधि से है जिसमें व्यक्ति स्वयं अपनी भावनाओं तथा क्रियाओं का निरीक्षण करता है। कहा गया है–हे मानव! अपने आपको जानो–(Man! Know Thyself)। यह विधि प्राचीन काल से चली आ रही है। कुछ विद्वानों के विचार निम्नलिखित हैं:

1. महान दार्शनिक *देकार्ते* (Descartes–1596-1650 AD) ने इस प्रकार विचार व्यक्त किए हैं, "स्वयं प्रत्यक्षीकरण करना अपने बारे में ज्ञान प्राप्त करना है।"

2. *ई.बी. टिचनर* (E.B. Tichner) ने अन्तर्दर्शन की इस प्रकार व्याख्या की है, "अन्तदर्शन अन्दर देखना है।"

3. *जी.एफ. स्टाउट* (G.F. Stout) के अनुसार, "अन्तर्दर्शन व्यक्ति की स्वयं की क्रियाओं का क्रमबद्ध रीति से अध्ययन करता है।"

4. *ई.आर. हिलगार्ड* (E.R. Hilgard) तथा *आर.टी. एट किंसन* (R.T. Atkinson) के शब्दों में–"अन्तर्दर्शन आत्मगत चेतन (Conscious) घटनाओं तथा अनुभवों के प्रकट होने का कोई स्वरूप है।"

5. *वुडवर्थ* (Woodworth) के विचार में, "अन्तर्दर्शन का अर्थ है–'स्व:निरीक्षण' अथवा 'स्व:अवलोकन'।"

अन्तर्दर्शन का शाब्दिक अर्थ (Literary Meaning of Introspection): 'Introspertion' शब्द दो शब्दों से मिलकर बना है–'Intro' तथा 'Spection'–'Intro' का अर्थ है–'अन्दर अथवा भीतर' तथा 'spection' का अर्थ है–'झांकना'। अत: 'Introspection' का अर्थ है–'भीतर झांकना'।

अन्तर्दर्शन विधि के गुण (Merits of Introspection Method): (चार्ट अगले पृष्ठ पर देखें।)

अन्तर्दर्शन विधि के दोष तथा सीमाएँ (Demerits or Limitations of Introspection): 1. *मन की चंचलता:* हमारा मन बहुत चंचल होता है। अन्तर्दर्शन ज्ञान इस चंचल मनोवृत्ति से प्रभावित हो सकता है।

2. *ध्यान का बँटना:* एक विषय पर एक समय में ध्यान केन्द्रित करना कठिन हो जाता है।

3. *अन्तर्दर्शन की क्षमता:* सभी व्यक्तियों में अपने मन के अन्दर झाँकने की क्षमता नहीं होती है।

4. *व्यक्तिगत अनुभव:* मानसिक क्रियाओं का रूप व्यक्तिगत होता है। अत: यह विधि सार्वभौमिक (Universal) प्रकृति की नहीं है।

5. *व्यक्तिनिष्ठता:* यह विधि वस्तुनिष्ठ (Objective) नहीं है। इसमें व्यक्तिगत प्रभाव की सम्भावना रहती है।

6. *सीमित अवलोकन:* इस विधि को अर्ध-चेतन (Sub-conscious) तथा अचेतन (unconscious) अनुभवों पर लागू नहीं किया जा सकता है।

7. *अनुदर्शन* (Retrospection): अन्तर्दर्शन करते समय यह सम्भावना रहती है कि व्यक्ति भूतकाल की घटनाओं पर ही विचार करता रहे।

8. *वैज्ञानिक तत्त्व की कमी:* इस विधि में कोई यन्त्र न होने के करण वैज्ञानिक तत्त्व की कमी रह जाती है।

उपसंहार: इस विधि में कुछ दोष आवश्यक हैं परन्तु यह भी सत्य है कि व्यक्ति को समय-समय पर स्वयं आत्म-निरीक्षण करना चाहिए। ऐसा करने से व्यक्ति स्वयं अपने दोषों को सुधार सकता है तथा गुणों का विकास कर सकता है। कुछ विद्वानों का विचार है कि प्रतिदिन व्यक्ति किसी भी समय शान्त मन से अपनी दिनचर्या का अवलोकन करे तथा अपने व्यवहार में वाँछित परिवर्तन लाने के प्रयासं करता रहे।

अन्तर्दर्शन विधि के गुण (Merits of Introspection Method)

(1) स्वयं द्वारा निरीक्षण करना

(2) स्वयं द्वारा विवेचन करना

(3) शीघ्र ज्ञान की प्राप्ति

(4) वास्तविक ज्ञान की प्राप्ति

(5) गोपनीय तत्त्व (किसी अन्य व्यक्ति को दूसरे व्यक्ति के बारे में ज्ञान न होना।)

(6) कोई भी स्थान हो निरीक्षण हो सकता है।

(7) समय की सीमा नहीं (किसी समय भी किया जा सकता है।)

(8) अध्यापक अपने शिक्षण में सुधार ला सकता है।

(9) छात्र अपने व्यवहार में इस निरीक्षण के आधार पर सुधार ला सकता है।

(10) किसी भी प्रयोगशाला की आवश्यकता का न होना।

(11) किसी विशेष उपकरण की आवश्यकता का न होना।

5

समाजमिति तथा प्रशनावली
(Sociometry and Questionnaire)

समाजमिति विधि (Sociometry Method)

5.1 समाजमिति का अर्थ (Meaning of Sociometry)

किसी समूह के सदस्यों के किसी विशेष समय पर पारस्परिक सम्बन्धों की माप को समाजमिति कहते हैं। यह किसी समूह के सदस्यों के अन्तर्सम्बन्धों के अध्ययन की एक प्रविधि है। इस प्रविधि में समूह के सदस्यों से कुछ प्रश्न पूछे जाते हैं और उनके प्राप्त उत्तरों के आधार पर समूह के सदस्यों के पारस्परिक सम्बन्धों का पता लगाया जाता है। प्रश्नों के माध्यम से व्यक्ति के सम्मुख कुछ ऐसी परिस्थितियाँ उपस्थित की जाती हैं कि जिनमें वह अन्य व्यक्तियों के साथ सामान्यत: अन्योन्य क्रिया करता है। उदाहरणार्थ यहाँ छात्रों से पूछे जाने योग्य कुछ प्रश्न दिए गए हैं–

समाजमिति विधि का अर्थ लेखन विद्वानों ने इस प्रकार दर्शाया है:

1. *एंड्रियू* तथा *विल्ली* (Andrew and Willy) ने समाजमिति की परिभाषा इस प्रकार दी है–"समाजमिति एक रेखाचित्र है जिसमें कुछ चिह्न और अंक किसी सामाजिक समूह के सदस्यों द्वारा सामाजिक स्वीकृति या अस्वीकृति का ढंग प्रदर्शित करने के लिए प्रयुक्त होते हैं।"

2. *जी. फ्रेंज* (G. Franz) के अनुसार–"समाजमिति एक विधि है, जिसका प्रयोग सामाजिक समरूपन की खोज के लिए व्यक्तियों के समूह के संदर्भ में विद्यमान स्वीकृति एवं अस्वीकृति के रूप में किया जाता है।

3. *हैलिन जेनिंग्स* (Helen Jannings) ने समाजमिति की परिभाषा इस प्रकार दी है–"संक्षेप में समाजमिति से अभिप्राय उस साधन से है, जो किसी समूह के किसी निश्चित समय के आपसी सम्पूर्ण सम्बन्धों को सरलता एवं रेखाचित्र द्वारा प्रस्तुत करता है।"

4. *जे.डब्ल्यू. बेस्ट* (J.W. Best) ने इस प्रकार कहा है–"समाजमिति एक प्रकार की प्रविधि है, जो कि किसी समूह के व्यक्तियों के आपसी सामाजिक सम्बन्धों के विषय में वर्णन करती है।"

5. *ब्रोनफेनब्रेनर* (Bronfenbrenner) के अनुसार, "समाजमिति वह विधि है जो

समूहों के बीच स्वीकृति अथवा अस्वीकृति को माप करके सामाजिक स्तर, संरचना तथा विकास का मूल्यांकन करती है।''

6. *विलियम जे. गोर्डे* (William J. Gorde) तथा अन्य के अनुसार, ''ये एवं अन्य समाजमितिक प्रविधियाँ व्यक्तियों को उनके अपने समूह के सदस्यों के सन्दर्भ में क्रमानुसार स्वीकृति एवं अस्वीकृति करने की साधारण विधियाँ हैं। जब उनका उपयोग मान्यता प्राप्त कर लेगा, तो वे अनुसंधान की शक्तिशाली साधन बन सकेंगी। क्योंकि वे मापन की साधारण कठिनाई को भली-भाँति पूरा करती है।''

ऊपर दी गई समाजमिति की परिभाषाओं के विश्लेषण से यह ज्ञात होता है कि समाजमिति से अभिप्राय उस विधि से है जो समूह द्वारा स्वीकृत एवं अस्वीकृत माप के अनुकूल, सामाजिक स्तर, संरचना एवं विकास की खोज, वर्णन एवं मूल्यांकन करती है।

5.2 समाजमिति का प्रयोजन (Purpose of Sociometry)

इस विधि द्वारा समूह के सदस्यों की पारस्परिक मित्रता का पता लगाया जा सकता है। समाजमिति विधि द्वारा व्यक्ति का समाज में क्या स्थान है, के बारे में पता लग सकता है।

समाजमिति की जाँच से प्राप्त होने वाले तथ्य–इस विधि से व्यक्तियों के बारे में जाँच के उपरान्त निम्नलिखित तथ्यों का पता चलता है:

1. *तटस्थ*: तटस्थ व्यक्ति वे हैं जिन्हें समूह के सदस्य न मित्र के रूप में और न नेता के रूप में स्वीकार करते हैं।
2. *नायक*: समूह में कौन नेता बन सकता है, इस बात का इस विधि द्वारा पता चलता है।
3- *गुटबन्दी*: कौन-कौन से व्यक्ति किस-किस गुट में हैं, इस बात का पता चलता है।
4. *तिरस्कृत*: इस विधि द्वारा पता चलता है कि समूह के कौन-कौन-से सदस्य तिरस्कृत हैं।

5.3 छात्र के सामाजिक स्तर का पता लगाना (Finding out the Social Status of the Learner)

छात्र के सामाजिक स्तर का पता लगाने के लिए निम्न प्रकार के प्रश्न पूछे जाते हैं:

1. तुम कक्षा में अपने पास किस बालक को साथ बैठाना पसंद करोगे?
2. तुम किसी समिति या संस्था में किस सदस्य के साथ काम करना चाहोगे?
3. तुम किसके साथ घूमना पसंद करोगे?
4. तुम खेल में किसे अपना साथी बनाना पसंद करोगे?
5. तुम वैज्ञानिक प्रयोग में किसको साथ रखना चाहोगे?
6. तुम संयुक्त अध्ययन किसके साथ करना पसंद करोगे?

ऐसी अनेक परिस्थितियाँ सोची जा सकती हैं जिनमें बालकों को अन्योन्य क्रिया की सहज सम्भावना दृष्टिगोचर होती हो। ध्यान रहे कि ये परिस्थितियाँ ऐसी हों जो बालकों के लिए सामान्य एवं अधिक व्यवहृत हों अर्थात् जिनमें बालक प्राय: एक दूसरे का साथ पसंद करते हैं।

यदि ऐसे बालकों का पता लगाना हो जिनका साथ बच्चे नहीं पसंद करते और उन्हें तिरस्कार की दृष्टि से देखते हैं तो इस प्रकार के नकारात्मक प्रश्न भी पूछे जा सकते हैं कि–

1. तुम किस बालक के साथ घूमना पसंद नहीं करोगे?
2. तुम किस बालक को अपने पास बैठाना पसंद नहीं करते?

उपर्युक्त प्रश्नों के उत्तर समूह के सभी सदस्यों से प्राप्त कर लिए जाते हैं। इसके बाद यह ज्ञात कर लिया जाता है कि प्रत्येक सदस्य को कितनी बार पसंद किया गया है। इस बारंबारता या आवृत्ति को समाजमितिक अंक कह सकते हैं। इस प्रकार प्रत्येक सदस्य का समाजमितिक अंक जान लिया जाता है। इससे यह पता चलाया जा सकता है कि समूह में किसी व्यक्ति का समाजमितिक स्तर क्या है? जिस सदस्य को सर्वाधिक व्यक्तियों ने पसंद किया है उसे हम लोकप्रिय कह सकते हैं। जिस व्यक्ति को समूह के किसी सदस्य ने किसी परिस्थिति में साथ रखना नहीं चाहा है उसे हम एकाकी सदस्य कह सकते हैं। इसी प्रकार जिस व्यक्ति को अधिकतर सदस्यों ने साथ नहीं रखना चाहा है उसे हम अस्वीकृत सदस्य कह सकते हैं।

पारस्परिक युग्म तथा पारस्परिक त्रिकोण–कभी-कभी ऐसा देखा जाता है कि दो बालक प्राय: सभी स्थितियों में एक-दूसरे को ही साथ रखना पसंद करते हैं। वे किसी परिस्थिति में किसी तीसरे व्यक्ति को साथ रखने की चर्चा ही नहीं करते। अत: ऐसे दो बालकों को पारस्परिक युग्म (आपसी जोड़ा) कह सकते हैं।

इसी प्रकार कभी-कभी ऐसा देखा जाता है कि तीन बालकों में एक प्रकार का पारस्परिक सम्बन्ध अधिक दिखाई पड़ता है। वे तीनों एक दूसरे को पसंद करते हैं। कुछ परिस्थितियों में एक दूसरे को और कुछ तीसरे को पसंद करता है। इसी प्रकार दूसरा भी कुछ परिस्थितियों में एक को और कुछ में दूसरे को पसंद करता है। तात्पर्य यह है कि इन तीनों का आपसी सम्बन्ध घनिष्ठ होता है। समूह के अन्य सदस्यों से इनका कोई सम्बन्ध नहीं होता। ऐसा त्रिकोण भी कभी-कभी देखने में आता है।

समाज-आलेख किसी समूह के सदस्यों के बीच (मान लिया एक कक्षा के छात्रों के बीच) पारस्परिक सम्बन्धों को चित्र के रूप में भी प्रदर्शित किया जा सकता है। इसी चित्र को समाज-आलेख कहते हैं।

किसी कक्षा का समाज-आलेख बनाने के लिए सबसे पहले उस कक्षा के छात्रों से यह पूछना चाहिए कि तुम अपने विद्यालय के वार्षिकोत्सव पर उसकी तैयारी के लिए अपनी समिति या समूह में किन-किन छात्रों को रखना पसंद करोगे? उनके नाम लिखो। इस प्रकार की पसंदगी के आधार पर समाज-आलेख तैयार किया जा सकता है। चित्र 5.1 द्वारा समाज-आलेख का उदाहरण दिया गया है जिसमें प्रयुक्त संकेतों का स्पष्टीकरण किया जाता है।

चित्र 5.1 समाज–आलेख से निम्नांकित तथ्य प्रगट होते हैं:

(i) छात्र '*थ*' तथा '*फ*' पूर्णतया एकाकी हैं जिन्हें कक्षा के किसी छात्र ने पसंद नहीं किया है।

(ii) छात्र 'न' तथा 'व' ने केवल एक दूसरे को पसंद किया है। साथ ही कक्षा के किसी अन्य छात्र ने उन्हें नहीं चाहा है। अत: इन दोनों का एक युग्म बन गया है।

(iii) इसी प्रकार 'ङ' 'ण' और 'अ' का एक त्रिकोण बन जाता है और ये तीन छात्र कक्षा के किसी अन्य छात्र का साथ नहीं पसंद करते।

(iv) 'क' तथा 'च' सर्वाधिक लोकप्रिय छात्र हैं जिन्हें अनेक छात्र अपने साथ रखना चाहते हैं। एक प्रकार से 'क' का एक पृथक् गुट है और 'च' का दूसरा पृथक् गुट है।

(v) इन दोनों गुटों के मध्य यदि कोई छात्र सम्बन्ध स्थापित करने में सफल होता है तो वह छात्र 'अ' है।

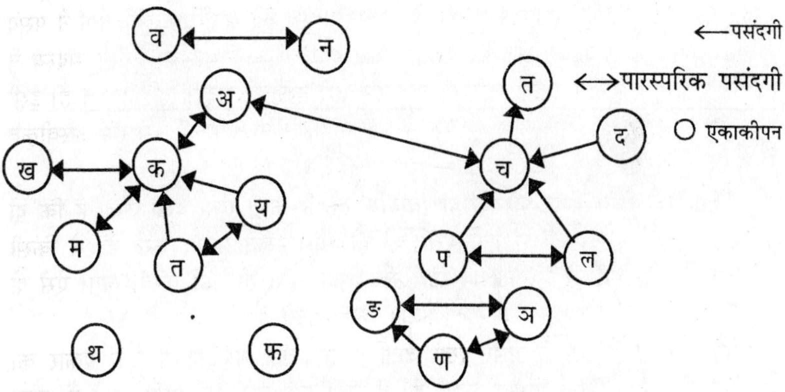

चित्र 5.1: समाज आलेख चित्र (Sociometric Matrix)

5.4 समाजमिति का अध्यापक के लिए महत्त्व (Significance of Sociometry for the Teacher)

इस विधि से अध्यापकों को पाठान्तर क्रियाओं के लिए उपयुक्त समूह बनाने में सहायता मिलती है।

अध्यापक को शैक्षिक, व्यावसायिक तथा व्यक्तिगत मार्गदर्शन तथा परामर्श कार्य में यह विधि बहुत सहायक सिद्ध होती है।

तथ्यों का सारणीकरण (Tabulation of Data): प्रश्नों से प्राप्त तथ्यों का 'सारणीकरण' (Tabulation) करना पड़ता है। उसके बाद तथ्यों की संख्या निम्नलिखित ढंग से की जाती है:

1. समूह के सदस्यों का नम्बर 1 से 10 तक दे दिया जाए।
2. एक ओर चुनाव करने (Choosers) लिखे जाएँ।
3. दूसरी ओर चुने जाने वाले लिखे जाएँ।
4. प्रत्येक व्यक्ति द्वारा प्राप्त चुनावों को योग के नीचे लिखा जाए।

चयनकर्त्ता (Choosers) / चुने जाने वाले (Chosen)	1	2	3	4	5	6	7	8	9	10	(No. of Choices)
1.	—	—	—	—	—	—	—	—	—	—	0
2.	—	—	√	—	√	—	—	—	—	—	2
3.	—	—	—	√	—	—	—	—	—	—	1
4.	—	—	√	—	—	—	—	—	—	—	1
5.	√	√	√	√	—	√	—	—	√	—	6
6.	—	—	—	—	—	—	√	—	—	—	1
7.	—	—	—	—	—	—	—	—	—	—	0
8.	√	—	—	—	—	—	—	—	√	—	2
9.	—	—	—	—	—	—	—	—	—	—	0
10.	—	√	—	—	—	—	—	—	—	—	1

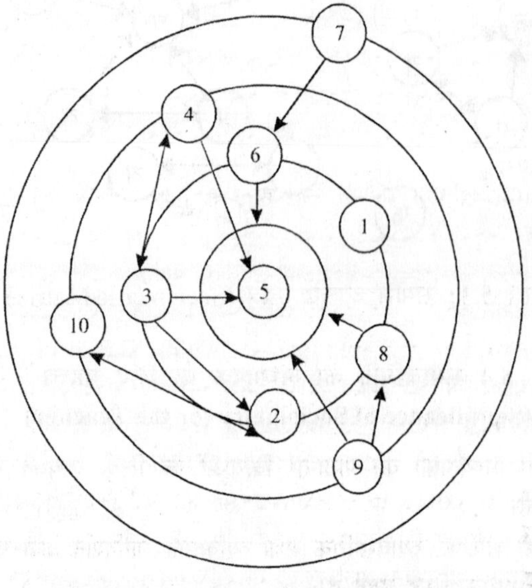

चित्र 5.2: समाज आलेख (Sociogram)

5.5 समाज आलेख तथा समाज आलेख चित्र की व्याख्या (Interpretation of Sociometric and Sociogram)

1. छात्र जिसका नम्बर 5 है, वह नायक है क्योंकि इसे 6 छात्रों ने चुना है।
2. रोल नम्बर 1, 7 तथा 9 को किसी ने नहीं चुना। इसका अर्थ यह नहीं है कि उन्हें कोई पसन्द नहीं करता। परन्तु यह स्पष्ट है कि उन्हें कोई भी इस पद के लिए नहीं चाहता। वे मिलनसार नहीं हैं।
3. 4, 3 तथा 10 तथा 2 में भी परस्पर दोस्ती है।

समाजमिति विधि में छात्रों के समूह में छात्रों के बीच परस्पर पाई जाने वाली स्वीकृति

और अस्वीकृति, आकर्षण और विकर्षण को मापा जाता है। इस विधि में समूह के प्रत्येक सदस्य से दूसरे सदस्यों के बारे में कुछ प्रश्न पूछे जाते हैं तथा छात्र की स्थिति का अध्ययन किया जाता है। इस विधि में समूह का प्रत्येक सदस्य निजी रूप से यह संकेत करता है कि समूह के अन्य सदस्यों में से किन-किन के साथ वह मिल-जुलकर क्रियाओं में भाग लेना चाहेगा।

इस विधि की सहायता से छात्रों के मनोबल, सामाजिक स्थिति, समूह, संगठन, अन्त:सभाओं आदि से सम्बन्धित समस्याओं का अध्ययन किया जाता है। 1946 में जे.एल. मोरेना ने इस विधि का निर्माण किया था।

5.6 समाजमिति प्रविधि का निर्देशन में प्रयोग (Uses of Sociometry in Guidance)

1. परामर्शदाता एक ही दृष्टि से पूरे समूह को जान लेता है।
2. समाजमिति से प्राप्त जानकारी की सहायता से छात्र के सामाजिक समायोजन सम्बन्धी समस्याओं के समाधानों को ढूँढ़ा जा सकता है।
3. समाजमिति प्रविधि से छात्रों का विभिन्न गतिविधियों के लिए चयन किया जा सकता है।
4. समाजमिति प्रविधि से यह पता चल जाता है कि कौन-कौन छात्र नेतृत्व के गुण रखते हैं।
5. समाजमिति प्रविधि से यह ज्ञात होता है कि कौन-कौन से छात्र सामाजिक नहीं है।
6. समाजमिति प्रविधि द्वारा छात्रों की सामान्य रुचियों तथा कौशलों की जानकारी मिल जाती है।
7. समाजमिति प्रविधि की सहायता से विभिन्न क्रियाओं के लिए छात्रों का वर्गीकरण किया जा सकता है।
8. समाजमिति प्रविधि की सहायता से छात्रों में विकसित हो रही अथवा न हो रही जनतांत्रिक वृत्तियों की जानकारी प्राप्त हो सकती है।
9. इस प्रविधि द्वारा शर्मीले छात्रों की पहचान की जा सकती है तथा उनका सामाजिक निर्देशन किया जा सकता है।
10. नेतृत्व के गुण रखने वाले छात्रों की पहचान करके उनका उचित मार्गदर्शन किया जा सकता है।

5.7 प्रश्नावली (Questionnaire)

5.8 प्रश्नावली का अर्थ (Meaning of an Questionnaire)

प्रश्नावली प्रश्नों की ऐसी सूची होती है जिसमें व्यक्ति अथवा व्यक्तियों से किसी प्रकरण अथवा विषय पर सूचनाएँ एकत्रित की जाती हैं तथा इनके आधार पर आगे की रूपरेखा बनाई जाती है। ये व्यक्ति कोई भी हो सकते हैं-छात्र, अभिभावक तथा अध्यापक।

छात्रों की शैक्षिक, व्यावसायिक तथा व्यक्तिगत समस्याओं को वैज्ञानिक विधि से जानने के लिए अध्यापक अथवा मार्गदर्शन/केरिट मास्टर प्राय: दो प्रश्नावलियाँ तैयार

करते हैं। एक छात्र के लिए तथा दूसरी अभिभावक के लिए जिनमें कुछ प्रश्न दिए जाते हैं। उन प्रश्नों का एक उत्तर छात्र तथा अभिभावक लिखते हैं। उन प्रश्नों का अवोलकन करके तथा समीक्षा के पश्चात् छात्र के विकास के लिए वाँछित कार्यक्रम तैयार किया जाता है।

प्रश्नावली का कार्यक्षेत्र विस्तृत तथा संकुचित भी हो सकता है। प्रश्नावली पाठ्य पुस्तकों के बारे में भी हो सकती है।

5.9 प्रश्नावली के प्रकार (Types of Questionnaire)

प्रश्नावली मुख्यत: दो प्रकार की होती है:

1. *बन्द या संरचित प्रश्नावली* (Closed or Structured Questionnaire): इस प्रकार की प्रश्नावली में प्रश्नों के उत्तर केवल 'हाँ' या 'न' में ही देने होते हैं। उत्तर देने वाले व्यक्ति को कुछ नहीं लिखना होता। इसके निम्नलिखित लाभ हैं:

1. उत्तर देना सरल है। 2. समय कम लगता है। 3. इसमें वस्तुनिष्ठता होती है। 4. सारणी बनाना तथा व्याख्या करना सरल होता है।

2. *खुली* तथा *अप्रतिबन्धित* अथवा *असंरचित प्रश्नावली* (Open and Unstructured Questionnarie): प्रश्न के आगे प्रश्नावली में रिक्त स्थान रहता है। जिस पर व्यक्ति उत्तर लिखता है। इस प्रकार की प्रश्नावली में सारणी बनाने तथा व्याख्या करने में पर्याप्त समय लगता है।

दो प्रकार की प्रश्नावली: (i) छात्र द्वारा भरी जाने वाली, (ii) अभिभावक द्वारा भरी जाने वाली।

5.10 छात्रों के लिए प्रश्नावली (Questionnaire for Students)

A. *सामान्य जानकारी सम्बन्धी सूचना*

1. छात्र का नाम ....
2. घर का पता ....
3. जन्म-स्थान ....
4. जन्म-तिथि ....
5. राष्ट्रीयता ....
6. पिता का नाम .... मृत या जीवित ....
7. पिता का व्यवसाय ....
8. माँ का नाम .... मृत या जीवित ....
9. गृहणी अथवा कामकाजी ....
10. बड़े भाइयों की संख्या ....
11. छोटे भाइयों की संख्या ......
12. बड़ी बहिनों की संख्या ....
13. छोटी बहिनों की संख्या ....
14. मातृभाषा ....
15. घर की भाषा ....

B. ***शैक्षिक विवरण***

15. किस प्राथमिक विद्यालय में शिक्षा प्राप्त की? ....
16. इस विद्यालय में प्रवेश की तिथि .... कक्षा ....
17. विद्यालय में कौन-कौन विषय अच्छे लगते हैं?.................. और क्यों? ....

C. ***पाठान्तर क्रियाएँ तथा अन्य सूचनाएँ***

18. विद्यालय में कभी कोई पुरस्कार मिला है? ....
19. घर पर कितने घण्टे पढ़ते हो? ....
20. तुम्हारा स्वास्थ्य कैसा है? ....
21. कोई शारीरिक दोष है? ....
22. स्वास्थ्य की जाँच की गई? .... कब? ....
23. कौन-कौन से खेल खेलते हो? ....
24. संगीत में कैसी रुचि है? ....

D. ***व्यावसायिक अथवा केरियर सम्बन्धी सूचनाएँ***

25. क्या स्कूल की पढ़ाई के बाद कॉलेज की शिक्षा लेंगे? ....
26. किस कॉलेज में शिक्षा लेंगे? ....
27. क्या तुमने कोई व्यवसाय चुना है? ....
28. अगर चुना है तो कौन-सा? ....

5.11 माँ-बाप/अभिभावकों के लिए प्रश्नावली (Questionnaire for Parents)

नाम .... जन्म-तिथि ....

घर का पता .... जन्म स्थान ....

जाति ....धर्म ....

पिता का नाम .... पिता का पेशा ....

कितने बच्चे हैं? ....

1. क्या बच्चा कभी बीमार हुआ है? ....
2. क्या बच्चा गुस्सा करता है? ....
3. बच्चा घर पर कितने समय तक पढ़ता है? ....
4. बच्चे की विद्यालय के किन विषयों में रुचि है? ....
5. आपके बच्चे ने किस कार्य में रुचि व्यक्त की है? ....
6. अपने बच्चे के उन गुणों या विशेषताओं की सूची दीजिए जो आपके विचार से उसे अपने शैक्षिक लक्ष्यों को प्राप्त करने में सहायता दे सकते हैं? ....
7. अपने बच्चे की उन आदतों या निर्बलताओं की सूची दीजिए, जो आपके विचार से उसके शैक्षिक लक्ष्यों की प्राप्ति में बाधक सिद्ध हो सकते हैं। इत्यादि ....

5.12 उत्तम प्रश्नावली की विशेषताएँ (Characteristics of a Good Questionnaire)

1. प्रश्नावली में पूर्ण तथा स्पष्ट निर्देशन होने चाहिए।
2. प्रश्नावली की छपाई स्वच्छ हो।
3. प्रश्नावली अधिक लम्बी नहीं होनी चाहिए।
4. प्रश्न ऐसे न हों कि उत्तर देने वाले को उत्तेजित करें अथवा रुष्ट कर दें।
5. प्रश्नावली की सारणी बनाना तथा व्याख्या करना सरल हो।
6. प्रश्नों का छात्रों के ज्ञान, रुचियों, उपलब्धियों, दृष्टिकोणों तथा कुशलताओं आदि से स्पष्ट सम्बन्ध होना चाहिए।
7. प्रश्नों की भाषा सरल और स्पष्ट होनी चाहिए।
8. प्रश्नों के उत्तरों के लिए काफी स्थान होना चाहिए।
9. प्रश्न व्यवस्थित तथा उचित समूहों में होने चाहिए।
10. एक प्रश्न का एक ही उत्तर होना चाहिए।
11. प्रत्येक प्रश्न के सामने उसकी क्रम-संख्या अवश्य होनी चाहिए।
12. प्रश्नावली का विशिष्ट उद्देश्य होना चाहिए।
13. प्रश्नावली में प्रश्न ऐसे हों कि उनका उत्तर वस्तुनिष्ठ ढंग से दिया जा सके।
14. प्रश्नावली की संरचना आकर्षक हो।
15. प्रश्नावली में उचित भाषा का प्रयोग किया जाए।
16. प्रश्नावली में निर्देश स्पष्ट होने चाहिए।

5.13 प्रश्नावली के लाभ (Advantages of Questionnaire)

1. व्यक्तिगत सम्पर्क करने में बहुत समय लगता है। प्रश्नावली डाक द्वारा भेजी जा सकती है। अतः इसमें समय की बचत होती है।
2. प्रश्नावली के माध्यम से शर्मीले छात्र भी अपने विचार प्रकट कर सकते हैं। साक्षात्कार में यह सम्भव नहीं है।
3. साक्षात्कार से पूर्व प्रश्नावली का प्रयोग करके अनेक प्रकार की महत्त्वपूर्ण सूचनाएँ एकत्रित की जा सकती हैं।
4. जब सूचनाएँ नियमित अवधियों में एकत्रित की जाती हों तथा प्रश्नावली उपयुक्त प्रविधि है।
5. प्रश्नावली में छात्र की भाषा में ही उत्तर मिल जाते हैं।
6. प्रश्नावली को भरने के लिए छात्र अपनी अनुक्रियाएँ सुविधा अनुसार देता है अर्थात् उसे सोचने का पर्याप्त समय मिल जाता है।
7. प्रश्नावली का उत्तर देने में कोई विशेष दबाव छात्र पर नहीं होता है । तत्काल उत्तर देने के दबाव से छात्र बच जाता है।
8. प्रश्नावली लिखित रूप में होती है। इसके लिए निर्देश भी प्रमापीकृत रूप में छात्र के सम्मुख प्रस्तुत किए जाते हैं।
9. प्रश्नावली में छात्रों की अनुक्रियाओं (Responses) में एकरूपता बनी रहती है।
10. प्रश्नावली में छात्रों की अनुक्रियाओं का विश्लेषण करना आसान होता है।

5.14 प्रश्नावली की सीमाएँ (Limitations of Questionnaire)

1. प्रश्नावली का प्रयोग अनपढ़ व्यक्तियों के साथ नहीं किया जा सकता।
2. प्रश्नावली का प्रयोग छोटे बच्चों के साथ नहीं किया जा सकता है।
3. प्रश्नावली में दिए गए प्रश्नों के उत्तर कई बार ऐसे ढंग से लिखे गए होते हैं जिन्हें समझना कठिन हो जाता है।
4. कई ऐसे विवादास्पद विषय होते हैं जिनका उत्तर कुछ व्यक्ति लिखित रूप में देना नहीं चाहते हैं। ऐसे विषयों पर उनके विचार जानने के लिए साक्षात्कार प्रविधि ही उपयुक्त है।
5. प्रश्नावली के माध्यम से प्राप्त सूचना को अधिक विश्वसनीय नहीं माना जा सकता।
6. अनेक परिस्थितियों में व्यक्तियों के साथ व्यक्तिगत सम्पर्क स्थापित करना सम्भव नहीं हो पाता है, उदाहरणार्थ विद्यालय के पूर्व छात्रों से। अत: प्रश्नावली भरवाना कठिन हो जाता है।
7. प्रश्नावली भरने वाले कई बार अनेक प्रश्नों का उत्तर नहीं देते हैं।
8. प्राय: यह पाया गया है कि प्रश्नावली को भरने के लिए अनेक छात्रों अथवा व्यक्तियों के पास भेजा जाता है परन्तु बहुत थोड़े व्यक्ति भरकर लौटाते हैं।
9. प्रश्नावली भरने वाले कई प्रश्नों की व्याख्या अपने ढंग से ही करते हैं और ये उत्तर सन्दर्भ से मेल नहीं खाते हैं।
10. बहुधा व्यक्ति किसी अनजान अथवा अजनबी व्यक्ति को अपने बारे में किसी भी प्रकार की सूचना देना पसन्द नहीं करते हैं।
11. प्रश्नावली के माध्यम से संवेगात्मक आदि विषयों से सम्बन्धित सूचनाएँ प्राप्त नहीं की जा सकती हैं।
12. कई बार विषय इतने संवेदनशील होते हैं कि उन पर प्रश्नों को लिखित रूप देना कठिन हो जाता है।
13. प्रश्नों के उत्तरों में विरोधाभास की शंका बनी रहती है।

6

अधिगमकर्त्ता अथवा सीखने वाले के व्यवहार को समझने की विधियाँ: अवलोकन तथा साक्षात्कार

(Methods of Understanding Learner's Behaviour: Observation and Interview)

6.1 अधिगमकर्त्ता अथवा छात्र सीखने वाले के व्यवहार को समझने का महत्त्व (Significance of Understanding the Behaviour of the Learner)

अधिगमकर्त्ता के सम्पूर्ण विकास के लिए अत्यंत आवश्यक है कि उसके व्यवहार के विभिन्न पक्षों को अच्छी तरह समझ लिया जाए। उसके अन्तर्निहित कौन-कौन सी क्षमताएँ तथा सीमाएँ हैं। उसकी बुद्धि रूचियाँ तथा अभिरूचियाँ आदि के बारे में अधिक से अधिक जानकारी एकत्रित की जानी चाहिए। इस प्रकार व्यवहार के अध्ययन के परिणामस्वरूप प्राप्त तथ्यों के आधार पर छात्र के विकास के लिए उपयुक्त अनुभव, सीखने की विधियाँ तथा शिक्षण की विधियों को प्रयोग में लाया जाए।

6.2 व्यवहार को समझने की विधियों का विभागीकरण (Classification of Methods of Understanding the Behaviour)

मोटे-तौर पर विधियों को दो भागों में बाँटा जा सकता है:

1. छात्र व्यवहार अध्ययन की अप्रमाणीकृत विधियाँ (Non-Standardized Methods of Understanding Learner's Behaviour)

2. छात्र व्यवहार अध्ययन की प्रमाणीकृत विधियाँ (Standardized Methods of Understanding Learner's Behaviour)

व्यवहार अध्ययन करने की प्रमुख अप्रमापीकृत्त प्रविधियाँ (Main Non-Standardized Techniques of Collecting Information): प्रमुख अप्रमापीकृत्त प्रविधियाँ निम्नलिखित हैं:

1. आकस्मिक निरीक्षण अभिलेख (Anecdotal Record)
2. आत्मकथा (Autobiography)
3. निर्धारण मापदण्ड (Rating Scale)

4. व्यक्ति इतिहास (Case History)
5. व्यक्ति अध्ययन (Case Study)
6. समाजमिति (Sociometry)
7. प्रश्नावली (Questionnaire)
8. अवलोकन (Observation)
9. साक्षात्कार (Interview)
10. संचित अभिलेख (Cumulative Record)

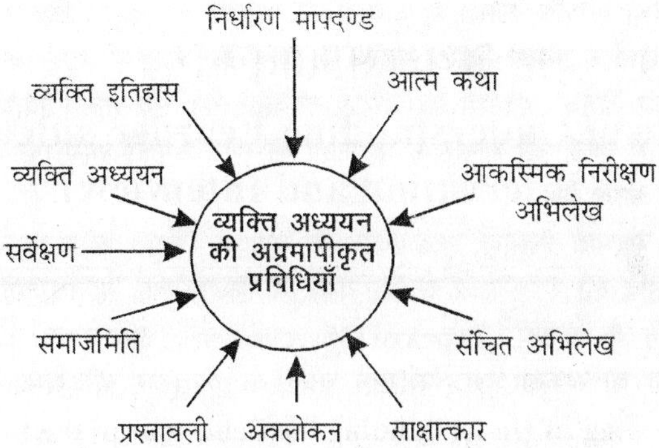

चित्र 6.1: व्यक्ति अध्ययन की अप्रमापीकृत्त प्रविधियाँ

अधिगमकर्ता के व्यवहार अध्ययन की प्रमाणीकृत विधियाँ
(Standardized Methods of Understanding Learner's Behaviour)

1. बुद्धि परीक्षण (Intelligence Test)
2. अभियोग्यता परीक्षण (Aptitude Test)
3. रूचि परीक्षण (Interest Test)
4. निष्पादन परीक्षण (Achievement Test)
5. व्यक्तिगत परीक्षण (Personality Test)
6. प्रयोगात्मक विधि (Experimental Method)

6.3 अवलोकन अथवा प्रेक्षण अथवा निरीक्षण विधि (Observation Method)

निरीक्षण विधि का अर्थ (Meaning of Observation Method): निरीक्षण विधि मे अध्ययन कर्ता अथवा मनोवैज्ञानिक अथवा अध्यापक छात्र के व्यवहार को स्वाभाविक परिस्थिति में देखता है तथा उसके व्यवहार से सम्बन्धित बातें नोट करता है। इस विधि में कानों अथवा वाणी की उपेक्षा अध्ययनकर्ता अपने नेत्रों का उपयोग करता है। इस विधि का प्रयोग छात्रों के व्यक्तिगत व्यवहार तथा सामूहिक व्यवहार को समझाने के लिए किसी विशेष परिस्थिति में किया जाता है। उदाहरणार्थ छात्र झगड़े की परिस्थिति में-झगड़ा किस परिस्थिति में, कितनी देर तथा क्यों हुआ। छात्र अथवा छात्रों का व्यवहार किस प्रकार का या इस प्रकार से तथ्यों के आधार पर अध्ययनकर्ता कुछ निष्कर्षों तक

पहुँचता है। परन्तु निष्कर्ष निकालते समय वह अनेक विधियों का भी प्रयोग करता है। अध्ययनकर्ता प्रोक्ष तथा अपरोक्ष (छुपकर) व्यवहार का अवलोकन

प्रश्नावली अति प्राचीन प्राविधि है। इसका प्रयोग अनेक प्रकार की स्थितियों में किया जाता है। गुड तथा स्केटस (Good and Scates) के शब्दों में, ''अवलोकन, व्यक्तियों अथवा छात्रों की विभिन्न सामान्य परिस्थितियों में प्रदर्शित बाहरी व्यवहारों से है।''

अवलोकन का महत्त्व (Significance of Observation): हम अपने दैनिक जीवन में अवलोकन का प्रयोग अनेक परिस्थितियों में करते हैं। किसान विभिन्न दिशाओं से आने वाली हवाओं को देखकर मौसम का अनुमान लगाते हैं।

ज्योतिष तथा औषधि शास्त्र में अवलोकन प्रविधि का बहुत प्रचलन है। शिक्षा तथा मनोविज्ञान के क्षेत्रों में इसका विशेष महत्त्व है। छात्रों का कक्षा में, खेल के मैदान में, प्रात: स्कूल सभा तथा अनेक अवसरों पर उसके व्यवहार का अवलोकन किया जाता है।

इस विधि में छात्रों की मानसिक क्रियाओं के साथ उनकी शारीरिक क्रियाओं का भी अध्ययन किया जाता है।

यह विधि स्वभाव-निर्माण, मूल प्रवृत्ति के संशोधन, स्मृति, छात्र के अपराधी व्यवहार तथा थकान आदि की समस्याओं के अध्ययन में विशेष रूप से उपयोगी है।

अवलोकन के प्रकार (Types of Observation): अवलोकन का कई प्रकार से वर्गीकरण किया जा सकता है:

अवलोकन का वर्गीकरण: नियन्त्रण की दृष्टि से

(1) आकस्मिक अवलोकन (Casual Observation)

(2) नियन्त्रित अवलोकन (Controlled Observation)

अवलोकन का लेखन की दृष्टि से वर्गीकरण

(1) अलिखित अवलोकन (Unrecorded Observation)

(2) लिखित अवलोकन (Recorded Observation)

संख्या के अनुसार अवलोकन का वर्गीकरण

(1) व्यक्तिगत अवलोकन (Individual Observation)

(2) सामूहिक अवलोकन (Group Observation)

स्थिति के अनुसार अवलोकन का वर्गीकरण

(1) प्रत्यक्ष अवलोकन (Direct Observation)

(2) अप्रत्यक्ष अवलोकन (Indirect Observation)

प्रमापीकरण की दृष्टि से अवलोकन का वर्गीकरण

(1) प्रमापीकृत अवलोकन (Standardized Observation)

(2) स्वाभाविक अवलोकन (Natural Observation)

अवलोकन का स्वयं प्रेरित अथवा अन्य की दृष्टि से वर्गीकरण

(1) बाह्य अवलोकन (External Observation)

(2) स्वयं प्रेरित अवलोकन (Internal Observation)

अनियन्त्रित व नियन्त्रित अवलोकन: 1. नियन्त्रित या अनियन्त्रित अवलोकन कुछ निश्चित परिस्थितियों में किया जाता है। इसमें पहले ही से समय, स्थान आदि बातों का चयन कर लिया जाता है। इसमें सम्बन्धित यन्त्र-उपकरण जैसे स्टॉप वॉच, स्क्रीन, चलचित्र आदि का प्रबन्ध कर लिया जाता है।

अनियंत्रित अवलोकन में अवलोकनकर्त्ता को स्वतन्त्रता प्राप्त होती है।

2. *बाह्य या स्वयं प्रेरित*: बाह्य अवलोकन किसी बाहरी व्यक्ति द्वारा किया जाता है। *स्वयं प्रेरित* अवलोकन में व्यक्ति को स्वयं अपना विवरण देने के लिए कहा जाता है।

3. *निर्देशित या उपपत्ति अवलोकन*: निर्देशित अवलोकन पहले से ही तैयार की गई सूची के आधार पर किया जाता है।

उपपत्ति अवलोकन में अवलोकक केवल उन परिस्थितियों का अवलोकन करता है जिनके लिए उसे कहा गया हो।

4. *प्रमापीकृत या स्वाभाविक*: प्रमापीकृत अवलोकन में व्यक्ति को किसी विशेष परिस्थिति में रखा जाता है और उसे कुछ निष्पादन परीक्षाएँ दी जाती हैं ताकि उसके व्यवहार का अध्ययन किया जा सके।

स्वाभाविक अवलोकन में व्यक्ति के दिन-प्रतिदिन के क्रिया-कलापों का अवलोकन किया जाता है।

प्रेक्षण का उपयोग: जब किसी व्यक्ति, प्राणी, या उनके समूह के व्यवहार का किसी विशेष परिस्थिति में अध्ययन करना होता है तब प्रेक्षण प्रविधि का उपयोग किया जाता है। जैसे कोई जानवर या बंदर या कोई बालक क्रोध के आवेश में किस प्रकार का व्यवहार करता है

इसका अध्ययन प्रेक्षण के द्वारा किया जा सकता है। इसी प्रकार किसी अध्यापक, प्रधानाध्यापक या अध्यापकों के समूह का छात्रों की अनुशासनहीनता के समय कैसा व्यवहार होता है यह प्रेक्षण का विषय हो सकता है। तात्पर्य यह है कि जब हम मापन के लिए किसी भौतिक उपकरण का प्रयोग नहीं करते, तब प्रेक्षण द्वारा ही मापन करने का प्रयास करते हैं।

अवलोकन के सिद्धान्त (Principles of Observation)

1. एक समय में एक ही व्यक्ति के अवलोकन का सिद्धान्त।
2. छात्रों का नियमित क्रियाओं में अवलोकन का सिद्धान्त।
3. छात्रों का लम्बे समय तक अवलोकन का सिद्धान्त।
4. छात्रों का सम्पूर्ण स्थिति में अवलोकन का सिद्धान्त।

अवलोकन के लाभ (Advantages of Observation)

1. *विश्वसनीय* तथा *वस्तुनिष्ठ*: अवलोकन में व्यक्ति के यथार्थ व्यवहार का आलेख होने के कारण यह अधिक विश्वसनीय तथा वस्तुनिष्ठ होता है।

2. *स्वाभाविक परिस्थिति में अवलोकन*: अवलोकन छात्र का उन सब क्षेत्रों में किया जा सकता है जहाँ वह स्वाभाविक परिस्थितियों में कार्य करता है।

3. *बच्चों के अध्ययन के लिए उपयोगी*: छोटे बच्चों का भाषा पर अधिकार नहीं होता है, अतः वे अपने भावों का प्रदर्शन क्रियाओं द्वारा करते हैं। अवलोकन द्वारा छात्रों की क्रियाओं को समझा जा सकता है।

4. *व्यक्तिगत तथा समूह दोनों में उपयोगी*: एक समय में एक या अनेक व्यक्तियों का अवलोकन किया जा सकता है।

5. *अन्य विधियों द्वारा प्राप्त न होने वाले तथ्यों को अवलोकन द्वारा संचित करना*: छात्रों के बारे में कई तथ्य ऐसे होते हैं जो कि केवल अवलोकन द्वारा ही जाने जाते हैं, अन्य साधनों द्वारा जानना कठिन होता है।

6. *अन्य जाँचों से प्राप्त तथ्यों की पुष्टि*: तथ्यों को प्राप्त करने के लिए अनेक विधियाँ प्रयोग में लाई जाती हैं। अवलोकन द्वारा उन तथ्यों की पुष्टि हो जाती है।

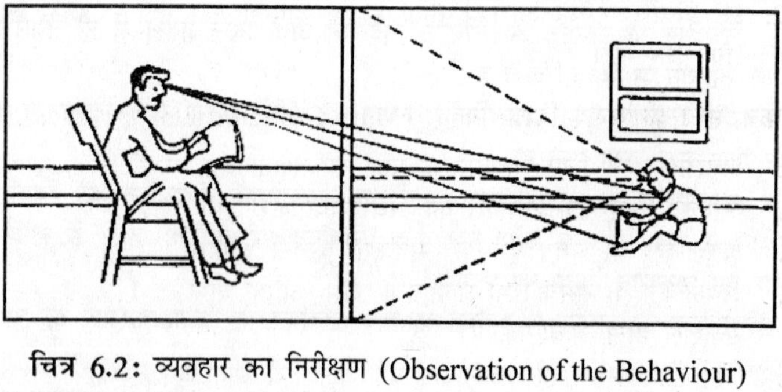

चित्र 6.2: व्यवहार का निरीक्षण (Observation of the Behaviour)

7. *व्यापक जानकारी*: अवलोकन के माध्यम से छात्रों की व्यक्तिगत, सामाजिक तथा भावात्मक प्रतिक्रियाओं की जानकारी मिल सकती है।

8. *सस्ती प्रविधि:* अवलोकन विधि सस्ती रहती है क्योंकि इसमें किसी प्रयोगशाला की आवश्यकता नहीं पड़ती है और न ही विशेष उपकरणों की।

9. *लचीली प्रविधि:* इस प्रविधि को अनेक परिस्थितियों में थोड़े से परिवर्तन से ही प्रयुक्त किया जा सकता है।

10. *अनेक प्रकार से प्रयोग में लाना:* यह प्रविधि खेलों आदि के कौशलों की जानकारी प्राप्त करने में भी प्रयुक्त की जा सकती है।

11. *साधारण प्रशिक्षण की आवश्यकता:* इस प्रविधि के प्रशिक्षण में विशेष उपकरणों की आवश्यकता नहीं पड़ती है। साथ ही प्रशिक्षण की अवधि भी कम होती है।

अवलोकन प्रविधि की सीमाएँ (Limitations of Observation)

1. अवलोकन प्रविधि में अवलोकनकर्त्ता के पक्षपात की आशंका रहती है।
2. अवलोकन का विवरण तत्काल लिखना बहुत कठिन कार्य बन जाता है।
3. अवलोकन प्रविधि के माध्यम से अचेतन मन (Unconscious Mind) के बारे में जानना लगभग असम्भव है।
4. व्यक्ति का व्यवहार परिवर्तनशील होता है। स्थितियाँ बदलती रहती हैं।
5. अवलोकन के समय व्यक्ति के व्यवहार में बनावट अथवा दिखावापन आ सकता है। जिससे अवलोकन में त्रुटि आ जाती है।
6. प्रशिक्षित अवलोकनकर्त्ताओं का अभाव रहता है।
7. अवलोकन के पश्चात् लिखे गए विवरणों में अन्तर की गुंजाईश रहती है।
8. अवलोकन कार्य में अधिक समय लगता है। अवलोकन कई बार तथा विभिन्न परिस्थितियों में करने की आवश्यकता रहती है।
9. मानसिक तनाव तथा शारीरिक थकान आदि अवलोकन प्रक्रिया को प्रभावित करते हैं।
10. अवलोकन की रिपोर्ट को शत्-प्रतिशत शुद्ध रूप में लिखा नहीं जा सकता है।
11. इस प्रविधि द्वारा कई बार व्यक्तिगत समस्याओं तथा अनुभवों को जाना नहीं जा सकता है।
12. इस प्रविधि में यह आशंका रहती है कि अवलोकनकर्त्ता निरर्थक सामग्री का संग्रह कर लेता है।

अवलोकन सम्बन्धी मुख्य दिशा-निर्देश (Main Guidelines for Observation)

1. अवलोकन के लिए व्यवहार के पक्षों का दक्षतापूर्वक चयन किया जाए।
2. निश्चित किए गए व्यवहारों का अर्थ स्पष्ट कर लिया जाए।
3. अवलोकन के समय पूरी-पूरी सतर्कता बरतनी चाहिए।
4. अवलोकन के समय सभी ज्ञानेन्द्रियों, जैसे-आँख, कान, ध्वनि, स्वाद आदि का सकुशल होना आवश्यक है।
5. जहाँ तक सम्भव हो अवलोकन की जानेवाली बातों को तत्काल लिखा जाए क्योंकि समय गुजरने पर अवलोकन सम्बन्धी बातों के भूलने का भय रहता है।
6. अवलोकनकर्त्ता स्वयं स्थिर बुद्धि वाला होना चाहिए।
7. अवलोकन करने वाले में तुलनात्मक विवेचन शक्ति का होना आवश्यक है।

8. एक समय में एक ही व्यक्ति का अवलोकन किया जाना चाहिए।
9. व्यक्ति के व्यवहार का अवलोकन काफी लम्बे समय तक होना चाहिए।

6.4 साक्षात्कार विधि (Interview Method)

6.5 साक्षात्कार विधि का अर्थ (Meaning of Interview Method)

साक्षात्कार का शाब्दिक अर्थ है–आमने-सामने उपस्थित होकर एक दूसरे से सम्पर्क सम्पर्क स्थापित करना तथा विचारों का आदान प्रदान करना। परन्तु मनोविज्ञान में साक्षात्कार विधि का अर्थ है साक्षात्कारकर्ता अथवा अध्यापक अथवा शोधकर्ता आमने सामने उपस्थित होकर छात्र से उसके व्यवहार के बारे में विभिन्न प्रकार की जानकारी प्राप्त करना। साक्षात्कारकर्त्ता छात्र की समस्याओं को जानने, समझने तथा समाधान में उसकी सहायता करता है।

साक्षात्कार की कुछ परिभाषाएँ नीचे दी जा रही हैं:

1. *गुड और हैट* (*Good and Hatt*) के अनुसार, "किसी उद्देश्य से किया गया गम्भीर वार्तालाप ही साक्षात्कार है।"

2. *आर.जे. फ्रान्सिस* (*R.J.Francis*) के विचार में, "तथ्य एकत्रित करने के लिए साक्षात्कार विधि में एक-दूसरे को देखना, एक दूसरे को आवाज सुनने, एक दूसरे की भाषा समझना तथा वह सभी कुछ प्रयोग करना अनिवार्य है जो मनोवैज्ञानिक रूप से अनिवार्य हो"।

3. *ऐलिस रोजन* (*Ellis Rogen*) का लिखना है, "एक प्रमाणीकृत साधन (Standardized Tool) है जिसके द्वारा लोगों को कई प्रयोजनों के लिए आंका जाता है।"

6.6 साक्षात्कार के प्रकार (Types of Interviews)

1. *नियुक्ति साक्षात्कार* (Employment Interview): इस प्रकार के साक्षात्कार का प्रमुख उद्देश्य जीविका के लिए व्यक्ति की उपयुक्तता निश्चित करना होता है।

2. *सूचनात्मक साक्षात्कार* (Informative Interview): इस प्रकार के साक्षात्कार में विभिन्न प्रकार की सूचनाएँ दी जाती हैं।

3. *अनुसन्धान साक्षात्कार* (Research Interview): इस प्रकार के साक्षात्कार में बहुत व्यक्तियों से अनुसन्धान सम्बन्धी तथ्य प्राप्त किए जाते हैं।

4. *निदानात्मक साक्षात्कार* (Diagnostic Interview): इस प्रकार का साक्षात्कार निदान का महत्त्वपूर्ण अंग है। इसका उद्देश्य छात्र के घर तथा वातावरण आदि से सम्बन्धित सूचनाएँ प्राप्त करना है।

5. *परामर्श साक्षात्कार* (Counselling Interview): इस प्रकार साक्षात्कार का मुख्य उद्देश्य व्यक्ति में सूझ उत्पन्न करना है जो कि आत्म-बोध प्राप्त करने में सहायक होती है। साक्षात्कार परामर्श प्रक्रिया का मुख्य आधार माना जाता है।

6. *उपचारात्मक साक्षात्कार* (Treatment Interview): उपचारात्मक साक्षात्कार में इस प्रकार वार्तालाप किया जाता है कि व्यक्ति अपनी सभी चिन्ताओं, भावनाओं आदि को व्यक्त करके अपने मन का भार हल्का कर सके तथा उसका समायोजन ठीक हो सके।

7. *तथ्य संकलन साक्षात्कार* (Fact Finding Interview): इस प्रकार के साक्षात्कार में छात्रों के बारे में तथ्य एकत्रित किए जाते हैं।

6.7 साक्षात्कार की विशेषताएँ (Characteristics of an Interview)

1. साक्षात्कार एक वार्तालाप है।
2. साक्षात्कार व्यक्ति का व्यक्ति से वार्तालाप है।
3. साक्षात्कार में वार्तालाप का उद्देश्य होता है।
4. साक्षात्कार एक व्यक्ति का दूसरे व्यक्ति से सम्पर्क स्थापित करने का सर्वश्रेष्ठ साधन है।
5. साक्षात्कार में एक व्यक्ति अनुभवी तथा प्रशिक्षित होता है जो दूसरे को परामर्श देता है।
6. साक्षात्कार के आधार पर छात्र के सम्बन्ध में तथ्यपूर्ण सामग्री इकट्ठी की जाती है।
7. साक्षात्कार प्राय: सम्बन्धों पर आधारित है।

साक्षात्कार का महत्त्व (Significance of Interview)

रूथ स्ट्राँग (*Ruth Strong*) का विचार है, ''साक्षात्कार, निर्देशन-प्रक्रिया की आधारशिला है।''

क्रो व *क्रो* (*Crow and Crow*) के विचार में–''साक्षात्कार का निर्देशन में महत्त्वपूर्ण स्थान है।''

राईटस्टोन व *अन्य* (Wrightstone and Others) का कहना है–''साक्षात्कार विद्यालय में मूल्यांकन करने के लिए अत्यन्त उपयोगी साधन है। इसको न केवल सूचना-संग्रह करने की विधि के रूप में प्रयोग किया जा सकता है, अपितु शिक्षक इसका प्रयोग छात्र के व्यवहार का निदान करने और उसकी सफलता का मूल्यांकन करने के लिए भी कर सकता है।''

6.8 साक्षात्कार के उद्देश्य (Purposes of Interview)

1. छात्र के बारे में छात्र से सूचना प्राप्त करने का उद्देश्य।
2. साक्षात्कार द्वारा छात्र की भावनाओं, अभिवृत्तियों तथा रुचियों को जानने का उद्देश्य।
3. छात्र को प्रेरणा प्रदान करके उसे स्वयं में रुचि लेने का उद्देश्य।
4. साक्षात्कार द्वारा मधुर सम्बन्ध स्थापित करने का उद्देश्य।
5. साक्षात्कार द्वारा छात्रों की विभिन्न समस्याओं को सम्भावित कारणों का उद्देश्य।
6. पूर्व साक्षात्कार से एकत्रित तथ्यों की साक्षात्कार द्वारा पुष्टि करने का उद्देश्य।
7. साक्षात्कार से छात्रों के शारीरिक दोषों को जिनके बारे में मनोवैज्ञानिक परीक्षणों से पता न लग सकना, उनके बारे में जानकारी प्राप्त करने का उद्देश्य।
8. अन्य विधियों तथा प्रविधियों द्वारा एकत्रित तथ्यों की पूर्ति करने का उद्देश्य।
9. छात्र को शैक्षिक, व्यावसायिक तथा व्यक्तिगत समस्याएँ समाधान करने में सहायता देने का उद्देश्य।
10. छात्र की समायोजन सम्बन्धी समस्याओं के समाधान में सहायता का उद्देश्य।

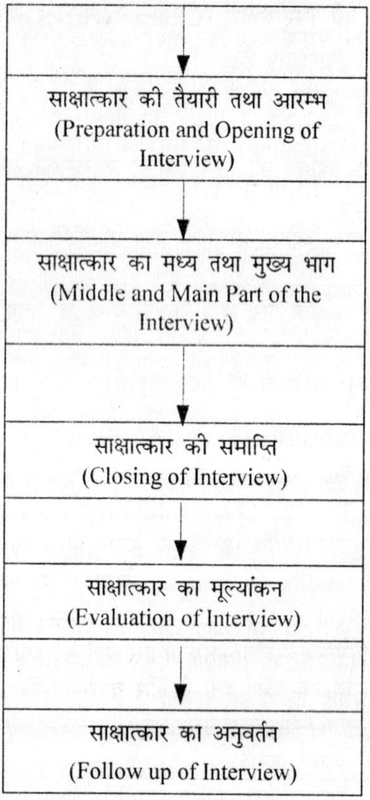

चित्र 6.3: साक्षात्कार के सोपान (Steps of Interviews)

I. साक्षात्कार की तैयारी तथा आरम्भ: साक्षात्कार का आरम्भ करने के लिए निम्नलिखित बातों पर ध्यान दिया जाना चाहिए:

1. *समरस अथवा आत्मतीय स्थापित करना* (*To Establish Rapport*): उपबोध्य अथवा प्रार्थी में परस्पर आत्मीय स्थापित करना अत्यन्त आवश्यक है। एक दूसरे को ऐसा अनुभव हो कि वे दोनों अच्छे मित्र हैं। आत्मतीय स्थापन हेतु डेविस तथा रॉबिन्सन (Davis and Robinson) ने निम्न सुझाव दिए हैं:

(i) *सहानुभूति* (Sympathy): साक्षात्कार लेने वाला व्यक्ति साक्षात्कार देने वाले के साथ सहानुभूति प्रकट करे।

(ii) *विश्वास* (Assurance): परामर्शदाता अथवा साक्षात्कारकर्त्ता प्रार्थी को प्रोत्साहित करे तथा उसमें इस प्रकार का विश्वास पैदा करे कि उसकी समस्या का समाधान अवश्य होगा।

(iii) *स्वीकृति* (Approval): साक्षात्कार देने वाले व्यक्ति को उत्साहित करने के लिए उसके कुछ विचारों को स्वीकृति मिलनी चाहिए।

(iv) *हास्य* (Humour): परामर्शदाता तनाव दूर करने के लिए हास्य का भी प्रयोग करे।

(v) *व्यक्तिगत सन्दर्भ* (Personal Reference): साक्षात्कारकर्त्ता को चाहिए कि अपनी बातों को स्पष्ट करने के लिए अपने अनुभवों का उदाहरण दें।

(vi) *अव्यक्तिगत सन्दर्भ* (Non-Personal Reference): साक्षात्कारकर्त्ता कभी-कभी दूसरे व्यक्तियों के उदाहरण भी दे सकता है।

(vii) *प्रश्न पूछना* (Questioning): उपबोध्य अथवा व्यक्ति को अपनी समस्याओं के सम्बन्ध में अधिक विचार करने की प्रेरणा देने के लिए साक्षात्कारकर्त्ता को कुछ प्रश्न पूछने चाहिए।

(viii) *भय* (Threat): कभी-कभी साक्षात्कारकर्त्ता जब यह अनुभव करे कि प्रार्थी सही सूचनाएँ नहीं देता है तो वह उसे भय दिखाए कि इसका परिणाम अच्छा नहीं होगा।

(ix) *आश्चर्य* (Surprise): कभी-कभी साक्षात्कारकर्त्ता व्यक्ति की बातों पर आश्चर्य भी प्रकट करे।

(x) *पर्याप्त समय* (Adequate Time): प्रार्थी को अपनी बात कहने के लिए पर्याप्त समय मिलना चाहिए।

II. साक्षात्कार का मध्य भाग (The Middle of the Interview): साक्षात्कार को उपयोगी बनाने के लिए निम्नलिखित सुझावों पर ध्यान दिया जाना चाहिए:

(i) *प्रेरक प्रश्न* (Motivating Questions): साधारणतया मधुर भाषा में सरल प्रश्न इस प्रकार पूछे जाएँ कि साक्षात्कार देने वाले को प्रेरणा मिले।

(ii) *साक्षात्कार पर नियन्त्रण*: साक्षात्कारकर्त्ता इस बात को ध्यान में रखे कि वार्तालाप में प्रार्थी को सीमित मात्रा में ही स्वतन्त्रता देनी है और वार्तालाप विषय पर ही केन्द्रित रहे।

(iii) *ध्यानपूर्वक सुनना*: साक्षात्कारकर्त्ता बहुत ध्यान से प्रार्थी की भावनाओं तथा दृष्टिकोणों को जानने का प्रयास करे।

(iv) *साक्षात्कारकर्त्ता द्वारा बोलना*: साक्षात्कारकर्त्ता उचित मात्रा में बातचीत करे।

III. साक्षात्कार की समाप्ति (The Closing of Interview): साक्षात्कार की समाप्ति इस प्रकर की जाए कि छात्र को सन्तोष हो। वह यह अनुभव करे कि उसे वास्तव में कुछ सहायता मिली है।

IV. साक्षात्कार का मूल्यांकन (Evaluation of the Interview): अन्त में साक्षात्कारकर्त्ता को विचार करना चाहिए कि उसका कार्य कहाँ तक सम्पन्न हुआ है। इसके लिए उसे अपने आप से निम्नलिखित प्रश्न पूछने चाहिए:

1. क्या मैंने साक्षात्कार के लिए पर्याप्त समय, श्रम एवं धन दिया?
2. क्या मेरा साक्षात्कार बिना किसी बाधा के पूरा हुआ?
3. क्या साक्षात्कार के समय में मानसिक दृष्टि से जागरूक, शरीर से स्वस्थ तथा पूर्वाग्रह से मुक्त था?
4. क्या मेरे पास पर्याप्त प्रश्न या जानकारी प्राप्त करने के लिए आँकड़े प्रस्तुत थे?
5. क्या मेरा दृष्टिकोण उचित था?
6. क्या साक्षात्कृत के साथ आत्मीयता स्थापित करने में मैं सफल रहा?
7. क्या साक्षात्कृत पूर्वाग्रह मुक्त तथा खुले दिल से उत्तर दे रहा था या वह कुछ छिपा रहा था?

8. उसके पूर्वाग्रहमुक्त होने तथा स्पष्ट अभिव्यक्ति के अभाव में मैं कहाँ तक उसके विचार जान लेने में सफल हुआ?
9. क्या साक्षात्कार से मुझे सचमुच कुछ लाभ हुआ और मेरे ज्ञान की वृद्धि हुई है?
10. क्या साक्षात्कृत मुझसे सन्तुष्ट था और भविष्य में भी मेरी सहायता करने तथा समय देने को तैयार है?
11. या साक्षात्कार प्रतिवेदन में साक्षात्कृत के पूरे विचार एवं मत समाविष्ट हो गए हैं?

यदि उपर्युक्त प्रश्नों के उत्तर सन्तोषजनक हों तो समझ लेना चाहिए कि साक्षात्कार सफल हुआ है और निर्देशन कार्य में इससे बहुमूल्य सहायता प्राप्त होगी।

टण साक्षात्कार का अनुवर्ती कार्य: साक्षात्कार के पश्चात् उस पर अनुवर्ती करना आवश्यक है अथवा इसका कोई महत्त्व नहीं रह जाता।

साक्षात्कार लेते समय सात महत्वपूर्ण बातें

1. *किसने साक्षात्कार लेना है? (Who is to interview?)*: साक्षात्कारकर्त्ता अपने गुणों तथा सीमाओं को साक्षात्कार के समय ध्यान में रखे।
2. *साक्षात्कार किसका लेना है? (Who is to be Interviewed?)*: साक्षात्कारकर्त्ता अपने उपबोध्य (Client) को ध्यान से समझने का प्रयास करे।
3. *साक्षात्कार क्यों? (Why Interview)*: साक्षात्कारकर्त्ता आरम्भ से ही यह निश्चय कर लेगा कि साक्षात्कार का उद्देश्य क्या है?
4. *साक्षात्कार कैसे? (How Interview)*: साक्षात्कारकर्त्ता को साक्षात्कार की विधि से भली-भाँति परिचित होना चाहिए।
5. *साक्षात्कार कहाँ? (Where to Interview)*: साक्षात्कारकर्त्ता को चाहिए कि वह साक्षात्कार देने वाले व्यक्ति से साक्षात्कार का दिन तथा समय निश्चित कर ले।
6. *साक्षात्कार कब हो? (When to Interview)* साक्षात्कार तब किया जाए जब साक्षात्कार करने वाला अभिप्रेरण अनुभव करे।
7. *साक्षात्कार में क्या पूछा जाए? (What to ask in Interview)*: साक्षात्कार के समय पूछे जाने वाले प्रश्नों की सूची बना लेनी चाहिए।

VI. अच्छे साक्षात्कारकर्त्ता के गुण (Qualities of a Good Interviewer)

1. *विश्वास प्राप्त करने की कला*: साक्षात्कारकर्त्ता को मित्र बनाने की कला में निपुण होना चाहिए तभी वह साक्षात्कार देने वाले का विश्वास प्राप्त कर सकता है।
2. *सहानुभूति तथा सहयोग की भावना*: साक्षात्कारकर्त्ता साक्षात्कार देने वाले के प्रति सहानुभूति तथा सहयोग की भावना रखे।
3. *साक्षात्कार देने वाले की भावनाओं का आदर*: साक्षात्कारकर्त्ता किसी भी प्रकार से साक्षात्कार देने वाले की भावनाओं को चोट न पहुँचाएँ।
4. *धैर्य*: साक्षात्कारकर्त्ता को सुनने की कला में प्रवीण होना चाहिए। वह साक्षात्कार देने वाले की बातों को धैर्यपूर्वक सुने, भले ही वह व्यक्ति इधर-उधर की बातें करे।
5. *पर्याप्त समय देना*: साक्षात्कारकर्त्ता साक्षात्कार देने वाले व्यक्ति को अपनी बातें कहने के लिए उचित समय दे।
6. *स्पष्ट वक्ता*: साक्षात्कारकर्त्ता में अपनी बात स्पष्टता से कहने की क्षमता होनी चाहिए।

7. *वार्तालाप में एकाधिकार न करना*: दोनों को ही उचित समय लेना चाहिए।
8. *आत्म-विश्वास बनाए रखने का प्रयत्न*: साक्षात्कारकर्त्ता साक्षात्कार देने वाले से प्राप्त सूचना को गुप्त रखे।
9. *हास्य*: परामर्शदाता हँसमुख होना चाहिए। कई बार हास्य द्वारा तनावपूर्ण स्थिति को समाप्त किया जा सकता है।
10. *उपदेश न देना*: परामर्शदाता अधिक मात्रा में उपदेश देने की मनोवृत्ति से दूर रहे।
11. *सीमित सूचनाओं का संग्रह*: एक ही साक्षात्कार में अनेक तथ्यों को प्राप्त करने का प्रयत्न नहीं करना चाहिए।
12. *निष्पक्ष*: परामर्शदाता को किसी के साथ पक्षपात नहीं करना चाहिए।
13. *वस्तुनिष्ठ*: परामर्शदाता में तथ्यों का उपयुक्त चयन करने की क्षमता होनी चाहिए।
14. *समायोजित व्यक्ति*: क्रो व क्रो के शब्दों में साक्षात्कारकर्त्ता को व्यक्तिगत रूप से भली-भाँति समायोजित व्यक्ति होने का प्रमाण देना चाहिए।
15. *आत्मीयता*: साइमन्ड्स (Symonds) के अनुसार (Rapport) साक्षात्कार लेने वाले और देने वाले में पारस्परिक विश्वास और सम्मान का व्यक्तिगत सम्बन्ध है।

निष्कर्ष: *क्रो व क्रो* (Crow and Crow) के विचार में साक्षात्कारकर्त्ता में व्यक्तित्व के निश्चित और विशिष्ट गुण, पूर्ण प्रशिक्षण और कुशल निर्देशन का अनुभव होना चाहिए।

साक्षात्कार के लाभ (Advantages of Interview)

1. यह विधि सरलता से प्रयोग में लाई जा सकती है।
2. इस विधि को विभिन्न दशाओं तथा परिस्थितियों में प्रयोग हेतु लचकदार बनाया जा सकता है।
3. इस विधि का प्रयोग अनेक समस्याओं तथा उद्देश्यों के लिए किया जा सकता है।
4. साक्षात्कार देने वाले की अपनी निषेधात्मक भावनाओं (Negative Feelings) को स्पष्ट करने का अवसर मिल जाता है।
5. इस विधि में व्यक्ति को सम्पूर्ण रूप से समझने का अवसर मिलता है। व्यक्ति की अभिवृत्ति, संवेग, विचार, भावना आदि का अध्ययन होता है।
6. साक्षात्कार व्यक्ति को अपने सम्बन्ध में जानकारी प्रदान करने की सम्भवतः सबसे अधिक लाभप्रद विधि है।
7. साक्षात्कारकर्त्ता छात्र की गुप्त तथा वैयक्तिक बातों को जानकर उसे शैक्षिक और संवेगात्मक विकास करने में सहायता देता है।
8. साक्षात्कार की सहायता से छात्र के सम्बन्ध में ऐसी सूचनाएँ प्राप्त की जा सकती हैं, जिनका अन्य विधियों से प्राप्त किया जाना सम्भव न हो। क्योंकि गोपनीय बातों को छात्र लिखकर नहीं देना चाहता।
9. साक्षात्कार से प्राप्त सूचना गोपनीय रखी जा सकती है।
10. साक्षात्कार द्वारा छात्र सम्बन्धी भूतकाल की घटनाओं की जानकारी प्राप्त हो सकती है।
11. साक्षात्कार द्वारा विश्वसनीय तथ्यों की प्राप्ति हो सकती है।
12. साक्षात्कार प्रविधि समस्या पर अधिक केन्द्रित रहती है।

13. साक्षात्कार द्वारा मित्रवत् वातावरण उत्पन्न किया जा सकता है।

साक्षात्कार की सीमाएँ (Limitations of Interview)

1. साक्षात्कार व्यक्तिगत भावनाओं द्वारा प्रभावित होता है।
2. साक्षात्कार के परिणामों की व्याख्या करना कभी-कभी कठिन हो जाता है।
3. साक्षात्कर्त्ता तथा साक्षात्कार देने वाले की विभिन्न मान्यताओं तथा धारणाओं का साक्षात्कार विधि पर विशेष प्रभाव पड़ता है।
4. यह एक आत्मनिष्ठ (Subjective) विधि है।
5. कभी-कभी साक्षात्कार देने वाला अपनी धारणाओं आदि को व्यक्त नहीं कर पाता।
6. इस विधि में विश्वसनीयता तथा वैधता कम पाई जाती है।
7. यह प्रविधि खर्चीली है।
8. छात्रों को कई बार साक्षात्कार के लिए तैयार करना कठिन हो जाता है।
9. प्रभावी साक्षात्कारों का अभाव रहता है।
10. साक्षात्कार में बहुत समय लगता है।
11. साक्षात्कार के लिए स्वाभाविक वातावरण निर्माण करना कठिन कार्य है?
12. शर्मीले छात्रों के लिए इस प्रविधि का प्रयोग करना बहुत कठिन कार्य है।

7

सर्वेक्षण विधि तथा व्यक्ति अध्ययन विधि
(Survey Method and Case Study Method)

7.1 सर्वेक्षण विधि (Survey Method)

7.2 सर्वेक्षण का अर्थ (Meaning of Survey)

सर्वे शब्द की उत्पत्ति शब्दों 'Sur' या 'Sor' तथा, 'veer' या 'veior' से हुई है जिनका अर्थ क्रमशः 'ऊपर से' और 'देखना' होता है। सर्वेक्षण का इस प्रकार अर्थ हुआ, ऊपर से देखना। दूसरे शब्दों में 'वर्तमान स्थिति क्या है?' उदाहरण के तौर पर हम किसी क्षेत्र के वर्तमान स्कूलों की स्थिति के बारे में जानना चाहते हैं तो हम क्षेत्र में स्कूलों का सर्वेक्षण करते हैं। क्षेत्र की जनसंख्या कितनी है। प्राथमिक, माध्यमिक तथा सीनियर माध्यमिक स्कूल कितने हैं। उनमें छात्रों की संख्या कितनी हैं? क्षेत्र में और कितने स्कूलों की आवश्यकता है? इस प्रकार के विभिन्न प्रकार के प्रश्न पूछे जाते हैं। प्रश्नों के प्रकार सर्वेक्षण की प्रकृति तथा उद्देश्यों पर निर्भर करता है। सर्वेक्षण का क्षेत्र विस्तृत तथा संकुचित भी हो सकता है। जिस प्रकार भूतकाल की समस्याओं की खोज, उनके कारणों का अन्वेषण, उनका वर्णन तथा व्याख्या ऐतिहासिक विधि (Historical Method) कहलाती है, उसी प्रकार वर्तमान से सम्बद्ध अनुसंधान को वित्ररणात्मक अनुसंधान अथवा आदर्शमूलक सर्वेक्षण (Normative Survey) विधि भी कहते हैं। यह एक प्रकार से प्रवृत्तियों का अध्ययन है।

किसी क्षेत्र में सुधार करने के लिए उस क्षेत्र की तात्कालिक परिस्थिति की जानकारी होना अत्यन्त आवश्यक है। शिक्षा के क्षेत्र में यदि कोई सुधार करना है तो पहले यह जान लेना आवश्यक है कि आज शिक्षा की क्या स्थिति है? आज हमारी शिक्षा के क्या उद्देश्य हैं? शिक्षा पर राष्ट्रीय आय का कितना प्रतिशत तथा प्रति छात्र कितना व्यय हो रहा है? छात्र अध्यापक अनुपात क्या है? विद्यालय जाने योग्य छात्रों की संख्या क्या है और उनमें से कितने प्रतिशत छात्र वास्तव में पढ़ते हैं? विद्यालयों की संख्या, अध्यापकों की संख्या इत्यादि के आँकड़े जब तक उपलब्ध नहीं हैं तब तक शिक्षा में सुधार करने के लिए कोई ठोस कदम नहीं उठाया जा सकता। इन आँकड़ों का संग्रह एवं स्थिति का पूर्ण सर्वेक्षण एक प्रकार का अनुसंधान है जिसे विवरणात्मक अनुसंधान कहते हैं।

शैक्षिक सर्वेक्षण का कार्यक्षेत्र (Scope of an Educational Survey): सर्वेक्षण शिक्षा की वर्तमान स्थितियों, व्यवहारों, समस्याओं आदि के अध्ययन का एक दृष्टिकोण या

ढंग है। इसका उपयोग शिक्षा के स्थानीय, राज्यस्तर या राष्ट्रीय स्तर अथवा अन्तर्राष्ट्रीय पक्षों का अध्ययन करने के लिए किया जाता है। इसका कार्यक्षेत्र तथ्यों के संकलन, सारणीयन, वर्गीकरण, मापन, परितुलन, मूल्यांकन, सामान्यीकरण अथवा निष्कर्ष निकालना है। शैक्षिक समस्याओं को समझने तथा उनका समाधान करने के लिए उपयुक्त सभी क्रिया-कलापों की आवश्यकता पड़ती है। अत: उनका प्रयोग करना आवश्यक है।

शिक्षा के क्षेत्र में राष्ट्रीय-स्तर पर अनेक ऐसे प्रश्न उठते हैं जिनका समाधान होने पर ही शिक्षा-नीति में परिवर्तन या सुधार किया जा सकता है। उदाहरणार्थ निम्न प्रकार के प्रश्न पूछे जाते हैं: (1) लोग अपने बच्चों के लिए किस प्रकार का पाठ्यक्रम चाहते हैं? (2) किस उम्र में अथवा किस कक्षा में अधिकतर बच्चे पढ़ाई छोड़ देते हैं? (3) जब बच्चे विद्यालय छोड़ देते हैं तब वे प्राय: क्या करने लगते हैं? (4) उनमें से कितने प्रतिशत छात्र उच्चतर स्तर की शैक्षणिक संस्थाओं में प्रविष्ट होते हैं और कितने प्रतिशत किसी व्यवसाय में लग जाते हैं? (5) विभिन्न राज्यों तथा सम्पूर्ण राष्ट्र साक्षरता का औसत प्रतिशत क्या है? (6) शैक्षिक परिणामों की दृष्टि से अराजकीय तथा राजकीय विद्यालयों में क्या अन्तर है?

उपर्युक्त तथा इसी प्रकार के अनेक अन्य प्रश्नों के उत्तरों से प्राप्त जानकारी शैक्षिक प्रशासकों, शिक्षकों तथा शैक्षिक नियोजकों आदि के लिए बहुत महत्त्वपूर्ण होगी। इससे उन्हें दैनन्दिन समस्याओं के हल के साथ-साथ भावी शिक्षा-नीति का निर्धारण करने में सहायता मिलेगी।

7.3 सर्वेक्षण के प्रमुख उद्देश्य (Main Objectives of a Survey)

सर्वेक्षण के प्रमुख उद्देश्य निम्नांकित हो सकते हैं:

1. किसी विशिष्ट कारक के अस्तित्व का पता लगाना (Finding Out of Some Special Factor): उदाहरणार्थ कितने लोग सहशिक्षा से सहमत हैं? कितने लोग अनिवार्य सैनिक शिक्षा के विरोधी हैं? इस प्रकार के सर्वेक्षण द्वारा हम एक विशेष मत, दृष्टिकोण अथवा विचार का पता लगाना चाहते हैं। जनमत जानने के लिए किए जाने वाले सर्वेक्षण इसी कोटि में आते हैं।

2. सूचनाओं का संकलन (Compilation of Data): कुछ सर्वेक्षण कतिपय विशिष्ट सूचनाओं को एकत्र करने के लिए ही किए जाते हैं, जैसे–देश में शिक्षित बेकारों की संख्या, साक्षरता का प्रतिशत, विद्यालय जाने योग्य बच्चों की संख्या, लोगों की भोजन-सम्बन्धी आदतें इत्यादि।

3. किसी व्यवहार अथवा घटना का पूर्वानुमान लगाना (Forecasting Some Behaviour or Events): कई बार ऐसा देखा जाता है कि चुनावों के पूर्व राजनीति शास्त्रज्ञ, समाज शास्त्री या पत्रकार सर्वेक्षण करके यह पूर्वानुमान लगाने का प्रयास करते हैं कि किस राजनैतिक दल को कितने मत या कितनी सीटें प्राप्त होने की सम्भावना है। इसी प्रकार देश में आने वाले पर्यटकों की संख्या का अनुमान, फसलों का पूर्वानुमान, सम्पन्न होने वाले विवाहों या तलाकों का पूर्वानुमान इत्यादि का सर्वेक्षण द्वारा पता लगाया जा सकता है। शिक्षा के क्षेत्र में किसी राज्य अथवा क्षेत्र में विभिन्न प्रकार के स्कूलों की आवश्यकता आदि।

4. दो चरों के बीच पारस्परिक सम्बन्ध का पता लगाना (Cause and Effect Relation or Relations among Variables): अनेक बार सर्वेक्षण द्वारा दो चरों

(Variables) के बीच के सम्बन्ध का अध्ययन किया जाता है। उदाहरणार्थ–सिगरेट पीने तथा कैंसर रोग होने के बीच क्या सम्बन्ध है? केसारी की दाल खाने तथा लकवा रोग होने में क्या सम्बन्ध है? क्या प्रशिक्षित अध्यापकों द्वारा पढ़ाए गए छात्रों की उपलब्धि अप्रशिक्षित अध्यापकों के छात्रों से अधिक होती है? क्या अनुभवी अध्यापकों को प्रशिक्षण से कोई लाभ होता है? क्या उम्र बढ़ने के साथ-साथ अध्यापन-कुशलता भी बढ़ती है?

इसी प्रकार सामाजिक विवरणात्मक खोज द्वारा भी समाज की कुरीतियों, रूढ़ियों, रीति-रिवाज, प्रवृत्तियाँ आदि जानी जा सकती हैं। प्राय: सभी क्षेत्रों में चाहे वह शिक्षा का हो, या राजनीति का, आर्थिक हो या सामाजिक सर्वेक्षण द्वारा जानकारी प्राप्त करके समस्याओं का समाधान ढूँढा जा सकता है।

7.4 सर्वेक्षण विधि का महत्व (Significance of the Survey Method)

कुछ शिक्षा शास्त्री आदर्शमूलक सर्वेक्षण अनुसंधानों की गणना उत्कृष्ट कोटि के अनुसंधानों में नहीं करते। परन्तु इसमें संदेह नहीं कि सर्वेक्षण द्वारा जिस प्रकार की बहुमूल्य जानकारी एकत्र की जाती है उसकी देश के नियोजकों को बड़ी आवश्यकता होती है। अत: उनका महत्त्व कम नहीं समझना चाहिए। सर्वेक्षण का महत्त्व निम्नोक्त कारणों से है:

1. यह वर्तमान प्रवृत्ति का पता लगाता है जिससे समस्याओं का समाधान करने में सहायता मिलती है।
2. सर्वेक्षण द्वारा भावी विकास-क्रम का संकेत प्राप्त होता है।
3. सर्वेक्षण के परिणाम के आधार पर अनेक उपकरणों के निर्माण में सहायता मिलती है जिनकी सहायता से विभिन्न प्रकार के अनुसंधान किए जाते हैं। जैसे संख्यात्मक अनुसंधान द्वारा अनेक वस्तुओं एवं प्रवृत्तियों के मापन हेतु उपकरण (चेकलिस्ट, अनुसूचियाँ, उपलब्धि कार्ड इत्यादि) तैयार किए जाते हैं।
4. यह किसी तथ्य की पृष्ठभूमि प्रस्तुत करने में सहायक होता है जिसके द्वारा कई कारणात्मक सम्बन्धों के शोधित प्रयोगात्मक तथा नियंत्रित अध्ययन किए जा सकते हैं।
5. यह मात्रात्मक तथा गुणात्मक दोनों ही प्रकार से तथ्यों एवं आँकड़ों का संकलन करके समस्या के समाधान में सहायक होता है।
6. सर्वेक्षण में वैज्ञानिक विधि का प्रयोग किया जाता है और उसी के द्वारा संकलित तथ्यों का विश्लेषण, वर्गीकरण, मात्रांकन, मूल्यांकन, सामान्यीकरण इत्यादि किया जाता है।

7.5 सर्वेक्षण विधि के सोपान (Steps of Survey Method)

किसी सर्वेक्षण कार्य की योजना में निम्नांकित सोपान होते हैं:

1. सामान्य उद्देश्यों का निर्धारण।
2. विशिष्ट उद्देश्यों का निर्धारण।
3. न्यादर्श (Sample) के आकार-प्रकार (Design) का निर्धारण।
4. प्रश्नावली तैयार करना तथा उसका प्रयोग करना।
5. साक्षात्कार द्वारा जानकारी प्राप्त करना।
6. विश्लेषण की योजनाएँ बनाना।
7. सारणीयन (Tabulation) चाहे व्यक्ति द्वारा या यंत्रों की सहायता से विश्लेषण।
8. प्रतिवदेन तैयार करना।

7.6 सर्वेक्षण विधि के उदाहरण (Examples of Survey Method)

उदाहरण 1–विद्यालय सर्वेक्षण (School Survey): उपर्युक्त सोपानों का प्रयोग किस प्रकार किया जा सकता है यह विद्यालय-सर्वेक्षण द्वारा स्पष्ट किया जा सकता है।

गुड, बार तथा *स्केट्स* का मत है कि–"यह भली प्रकार कहा जा सकता है कि कोई अन्य एकीकृत कार्य इतनी पूर्णता के साथ अनुसंधान की विवरणात्मक विधि का उसकी विविध अवस्थाओं में प्रतिनिधित्व नहीं कर सकता जितना विद्यालय-सर्वेक्षण करता है।" विद्यालय विवरणात्मक अनुसंधान में निम्नांकित पक्ष सम्मिलित होते हैं:

1. उद्देश्य, परिणाम, विद्यार्थियों की उपलब्धि, पाठ्यक्रम, विधियाँ तथा शैक्षिक सहायक सामग्री।
2. प्रशासन-सम्बन्धी समस्याएँ एवं प्रशासनिक प्रक्रियाएँ।
3. वित्तीय नीतियाँ तथा उनके कार्यान्वयन की प्रक्रियाएँ।
4. भूमि-भवन, उपकरण आदि भौतिक सुविधाएँ तथा उनसे सम्बद्ध कारकों का परिचालन एवं रखरखाव (Maintenance)।
5. छात्रों के लिए यातायात के साधन।
6. कर्मचारी वर्ग तथा कार्यकर्ता।
7. शिक्षक-प्रशिक्षण सर्वेक्षण।

विद्यालय सर्वेक्षण का सम्बन्ध केवल विद्यालय-भवन की समस्या से हो सकता है। उनमें समुदाय तथा विद्यालय-वातावरण, विद्यालय में प्रवेश लेने वाले छात्रों की संख्या का अनुमान, विद्यालय-संयंत्र (Plant) का आयोजन, छात्र-निर्वासन पद्धति, भवन के लिए उपलब्ध वित्तीय साधन इत्यादि समस्याओं का अध्ययन किया जाता है। अन्य सर्वेक्षणों का सम्बन्ध अध्यापन कार्यक्रम की शैक्षिक समस्याओं से होता है, जैसे शिक्षण के उद्देश्य पाठ्यक्रम तथा शिक्षण पद्धतियों का निर्धारण, शैक्षिक उपकरण, (दृश्य-श्रव्य साधन भी) छात्रों की उपलब्धि इत्यादि।

विद्यालय सर्वेक्षण का क्षेत्र बहुत विस्तृत एवं विविधतापूर्ण होता है। इसलिए किसी विस्तृत विद्यालय सर्वेक्षण में कई उपसर्वेक्षण सम्मिलित होते हैं। उदाहरणार्थ:

1. विवरणात्मक अनुसंधान परीक्षण–
   (क) उपलब्धि-परीक्षण
   (ख) बुद्धि-परीक्षण
   (ग) व्यक्तित्व परीक्षण
2. विद्यालयीन मूल्यांकन
3. स्तर-अध्ययन (Status Study)
4. वित्तीय अध्ययन
5. पाठ्यक्रम अध्ययन
6. प्रचलित परम्पराओं का अध्ययन
7. भवन विवरणात्मक अनुसंधान।

उदाहरण 2–विषय : पाठ्य पुस्तकों का सर्वेक्षण (Survey of Text Books): जैसा कि पहले कहा गया है सर्वेक्षण का कार्यक्षेत्र बहुत विशाल है। विद्यालयों से सम्बन्धित अनेक विषय हैं जिनके बारे में सर्वेक्षण किया जा सकता है। उदाहरणार्थ शिक्षा के क्षेत्र में

किसी राज्य से पाठ्य-पुस्तकों की वर्तमान स्थिति के बारे हम जानना चाहते हैं, उसके लिए सर्वेक्षण, किया जा सकता है। सर्वेक्षण की रूप रेखा बनाते समय निम्न बातों को ध्यान में रखा जाता है:

1. *न्यायदर्श का चुनाव (Selection of Sample)*: हमारे साधन सीमित होते हैं। पाठ्यपुस्तकों से सम्बन्धित अनेक वर्ग होते हैं तथा अनेक छात्र उपभोगता। सम्पूर्ण को जनसंख्या (Population) की तुलना दी जाती है। जनसंख्या का एक अंश अथवा भाग चुना जाता है उसके आधार पर सम्पूर्ण तथ्य के बारे में जान लिया जाता है। इस अंश को तथ्य कहते हैं।

2. *मानदण्ड (Norms)*: आधारों का तह करना जिनके अनुसार पाठ्यपुस्तकों का सर्वेक्षण किया जाता है।

3. *सर्वेक्षण में प्रयोग होने वाले उपकरण (Tools of Research)*: पाठ्य-पुस्तकों के सर्वेक्षण में प्राय: निम्नलिखित उपकरणों का प्रयोग किया जाता है।

(i) प्रश्नावली (Questionnaire)
(ii) साक्षात्कार (Interview)

4. *प्रश्नावली में सुझावात्मक प्रश्न (Suggestive Questions to be included in the Questionnaire)*:

(i) क्या पाठ्यपुस्तकों की सामग्री राष्ट्रीयता तथा भावात्मकता को बढ़ावा देती है?
(ii) क्या पाठ्यसामग्री अधिगम उद्देश्यों की पूर्ति करती है?
(iii) क्या पाठयसामग्री को वाँछित इकाईयों तथा अध्यायों में बांटा गया है?
(iv) क्या भाषा कक्षा के स्तर के अनुकूल है?
(v) क्या पाठ्यपुस्तकों में उचित सहायक सामग्री, तस्वीरे जैसे नक्शें तथा चार्ट आदि का प्रयोग किया गया है?
(vi) क्या पाठ्य पुस्तकों में दत्तकार्य (Assignments) उचित प्रकार की हैं?
(vii) क्या पाठ्यपुस्तकों में विभिन्न प्रकार के अभ्यास सम्बन्धी सामग्री है?
(viii) क्या पाठ्यपुस्तकों का छिपाई उपयुक्त है?
(ix) क्या पाठ्यपुस्तकों का कलेवर उचित है?
(x) क्या पाठ्यपुस्तकों का मूल्य उपयुक्त हैं?
(xi) क्या पाठ्यपुस्कों की जिल्दें मजबूत हैं?
(xii) क्या पाठ्यपुस्तकें समय पर उपलब्ध हो रही हैं?

7.7 सर्वेक्षण विधि के गुण (Merits of Survey Method)

1. इस विधि से मानव व्यवहार की गत्यात्मकता को समझने में सहायता मिलती है जिसे अवलोकन तथा प्रयोग विधि द्वारा नहीं समझा जा सकता।

2. पहले से हो रही घटनाओं के बारे में सहायता मिलती है तथा वर्तमान में नीति निर्धारण में सहायता मिलती है।

3. समस्या-समाधान के लिए भी इस विधि का प्रयोग किया जा सकता है।

4. न्यायदर्श तथा नमूने (Sample) से सारी जनसंख्या के बारे में सूचनाएँ कम समय तथा कम खर्च से प्राप्त हो जाती हैं।

5. सर्वेक्षण विभिन्न उद्देश्यों की पूर्ति में सहायक हो सकते हैं।

6. सर्वेक्षण से वर्तमान स्थिति का पता लग जाता है।

सर्वेक्षण विधि की सीमाएँ (Limitations of Survey Method): सर्वेक्षण विधि में निम्न प्रकार की सीमाएँ हैं:

1. सर्वेक्षण में दी जाने वाली प्रश्नावली का प्रयोग अनपढ़ व्यक्तियों के साथ नहीं किया जा सकता।

2. प्रश्नावली का प्रयोग छोटे बच्चों के साथ नहीं किया जा सकता है।

3. प्रश्नावली में दिए गए प्रश्नों के उत्तर कई बार ऐसे ढंग से लिखे गए होते हैं जिन्हें समझना कठिन हो जाता है।

4. कई ऐसे विवादास्पद विषय होते हैं जिनका उत्तर कुछ व्यक्ति लिखित रूप में देना नहीं चाहते हैं। ऐसे विषयों पर उनके विचार जानने के लिए साक्षात्कार प्रविधि ही उपयुक्त है।

5. प्रश्नावली के माध्यम से प्राप्त सूचना को अधिक विश्वसनीय नहीं माना जा सकता।

6. अनेक परिस्थितियों में व्यक्तियों के साथ सम्पर्क स्थापित करना सम्भव नहीं हो पाता है, उदाहरणार्थ विद्यालय के पूर्व छात्रों से। अत: प्रश्नावली भरवाना कठिन हो जाता है।

7. प्रश्नावली भरने वाले कई बार अनेक प्रश्नों का उत्तर नहीं देते हैं।

8. प्राय: यह पाया गया है कि प्रश्नावली को भरने के लिए अनेक छात्रों अथवा व्यक्तियों के पास भेजा जाता है परन्तु बहुत थोड़े व्यक्ति भरकर लौटाते हैं।

9. प्रश्नावली भरने वाले कई प्रश्नों की व्याख्या अपने ढंग से ही करते हैं और ये उत्तर सन्दर्भ से मेल नहीं खाते हैं।

10. बहुधा व्यक्ति किसी अनजान अथवा अजनबी व्यक्ति को अपने बारे में किसी भी प्रकार की सूचना देना पसन्द नहीं करते हैं।

11. प्रश्नावली के माध्यम से संवेगात्मक आदि विषयों से सम्बन्धित सूचनाएँ प्राप्त नहीं की जा सकती हैं।

12. कई बार विषय इतने संवेदनशील होते हैं कि उन पर प्रश्नों को लिखित रूप देना कठिन हो जाता है।

13. प्रश्नों के उत्तरों में विरोधाभास की शंका बनी रहती है।

व्यक्ति अध्ययन विधि (Case Study Method)

7.8 व्यक्ति अध्ययन विधि का अर्थ (Meaning of Case Study)

इस विधि में छात्र की विलक्षणताओं को जानने के लिए उसके व्यक्तिगत इतिहास और उसके कुटुम्ब के इतिहास का अध्ययन किया जाता है। छात्र का पूर्व इतिहास कई स्रोतों से प्राप्त किया जाता है–छात्र से, उसके परिवार के सदस्यों से तथा उसके इष्ट मित्रों आदि से। इस प्रकार से प्राप्त सूचना के आधार पर कुछ निष्कर्ष निकाले जाते हैं।

रास्टेन तथा अन्यों के अनुसार (*Wrighstone and Others*) के अनुसार, "व्यक्ति अध्ययन या व्यक्ति विधि की परिभाषा किसी व्यक्ति के बारे में उपलब्ध व्यापक जानकारियों के आधार पर उसके आचरण या व्यवहार का निदान और व्यवस्था करने के रूप में की जा सकती है।

इंगलिश और इंगलिश (*English and English*) के विचार में–"व्यक्ति अध्ययन उन सभी उपलब्ध सूचनाओं का संग्रह है जैसे–सामाजिक, मनोवैज्ञानिक, शारीरिक, जीवनी-सम्बन्धी, वातावरण सम्बन्धी तथा व्यावसायिक, जिनसे एक व्यक्ति अथवा परिवार जैसे घटक की सहायता की जा सके।

वाई.एच. पाओ (*Y.H. Pao*) ने व्यक्ति अध्ययन को इस प्रकार परिभाषित किया है, "व्यक्ति अध्ययन किसी व्यक्ति का लघु परन्तु विस्तृत अध्ययन होता है, जिसमें अध्ययनकर्त्ता अपने सभी कौशलों तथा विधियों का प्रयोग करता है अथवा किसी व्यक्ति के बारे में पर्याप्त सूचना को क्रमबद्ध तरीके से एकत्रित करता है जिससे वह समझ सके कि वह पुरुष अथवा नारी सामाजिक इकाई के रूप में किस प्रकार व्यवहार करता है।

बिसांज और *बिसांज* (*Biesanz and Biesanz*) का कहना है, "व्यक्ति अध्ययन एक प्रकार का गुणात्मक विश्लेषण है जिसमें किसी व्यक्ति, स्थिति या संस्था का सावधानी द्वारा किया गया अवलोकन है।"

थट व *गेरबेरिच* (*Thut and Gerberich*) के विचार में–"व्यक्ति अध्ययन में व्यक्तिगत छात्र और उसकी समस्याओं के सम्बन्ध में ऐसी जानकारी प्राप्त करने का प्रयत्न किया जाता है, जिसे उसको अधिक उत्तम समायोजन करने में सहायता देने के लिए आधार के रूप में प्रयोग किया जा सके।"

ट्रेक्सलर (*Traxler*) के अनुसार–"व्यक्ति अध्ययन एक व्यक्ति का विस्तृत अध्ययन है, जिसका प्रयोग अध्ययन किए जाने वाले व्यक्ति के समायोजन में सुधार करना है।"

व्यक्ति अध्ययन का प्रयोजन (Purpose of Case Study)

राईस्टोन (*Wrightstone and Others*) के अनुसार–"व्यक्ति अध्ययन के दो प्रयोजन हैं–निदान और चिकित्सा। सबसे पहले व्यवहार या अधिगम (Learning) की समस्याओं के कारणों का पता लगाया जाता है। उसके बाद उन समस्याओं के समाधान के लिए चिकित्सालय विधि अपनाई जाती है।"

थट व *गेरबेरिच* (*Thut and Gerberich*) के शब्दों में कहा जा सकता है कि–"व्यक्ति अध्ययन सम्भवत: उन दशाओं में सबसे अधिक महत्त्वपूर्ण होते हैं, जब छात्रों में गम्भीर असमायोजन होता है, या जब वे उस स्तर पर नहीं पहुँच पाते हैं, जिस पर उन्हें अपनी योजनाओं के अनुसार पहुँच जाना चाहिए।"

सिन पावों यंग (*S.P. Young*) ने व्यक्ति अध्ययन की इस प्रकार परिभाषा की है, "व्यक्तिगत इतिहास विधि को किसी व्यक्ति के सूक्ष्म, गहन तथा सम्पूर्ण अध्ययन के रूप में परिभाषित किया जा सकता है। इसमें अनुसंधनकर्त्ता अपनी समस्त क्षमताओं तथा विधियों का उपयोग करता है।"

7.9 व्यक्ति अध्ययन के प्रमुख प्रयोजन (Main Objectives of Case Study)

व्यक्तिगत अध्ययन के दो प्रयोजन है–निदान और उपचार। सबसे पहले छात्र के व्यवहार अथवा अधिगम की समस्याओं के कारणों का पता लगाया जाता है। उसके पश्चात् समस्याओं के समाधान के लिए उपचार विधि अपनाई जाती है। व्यक्ति अधयरन सम्भवत: उन परिस्थितियों में सबसे अधिक महत्वपूर्ण होता है, जब छात्र में गंभीर असमायोजन होता है, या जब वे उस स्तर पर नहीं पहुँच पाते हैं, जिन पर उन्हें अपनी योग्यताओं तथा योजनाओं के अनुसार पहुँच जाना चाहिए।

7.10 व्यक्ति अध्ययन में सोपान (Steps in a Case Study)

प्रत्येक केस अद्वितीय होता है। इसलिए तथ्य संग्रह करने के विषय में कोई एक रूपरेखा नहीं बनाई जा सकती। प्रत्येक केस का अध्ययन अपने ढंग का एक अनोखा अनुभव होता है। उदाहरण के लिए किसी अपराधी मनोवृत्ति वाले छात्र का अध्ययन करने में निम्नलिखित सोपानों का उपयोग भी किया जा सकता है:

1. छात्र के व्यक्तित्व एवं पर्यावरण से सम्बद्ध सभी पहलुओं की सूची तैयार करना।

2. इन पहलुओं के विषय में तथ्य संग्रह करने के लिए पद्धतियों तथा उपकरणों का चयन करना तथा उनके उपयोग का क्रम निर्धारित करना। उपलब्ध अभिलेखों का अध्ययन करना।

3. निर्धारित क्रम के अनुसार छात्र विशेष सम्बन्ध में तथ्यों का संकलन करना।

4. तथ्यों, आँकड़ों आदि का विश्लेषण करना, वर्गीकरण करना तथा विभिन्न स्रोतों से प्राप्त सामग्री की तुलना करना।

5. छात्र के विषय में सम्पूर्ण संगृहीत सामग्री को ध्यान में रखकर प्रत्येक तथ्य का अर्थापन (Interpretation) करना, उनमें पारस्परिक संगति या विसंगति का अध्ययन करके सम्पूर्ण व्यक्तित्व का संगतिपूर्ण (Consistent) चित्र प्रस्तुत करना चाहिए।

6. समस्या का निदान करना।

7. उपचार के लिए कार्यक्रम प्रस्तावित करना।

8. कार्यक्रम के मूल्यांकन के लिए अनुवर्ती अध्ययन (Follow-up Study) करना चाहिए।

अनुभवहीन नए शोध-कर्त्ता को यह ध्यान रखना चाहिए कि जो भी केस अध्ययन के लिए हो, उसे खुले मन से देखना चाहिये। उसके विषय में यदि पहले से कोई धारणा बनी है या पूर्वाग्रह है तो उसे सर्वथा त्याग कर उन्मुक्त हृदय हो जाना चाहिए। अनुसंधान द्वारा प्रकाश में आए तथ्यों के अनुसार अपनी धारणा को बदलने के लिए प्रस्तुत रहना चाहिए।

7.11 व्यक्तिक अध्ययन के लिए प्रदत्तों (सामग्री) के प्रकार (Types of Data Needed in Case Study)

अपराधी मनोवृत्ति के छात्र के विषय में निम्नलिखित प्रकार से जानकारी प्राप्त करनी चाहिए:

1. शारीरिक स्वास्थ्य (Physical Health): विद्यालय में किए गए स्वास्थ्य-परीक्षण के परिणाम। कोई शारीरिक दोष (यदि हो)। भोजन की आदत, भोजन में पोषण तत्त्व, लम्बाई, भार, लम्बाई और भार का अनुपात।

स्वास्थ्य का संक्षिप्त इतिहास, कब-कब छात्र बीमार पड़ा, कैसे अच्छा हुआ? यदि कभी चोट आई तो कैसे?

2. शैक्षिक स्तर (Educational Status): उम्र, कक्षा तथा कक्षा में उपस्थिति। पिछली परीक्षाओं के परिणाम। निदानात्मक परीक्षा के फलस्वरूप ज्ञान, विशेष त्रुटियाँ, योग्यताएँ एवं कुशलताएँ। विद्यालय में शैक्षिक कार्यों का इतिहास। शिक्षा की भावी योजनाएँ।

3. बौद्धिक स्तर (Intellectual Status): मानसिक आयु एवं बुद्धि-लब्धि। विशेष योग्यताएँ-अयोग्यताएँ। विभिन्न अभिक्षमताएँ।

4. व्यक्तित्व (Personality Status): व्यक्तित्व-मापन की वस्तुनिष्ठ पद्धतियों के परिणाम, व्यक्तित्व-मापन की विषयनिष्ठ पद्धतियों के परिणाम। व्यक्तित्व-मापन की प्रेक्षण-पद्धतियों के परिणाम।

5. घर-परिवार तथा पड़ोस का वातावरण (Home and Neighbourhood Environment): परिवार के सदस्यों की संख्या, उनकी उम्र, लिंग, छात्र से सम्बन्ध। परिवार का आर्थिक-सामाजिक स्तर, परिवार के सदस्यों का शैक्षिक स्तर, प्रस्तुत अध्ययन के प्रति उनकी अभिवृत्ति, उनके द्वारा प्राप्त सहयोग इत्यादि।

माता-पिता की संवेगात्मक प्रकृति, अध्यापकों, विद्यालय तथा गृह-कार्य के प्रति उनकी अभिवृत्ति। माता-पिता का अपने पड़ोसियों से सम्बन्ध, बालक के संगी-साथी पड़ोसी।

6. विद्यालय का वातावरण (School Environment): कक्षा में सहपाठियों के साथ समंजन (Adjustment), समाजमिति (Sociometry) द्वारा प्राप्त परिणाम। कक्षा में उसकी परिस्थिति (Status) या स्थान, (अर्थात् उपेक्षित या लोकप्रिय) अन्य छात्रों की उसके प्रति अभिवृत्तियों, विद्यालय की पाठ्य क्रमेतर क्रियाओं में उसका भाग-ग्रहण। छात्र की मित्र-मण्डली के क्रियाकलाप, अध्यापकों की अध्येतव्य बालक (Subject or Child Under Study) के प्रति अभिवृत्ति।

7. कोई अन्य जानकारी (Any Other Information): जो प्राप्त हुई हो या हो सके।

केस-अध्ययन की कठिनाईयाँ (Difficulties in Preparing Case Study): केस-अध्ययन के लिए भी अनेक प्रकार की प्रविधियों एवं उपकरणों का उपयोग किया जाता है; जैसे साक्षात्कार, प्रेक्षण, अभिलेखों का अध्ययन, बुद्धि-परीक्षा, अभिवृत्ति, प्रमापनी, प्रेक्षण प्रविधि इत्यादि। इसमें वस्तुनिष्ठ पद्धति (Objective Method) द्वारा विश्वसनीय जानकारी प्राप्त की जाती है। फिर भी साक्षात्कार (विशेषत: माता-पिता का जो अपनी संतान के प्रति पक्षपात से मुक्त शायद ही रह सकें) की वैधता एवं विश्वसनीयता पूर्णतया शुद्ध हो, इसमें संदेह है।

विषयी के जीवनवृत्त अथवा इतिहास सम्बन्धी तथ्यों का क्रमबद्ध संकलन भी एक समस्या उत्पन्न करती है। साक्षात्कारणीय व्यक्ति की स्मृति, उसका मत तथा निर्णय सर्वथा विश्वसनीय नहीं होते।

केस-अध्ययन एक जटिल कार्य है जिसे कोई सामान्य बुद्धि वाला व्यक्ति या नौसिखिया शोध-कर्त्ता सफलतापूर्वक नहीं कर सकता। उसे प्रशिक्षित, अनुभवी परिश्रमी तथा कर्त्तव्यनिष्ठ होना चाहिए।

7.12 व्यक्ति अध्ययन बनाने के लिए सुझावात्मक दिशा-निर्देश (Suggestive Guidelines for Preparing Case Study)

1. अध्ययन के लिए उतने ही छात्र लिए जाएँ जिनका अध्ययन 6 मास के भीतर पूरा किया जा सके।
2. सूचनाएँ वस्तुनिष्ठ होनी चाहिए।
3. सूचनाएँ एकत्रित करने के लिए छात्र से साक्षात्कार कर लेना चाहिए।
4. उपचार की प्रगति का आलेख रखना चाहिए।

5. छात्र के सामाजिक विकास सम्बन्धी तथ्य एकत्रित करना तथा उनका अध्ययन करना।

6. छात्र के संवेगात्मक विकास सम्बन्धी तथ्य एकत्रित करना तथा उनका अध्ययन करना।

7. छात्र की शैक्षिक तथा व्यावसायिक योजना सम्बन्धी तथ्य एकत्रित करना तथा उनका अध्ययन करना।

8. छात्र के विकास सम्बन्धी सन्तुतियाँ देना।

7.13 अच्छे व्यक्ति अध्ययन की विशेषताएँ (Characteristics of a Good Case Study)

1. व्यक्ति अध्ययन सही तथा पर्याप्त तथ्यों पर आधारित है।
2. तथ्यों का औचित्य होना चाहिए।
3. तथ्यों में निरन्तरता होनी चाहिए।
4. तथ्यों को गुप्त रखा जाए।
5. तथ्यों का वैज्ञानिक ढंग से संश्लेषण (Synthesis) तथा विश्लेषण (Analysis) किया जाना चाहिए।
6. परामर्शदाता व्यक्तिनिष्ठता से दूर रहने का पूरा प्रयास करे।
7. अनुवर्ती कार्य (Follow-up Work) किया जाए।

व्यक्ति अध्ययन की सीमाएँ (Limitations of Case Study)

1. यह प्रविधि व्यक्तिनिष्ठ है।
2. इस प्रविधि में अधिक समय लगता है।
3. छात्र के विभिन्न पक्षों के बारे में सूचनाएँ एकत्रित करना एक जटिल कार्य है।
4. व्यक्ति अध्ययन कार्य में अनुभवी तथा प्रशिक्षित व्यक्तियों की आवश्यकता होती है।
5. व्यक्ति अध्ययन में परिणामों की व्याख्या करना बहुत ही कठिन कार्य है।

7.14 केस-अध्ययन तथा अन्य विधियाँ (Case Study and Other Methods)

केस-अध्ययन एवं अन्य विधियों में प्रमुख अन्तर यह है कि अन्य विधियों में समूह का भी सर्वेक्षण होता है परन्तु इनमें एक व्यक्ति का (इकाई का) अध्ययन करना ही प्रमुख लक्ष्य रहता है। ऐतिहासिक विधि के समान ही केस-अध्ययन में विषयी के सम्पूर्ण इतिहास या जीवन-वृत्त का अध्ययन किया जाता है। विषयी से सम्बद्ध पुरातन अभिलेखों, पुरालिपियों, हस्तलिखित ग्रन्थों आदि का भी अध्ययन किया जाता है। परन्तु ऐतिहासिक विधि से इसमें एक भिन्नता है। इसमें साक्षात्कार एवं प्रक्षेपण प्रविधियों (Projective Techniques) द्वारा विषयी के इतिहास के सूक्ष्म एवं अप्रकट तत्त्वों का मूल्यांकन भी किया जाता है जो ऐतिहासिक विधि में सम्भव नहीं है। केस-अध्ययन में इतिहास के अध्ययन का एकमात्र लक्ष्य वर्तमान को समझना होता है जो अनेक ऐतिहासिक अध्ययनों का लक्ष्य नहीं होता।

प्रायोगिक विधि एवं केस-अध्ययन विधि में भी कुछ समानताएँ हैं। दोनों का लक्ष्य परिणाम के कारणों की जानकारी है। परन्तु दोनों में अन्तर यह है कि प्रायोगिक विधि में पर्यावरण को नियंत्रित किया जाता है किन्तु केस-अध्ययन विधि में ऐसा नहीं किया जाता।

केस-अध्ययन में यह आवश्यक है कि अध्येतव्य विषयी के विभिन्न पहलुओं को उसमें होने वाली अन्तर्क्रियाओं (Inter-action) का गहन अध्ययन किया जाए। इसके बिना अध्ययन पूर्ण नहीं हो सकता। जब हम अनेक व्यक्तित्वों में इन अन्तर्क्रियाओं का गहन अध्ययन करेंगे तब उन सिद्धान्तों का पता लगेगा जिनसे वे अन्तर्क्रियाएं नियमित होती हैं।

प्राकृतिक विज्ञानों में सुविधा यह है कि वे एक रूप पर्यावरण का अध्ययन कर सकते हैं परन्तु शिक्षा तथा सामाजिक विज्ञानों के क्षेत्र में यह सम्भव नहीं है। मौलिक, सामाजिक, सांस्कृतिक पर्यावरण की समानता होते हुए भी मनोवैज्ञानिक पर्यावरण भिन्न हो सकता है। जैसे यदि किसी माता-पिता का अपने सभी पुत्रों के साथ समान व्यवहार है (जो सर्वथा संदिग्ध है, क्योंकि थोड़ा बहुत अन्तर तो होता ही है) तो भी उन पुत्रों का मनोवैज्ञानिक पर्यावरण एक समान नहीं होगा क्योंकि बड़े भाई के लिए एक छोटा भाई है जिसका मनोवैज्ञानिक पर्यावरण अपने बड़े भाई से भिन्न होगा। यही कारण है कि कृत परीक्षाएँ, सामूहिक प्रश्नावलियाँ, सामूहिक साक्षात्कार आदि के द्वारा जन-समूह मानकी स्थूल बातों का पता लग सकता है परन्तु व्यक्ति-विशेष के व्यक्तित्व का पता लगाना कठिन है। प्रत्येक व्यक्ति दूसरों से भिन्न होता है।

किसी व्यक्ति के विकृत अथवा असामान्य (Abnormal) व्यवहार के निदान (Diagnostic) तथा उपचार (Remedial) के लिए केस-अध्ययन आवश्यक होता है। यदि अच्छे परिवार का कोई बालक अपराधी मनोवृत्ति का हो जाता है और कक्षा में चोरी करना, कक्षा से भागकर सिनेमा देखना, बुरे लड़कों के संग में धूम्रपान या मद्यपान करना आदि दुर्गुणों का शिकार हो जाता है तो उसका व्यक्तिगत अध्ययन आवश्यक होता है क्योंकि अपराधी-मनोवृत्ति के अनेक कारण होते हैं जैसे–घर-परिवार में उपेक्षा या दुर्व्यवहार, विमाता, पास-पडोस का प्रभाव, कुसंगति, सिनेमा, दूरदर्शन इत्यादि। इनमें से प्रत्येक कारण जटिल है और उनका गहन अध्ययन किए बिना रोग का निदान एवं उसका उपचार सम्भव नहीं है। मानसिक चिकित्सा विज्ञान की नींव ही केस-अध्ययन पर पड़ी है। आयुर्विज्ञान में भी केस-अध्ययन को बहुत महत्त्व प्रदान किया जाता है। होमियोपैथी तो इसी पर पूर्णतया आधारित है।

केस-विधि, केस-कार्य तथा केस-अध्ययन का अन्तर: केस-विधि शिक्षण की एक विधि है जिसका उपयोग आयुर्विज्ञान तथा अन्य चिकित्सा-विज्ञानों में किया जाता है। केस-कार्य का अर्थ है त्रिषयी का सुधार करना जिससे उनका समुचित विकास हो सके। यह वास्तव में विषयी का उपचार है। इसका उपयोग अधिकतर समाजशास्त्र तथा समाज-सेवा के कार्यों में होता है जिनमें व्यक्तियों का सुधार करना प्रमुख लक्ष्य रहता है। मनोविज्ञान, आयुर्विज्ञान या अन्य चिकित्सा-शास्त्रों में इस प्रकार के सुधार को चिकित्सा (थेरेपी) कहते हैं। केस-अध्ययन किसी विषयी (केस) का गहन अध्ययन है जिसके द्वारा उस केस की वर्तमान अवस्था की जानकारी प्राप्त की जा सके, कारणों का पता लगे, उसका निदान एवं उपचार करके उसका सुधार किया जा सके।

8

प्रयोगात्मक विधि
(Experimental Method)

8.1 प्रयोगात्मक विधि का अर्थ (Meaning of Experimental Method)

प्रयोगात्मक विधि का अर्थ उस विधि से है जिसके द्वारा 'कार्य-कारण' सम्बन्ध का अध्ययन किया जाता है। 'वैज्ञानिक ढंग' इस विधि की विशेषता है। इस विधि में वातावरण पर अधिक-से-अधिक नियन्त्रण रखकर छात्रों की मानसिक स्थितियों का अध्ययन किया जाता है। परीक्षण के लिए एक विशिष्ट तत्त्व चुन लिया जाता है और उसे अन्य सम्बन्धित तत्त्वों अथवा कारकों से अलग रखा जाता है जो मानसिक क्रिया तथा व्यवहार पर प्रभाव डाल सकें। प्रयोगात्मक विधि छात्र की रुचि, अरुचि अथवा थकान आदि के कारणों का अध्ययन करने में सहायता देती है। इस विधि से यह भी जाना जाता है कि छात्र पर अध्यापक का किस प्रकार प्रभाव पड़ता है। छात्र की असफलता का कारण क्या है। किन-किन परिस्थितियों में पूरा-पूरा लाभ उठाया जा सकता है।

प्रयोगात्मक मनोविज्ञान द्वारा छात्र के व्यक्तिगत भेदों का अध्ययन पर्याप्त सफलतापूर्वक किया जा सकता है।

8.2 प्रयोगात्मक विधि की परिभाषा (Definition of Experimental Method)

प्रयोगात्मक विधि की निम्नलिखित परिभाषाएँ इसके विभिन्न पक्षों पर प्रकाश डालती हैं:

1. *जॉन. डब्लू. बैस्ट* (*J.W. Best*) ने प्रयोगात्मक विधि की इस प्रकार परिभाषा दी है, "प्रयोगात्मक विधि इस बात का वर्णन व विश्लेषण करती है कि क्या होगा? या सावधानीपूर्वक नियन्त्रित की गई परिस्थितियों में नया घटक हो सकता है।"

2. जहोदा (*Jahoda*) के शब्दों में, "नियन्त्रित परिस्थितियों में किए गए निरीक्षण ही प्रयोग हैं।"

3. *कैस्टिंजर* (*Kestinger*) के विचार में, "प्रयोग का मूलाधार स्वतन्त्र चर (Independent Variable) में परिवर्तन का आश्रित चर (Dependent Variable) पर पड़ने वाले प्रभाव का अध्ययन है।"

4. *मुनरो तथा एनिंगलहर्ट* (*Monore and Englehart*) के अनुसार, "शिक्षा में प्रयोग इस प्रकार के शैक्षिक अनुसंधान को कहते हैं जिसमें अनुसन्धानकर्त्ता उस बालक या समूह की शिक्षा से सम्बन्धित तत्त्वों का नियन्त्रण कर उसकी उपलब्धि पर प्रभाव डालता है।"

8.3 प्रयोगात्मक विधि के मुख्य तत्त्व
(Main Elements of Experimental Method)

1. नियन्त्रित स्थिति में अवलोकन।
2. नियन्त्रित वातावरण में मानसिक क्रियाओं तथा अन्य क्रियाओं को उत्पन्न करना।
3. नियन्त्रित वातावरण में प्रदत्त (Data) इकट्ठा करना।
4. एकत्रित दत्तों का विश्लेषण करना।
5. निरीक्षण करने वाला प्रयोगकर्त्ता (Experimenter)।
6. व्यक्ति जिसका व्यवहार निरीक्षण किया जाता है, उसे प्रयोज्य (Subject) कहा जाना।

8.4 प्रयोगात्मक विधि का आरम्भ
(Origin of the Experimental Method)

प्रयोगात्मक विधि का जन्मदाता प्रसिद्ध मनोवैज्ञानिक वुंट (Wund–1832-1920) था, जिसकी पहले भी चर्चा की गई है। उसने सन् 1879 में मनोविज्ञान की प्रथम प्रयोगशाला का निर्माण किया।

8.5 प्रयोगात्मक पद्धति का उद्देश्य
(Objective of Experimental Method)

प्रायोगिक पद्धति का लक्ष्य है किसी ज्ञेय का वर्णन एवं व्याख्या करना, साथ ही उसके घटित होने या विकास को नियंत्रित करके उसके भावी विकास की प्रागुक्ति (Prediction) करना। यह लक्ष्य तभी पूर्ण हो सकता है जब उस ज्ञेय को प्रभावित करने वाली सभी तत्त्वों या कारकों का प्रयोक्ता को ज्ञान हो। विज्ञान में तो ऐसा होना कठिन नहीं है परन्तु सामाजिक विषयों में शिक्षा, समाजशास्त्र, मनोविज्ञान इत्यादि में बहुत कठिन है। प्रेरणा, रुचि, अभिवृत्ति, पूर्वाग्रह, सामाजिक बंधन तथा अनेक प्रकार के दबाव आदि आंतरिक तथा बाह्य कारकों की जानकारी प्राप्त करके उन पर नियंत्रण करना अत्यधिक दुष्कर कार्य है।

प्रयोक्ता यह खोज करना चाहता है कि किस कारक की उपस्थिति में कोई ज्ञेय प्रकट होगा और किसकी उपस्थिति में वह नहीं प्रकट होगा। उन दोनों में कार्य-कारण सम्बन्ध ज्ञात करने के लिए वह दोनों ही पक्षों का अर्थात् उपस्थिति की दशा में एवं अनुपस्थिति की दशा में, वह अध्ययन करता है। इस पद्धति की यह मान्यता है कि यदि 'अ' (कारक) के उपस्थित होने पर 'आ' (ज्ञेय) घटित होता या प्रकट होता है और 'अ' के अनुपस्थित रहने पर 'आ' घटित या प्रकट नहीं होता तो 'आ' का कारक 'अ' हो सकता है। उन दोनों में किसी-न-किसी अनुपात में गणितीय सम्बन्ध होना चाहिए जिसका पता सांख्यिकी द्वारा लगाया जा सकता है।

8.6 प्रयोगात्मक विधि के चरण
(Steps of the Experimental Method)

1. **समस्या की उचित परिभाषा:** किसी भी प्रयोग को करने से पहले आवश्यक है समस्या को ठीक ढंग से परिभाषित किया जाए।

2. **सम्बन्धित विषय का अध्ययन:** समस्या को चुनने और उसके कथन के पश्चात् शिक्षा मनोवैज्ञानिक अथवा शोधकर्त्ता समस्या सम्बन्धी साहित्य का अध्ययन करता है।

3. प्रयोज्य अथवा छात्रों का चयन: प्रयोज्य से अभिप्राय उन लोगों से होता है जिन पर प्रयोग किया जाता है। एक प्रयोग से उनकी संख्या एक भी हो सकती है और अधिक भी।

4. चर (Variables) ***अथवा कारक अथवा प्रयोगात्मक अभिकल्प:*** किसी भी प्रयोग में कई प्रकार के प्रभावक घटक होते हैं। उनके प्रभाव को अलग-अलग करके देखा जाता है।

5. उपकरण तथा सामग्री: प्रयोगकर्त्ता ने प्रयोग में जिन उपकरणों का प्रयोग करना होता है, वह उन्हें अच्छी तरह देखभाल करके प्रयोग में लाता है।

6. नियन्त्रण: प्रयोगकर्त्ता यह निश्चित करता है कि समस्या को कौन-कौन से कारक प्रभावित करते हैं और उन्हें कैसे नियन्त्रण में रखा जा सकता है।

7. निर्देश: प्रयोगकर्त्ता उन लोगों अथवा छात्रों को जिन पर प्रयोग किया जाता है, उचित निर्देश देता है।

8. परिणाम: प्रयोगकर्त्ता आँकड़ों तथा तथ्यों का संकलन करने के पश्चात् उनका वर्गीकरण करता है।

9. व्याख्या तथा सामान्यीकरण: आँकड़ों के आधार पर प्रयोगकर्त्ता कुछ निष्कर्ष निकालकर उनकी व्याख्या करता है।

8.7 प्रयोगात्मक विधि की विशेषताएँ (Characteristics of Experimental Method)

1. इसकी मूलभूत मान्यताएँ जे.एस. मिल (J.S. Mill) के एकल चर (Single Variable) के नियम पर आधारित हैं। मिल के इस नियम के अनुसार यदि दो स्थितियाँ पूर्णतया समान हैं तो एक में एक तत्त्व जोड़ देने या कम कर देने पर एवं दूसरी को यथावत् रहने देने पर यदि कोई अन्तर ज्ञात होता है तो वह जोड़े गए या कम किए गए तत्त्वों की क्रिया का परिणाम होता है। जैसा कि ऊपर के उदाहरणों में दिखाया गया है। इस प्रकार के प्रयोगों में केवल एक चर को जोड़ा या घटाया जाता है, शेष अपरिवर्तित रहते हैं। इससे उस एक चर की प्रतिक्रिया या प्रभाव ज्ञात किया जाता है।

2. शैक्षिक अनुसंधान में अधिकतर इस पद्धति का प्रयोग इसलिए किया जाता है क्योंकि वह अधिक प्रामाणिक है। जहाँ पर अन्य घटक या कारक नियंत्रित किए जा सकते हैं, वहाँ इस पद्धति का प्रयोग बहुत प्रभावशाली एवं उपयोगी पाया गया है।

3. चूँकि शिक्षा के क्षेत्र में विषय वस्तु जटिल मानव है इसलिए समस्त चरों को सफलतापूर्वक नियंत्रित कर सकना असम्भव है। इसी से कहा जाता है कि प्रायोगिक पद्धति पूर्णतया सुनिश्चित पद्धति नहीं है।

4. आयु, उपलब्धि, बुद्धि, वाचन योग्यता, परिश्रम, सामाजिक स्तर, वातावरण, जाति, सम्प्रदाय आदि में से एक को छोड़कर शेष को समाप्त करने का प्रयास कक्षा के प्रयोगों में किया जाता है। विद्यमान समूहों का उपयोग करते हुए प्रयोगों का संचालन यह विश्वास करते हुए किया जाता है कि अनियंत्रित चर अध्ययन के लिए आवश्यक अथवा महत्त्वहीन होते हैं। नियंत्रित समूह तथा प्रयोगात्मक समूह किसी निश्चित प्रयोग के लिए जितने समान (Identical) होने चाहिए उतने कभी नहीं हो सकते।

8.8 प्रयोगात्मक विधि का संक्षेप में विवरण
(Brief Description of the Experimental Method)

प्रयोगात्मक पद्धति भविष्य की ओर उन्मुख करने वाली पद्धति है। इससे भविष्य में क्या होना चाहिए या क्या करना चाहिए इसका संकेत मिलता है। प्रायोगिक विधि में ऐसी नई दशाएँ एवं स्थितियाँ उत्पन्न की जाती हैं जिनका अस्तित्व पहले कभी नहीं था। प्रायोगिक विधि में एक प्रकार से नई स्थितियों का सृजन किया जाता है। किसी प्राकृतिक स्थिति में किसी ज्ञेय, तथ्य या घटना को अनेक कारक प्रभावित करते हैं। उस ज्ञेय के घटित होने में उन समस्त कारकों में से प्रत्येक कारक का समुचित प्रभाव ज्ञात करने के लिए प्रयोक्ता ऐसी प्रायोगिक स्थिति की रचना करता है कि एक बार में केवल एक ही कारक क्रियाशील रहे, शेष सभी कारक स्थिर अर्थात् अपरिवर्तित रहें। इस प्रकार वह अन्य कारकों को नियंत्रित कर देता है। उदाहरणार्थ यदि कोई वनस्पति वैज्ञानिक यह जानना चाहता है कि किसी रासायनिक तत्त्व का किसी पौधे के विकास पर क्या प्रभाव पड़ता है तो वह पौधे के विकास में सहायक सभी तत्त्वों–मिट्टी के तत्त्व, जल, वायु, सूर्य का प्रकाश–में से किसी एक का प्रभाव जानने का प्रयास करेगा। वह एक ही जाति एवं समान आयु के दो पौधे लेगा और उन्हें कांच की दो नलियों में रखेगा। उनमें से हवा तथा नमी निकाल देगा और दोनों नलियों को अन्धकार में रखेगा। इस प्रकार पौधे के विकास में सहायक शेष सभी तत्त्वों को पृथक् करके केवल एक कारक मिट्टी रखेगा और उनमें से एक पौधे पर रासायनिक तत्त्व का प्रभाव जानने के लिए उसका प्रयोग करेगा। इसके फलस्वरूप पौधे में जो परिवर्तन होगा वह उस रासायनिक तत्त्व के कारण हुआ माना जाएगा।

इसी प्रकार एक ही कक्षा के दो वर्ग बनाकर पहले दोनों वर्गों की परीक्षा ले ली जाए और छात्रों के प्राप्तांक अंकित कर लिए जाएँ। तब एक वर्ग को रटने की परम्परागत पद्धति से वर्तनी सिखाई जाए और दूसरे वर्ग को कुछ नियम बताकर या आगमन विधि से नियम निकलवाकर वर्तनी निश्चित करने का प्रयास कराया जाए। दो-तीन महीने के अभ्यास के पश्चात् दोनों वर्गों की परीक्षा ली जाए। यदि दोनों वर्गों के प्राप्तांकों में अन्तर आए तो समझना चाहिए कि यह अन्तर उस नवीन विधि के कारण है जो परम्परागत विधि से भिन्न है। यदि दोनों वर्गों के प्राप्तांक पूर्ववत् एक-दूसरे से मेल खाते हों तो समझना चाहिए कि दोनों विधियाँ समान रूप से प्रभावित करने वाली हैं।

8.9 प्रयोगात्मक विधि के लाभ अथवा उपयोगिता
(Merits of the Experimental Method)

प्रयोगात्मक विधि के उपयोग के बारे में वुडवर्थ (Woodworth) ने लिखा है, "प्रयोग ने मनोविज्ञान को पूर्ण बना दिया है।"

1. इस विधि द्वारा कार्य और कारणों का अध्ययन जितनी शुद्धता से किया जा सकता है, उतना दूसरी किसी विधि द्वारा नहीं किया जा सकता।

2. प्रयोगात्मक विधि द्वारा एक अध्यापक दक्षतापूर्वक अपने विद्यार्थियों की मानसिक और भौतिक दशाओं का पता लगाकर उचित वातावरण प्रदान कर सकता है।

3. इस विधि में कार्य और कारण सम्बन्धों का अध्ययन एक या अधिक नियन्त्रित समूह (Control Group) तथा प्रयोगात्मक समूह (Experimental Group) की सहायता से सुगमतापूर्वक किया जा सकता है।

4. इस विधि के प्रयोग से प्राप्त परिणाम विश्वसनीय होते हैं।

5. इस विधि का प्रयोग अधिक कुशलता से किया जा सकता है।

6. प्रयोगात्मक विधि के परिणाम वैध (Valid) होते हैं।

7. प्रयोगात्मक विधि के परिणाम सार्वभौमिक (Universal) होते हैं।

8. प्रयोगात्मक विधि का प्रयोग व्यापक रूप से किया जा सकता है–जैसे बुद्धि मापन, व्यक्तित्व मापन आदि।

9. प्रयोगात्मक विधि के प्रयोग की पूर्व योजना बनाई जा सकती है तथा प्रयोगकर्त्ता अवलोकन के लिए तैयार हो सकता है।

10. प्रयोगात्मक परिणामों की सत्यता को दोहराने की जाँच की जा सकती है।

11. प्रयोगात्मक विधि द्वारा व्यक्ति के विभिन्न पक्षों का सांख्यांक मापन (Quantitative Measurement) किया जा सकता है।

12. प्रयोगों को दोहराया जा सकता है।

13. प्रयोग में परिस्थितियों को नियन्त्रित किया जा सकता है।

14. प्रयोगात्मक विधि द्वारा शिक्षा की अनेक समस्याओं का समाधान किया जा सकता है।

8.10 प्रयोगात्मक विधि की सीमाएँ तथा दोष
(Limitations and Drawbacks of the Experimental Method)

1. **कारकों पर नियन्त्रण की सीमा:** छात्रों के व्यवहार की जटिलता और गतिशीलता के कारण कारकों को नियन्त्रित करना कठिन हो जाता है।

2. **वैयक्तिक तत्त्वों का प्रभाव:** प्रयोगकर्त्ता की अपनी मान्यताएँ प्रयोग के परिणामों की व्याख्या करने पर प्रभाव डाल सकती हैं तथा प्रयोग के वैज्ञानिक तत्त्व को दूषित करती हैं।

3. **प्रयोगशाला में अस्वाभाविक अथवा कृत्रिम परिस्थितियाँ:** ऐसा देखा गया है कि कई बार प्रयोग प्रयोगशाला की अस्वाभाविक परिस्थिति में किया जाता है तथा जिस प्रकार प्रयोग किया जाता है वह स्वाभाविक व्यवहारों को छिपाकर बनावटी व्यवहार प्रदर्शित कर सकता है। ऐसी स्थिति में प्राप्त तथ्य तथा आँकड़े शुद्ध नहीं होंगे।

4. **जटिल स्थितियों में प्रयोग:** कुछ जटिल मानसिक प्रक्रियाओं और सामाजिक परिस्थितियों का प्रयोगशाला में अध्ययन इस विधि द्वारा कठिन है।

5. **प्रयोगकर्त्ताओं के साथ सहयोग की कमी:** कभी-कभी प्रयोज्य (जिन पर प्रयोग किया जाता है) प्रयोगकर्त्ताओं के साथ पूरा-पूरा सहयोग नहीं करते हैं।

6. **सभी प्रयोग छात्रों पर सम्भव नहीं:** यदि हम अधिगम (सीखने) की क्रिया पर मस्तिष्क के विभिन्न भागों के प्रभाव का अध्ययन करना चाहें तो यह प्रयोगशाला में करना सम्भव नहीं है।

7. **लम्बी अवधि (Lengthy Duration):** इस विधि में बहुत समय लगता है।

8. **महंगी (Costly):** इस विधि के प्रयोग में अधिक व्यय की आवश्यकता पड़ती है।

9. प्रशिक्षण: इस विधि के प्रयोग के लिए अपेक्षाकृत अधिक प्रशिक्षण तथा दक्षता की आवश्यकता पड़ती है।

निष्कर्ष: सीमाओं के होते हुए भी माना जाता है कि प्रयोगात्मक विधि का शिक्षा में बहुत महत्त्व है।

8.11 प्रयोगात्मक विधि के प्रयोग में सावधानियाँ (Precautions to be taken in the Use of Experimental Method)

प्रयोगात्मक शोधकर्त्ताओं के लिए व्यावहारिक सुझाव:

1. प्रयोगात्मक अनुसंधाताओं को प्रयोगात्मक प्रक्रिया में भली-भाँति प्रशिक्षित होना चाहिए।
2. प्रस्तुत समस्या का विश्लेषण यदि किसी अन्य विधि द्वारा न हो सके तभी प्रायोगिक विधि का प्रयोग करना चाहिए।
3. प्रयोगात्मक घटक तथा आश्रित परिवर्ती की प्रकृति एवं उसके क्षेत्र की व्याख्या उपयुक्त रूप से की जानी चाहिए।
4. प्रयुक्त किए जाने वाले माप विश्वसनीय एवं वैध हों।
5. प्रयोगात्मक घटकों या कारकों को भली-भाँति नियंत्रित कर लेना चाहिए।
6. प्रयोगात्मक पद्धति से प्राप्त परिणामों को सत्यापित कर लेना चाहिए।

8.12 प्रयोगात्मक विधि एक दृष्टि में (Overview of an Experimental Method)

प्रयोगात्मक विधि के मुख्य पग नीचे चित्र में दर्शाए गए हैं:

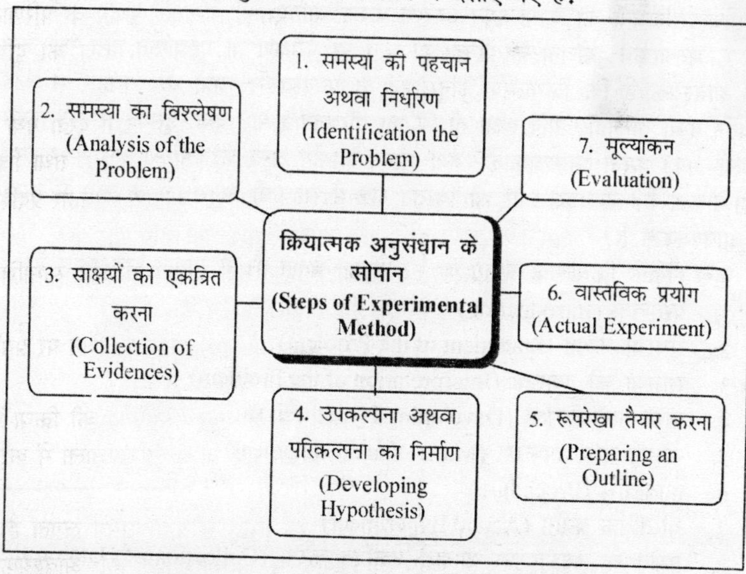

चित्र 8.1: प्रयोगात्मक विधि के मुख्य सोपान
(Main Steps of an Experimental Method)

8.13 सोपानों का संक्षिप्त विवरण (Brief Description of Steps)

1. समस्या का निर्धारण: असन्तोष के कारण अनेक हो सकते हैं और उन सभी कारणों को एक साथ दूर करना सम्भव नहीं है। अत: समस्याओं को एकत्र करके प्राथमिकता की दृष्टि से उनको क्रमबद्ध करना और सर्वाधिक महत्त्व की समस्या को सुलझाने के लिए क्रियात्मक अनुसंधान का उपक्रम करना।

2. समस्या की परिभाषा या स्पष्टीकरण: समस्या का वास्तविक रूप क्या है? उसकी सीमा क्या है? उसे सुलझाने से क्या लाभ होगा? इत्यादि का विवेचन कार्यारम्भ के पूर्व ही कर लेना चाहिए।

3. समस्या का विश्लेषण: कहने की आवश्यकता नहीं कि समस्या का विश्लेषण करके उसके कारणों का पता लगाना आवश्यक है। जब तक समस्या का निदान नहीं होगा तब तक उसका उपचार केसे हो सकता है?

4. प्राक्कल्पना: अनुसंधान कार्य करने के पूर्व उसकी प्राक्कल्पना कर लेना भी आवश्यक है। इससे लक्ष्य की प्राप्ति में सहायता मिलती है।

5. उपकरणों का उपयोग: अनुसंधान कार्य में किन-किन उपकरणों की सहायता ली जाएगी और वे किस प्रकार उपयोग में लाये जायेंगे, इसका निश्चय कर लेना भी आवश्यक है।

6. प्रयोग का कार्यक्रम: प्रयोग की योजना केसे कार्यान्वित की जायेगी? क्या उसमें कई व्यक्तियों का सहयोग अपेक्षित होगा? क्या माता-पिता एवं अभिभावकों का सहयोग भी लाभकर होगा? योजना का व्यय कितना होगा? यह वित्त किस स्रोत से आयेगा? योजना को क्रियान्वित करने के लिए कितना समय एवं अवधि आवश्यक होगी? इन सब बातों को सोचकर योजना का कार्यान्वियन आरम्भ करना चाहिए।,

7. मूल्यांकन: योजना कार्यान्वित हो जाने पर परीक्षण या मूल्यांकन द्वारा यह जान लेना आवश्यक है कि क्रियात्मक अनुसंधान के फलस्वरूप छात्रों के व्यवहार में कोई परिवर्तन हुआ या नहीं? यदि हुआ तो कितना परिवर्तन हुआ? क्या, इसका सिंहावलोकन (फौलो-अप) करना आवश्यक है? क्या इसका उपयोग अन्य कक्षाओं या अन्य विद्यालयों में हो सकता है? क्या इसे और भी विस्तृत क्षेत्र में सहकारी अनुसंधान के रूप में करने की आवश्यकता है?

कुछ लेखक क्रियात्मक प्रयोग के 12 सोपान बताते हैं। ये सोपान इस प्रकार हैं:

1. प्रस्तावना (Introduction)
2. समस्या-कथन (Statement of the Problem)
3. समस्या की व्याख्या (Interpretation of the Problem)
4. परिकल्पना निर्माण (Developing Hypothesis)
5. सामग्री तथा उपकरण (Material and Equipment)
6. कार्यविधि (Procedure)
7. वास्तविक प्रयोग (Actual Experiment)
8. प्रयोग के आधार पर आँकड़े एकत्रित करना (Collection of Data on the Basis of Experiments)
9. निष्कर्ष (Result)

10. परिकल्पनाओं के आधार पर मूल्यांकन (Evaluation on the Basis of Hypothesis)
11. निष्कर्षों का नई परिस्थितियों में उपयोग (Use of Results in New Situations)
12. सन्दर्भ ग्रन्थों तथा अन्य स्रोतों की सूची (Bibliography of Reference Books and Other Materials)

नोट: सोपानों की संख्या निश्चित नहीं की जा सकती। ये केवल संकेतक हैं। कुछ सोपान मिलाये भी जा सकते हैं।

8.14 प्रयोगात्मक विधि के उदाहरण (Examples of Experimental Method)

उदाहरण 1: अध्यापण का विषय-अध्ययन को प्रभावी बनाना (Example 1: Making Effective the Teaching of a Subject)

***समस्या (Problem)*:** भौतिक विज्ञान की कक्षा 9 को किस शिक्षण विधि से पढ़ाया जाये कि छात्रों की समझ में यह विषय भली-भाँति आ जाये।

***प्रस्तावना (Background)*:** अध्यापक कक्षा 9 को पिछले दो महीनों से भौतिक विज्ञान पढ़ा रहा है, परन्तु उसे अपनी शिक्षण-अधिगम प्रक्रिया से सन्तोष का अनुभव नहीं हो रहा है। वह विषय सम्बन्धी नई पुस्तकों का अध्ययन करता है, परन्तु फिर वही प्रश्न उसके सामने आता है–कक्षा 9 में किस शिक्षण विधि से शिक्षण प्रभावी हो सकता है? वह सोचता है कि व्याख्यान-प्रदर्शन विधि अथवा व्याख्यान विधियों में से एक श्रेष्ठ विधि चुनेगा, फिर शिक्षण का अन्य विधियों पर कार्य करेगा।

***समस्या (Problem)*:** भौतिक विज्ञान की अनेक विधियों में से व्याख्यान-प्रदर्शन विधि तथा व्याख्यान विधि भौतिक विज्ञान शिक्षण की पुस्तकों में दी गई है। अतः उसके सामने समस्या है कि वह इन दोनों विधियों में से किसका अधिक प्रयोग करे कि छात्र विषय को सरलता से सीख सकें तथा सन्तोष का अनुभव करें।

***परिकल्पना (Hypothesis)*:** कक्षा 9 में भौतिक विज्ञान पढ़ाने के लिए व्याख्यान विधि से व्याख्यान-प्रदर्शन विधि उत्तम है।

***प्रयोग सामग्री (Experimental Material)*:** यह निम्नलिखित है:

1. भौतिक विज्ञान में उपलब्धि परीक्षण (Achievement Test in Physics)
2. बुद्धि परीक्षण (Intelligence Test)
3. प्रयोग-प्रदर्शन के उपकरण (Equipments for Experimental-Demonstration)

***विधि (Procedure)*:** इस प्रयोजन में कक्षा के छात्रों को 'A' तथा 'B' दो समूहों में बाँटा जाता है। दोनों वर्गों को समान बनाने के लिए उन वर्गों के छात्रों की उपलब्धि परीक्षा तथा बुद्धि परीक्षा के अंकों को आधार मान लिया जाता है। अध्यापक भौतिक विज्ञान के कुछ प्रकरणों (Topics) को चुनता है। 'A' वर्ग के छात्रों को व्याख्यान-प्रदर्शन विधि से तथा 'B' वर्ग के छात्रों को व्याख्यान विधि से पढ़ाता है। जब चुने गये प्रकरण पढ़ा दिये जाते हैं तो दोनों वर्गों की पुनः उपलब्धि परीक्षा लेता है और प्राप्त अंकों की तुलना करता है। जिस वर्ग में छात्रों के अधिक अंक आते हैं, उस वर्ग को पढ़ाई जाने वाली विधि पर अध्यापक बल देता है।

आँकड़े एकत्रित करना तथा सारणीकरण
(Collection and Tabulation of Data)

सारणी (Table)

	वर्ग 'A' Mean	वर्ग 'B' Mean
पूर्व-परीक्षण अंक (Pre-test Scores)	45	40
अन्त:परीक्षण अंक (Post-test Scores)	65	50
अन्तर	20	10

***निष्कर्ष* (*Result*):** उपर्युक्त आँकड़ों के परिणामों के विश्लेषण करने पर स्पष्ट हो जाता है कि कक्षा 9 में भौतिक विज्ञान पढ़ाने के लिए व्याख्यान-प्रदर्शन विधि दूसरी विधि से अधिक प्रभावशाली है। अत: इस शिक्षण-विधि का प्रयोग शिक्षक अधिक करता है।

उदाहरण 2: क्रियात्मक प्रयोगात्मक विधि की रूपरेखा
(Example 2: Design of an Action Research Project)

नीचे एक विद्यालय में क्रियात्मक प्रयोगात्मक विधि की रूपरेखा उदाहरणार्थ दी जा रही है:

***समस्या*:** पाँचवी कक्षा में विद्यालय के विद्यार्थियों का हिन्दी में परीक्षाफल खराब होता है। इसे ठीक करने के लिए विद्यालय की सभी कक्षाओं में हिन्दी के स्तर को केसे ऊपर उठाया जाए?

***परिकल्पित कारण*:** (i) विद्यालय ग्रामीण क्षेत्र में स्थित है और विद्यार्थी कक्षा के बाहर हिन्दी में नहीं वरन् केवल अपनी ग्रामीण भाषा में ही बोलते हैं।

(ii) विद्यार्थी हिन्दी का स्वाध्ययन नहीं करते।

(iii) हिन्दी के अध्यापक वर्तनी एवं वाक्य-रचना की उन अशुद्धियों पर जो इस क्षेत्र की विशेषताएँ हैं, पर्याप्त ध्यान नहीं देते।

(iv) हिन्दी के अतिरिक्त अन्य विषयों के अध्यापक हिन्दी की अशुद्धियों पर बिल्कुल ध्यान नहीं देते।

(v) लिखित कार्य का संशोधन प्रभावकारी नहीं है।

***उपचारी उपाय*:** (i) यदि सभी अध्यापक विद्यार्थियों को विद्यालय में ग्रामीण भाषा में बोलने से रोकें और हिन्दी बोलने को कहें तो उनकी भाषा में सुधार होगा।

(ii) भाँति-भाँति की गोष्ठियाँ और उत्सवों का आयोजन किया जाए जिनमें विद्यार्थियों को भाग लेने के लिए प्रोत्साहित किया जाए तो विद्यार्थियों की भाषा परिष्कृत होगी।

(iii) यदि पुस्तकालय में विद्यार्थियों के स्तर और रुचि की पुस्तकें आसानी से उपलब्ध हों तो विद्यार्थी स्वाध्ययन से भाषा में उन्नति कर सकेंगे।

(iv) यदि हिन्दी के अध्यापक वाक्य-रचना एवं वर्तनी की क्षेत्रीय अशुद्धियों की सूची बना लें और उनमें से थोड़े-थोड़े लेकर कभी-कभी उपचारी अभ्यास कराएँ तो विद्यार्थियों की भाषा में बहुत सुधार होगा।

(v) सभी विषयों के अध्यापक यदि विद्यार्थियों की भाषा की अशुद्धियों को अपने

विषयों के उत्तरों में भी यथासम्भव चिन्हित कर दिया करें तो विद्यार्थी भाषा के प्रयोग में अधिक सतर्क हो जायेंगे।

(vi) लिखित कार्य का संशोधन व्यक्तिगत न करके सामूहिक किया जाए तो अधिक लाभप्रद होगा। [इसके लिए पूरी कक्षा को कुछ बराबर औसत योग्यता के समूहों में बाँटकर अभ्यासों को विद्यार्थियों को सामूहिक ढंग से करने के लिए देते हैं और संशोधन हर समूह की केवल एक-एक कापी में किया जाता है। जिससे समूह के सभी सदस्य शुद्धि कर लेते हैं। इनमें परिकल्पना (Assumption) यह होती है कि भाषा नकल से ही और कम-से-कम गलती करने से सीखी जाती है।]

कार्यान्विति: प्रथम सोपान: (i) सभी हिन्दी अध्यापक विद्यार्थियों की सामान्य क्षेत्रीय अशुद्धियों की सूची बना लें।

(ii) सभी अध्यापक सामूहिक ढंग से प्रधानाचार्य के आग्रह पर यह तय करें कि वे विद्यार्थियों को विद्यालय में ग्रामीण भाषा में बोलने से रोकेंगे और अपने विषय के उत्तर में भी भाषा की अशुद्धियों को अंकित करेंगे।

(iii) गोष्ठियों और सभाओं की, जिनमें विद्यार्थी भाग लेंगे, सूची बना ली जाए।

(iv) विद्यार्थियों को निकटतम पूर्व हिन्दी परीक्षण के आधार पर बराबर औसत समूहों में लगभग दस-दस विद्यार्थियों को बाँटा जाए और समय-सारणी में समूहों को अलग-अलग बैठकर अभ्यास कार्य करने की व्यवस्था की जाए।

(v) पुस्तकालय में हर कक्षा के स्तर और रुचि के अनुकूल पर्याप्त संख्या में पुस्तकें एकत्र की जाएँ (रुचि और स्तर का अनुमान पूर्व वर्षों की पढ़ी गयी पुस्तकों से लगाया जा सकता है) और हर कक्षा को पुस्तकें देने के लिए समय और दिन निर्धारित किए जाएँ।

द्वितीय सोपान: प्रतिमास अध्यापकों की एक सभा करके यह विचार किया जाए कि कार्यान्विति में किस संशोधन की आवश्यकता है। यदि है तो उसे लागू किया जाए।

मूल्यांकन: हर कक्षा की वार्षिक परीक्षा में हिन्दी के परीक्षाफल की पहले वर्ष से तुलना की जाए।

परिकल्पनाओं का परीक्षण एवं मूल्यांकन: अनुसंधानकर्त्ता पूर्व निर्देशानुसार एक-एक करके सभी क्रियाओं को उचित परिस्थितियों में सम्पादित करता है। यदि किसी समय किसी विधि में कुछ परिवर्तन करने की आवश्यकता अनुभव करता है तो थोड़ा परिवर्तन भी करता है और सभी क्रियाओं से प्राप्त परिणामों का पूरा लेखा-जोखा रखता है। जो परिकल्पना समस्या का समाधान करने में जितनी सहायक होती है उसे उतना ही महत्त्व दिया जाता है। यदि परिकल्पना लक्ष्य-प्राप्ति में सहायक दिखायी नहीं देगी तो उसे छोड़ दिया जाता है।

अनुगमन-कार्यक्रम की व्यवस्था करना (Arrangement of Follow up Programme): जो परिकल्पना समस्या समाधान में सहायक हुई है, उसके अनुसार बाद में भी कार्यक्रम की पुनरावृत्ति की जाती है, जिससे वह समस्या पुन: न उठे। अध्यापक अपने कार्य करने के ढंग में भी उस निराकरण का प्रयोग करता है। दूसरे अध्यापकों को भी अपने अनुसंधान से प्राप्त परिणामों से अवगत कराता है जिससे उन अध्यापकों को उसी प्रकार की समस्या का समाधान करने में सुविधा हो जाए। जैसे-उपर्युक्त उदाहरण में वह स्वयं भी छात्रों को सुलेख का अभ्यास कराने के तरीके अपनाता है और अन्य अध्यापकों को भी बतायेगा कि वे किस प्रकार से अपने छात्रों के लेख में सुधार ला सकते हैं।

इस प्रकार उपर्युक्त सोपानों का पालन कर क्रियात्मक अनुसंधान के द्वारा अध्यापक या प्रशासक अपने छात्रों के व अपने स्वयं के व्यवहार में किसी भी प्रकार का परिवर्तन लाने में सफलता प्राप्त कर सकते हैं और विद्यालय की कार्यस्थिति से सम्बन्धित किसी भी समस्या का समाधान खोज सकते हैं।

इकाई II

अधिगमकर्त्ता की वृद्धि तथा विकास
GROWTH AND DEVELOPMENT OF THE LEARNER

9

अधिगमकर्त्ता की वृद्धि तथा विकास
(Growth and Development of the Learner)

वृद्धि तथा विकास की अवधारणा
(Concept of Growth and Development)

9.1 वृद्धि तथा विकास का अर्थ
(Meaning of Growth and Development)

प्राय: मानव वृद्धि तथा विकास का अर्थ एक जैसा ही लिया जाता है परन्तु इनमें बहुत अन्तर है। इस अन्तर की फैंक (Frank) ने इस प्रकार व्याख्या की है, "शरीर एवं व्यवहार के किसी पहलू में होने वाले परिवर्तन को वृद्धि करते हैं। समय की दृष्टि से व्यक्ति में जो परिवर्तन दृष्टिगत होते हैं, उन्हें विकास कहा जाता है।" *मेरिडिथ* (Meredith) के शब्दों में, "कुछ लेखक वृद्धि का प्रयोग केवल आकार के परिवर्तन से लेते हैं और विकास का प्रयोग विवेद या विशिष्टीकरण के रूप में।"

सोरेन्स (Sorenson) ने इन दोनों के अर्थ को इस प्रकार से दर्शाया है–"सामान्य रूप से 'वृद्धि' शब्द का प्रयोग शरीर और उसके अंगों के भार और आकार से किया जाता है। इस वृद्धि को नापा तथा तोला जा सकता है। 'विकास' का अर्थ मनुष्य के शारीरिक विकास के अतिरिक्त मानसिक तथा सामाजिक पक्षों आदि में परिवर्तन से है।" हरलॉक (Hurlock) के शब्दों में–"विकास, बुद्धि तक ही सीमित नहीं है। इसमें प्रौढ़ावस्था के लक्ष्यों की प्राप्ति करना है। विकास के परणिामस्वरूप व्यक्ति में नवीन विशेषताएँ और नवीन योग्यताएँ प्रकट होती हैं।"

विकास का अर्थ किसी बालक के मारयुक्त अथवा मौटे पतले नहीं है अपितु उसकी परिपक्वता (Maturation) निश्चित परिस्थितियों में बढ़ने से हैं। विकास एक प्रगतिशील दिशा है जो निरन्तर गति से चलती रहती है। विकास में तीन तत्त्व निहित हैं:

1. आकार में परिवर्तन
2. विभिन्न भागों के अनुपात में परिवर्तन
3. नई योग्यताओं तथा विशेषताओं में परिवर्तन

छात्र अथवा अधिगमकर्त्ता अथवा सीखने वाले बालक में परिवर्तन आते रहते हैं। ये परिवर्तन दो प्रकार के होते हैं–परिमाणात्मक (Quantitative) अर्थात् आकार या अनुपात

में परिवर्तन। गुणात्मक (Qualitative) परिवर्तन अर्थात् पुराने लक्षणों या गुणों का लुप्त होना एवं नए गुणों का प्रकट होना। परिमाणात्मक परिवर्तनों का संबंध वृद्धि से है तथा कुछ मनोवैज्ञानिक वृद्धि तथा विकास शब्दों का प्रयोग एक ही अर्थ में करते हैं परन्तु वास्तव में ये भिन्न हैं। विकास का अर्थ तथा विषयवस्तु वृद्धि से कहीं अधिक है। वृद्धि तथा विकास की तुलना नीचे दी जा रही है।

वृद्धि तथा विकास में अंतर
(Difference Between Growth and Development)

वृद्धि (Growth)	*विकास (Development)*
1. वृद्धि शब्द का प्रयोग केवल परिमाणात्मक परिवर्तनों में किया जाता है। बालक की आयु के बढ़ने के साथ-साथ आकार, लम्बाई, ऊँचाई और भार आदि में होने वाले परिवर्तन को वृद्धि के अन्तर्गत रखा जाता है।	1. विकास शब्द का प्रयोग सभी परिवर्तनों (परिमाणात्मक तथा गुणात्मक) के लिए किया जाता है। विकास शब्द से बालक के सम्पूर्ण व्यक्तित्व में आए परिवर्तन का संकेत मिलता है। बालक के व्यवहार और कार्यकुशलता में आई सम्पूर्ण प्रगति को उसके विकसित होने की संज्ञा दी जाती है।
2. वृद्धि शब्द का क्षेत्र बहुत संकुचित है। यह विकास द्वारा प्रकट सभी प्रकार के परिवर्तनों में से केवल परिमाणात्मक परिवर्तनों को व्यक्त करता है।	2. विकास में वृद्धि का स्वतः ही समावेश हो जाता है। वृद्धि तो विकास का केवल एक पक्ष है। विकास शब्द वृद्धि से कही अधिक विस्तृत अर्थ संजोए हुए है।
3. वृद्धि की प्रक्रिया जीवनपर्यन्त नहीं चलती है। यह प्रक्रिया एक विशेष आयु पर शारीरिक तथा मानसिक परिपक्वता (Maturity) ग्रहण करने के साथ-साथ समाप्त हो जाती है।	3. विकास की प्रक्रिया निरन्तर चलने वाली प्रक्रिया है। यह जन्म से लेकर मृत्युपर्यन्त चलती है। परिपक्वता ग्रहण करने के साथ इस प्रक्रिया की समाप्ति नहीं होती है।
4. वृद्धि शब्द व्यक्ति के शरीर के अंग जैसे हाथ, पैर आदि परिवर्तन को प्रकट करती है।	4. विकास शब्द व्यक्ति में आने वाले परिवर्तनों को संयुक्त रूप में व्यक्त करता है।
5. वृद्धि की प्रक्रिया में होने वाले परिवर्तन परिमाणात्मक होते हैं। अतः उनका निरीक्षण भी किया जा सकता है और उन्हें मापा भी जा सकता है। बालक के कद को बढ़ता हुआ आसानी से देखा भी जा सकता है उसकी लम्बाई को मापा भी जा सकता है।	5. चूँकि विकास की प्रक्रिया में परिमाणात्मक तथा गुणात्मक दोनों ही परिवर्तन घुले-मिले रहते हैं, अतः इन परिवर्तनों का न प्रत्यक्ष रूप से अवलोकन किया जा सकता है और न ठीक प्रकार से माप भी।

(क्रमशः)

वृद्धि (*Growth*)	विकास (*Development*)
6. विकास के साथ वृद्धि का होना आवश्यक नहीं है। उदाहरण के तौर पर मोटापा बढ़ जाने से भार में वृद्धि तो हो जाती है। परन्तु इस वृद्धि से व्यक्ति की कार्यक्षमता में कोई अनुकूल परिवर्तन प्रायः नहीं आता है। अतः स्पष्ट है कि वृद्धि के लिए यह आवश्यक नहीं कि वह विकास की प्रक्रिया के साथ-साथ चले।	6. विकास की प्रक्रिया भी वृद्धि से जुड़ी हुई नहीं है। प्रायः यह देखा जाता है कि कुछ बच्चों की शारीरिक वृद्धि की गति बहुत धीमी होती है। वे आकार, लम्बाई तथा वजन में कुछ अधिक बढ़े हुए नहीं पाए जाते परन्तु उनके व्यक्तित्व का विकास होता रहता है। वे संवेगात्मक तथा सामाजिक परिपक्वता ग्रहण कर लेते हैं और उनमें पर्याप्त कार्यक्षमता पाई जाती है।

9.2 विकास संबंधी परिर्वतन (Changes in Development)

ये परिवर्तन इस प्रकार हैं:

1. आकार में परिवर्तन।
2. अनुपात में परिवर्तन।
3. पुराने अंगों का गायब होना।
4. नई विशेषताओं अथवा गुणों जैसे सेक्स के ज्ञान की इच्छा, नैतिकता, जिज्ञासा की भावना आदि का विकसित होना।

9.3 विकास की विशेषताएँ (Characteristics of Development)

1. विकास निरन्तर चलने वाली प्रक्रिया है।
2. विकास की निश्चित दिशा है।
3. विकास सामान्य से विशेष की ओर बढ़ता है।
4. शरीर के सभी अंगों तथा भागों का विकास एक ही गति से नहीं होता है।
5. विकास की गति व्यक्तिगत भिन्नता पर निर्भर है।
6. बालक के विकास के सम्बन्ध में भविष्यवाणी की जा सकती है।

9.4 विकास के सिद्धान्त (Principles of Development)

1. विकास के निरन्तर चलने वाली क्रिया का सिद्धान्त (Principle of Continuity): विकास की प्रक्रिया निरन्तर चलती रहती है। कभी इसकी गाति तीव्र होती है और कभी धीमी। मानसिक तथा शारीरिक, दोनों प्रकार के गुणों का विकास प्रौढ़ अवस्था तक अपनी अधिकतम सीमा की गति से हुआ करता है।

2. विकास में व्यक्तित्व भिन्नता का सिद्धान्त (Principle of Individual Differences): विकास में व्यक्तित्व भिन्नताएँ एक जैसी रहती हैं। मन्द बुद्धि का बालक आगे चलकर बुद्धिमान नहीं हो जाता।

3. विकास की निश्चित दिशा का सिद्धान्त (Principle of Definite Direction of Development): विकास सामान्य से विशेष क्रम की ओर बढ़ता है। उदाहरण के तौर पर बच्चा पहले हाथों का चलाना, फिर हाथों की सहायता से विशेष कार्यों को करना सीखता है।

4. विकास की भिन्न गति का सिद्धान्त (Principle of Difference in the Rate of Development): शरीर के सभी अंगों का विकास एक ही गति से नहीं होता है। इसी प्रकार मानसिक विकास भी समान रूप से नहीं होता है। ये विकास व्यक्तित्व भिन्नता पर निर्भर है।

5. विकास के प्रतिमान में समानता का सिद्धान्त (Principle of Uniformity of Pattern): विकास का प्रारूप निश्चित अवस्था से दूसरी अवस्था की ओर जाता है। इस सम्बन्ध में गेसल का कथन है, ''यद्यपि दो बालक एक से नहीं हो सकते, फिर भी सामान्य बालक अपनी जाति के अनुसार विशेष सांस्कृतिक समूह के अन्तर्गत विकास पर बढ़ते हैं। प्रत्येक बालक का एक-सा विकासक्रम है किन्तु यह क्रम प्रकृति द्वारा नियत जातिगत भेदों के द्वारा निर्धारित होता है।

6. समंजित विकास का सिद्धान्त (Principle of Correlationship of Development): शरीर के विभिन्न अंगों के विकास की गति भिन्न होने पर भी विकास के विभिन्न क्षेत्रों में कुछ न कुछ सह-सम्बन्ध अवश्य पाया जाता है। शरीर और मानसिक क्षेत्रों में होने वाले विकास में बहुत अधिक सम्बन्ध होता है। अध्ययन में यह देखा गया है कि जो बालक प्रसन्नचित्त रहते हैं तथा संवेगात्मक अभिव्यक्ति समयानुकूल होती है, वे शारीरिक रूप से स्वस्थ होते हैं। यह भी देखने में आया है कि जैसे-जैसे बालकों का सामाजिक विकास होता जाता है, वैसे-वैसे उनका नैतिक विकास भी होता जाता है।

7. विकास सम्बन्धी भविष्यवाणी सम्भव होने का सिद्धान्त (Principle of Possibility of Development Prediction): प्रत्येक बालक का विकासक्रम सामान्य होता है। इस कारण बाल्यकाल से परिपक्वता के बीच बालक में होने वाले परिवर्तनों के विषय में हमारे लिए भविष्यवाणी करना सम्भव हो जाता है।

8. सामान्य से विशिष्ट विकास का सिद्धान्त (From General to Particular Development): विकासात्मक मनोविज्ञान के क्षेत्र में किए गए अनुसन्धानों से यह निष्कर्ष है कि सभी प्रकार के बालक के विकास पहले सामान्य होते हैं, बाद में विशिष्ट रूप में। जैसे बालक पहले अपने सम्पूर्ण शरीर का संचालन करता है, बाद में अंग विशेष का।

9. विकास की क्रमबद्धता का सिद्धान्त (Principle of Orderly Sequence of Development): बच्चा पहले बैठता है, फिर खड़ा होता है। तब चलता है।

10. विकास की जटिलता का सिद्धान्त (Principle of Complexity of Devlopment): विकास अनेक प्रभावों का परिणाम होता है।

11. विकास के विभिन्न पक्षों में परस्पर सम्बन्ध का सिद्धान्त (Principle of Inter-relation of Different aspects of Development): विकास के बालक के सभी पक्ष एक दूसरे से किसी न किसी सीमा तथाप्रकार से सम्बन्धित हैं अर्थात् शारीरिक, मानसिक, सामाजिक, संवेगात्मक आदि पक्ष एक दूसरे को प्रभावित करते हैं।

12. विकास के लम्बवत न होकर वर्तुलाकार होने का सिद्धान्त (Principle of Spiral and not Linear Development): बालक का विकास लम्बवत सीधा न होकर वर्तुलाकार होता है। वह एक सी गति से सीधा चलकर विकास को प्राप्त नहीं करता बल्कि बढ़ते हुए पीछे हट कर अपने विकास को परिपक्व (Mature) तथा स्थायी बनाते हुए वर्तुलाकार आकृति की भान्ति आगे बढ़ता है।

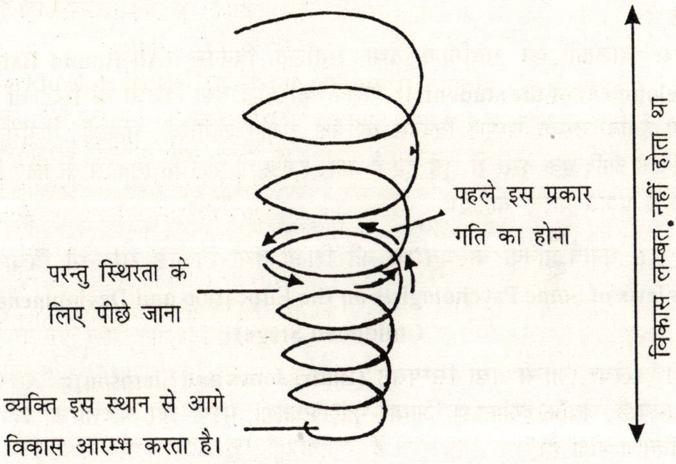

चित्र 9.1: वर्तुलाकार विकास (Spiral Development)

13. विकास का वंशानुक्रम तथा वातावरण की संयुक्त क्रिया (Devleopment Principle of Interaction of Heredity and Environment): इस सिद्धान्त के अनुसार बालक का विकास न केवल वंशानुक्रम के कारण तथा न केवल वातावरण के कारण बल्कि दोनों की अन्त:क्रिया के कारण होता है।

9.5 वृद्धि तथा विकास के सिद्धान्तों का महत्त्व और शैक्षिक उपयोगिता (Significance of Principles Growth and Development and their Educational Implications)

शैक्षिक दृष्टि से वृद्धि तथा विकास के ऊपर दिए गए सिद्धान्तों का महत्त्वपूर्ण स्थान है जो निम्न वर्णन द्वारा स्पष्ट हो जाता है:

1. व्यक्तिगत अन्तरों पर ध्यान (Consideration of Individual Differences): वृद्धि तथा विकास के सिद्धान्तों से पता चलता है कि सभी बालकों की क्षमताएँ तथा अन्तर्निहित शक्तियाँ एक जैसी नहीं होती है। अत: इन्हीं तथ्यों को ध्यान में रखकर उनकी शिक्षा होनी चाहिए।

2. बालकों की भविष्य में होने वाली वृद्धि तथा विकास के अनुमान द्वारा लाभ का होना (Use of Principle of Prediction Regarding Child's Growth and Development): भविष्य में बालकों की वृद्धि तथा विकास की प्रगति का अनुभाग लगने

के कारण हमें यह लाभ हो सकता है कि हम उनसे आवश्यकता कम अथवा अधिक आशाएँ न रखें। बालक जो आगे जाकर जैसा बन सकता है, उसी को ध्यान में रख कर हम प्रयास करें। इस प्रकार अनावश्यक परिश्रम तथा आशा से अपने को मुक्त करें।

3. वातावरण में सुधार (Improvement in Environment): बालक की वृद्धि तथा विकास उसके वंशानुक्रम तथा वातावरण से प्रभावित होते हैं। वंशानुक्रम के सम्बन्ध में हम कुछ नहीं कर सकते परन्तु वातावरण पर ध्यान देकर उसे प्रभावी बना सकते हैं।

4. बालकों का सर्वांगीण तथा संतुलित विकास (All Round Balanced Development of the students): बालक की वृद्धि तथा विकास के सिद्धान्तों से पता चलता है कि उसके सम्पूर्ण विकास के पक्ष अर्थात् शारीरिक, भाषायी, मानसिक तथा सामाजिक आदि एक दूसरे से जुड़े हुए हैं अतः हमें सभी पक्षों के विकास के लिए विभिन्न प्रकार से प्रयास करना चाहिए।

9.6 मनोवैज्ञानिक बाल्यवस्था की शिक्षा तथा विकास सम्बन्धी विचार (Views of Some Psychologists on the Education and Devlopment of Childhood Stage)

1. ब्लेयर, जोन्स तथा सिम्पसन (Blair, Jones and Simpson): "बाल्यावस्था वह समय है, जबकि व्यक्ति के आधार भूतदृष्टिकोणों, मूल्यों और आदर्शों का बहुत सीमा तक निर्माण होता है।"

2. स्ट्रेंग (Strang): इस अवस्था में बालकों के भाषा विकास पर अधिक से अधिक बल दिया जाना चाहिए।

3. कोलेसनिक (Kolesnik): "सामूहिक खेल तथा शारीरिक व्यायाम प्राथमिक स्कूल के पाठ्यक्रम का विभिन्न अंग होने चाहिए।"

4. कोल तथा ब्रूस (Cole and Broose): इस संवेगात्मक विकास के अनोखे काल में बालकों की भावनाओं, ग्रन्थियों के उचित प्रदर्शन पर ध्यान दिया जाए।

5. स्ट्रेंग (Strong): बालकों की सामाजिक स्वीकृति-प्राप्त अपने संवेगों का दमन करने के स्थान पर तुरन्त करने में सहायता दी जानी चाहिए क्योंकि संवेगात्मक भावना और प्रदर्शन उनके सम्पूर्ण जीवन का आधार होता है।

6. पियाजे (Piaget): 'चरित्र प्रदर्शन के लिए नैतिक शिक्षा दीजिए'।

7. कोले सनिक (Kolesnik): बालक को आदान प्रदान करने वाली सरल कहानियों द्वारा नैतिक शिक्षा दी जानी चाहिए।

9.7 विकास की अवस्थाएँ (Stages of Development)

व्यक्ति के विकास की यात्रा तथा जीवन लीला मां के गर्भ में गर्भधारण की प्रक्रिया के तुरन्त बाद ही आरम्भ हो जाती है। मनोवैज्ञानिकों ने विभिन्न अवस्थाओं का उल्लेख किया है। अवस्थाओं के बारे में यह भी स्मरण रखा जाए कि आयु की कोई निश्चित रेखा नहीं खींची जा सकती कहाँ एक अवस्था समाप्त होती है तथा कहाँ से दूसरी आरम्भ इसके बारे में भी कोई निश्चितता नहीं है।

I. (Rousseau) रूसो द्वारा दी गई विकास की अवस्थाएँ (Stages of Development According to Rousseau)

अवस्था (Stage)	समय तथा लगभग आयु Period and Approximate Age	विशेषताएँ (Characteristics)
1. शिशुकाल अथवा शैशव अवस्था (Infancy)	1 से 5 वर्ष	1. हैरानी 2. साधारण खेल 3. शारीरिक विकास
2. बाल्यावस्था (Childhood)	5 से 12 वर्ष	1. इन्द्रियों का विकास 2. अशाब्दिक पाठ 3. क्रिया तथा अनुभव
3. प्रारम्भिक अथवा पूर्व किशोर अवस्था (Pre-Adolescence)	12 से 15 वर्ष	1. मानसिक विकास 2. प्राकृतिक विज्ञानों के अध्ययन में रूचि 3. औद्योगिक कार्यों में रूचि
4. किशोर अवस्था (Adolescence)	15 से 20 वर्ष	1. मौन विकोस में रूचि 2. क्रियाओं द्वारा नैतिक शिक्षा 3. जटिल सामाजिक सम्बन्धों में रूचि

II. कोल (Cole) द्वारा दर्शायी गई अवस्थाएँ (Stages Suggested by Cole)

कोल (Cole) (p. 4) ने विकास की अवस्थाओं का वर्गीकरण निम्नलिखित प्रकार से किया है:

1. शैशवावस्था (Infancy)	जन्म से 2 वर्ष तक
2. प्रारम्भिक बाल्यावस्था (Early Childhood)	2 से 5
3. मध्य-बाल्यावस्था (Middle Childhood)	बालक 6 से 12 बालिका 6 से 10
4. पूर्व किशोरावस्था या उत्तर-बाल्यावस्था (Pre-Adolescence or Late Childhood)	बालक 13 से 14 बालिका 11 से 12
5. प्रारम्भिक किशोरावस्था (Early Adolescence)	बालक 15 से 16 बालिका 12 से 14
6. मध्य-किशोरावस्था (Middle Adolescence)	बालक 17 से 18 बालिका 15 से 17
7. उत्तर-किशारोवस्था (Late Adolescence)	बालक 19 से 20 बालिका 18 से 20
8. प्रारम्भिक प्रौढ़ावस्था (Early Adulthood)	21 से 34
9. मध्य-प्रौढ़ावस्था (Middle Adulthood)	35 से 49
10. उत्तर-प्रौढ़ावस्था (Late Adulthood)	50 से 64

11. प्रारम्भिक वृद्धावस्था (Early Senescence) 65 से 74
12. वृद्धावस्था (Senescence) 75 से आगे।

III. पियाजे द्वारा दर्शायी गयी विकास की अवस्थाएँ (Stages of Development According to Piaget)

पियाजे द्वारा दी गई अवस्थाओं का विवरण अलग से दिया गया।

IV. विकास की 6 अवस्थाएँ

प्राय: जीवनयात्रा की 6 प्रमुख अवस्थाएँ मानी जाती हैं। ये अवस्थाएँ हमारे जीवन के किन वर्षों अथवा विशेष समय से सम्बन्धित होती हैं, इसका ब्यौरा निम्न तालिका द्वारा प्रस्तुत किया गया है:

क्रम Sl. No.	*वृद्धि और विकास की अवस्था (Stage of Growth and Development)*	*अनुमानित आयु तथा अवधि (Probable Age and Duration)*
1.	गर्भावस्था (Pre-Natal Stage)	1. गर्भाधान से लेकर जन्म तक (लगभग 9 माह)
2.	शिशुकाल या शैशवावस्था (Stage of Infancy)	2. जन्म से लेकर 3 वर्ष की आयु तक
3.	बाल्यकाल या बाल्यावस्था (Stage of Childhood)	3. चौथे वर्ष से लेकर 12 वर्ष की आयु तक
4.	किशोरावस्था (Adolescence)	4. सामान्यतया 13वें वर्ष से लेकर 19 वर्ष तक (निश्चित अर्थों में वीर्य या रज की उत्पत्ति शुरू होने से लेकर परिपक्वता ग्रहण करने तक)
5.	प्रौढ़ावस्था (Adulthood)	5. 20वें वर्ष से लेकर या दूसरे शब्दों में परिपक्वता ग्रहण करने से लेकर संतानोत्पत्ति की क्षमता रखने तक (लगभग 20 से लेकर 60 वर्ष तक)
6.	वृद्धावस्था (Old Age)	6. संतानोत्पत्ति की क्षमता खत्म होने के समय से लेकर मृत्यु को प्राप्त होने तक (लगभग 60 वर्ष की आयु के बाद का काल)

9.8 विकास की प्रत्येक अवस्था का संक्षिप्त विवरण (Brief Description of Each Stage of Development)

1. गर्भवस्था के विकास की विशेषताएँ (Characteristics of Pre-natal stage of Development): अध्ययन की सुविधा से इस अवस्था के निम्न तीन उपभाग किए गए हैं:

(i) *बीजावस्था (Germinal Period)*: इसे डिम्ब अवस्था (The Period of Ovum)

भी कहा जाता है। इसकी अवधि गर्भधाारण से दो सप्ताह तक होती है। इस अवस्था का प्राणी अण्डे की शक्ल का होता है, जिसे युक्ता (Zyote) कहते हैं।

(ii) *भ्रूण अवस्था* (*The Period of Embryo*): इस अवस्था की अवधि दो सप्ताह से दो माह तक होती है। इस अवस्था में जीव भ्रूण कहलाता है। इस अवस्था के अन्त तक भ्रूण की आकृति मानव की शक्ल की हो जाती है और शरीर के मुख्य अंगों का निर्माण हो जाता है। दूसरे महीने के अन्त तक इसका भार दो ग्राम और लम्बाई 1 इंच से 2 इंच तक हो जाती है।

भ्रूण की तीन परतें होती हैं। प्रथम पर्त में त्वचा, दाँत, नाखून, बाल और नाड़ीमण्डल आदि का विकास होता है। नाड़ीमण्डल में मस्तिष्क का विकास तीव्र गति से होता है। दूसरी परत से त्वचा में भीतरी भाग और मांसपेशियों का निर्माण होता है। तीसरी पर्त से सम्पूर्ण पाचन का निर्माण होता है। फेफड़े, ग्रंथियों तथा लिवर आदि का निर्माण भी इसी पर्त में होता है। इस अवस्था में सिर का आकर शरीर के अन्य अंगों की अपेक्षा काफी बड़ा होता है। कान और आँखों आदि का विकास आरम्भ हो जाता है। मुँह बिना दाढ़ी का होता है। हृदय, लीवन और दाँतों का विकास होने लगता है।

इस अवस्था में गर्भ गिरने के मुख्य कारण इस प्रकार हैं–संवेगात्मक आघात, माँ का दुर्बल आहार, अतः गर्भित महिलाओं को चाहिए कि वे धक्का लगने, मानसिक तनाव, दुर्बल आहार, झटका लगने आदि से अपने आपको बचाएँ।

(iii) *गर्भस्थ शिशु की अवस्था* (*Period of the Fetus*): यह अवस्था सबसे लम्बी होती है। यह आठ सप्ताह से जन्म से पूर्व तक की अवस्था है। इस अवस्था में शरीर के उन अंगों में वृद्धि होती है जो इसके पहले की अवस्था में निर्मित हुए थे। तीसरे महीने के अन्त तक गुर्दे भी अपना कार्य प्रारम्भ कर देते हैं। तीसरे महीने में मस्तिष्क में जो विकास होते हैं। उनमें उन क्षेत्र का विकास अधाक तीव्र गति से होता है, जो गत्यात्मक क्रियाओं को नियन्त्रित करते हैं।

स्पर्शवेदना नाक और मुँह के क्षेत्र में सर्वप्रथम विकसित होती है और शरीर के अन्य भागों में फैल जाती है।

ताप और पीड़ा संवेदना बहुत कम विकसित होती हैं। पाँचवें माह तक गर्भ के गिरने की संभावना रहती है, इसके बाद नहीं।

2. शिशुकाल की अवस्था (Stage of Infancy): इस अवस्था में विकास बहुत ही तेज गति से होता है। शिशु अपनी मानसिक तुष्टि के लिए विभिन्न प्रकार के काल्पनिक जगत में घूमता है। जे.एस. रॉस (J.S. Ross) का कहना है कि "कल्पना जगत का नायक स्वयं शिशु होता है। और इस स्वरूप में वह वास्तविक जीवन की कठोर वास्तविकता का हरजाना प्राप्त करता है।" मनोवैज्ञानिकों का कहना है कि इस अवस्था में सीखने की क्रिया अत्यन्त तेज होती है। शिशु का व्यवहार मूल प्रवृत्तियों पर आधारित होता है। जैसे जैसे शिशु सामाजिक वातावरण में आता है वैसे-वैसे उसकी भाषा का विकास द्रुत गति से शुरू होता है। शिशु अवस्था में नैतिक विकास का अभाव होता है। उसमें पर्यावरण को अनुकूल बनाने की योग्यता नहीं होती है। शिशु अकेले खेलना पसन्द करता है। इस अवस्था में शिशु में गति तथा शब्दों को दुहराने की प्रवृति होती है। शिशु को भले तथा बुरे का ज्ञान नहीं होता है। शिशु में निर्भरता का अभाव होता है। वह अपनी हर जरूरत की पूर्ति के लिए अभिभावकों पर आश्रित होता है। शिशु में प्रेम भावना की प्रवृत्ति होती है।

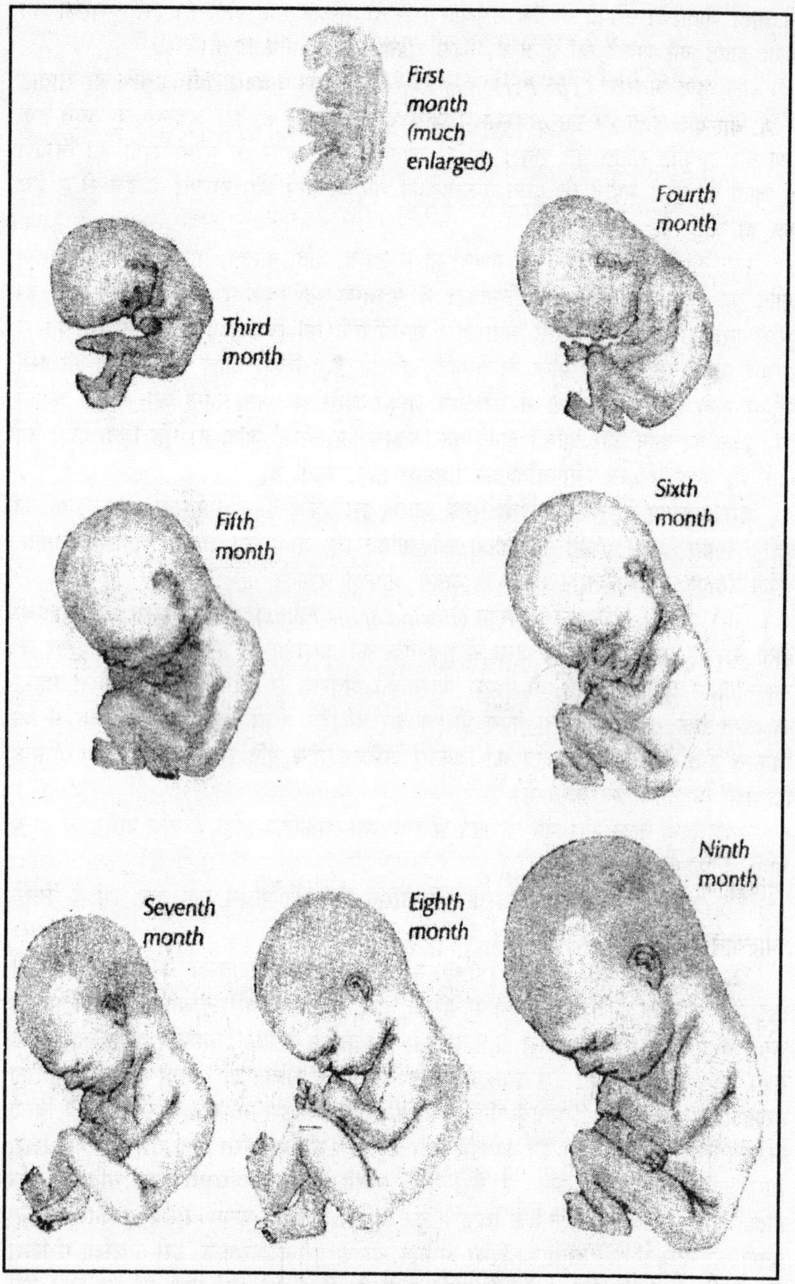

चित्र 9.1: एक भ्रूण के विकास की अवस्थाएँ
(Stages of Development of Embryo)

9.9 बाल्यावस्था की मुख्य विशेषताएँ तथा शिक्षा (Chief Characteristics of Childhood and Education)

A. बाल्यावस्था की मुख्य विशेषताऐं (Cheif Characteristics of Childhood)

1. शारीरिक तथा मानसिक स्थिरता (Physical and Mental Stability)
2. मानसिक योग्यताओं में निरन्तर वृद्धि (Continuous Increase in Mental Abilities)
3. जिज्ञासा की प्रबलता (Forceful Curiosity)
4. रचनात्मक कार्यों में रूचि तथा आनन्द (Interest and Pleasure in Creative Activities)
5. वास्तविक जगत से सम्बन्ध (Relationship with Real World)
6. सामाजिक गुणों का विकास (Development of Social Qualities)
7. बर्हिमुखी व्यक्तित्व का विकास (Development of Extrovert Personality)
8. नैतिक गुणों का विकास (Development of Moral Values)
9. संवेगों का प्रदर्शन (Exposition of Emotions).
10. निरूद्देश्य भ्रमण की प्रवृत्ति (Roaming about Tendency Without any Objective)
11. संग्रह करने की प्रवृत्ति (Acquisition Tendency)
12. सामूहिक प्रवृत्ति की प्रबलता (Gregarious Tendency)
13. कामवृत्ति की न्यूनता (Minimum Sex Tendency)
14. सामूहिक खेलों में रूचि (Interest in group games)
15. रूचियों में परिवर्तन (Change in Interests)

संक्षेप में कहा जा सकता है कि बाल्यावस्था वह समय है जब व्यक्ति के आधारभूत दृष्टिकोणों, मूल्यों तथा आदर्शों का बहुत सीमा तक निर्माण होता है।

बाल्यावस्था में शिक्षा (Education in Childhood):

ऊपर दी गई विशेषताओं को ध्यान में रखते हुए निम्न बातों पर शिक्षा देते समय जोर देने की आवश्यकता है:

1. जिज्ञासा की संतुष्टि (Satisfication of Curiosity).
2. रचनात्मक क्रियाओं की व्यवस्था (Provisison of Creative Work).
3. उपयुक्त पाठ्यक्रम (Appropriate Curriculum).
4. पाठान्तर क्रियाओं की व्यवस्था (Provision for Co-Curricular Activities).
5. प्रगतिशील तथा प्रभावी शिक्षण विधियाँ (Dynamic and Effective Methods of Teaching).
6. सामूहिक प्रवृत्ति की संतुष्टि (Satisfaction of Gregariousness).
7. पर्यटन तथा स्काउटिंग की व्यवस्था (Provision for Excursion and Scouting).
8. प्रोजेक्ट विधि का प्रयोग (Use of Project Method).
9. संवेगों के प्रदर्शन का अवसर (Exposition of Emotions).

10. सामाजिक क्रियाओं का आयोजक (Organisation of Social Activites).
11. नैतिक शिक्षा के लिए व्यावहारिक गतिविधियों के अवसर (Opportunities for Participation in Practical Moral Activities).
12. क्रिया तथा खेल द्वारा शिक्षा (Education Through Activities and Play).
13. प्रेम तथा सहानुभूति पर आधारित शिक्षा (Education Based on Love and Sympathy).
14. शिवरों आदि का आयोजन (Organisation of Camps).
15. अनुशासन में छात्रों को भागेदार बनाना (Involving Students in Discipline).
16. छात्रों की व्यक्तिगत शैक्षिक अवस्थाओं को पूरा करना (Meeting Individual Educational Needs of Students).

किशोरावस्था (Adolescence): बाल-जीवन की यह अन्तिम अवस्था है। यह तेरह-चौदह वर्ष से बीस वर्ष तक की अवस्था है। सोलह-सत्रह साल तक की अवस्था पूर्व किशोरावस्था कहलाती है तथा इसके बाद की अवस्था उत्तर-किशोरावस्था कहलाती है। विकास की इस अवस्था को कुछ लोग व्यक्ति का स्वर्ण युग कहते हैं। सामाजिकता और कामुकता इस अवस्था की दो मुख्य विशेषतायें हैं जिनसे सम्बन्धित अनेक परिवर्तन इस अवस्था में होते हैं। इस अवस्था में कल्पना का बाहुल्य, समस्याओं का बाहुल्य तथा संवेगात्मक अस्थिरता जैसे लक्षण भी पाए जाते हैं। इसका विवरण विस्तारपूर्वक अलग से अन्य अध्याय में दिया गया है।

9.10 किशोर अवस्था (Adolescence Stage)

किशोर अवस्था को 'प्रौढ़ता की ओर बढ़ना' अवस्था भी कहा जाता है। प्राय: 13 से 19 वर्ष तक के बालक और बालिकाओं को किशोर की संज्ञा दी जाती है। इस अवस्था में होने वाले विभिन्न प्रकार के परिवर्तनों में कुछ अनोखापन नजर आता है। इस अवस्था को 'महान जोश तथा तनाव, तूफान तथा विरोध' की अवस्था भी कहा जाता है।

किशोर अवस्था संबंधी कुछ विद्वानों के विचार

1. "किशोर बालक अत्यधिक तीव्र संवेगात्मक जीवन में रहता है जिसमें हम उसके अत्यधिक उत्तेजनापूर्ण तथा गहन उदासीनता के मध्य उसके निरन्तर परिवर्तनपूर्ण व्यवहार के स्वीकारात्मक संगीतमय एवं नकारात्मक स्थिति को एक बार पुनः देख सकते हैं।

—जे.एस. रॉस

2. आत्मनिर्भरता की प्रवृत्ति का एक स्वरूप धार्मिक चेतना की उत्पत्ति है। ईश्वर का अस्तित्व एक परम पिता के रूप में किशोर पर अत्यधिक प्रभाव डालता है क्योंकि बालक अचेतन रूप से स्वयं अपने अभिभावकों के आदर्श स्वरूप प्रतिनिधि खोजता है।

—जे.एस. रॉस

3. किशोर अवस्था का उदार हृदय मानव जाति के प्रेम में बंध जाता है एवं आदर्श समाज निर्माण में सहायता करने की भावना इस अवस्था में प्रज्जवलित हो उठती है।

—जे.एस. रॉस

4. इस अवस्था में उत्तरदायित्व का स्थापन होता है। *—आइजनेक*

5. यह कामुकता के जागरण की अवस्था है। *—स्टनले हॉल*

6. बालक में जो शारीरिक तथा मानसिक परिवर्तन होते हैं, वे एकदम कूदकर आ जाते हैं। *—हॉल*

7. इस अवस्था में न केवल गतिक्रिया बढ़ती है वरन् गतिशक्ति भी विकसित होती है। *—हॉल*

8. किशोर परिपक्वन के प्रवेश द्वार पर है। *—आर.जी. कूहलेन*

9. एक बालक की कल्पना स्वस्थ होती है। एक प्रौढ़ मनुष्य की परिपक्व कल्पना भी स्वस्थ होती है परन्तु इन दोनों अवस्थाओं के मध्य में एक ऐसा समय भी आता है जब कि व्यक्ति की आत्मा तीव्र उत्तेजना में होती है, अनिश्चित और जीवन सन्देह युक्त। *—कीट्स*

10. मानवीय कार्यों में 14 वर्ष की आयु के बालक से बढ़कर कुछ बाधाजनक तत्त्व नहीं है। यह न तो अलंकृत है और न ही उपयोगी। *—टैगोर*

11. किशोर मान देने वाला, खुदगर्ज, दयालु, आदर्शवादी, तंगदिल, हमदर्द तथा दुष्ट व्यक्ति है। *—एच. बर्टन*

12. किशोर अवस्था जटिल एवं मिश्रित संवेगों की अवस्था है जैसे श्रद्धा, डर, कृतज्ञता, घृणा, सुख, दुःख, शर्म आदि। —एफ. ट्रेसी

किशोर अवस्था में वृद्धि और विकास का रूप

I. *किशोर अवस्था में शारीरिक वृद्धि एवं विकास*

(i) लम्बाई तथा भार में तीव्रता से वृद्धि।
(ii) हड्डियों तथा मांसपेशियों में शक्ति का आना तथा सख्त होना।
(iii) शरीर के आंतरिक अंगों तथा तंत्र में यथेष्ट वृद्धि एवं विकास।
(iv) बगलों और गुप्त अंगों में घने बाल उगना।
(v) लड़कियों के कूल्हों के मांस में वृद्धि होना।
(vi) लड़कियों की छाती में पर्याप्त उभार आकर उरोज विकसित होना।
(vii) लड़कों के चेहरे पर दाढ़ी-मूँछ आना।
(viii) लड़कियों की आवाज़ अधिक पतली और मधुर बनना।
(ix) लड़कियों में मासिक धर्म शुरू होना।
(x) लड़कों की आवाज में पर्याप्त गम्भीरता, रुखाई और मधुरता आना।
(xi) लड़कों में स्वप्नदोष का शिकार होकर वीर्यपात होना।

II. *किशोर अवस्था में मानसिक अथवा बौद्धिक विकास*

1. संवेदना और प्रत्यक्षीकरण योग्यता का विकास।
2. संप्रत्ययों का सही ढंग से विकास।
3. भाषा योग्यता में तेजी से वृद्धि।
4. स्मरण शक्ति का अपने विकास की चरम सीमा तक पहुँच जाना।
5. निरीक्षण शक्ति तथा सामान्यीकरण योग्यता का विकास होना।
6. समस्या समाधान योग्यता का विकास होना।
7. वृद्धि के विकास का सुनहरी काल का होना।

8. रुचियों का पर्याप्त तथा चहुँमुखी विकास होना।

III. *किशोर अवस्था में सामाजिक विकास*

1. मैत्री सम्बन्धों में अत्यधिक वृद्धि।
2. समाज के हित चिन्तन की भावना का विकास।
3. वय-समूह के प्रतिनिष्ठा में वृद्धि (Intentification in Peer Group Relationship)
4. समाज सेवा की भावना में वृद्धि।
5. राष्ट्र प्रेम की भावना में वृद्धि।

IV. *किशोर अवस्था में दार्शनिक विकास*

1. निजी जीवन दर्शन का निर्माण।
2. आत्मनिर्भर बनने की इच्छा का बलवती होना।

V. *किशोर अवस्था में संवेगात्मक विकास*

1. सभी प्रकार के संवेगों की उपस्थिति तथा उनका अधिकतम विकास।
2. संवेगों की शक्ति और तीव्रता में वृद्धि।
3. संवेगों की अस्थिरता और परिवर्तनशीलता।
4. संवेगों पर उचित नियंत्रण का प्रभाव।
5. संवेगात्मक अवस्था की पहचान।

किशोर अवस्था की समस्याएँ

I. *शारीरिक वृद्धि और विकास सम्बन्धी चिन्ताएँ*

1. लड़कियों को मासिक धर्म शुरू होने पर चिन्ता।
2. लड़कों में वीर्य बनने के साथ समस्याएँ।
3. लड़कों में स्वप्नदोष होने से चिन्ता।
4. गुप्त अंगों तथा आन्तरिक स्थानों पर बाल उगने के कारण तथा उनकी सफाई का उचित ज्ञान न होने के कारण चिन्ता।
5. चर्म रोग सम्बन्धी समस्याएँ।
6. आवाज में भारीपन आने के कारण लड़कों में चिन्ता।
7. लड़कियों की शारीरिक सम्बन्धी बनावट के बारे में चिन्ता।

II. *यौन विकास से सम्बन्धित समस्याएँ*

1. यौन अंगों (Sex Organs) में एक विचित्र अनुभूति का अनुभव होना।
2. हस्तमैथुन या यौनिघर्षण की आदत का पड़ जाना।
3. समलैंगिक (Homo-sexual) तथा विषयलैंगिक (Hetro-sexual) आकर्षण।

III. *सामाजिक सम्बन्धी समस्याएँ*

1. जरूरत से ज्यादा मित्र मण्डली (Peer group) के प्रति निष्ठा से उत्पन्न समस्याएँ।
2. समाज की कुरीतियों को देखकर निराशा से उत्पन्न समस्याएँ।
3. उचित प्रशिक्षण कोर्स की चिन्ता।

4. उचित रोजगार की चिन्ता।

IV. *मानसिक या बौद्धिक विकास से सम्बन्धित समस्याएँ*

1. तर्क शक्ति एवं विचार शक्ति में पर्याप्त वृद्धि हो जाने के कारण माता-पिता तथा गुरुजनों द्वारा प्रत्येक बात को यूँ ही स्वीकार न करना।
2. कल्पना शक्ति के बढ़ जाने के कारण नवीन निर्माण तथा सजृन करने के लिए चिन्तातुर तथा व्यग्र हो उठना तथा फलस्वरूप अनेक समस्याओं की उत्पत्ति होना।

V. *संवेगात्मक विकास से सम्बन्धित समस्याएँ*

1. मिजाज के जल्दी बिगड़ने और मूडी बनने से उत्पन्न समस्याएँ।
2. अहम तथा आत्म सम्मान की जरूरत से ज्यादा वृद्धि होने के कारण तनाव।
3. संवेगात्मक असंतुलन तथा किशोर का दोराहे पर खड़े होना। तनाव तथा दबाव के कारण परेशानियाँ।

किशोरों के उचित विकास के लिए उपाय

1. किशोरों का बड़ों द्वारा भली-भाँति समझा जाना।
2. किशोरों को वृद्धि एवं विकास के समुचित अवसर प्रदान करना।
3. किशोरों के साथ उचित व्यवहार किया जाना।
4. किशोरों को उपयुक्त यौन शिक्षा प्रदान करना।
5. किशोरों के संवेगात्मक व्यवहार को उचित दिशा प्रदान करना।
6. मानसिक शक्तियाँ जैसे विचार शक्ति, तर्क शक्ति, कल्पना शक्ति, निरीक्षण शक्ति आदि को सृजनात्मक तथा निर्माणात्मक क्रियाओं में लगाना।
7. किशोरों की विभिन्न रुचियों की संतुष्टि की व्यवस्था करना।
8. किशोरों को उचित नैतिक शिक्षा प्रदान करना।
9. विद्यालय में अधिक-से-अधिक पाठान्तर क्रियाओं का आयोजन करना।
10. अध्यापकों तथा बड़ों का नयी पीढ़ी की आवश्यकताओं को भली प्रकार समझना और अपनी किशोर अवस्था से तुलना करना।
11. उपयुक्त परामर्श एवं निर्देशन सेवाओं की व्यवस्था करना।
12. शिक्षा को आत्मनिर्भर एवं व्यावसायिक बनाना।

10

बाल्यावस्था तथा पूर्व किशोरावस्था में विकासात्मक कार्य

(Development Tasks of Childhood and Pre-Adolescence Stage)

10.1 विकासात्मक कार्यों का अर्थ (Meaning of Development Tasks)

विकासात्मक कार्यों का अर्थ उन कार्यों से हैं अर्थात् आवश्यक कौशल तथा व्यवहारों से जिनका समुदाय विभिन्न स्तरों पर अपने सदस्यों में विकास करना चाहता है। प्रत्येक अवस्था से सम्बन्धित विभिन्न विकासात्मक कार्य होते हैं। जिनकी पूर्ति व्यक्तियों को सुखमय तथा आन्दमय जीवन के लिए आवश्यक है। प्रत्येक समुदाय तथा समाज अपने सदस्यों से कुछ वांछित व्यवहारों की आशा रखता है। इसी के अनुसार विकासात्मक कार्यों की व्यवस्था की जाती है।

10.2 विकासात्मक कार्यों की विशेषताएँ (Characteristics of Developmental Tasks)

1. प्रत्येक समाज अथवा संस्कृति के अपने मानदण्ड होते हैं।
2. प्रत्येक समाज इन मानदण्डों का पालन अपने सदस्यों से चाहता है।
3. यह मानदण्ड कुछ कौशलों तथा व्यवहारों में निहित हैं।
4. इन मानदण्डों पर अधिकार प्रसन्नता देता है तथा इनका अभाव असफलता।
5. ये कौशल आयुवर्ग से सम्बन्धित हैं।
6. ये कौशल सामाजिक-आर्थिक वर्गों में भिन्न-भिन्न हो सकते हैं।

10.3 विकासात्मक कार्यों के उद्देश्य (Purposes of Development Tasks)

विकासात्मक कार्यों के निम्नलिखित उद्देश्य हैं:

1. ये व्यक्ति को दिशा निर्देश प्रदान करते हैं कि समाज की उससे क्या आशाएँ हैं।
2. ये व्यक्ति को विकासात्मक कार्यों के करने के लिए प्रेरित करते हैं।
3. ये व्यक्ति का मार्गदर्शन करते हैं कि किस प्रकार एक अवस्था से दूसरी अवस्था तक पहुँचता है।

10.4 विकासात्मक कार्यों की पूर्ति में बाधाएँ
(Barriers in the Achievement of Development Tasks)

1. आवश्यकता से अधिक आशाएँ–व्यक्ति की शारीरिक तथा मनोवैज्ञानिक सीमाएँ।
2. किसी अवस्था का उल्लंघन करना।
3. विकासात्मक कार्य के निर्माण के लिए अवसर का अभाव।
4. निर्देशन का अभाव।
5. अभिप्रेरणा का अभाव।
6. कमजोर स्वास्थ्य।
7. मन्द मानसिक स्तर।

10.5 विकासात्मक कार्यों के विकास के कारक
(Factors Promoting Development Tasks)

1. उचित अवसरों का प्रावधान करना।
2. उचित निर्देशन की व्यवस्था करना। विकासात्मक कार्य के निर्माण हेतु उचित अभिप्रेरणा को बढ़ावा देना।
4. सृजनात्मक तथा निर्माणात्मक कार्यों का नियोजन करना।

10.6 प्रारम्भिक अवस्था के विकासात्मक कार्य
(Development Tasks of Childhood Stage)

1. बालक चलना सीखता है।
2. बालक ठोस भोजन खाना सीखता है।
3. बालक बोलना सीखता है।
4. बालक दैनिक नित्यक्रियाएँ करना सीखता है अर्थात् मूत्र आदि करना।
5. शारीरिक स्थिरता लाता है।
6. समुदाय की साधारण वास्तविक अवधारणाएँ सीखता है।
7. साधारण शारीरिक तथा भौतिक अवधारणाएँ सीखता है।
8. अपने माता-पिता तथा सम्बन्धियों को अपनी भावनाएँ व्यक्त करना सीखता है।
9. ठीक अथवा गलत में अन्तर करना सीखता है।

10.7 विकासात्मक कार्यों के विकास के लिए शैक्षिक कार्य
(Educational Tasks for Developing Development Tasks at the Childhood Stage)

इस आयुवर्ग के बच्चों में प्राय: भरपूर शक्ति होती है। अत: उस शक्ति का पूर्ण सदुपयोग तथा शारीरिक क्रियाएँ उनकी सबसे बड़ी आवश्यकता होती है। बच्चों को खेलने के पर्याप्त अवसर प्रदान करने चाहिए ताकि उनकी शक्ति का उपयोग हो सके तथा वे क्रियात्मक रुझान वाले बनें। इस आयु-वर्ग के बच्चों के विकासात्मक कार्यों के लिए निम्न प्रकार के प्रावधान किए जा सकते हैं:

1. बच्चों को खेलने के भरपूर अवसर प्रदान करना: यदि बच्चों की शक्ति को सही दिशा न दी जाए तो वे अपनी शक्ति का प्रयोग तोड़-फोड़ में करते हैं। इसलिए खेलने के भरपूर अवसर प्रदान करना इस आयु-वर्ग के बच्चों का विकासात्मक कार्य है। लड़कियाँ अकेली गुड़िया से खेलती हैं तथा लड़के खिलौनों से खेलते हैं। इसीलिए बच्चों को खेलने का भरपूर समय, अवसर व वातावरण प्रदान करना चाहिए। ताकि इस दिशा में विकासात्मक कार्य हो सके।

2. बच्चे की आत्माभिव्यक्ति तथा कल्पना को प्रोत्साहित करना: इस अवस्था में बच्चों को अपनी भावनाएँ प्रदर्शित करने की बहुत आवश्यकता होती है। इसलिए उन्हें आत्माभिव्यक्ति के पर्याप्त अवसर प्रदान किए जाने चाहिए। इस आयु के बच्चे बहुत अधिक कल्पनाशील होते हैं। अत: उनकी कल्पना को भी प्रोत्साहित करना चाहिए। इस आयु-वर्ग के बच्चे कहानियाँ सुनने के बहुत अधिक शौकीन होते हैं। इसीलिए अच्छी शिक्षाप्रद कहानियाँ इस आयु-वर्ग के बच्चों की महत्त्वपूर्ण आवश्यकता है।

3. बच्चे की क्रियात्मक क्रियाओं को बढ़ावा देना: इस आयु के बच्चों से शांत रहने की अथवा क्रियाहीन होने की आशा नहीं करनी चाहिए। यदि हम बच्चों की क्रियाओं को दबाने का प्रयास करेंगे तो परिणाम बच्चे का चिड़चिड़ापन, भीरुपन व दब्बूपन होगा। इसलिए इस आयु के बच्चे को लम्बे-लम्बे उपदेश नहीं देने चाहिए बल्कि घूमने के, खेलने-कूदने के व अन्य क्रियाओं के भरपूर अवसर देने चाहिए।

4. बच्चे की जिज्ञासा को उत्साहित करना: इस उम्र के बच्चों की मुख्य विशेषता जिज्ञासा है जो प्राकृतिक है। बच्चों के पास क्यों, कहाँ, केसे जैसे प्रश्नों की कतार होती है, जिनके उत्तर देना अति आवश्यक होता है। हमें बच्चों की जिज्ञासा को दबाना नहीं चाहिए। बच्चे की जिज्ञासा को प्रोत्साहित करने से भविष्य में बच्चे का बौद्धिक, नैतिक व आध्यात्मिक विकास होने में सहायता मिलती है।

5. बच्चे की रचनात्मक मनोवृत्ति को बढ़ावा देना: छोटे बच्चे जिज्ञासावश बहुत तोड़-फोड़ करते हैं। इस तोड़-फोड़ में आनन्द प्राप्त करते हैं। जैसे-जैसे बच्चा बड़ा होता जाता है, उसका पेशीय नियंत्रण बढ़ता है। उसे वस्तुएँ बनाने में प्रसन्नता अनुभव होती है। बच्चे के हाथ में जो भी वस्तु आती है, वह उससे कुछ भी बनाने का प्रयत्न करता है। इसी लिए इस आयु-वर्ग के बच्चों में सृजनशीलता व रचनात्मक मनोवृत्ति को बढ़ावा मिलना चाहिए जिसकी इस आयु वर्ग के बच्चों को बहुत आवश्यकता होती है।

6. बच्चों की आत्मनिर्भरता को प्रोत्साहित करना: इस आयु के बच्चे सभी काम करना चाहते हैं, चाहे वे उस काम को अपने स्वयं आप कर पायें या न कर पायें। इसीलिए उनको कुछ विशेष सावधानियों के साथ सभी काम अपने आप करने को प्रोत्साहित करना चाहिए जिससे भविष्य में वे आत्मनिर्भर बनें तथा दूसरों पर कम-से-कम निर्भर रहें।

7. बच्चे की भाषा विकास को सही दिशा देना: इस आयु के बच्चों में भाषा का विकास बड़ी तीव्रता से होता है। इसीलिए इस आयु में बच्चों की सबसे बड़ी आवश्यकता है कि उन्हें सही भाषा बोलने व लिखने के बारे में सही दिशा दिखाई जाये तथा उनका मार्गदर्शन किया जाये। माँ-बाप, अन्य संबंधी तथा अध्यापकों का कर्तव्य है कि वे सही, शुद्ध व शिष्ट भाषा का उच्चारण करें ताकि बच्चा उनका अनुकरण करने से सही व शुद्ध उच्चारण का प्रयोग करना सीखे।

10.8 पूर्व किशोरावस्था के विकासात्मक कार्य (Tasks of Pre-Adolescence Stage)

पूर्व अवस्थाओं की तुलना यह स्थिर अवस्था होती है। इस आयु तक बच्चों का विकास काफी हद तक विकसित हो चुका होता है। इसीलिए उनके शैक्षिक कार्य दूसरे आयु वर्ग के बच्चों से कुछ भिन्न होते हैं।

इस आयु के बच्चों के कुछ मुख्य शैक्षिक कार्य निम्नलिखित हैं:

1. **बच्चों की बौद्धिक जिज्ञासा को शांत करना:** इस आयु में बच्चों का दिमाग काफी हद तक विकसित हो चुका होता है। इसीलिए उनमें बौद्धिक जिज्ञासा बहुत अधिक होती है। बच्चे के बौद्धिक विकास के लिए वैज्ञानिक तर्क को प्रोत्साहित करना बहुत जरूरी होता है।

2. **बच्चे को शारीरिक तथा मानसिक शक्ति की अभिव्यक्ति के अवसर प्रदान करना:** इसमें बच्चों में शारीरिक तथा मानसिक शक्ति बहुत होती है। यदि उस शक्ति का पूर्ण सदुपयोग न किया जाए तो बच्चों के भटकने का भय लगा रहता है। बच्चों को यदि थोड़े से तर्क के साथ समझाया जाए तो वे बड़ों की सलाहें बड़ी आसानी से मान लेते हैं। इसीलिए उन्हें ऐसे खेल व काम के अवसर प्रदान करने चाहिए जिससे उनकी शक्ति का उचित प्रयोग हो सके।

3. **समाजीकरण को बढ़ावा देना:** जैसे-जैसे आयु बढ़ती है, बच्चे के समाजीकरण को बढ़ावा देने की बहुत जरूरत होती है। वह दूसरों के साथ सम्पर्क में आता है इसीलिए उसको सामाजिक नियमों, परम्पराओं व मान्यताओं का जानना बहुत आवश्यक हो जाता है। यह उसे विभिन्न खेलों तथा क्रियाकलापों द्वारा सिखाया जा सकता है। बच्चे को यह सिखाना बहुत जरूरी होता है कि वह समाज का एक सदस्य है और वह समाज में तभी सफलतापूर्वक रह सकता है यदि उसमें सहयोग की भावना होगी।

4. **बच्चे की पहचान की भावना को महत्त्व देना:** इस आयु के बच्चों में अपनी पहचान की भावना छिपी हुई होती है। वे प्रशंसा तथा स्नेह चाहते हैं। इसीलिए बच्चों के कामों की प्रशंसा करना, उनकी भावनाओं का सम्मान करना, उन्हें समुचित आदर देना इस आयु के बच्चों की मुख्य आवश्यकता है, जिसे पूरा करना नितांत आवश्यक है।

5. **बच्चे को भावनात्मक सुरक्षा प्रदान करना:** घर तथा स्कूल में ऐसा वातावरण प्रस्तुत किया जाए जिसमें बच्चा सुरक्षा की भावना का अनुभव करे।

10.9 पूर्व किशोर अवस्था में विकासात्मक कार्यों को बढ़ावा देने के लिए शैक्षिक कार्य (Educational Tasks for the Promotion of Development Tasks at Pre-Adolescence Stage)

1. बालक शारीरिक कौशल तथा खेल सीखता है।
2. पूर्व किशोर अवस्था में बालक अपने बारे में वांछित अभिवृत्तियाँ निर्मित करता है।
3. वह अपने आयुवर्ग के समय ताल-मेल करना सीखता है।
4. लिंग भेद आदि की जानकारी प्राप्त करता है।
5. दैनिक जीवन से सम्बन्धित उचित प्रत्ययों (Concepts) को धारण करता है।

6. नैतिक मूल्यों का विकास करता है।
7. व्यक्तिगत स्वतंत्रता में रूचि रखता है।
8. समाज, समुदाय तथा संस्थाओं के प्रति उचित भावनाएँ धारण करता है।
9. मानसिक विकास में उचित रूचि रखता है।
10. अपनी पहचान बढ़ाना चाहता है।

10.10 बाल विकास में परिवार
(Role of the Family in Child Development)

बाल विकास में माता-पिता, घर तथा परिवार का महत्त्व: परिवार एक छोटी सामाजिक संस्था है जिसमें रहते हुए बालक माता-पिता के अतिरिक्त भाई-बहनों तथा अन्य सम्बन्धियों के सम्पर्क में आता है। सभी सदस्य एक-दूसरे पर अपना प्रभाव डालते हैं। बालक परिवार के प्रत्येक सदस्य से प्रत्येक क्षण प्रभावित होता है तथा अपने व्यक्तित्व का निर्माण करता है। इस प्रकार परिवार बालक पर अपना स्थायी प्रभाव अंकित करता है। बालक वैसा ही बनता है जैसा उसका घर होता है। घर के वातावरण के कारण गांधी जी ने प्रेम और सत्य के सिद्धान्तों को अपनाया, शिवाजी ने अपनी माता से रामायण तथा महाभारत की शिक्षा प्राप्त करके मराठा-राज्य की नींव डाली। भारत में प्राचीन काल से ही बालक की शिक्षा पर घर के प्रभाव को अत्यन्त महत्त्व दिया गया है। इसी को विचारधारा के फलस्वरूप स्वामी दयानंद जी ने स्त्री शिक्षा पर विशेष बल दिया।

परिवार के बाल विकास संबंधी कार्य:

1. *सीखने का प्रथम स्थान*: रेमाण्ट के शब्दों में ''सामान्य रूप से घर वह स्थान है, जहाँ बालक अपनी माँ से चलना-बोलना, मैं और तुम में अन्तर करना और चारों ओर की वस्तुओं के सरलतम गुणों को सीखता है।''

2. *शारीरिक विकास*: बालक के शारीरिक विकास में घर अथवा परिवार में उपलब्ध भोजन, वस्त्र, खेल-कूद, व्यायाम तथा वातावरण का गहरा प्रभाव पड़ता है।

3. *मानसिक विकास*: वंशानुक्रम से प्राप्त की हुई मानसिक शक्तियाँ कितनी ही उत्तम क्यों न हों, निश्चित रूप से कुण्ठित हो जाएंगी यदि परिवार में विचार, कल्पना, निरीक्षण तथा परीक्षण आदि के विकास के अवसर न प्राप्त हों।

4. *संवेगात्मक विकास*: परिवार के अच्छे वातावरण में बालकों में सहानुभूति, साहस, आनन्द, प्रसन्नता तथा आत्मविश्वास आदि अनेक प्रभावात्मक संवेगों का विकास होता है। इसके विपरीत जिन परिवारों में सदैव कलह, लड़ाई, झगड़े तथा मारपीट आदि का वातावरण रहता है वहाँ बालकों में क्रोध, घृणा, भय, चिन्ता, ईर्ष्या आदि निषेधात्मक संवेग विकसित हो जाते हैं।

5. *सामाजिक विकास*: परिवार में अन्य सदस्यों के साथ रहने से बालक सामाजिक आदर्शों, परम्पराओं तथा व्यवहारों से परिचित होता है।

6. *धार्मिक विकास*: परिवार में रहते हुए बालक को उस समय उचित धार्मिक वातावरण मिलता है, जब उसे अन्य सदस्यों के साथ धार्मिक पुस्तकें पढ़ने, धार्मिक कथाएँ सुनने, पूजा-पाठ तथा अन्य कार्यों में भाग लेने के अवसर प्राप्त होते हैं।

7. *संस्कृति का विकासः* परिवार में रहते हुए बालक स्वतः ही अपनी संस्कृति ग्रहण करता है।

8. *भाषा का विकासः* इसमें सन्देह नहीं कि बालक के शब्दों के उच्चारण आदि पर वातावरण का विशेष प्रभाव पड़ता है।

9. *रुचियों तथा आदतों का विकासः* बालकों में उचित अथवा अनुचित रुचियां अपने बड़ों को देखकर परिवार में ही विकसित होती हैं।

10. *नैतिकता तथा चरित्र का विकासः* परिवार के रहन-सहन, खान-पान, वेशभूषा तथा आचार-विचारों की गहरी छाप बालक के नैतिक तथा चारित्रिक गुणों के विकास पर पड़ती है।

11. *जन्मजात प्रवृत्तियों का विकासः* परिवार एक ऐसा स्थान है जहाँ पर बालक की जन्मजात प्रवृत्तियों के प्रकाशन के लिए उपयुक्त वातावरण प्राप्त होता है।

12. *व्यक्तित्व का विकासः* परिवार में बालक के व्यक्तित्व के विकास का बीजारोपण होता है।

11

व्यक्ति के विकास पर वंशानुक्रम तथा वातावरण (पर्यावरण) का प्रभाव

(Effect of Heredity and Environment on Human Development)

11.1 वंशानुक्रम का अर्थ (Meaning of Heredity)

वंशानुक्रम का अर्थ विभिन्न लेखकों ने निम्न प्रकार से दर्शाया है:

1. *रूथ बेंडिक्ट* (*Ruth Bendict*) के शब्दों में "वंशानुक्रम माता-पिता से सन्तान को प्राप्त होने वाले गुण हैं"

2. *जेम्स ड्रेवर* (*James Drever*) ने लिखा है, "मात-पिता की शारीरिक एवं मानसिक विशेषताओं का सन्तानों में हस्तांतरण होना वंशानुक्रम है।"

3. *डोन सी. डिंकमेयर* (*Don C.Dinkeyer*) का कहना है, ''वंशानुगठन कारक वे जन्मजात विशेषताएँ हैं, जो बालक के जन्म के समय से पाई जाती हैं।''

4. *जेम्स ड्रेवर* (*James Drever*) के विचार में, ''अभिभावकों की शारीरिक तथा मानसिक विशिष्टताओं का सन्तानों में स्थानांतरण वंशानुक्रम है।''

5. *एच.ए. पीटरसन* (*H.A. Peterson*) के अनुसार, ''व्यक्ति को उसके माता-पिता के द्वारा उसके पूर्वजों से जो प्रभाव प्राप्त होता है, वही उसका वंशानुक्रम है।''

6. *वुडवर्थ और मारक्विस* (*Woodworth and Marquis*) का लिखना है कि ''वंशानुक्रम में वे सभी तत्त्व आ जाते हैं जो व्यक्ति में जीवन आरम्भ के समय उपस्थित होते हैं, जन्म के समय नहीं वरन् गर्भधारण के समय अर्थात् जन्म से लगभग नौ माह पूर्व उपस्थित होते हैं।''

11.2 वंशानुक्रम के प्रभाव (Influence of Heredity)

वंशानुक्रम के तीन प्रकार हैं: (1) शारीरिक, (2) मानसिक तथा (3) सामाजिक।

शारीरिक वंशानुक्रम के अंतर्गत शरीर रचना की विशेषताएँ आती हैं जैसे लम्बाई, गठन, अंगों की बनावट, रंग, रोग, शारीरिक विकार आदि। साधारण जीवन में असंख्य उदाहरण नित्य प्रति देखने को मिलते हैं कि गोरे माता-पिता की संतानें गोरी होती हैं तथा काले माता पिता की संताने काली। इसी प्रकार नाक का नुकीला या चपटा होना, आँख का भूरा, नीला, या काला होना, निकट दृष्टि एवं दूर दृष्टि आदि आँखों के दोष।

इसी प्रकार वंशानुक्रम के मानसिक तथा सामाजिक प्रभाव भी पड़ते हैं यद्यपि इन पर इतनी खोजबीन नहीं की गई है।

वंशानुक्रम के प्रभाव पर कुछ अध्ययन

1. *गाल्टन* (1822-1911) *का अध्ययन: गाल्टन (Galton)* प्रथम मनोवैज्ञानिक थे जिन्होंने वंशानुक्रम के प्रभाव को जानने के लिए खोज की। इस खोज का सम्बन्ध इंग्लैंड के प्रसिद्ध व्यक्तियों से था। उन्होंने 977 व्यक्तियों के परिवारों का अध्ययन किया। इन परिवारों में सुप्रसिद्ध वैज्ञानिकों, साहित्यकारों, कलाकारों, न्यायधीशों और वकीलों आदि के परिवार थे। अपने इस अध्ययन से गाल्टन इस निष्कर्ष पर पहुँचा कि बुद्धि और अन्य कई प्रकार की योग्यताएँ वंशानुक्रम से प्रभावित होती हैं।

2. *गोडार्ड (Godard) का अध्ययन:* गोडार्ड ने 1913 में एक सैनिक मार्टिन कालीकाक (Martin Kalikak) के परिवार का अध्ययन किया। गोडार्ड ने पाया कि कालीकाक ने जिस मन्द बुद्धि महिला से अवैध सम्बन्ध बनाया, उसके 480 वंशजों में अधिकांश मन्द बुद्धि, अपराधी, मिर्गी के रोगी, वेश्याएँ आदि ही थे। कालीकाक ने एक भद्र महिला से विवाह भी किया। इस भद्र महिला के अधिकांश वंशज सामान्य कोटि के उत्पन्न हुए। इन अध्ययनों से गोडार्ड ने यह निष्कर्ष निकाला कि मन्दबुद्धिता का घनिष्ठ सम्बन्ध वंशानुक्रम से है। इसके अतिरिक्त अपराधी-वृत्ति, वेश्यावृत्ति तथा मिर्गी आदि का सम्बन्ध भी वंशानुक्रम से है।

3. *डगडेल ज्यूक (Dogdale Juke) परिवार का अध्ययन:* अमेरिका में भी इस प्रकार का एक अध्ययन किया गया। सन् 1720 में ज्यूक नामक एक भ्रष्टाचारी व्यक्ति था। युवावस्था में उसने अपनी ही श्रेणी की एक स्त्री से विवाह किया। फलस्वरूप, एक नवीन परिवार आरम्भ हुआ। इस वंश में 1877 तक पाँच पीढियों में 1200 व्यक्ति उत्पन्न हुए। इनमें 440 सदैव रोगी रहे; 300 शैशवावस्था में ही कालग्रस्त हुए; 300 व्यक्ति जीवनभर भीख माँगते रहे; 130 व्यक्ति अनेक अपराधों के कारण जेल गए; 17 व्यक्ति हत्याएँ करते रहे तथा 13 व्यावसायिक कला सीखकर अपना निर्वाह करते रहे। स्त्रियों में अधिकतर वेश्याएँ हुईं।

प्राय: माना जाता है कि वंशानुक्रम के निम्नलिखित प्रभाव पड़ते हैं:

1. *मूल शक्तियों पर प्रभाव: थार्नडाइक (Thorndike)* के विचार में बालक की मूल शक्तियों का प्रधान कारक उसका वंशानुक्रम है।

2. *शारीरिक प्रभाव: कार्ल*-पीयरसन (Karl Pearson) का लिखना है कि बच्चों की लम्बाई पर उनके माता-पिता का प्रभाव पड़ता है।

3. *व्यावसायिक क्षमता पर प्रभाव: केटल (Cattell)* के अनुसार व्यावसायिक क्षमता का मुख्य कारण वंशानुक्रम है। यह निष्कर्ष उसने अमरीका के 885 वैज्ञानिकों के परिवारों के अध्ययन के परिणामस्वरूप निकाला है।

4. *सामाजिक स्थिति पर प्रभाव विनशिप (Winship)* ने एक व्यक्ति रिचर्ड एडवर्ड (Richard Edward) के परिवार का अध्ययन किया। रिचर्ड स्वयं एक प्रतिष्ठान गुणवान व्यक्ति था। उसने अपने समाज एक प्रतिष्ठित तथा गुणवान स्त्री एलिजबेथ (Eligabeth) से विवाह किया, उनका एक वंशज अमरीका का उपराष्ट्रपति बना। इन दोनों के वंशजों ने विधानसभा के सदस्यों तथा महाविद्यालयों के अध्यक्षों आदि के प्रतिष्ठित पद प्राप्त किए।

भारत में नेहरू परिवार के तीन सदस्य भारत के प्रधानमंत्री बने।

5. *प्रजाति की श्रेष्ठता पर प्रभाव:* *क्लिनवर्ग* (*Kilnber*) का कहना है कि बुद्धि की श्रेष्ठता का कारण वंशानुक्रम है।

6. *बुद्धि पर प्रभाव:* *गोडार्ड* (*Goddard*) के शोधों के अनुसार मन्दबुद्धि माता-पिता की सन्तान मन्द बुद्धि होती है तथा तीव्र-बुद्धि की सन्तान तीव्र बुद्धि वाली।

उपसंहार: इसमें कोई सन्देह नहीं है कि व्यक्ति के शारीरिक तथा मानसिक विकास पर वंशानुक्रम का पर्याप्त प्रभाव पड़ताा है परन्तु यह भी स्मरण रहे कि व्यक्ति के विकास पर वातावरण का भी पर्याप्त प्रभाव पड़ता है।

11.3 वातावरण (पर्यावरण) का बालक के विकास पर प्रभाव (Influence of Environment on Child's Development)

प्राचीन काल के विद्वानों का यह विश्वास था कि बीज के अनुसार वृक्ष और बीज के अनुसार ही फल उत्पन्न होते हैं। इसी प्रकार कहा जाता था कि माता-पिता के अनुसार (Like father like son) ही उनकी सन्तान होती है (Like begets like)। परन्तु आधुनिक काल में विशेष रूप से व्यवहारवादियों ने इस विचार को चुनौती दी है और वातावरण को महत्त्व दिया है। जे.बी. वाटसन (J.B. Watson, 1929) के विचार में वातावरण के प्रभाव के कारण बालक को डाक्टर, कलाकार, नेता, वकील आदि कुछ भी बनाया जा सकता है, भले ही उस बालक का वंशानुक्रम कुछ भी रहा हो।

वातावरण का अर्थ (Meaning of Environment)

साधारण भाषा में वातावरण का अर्थ उन सब तत्वों से है जो उसके चारों ओर है। इस सन्दर्भ में कुछ विचार नीचे दिए जा रहे हैं:

1. *डगलस तथा हॉलैंड* (*Douglas and Holland*) ने अपनी पुस्तक, 'ऐजुकेशन साईकोलॉजी' में वातावरण शब्द की इस प्रकार व्याख्या की है, ''वातावरण वह शब्द है जो समस्त बाह्य शक्तियों, प्रभावों और परिस्थतियों का सामूहिक रूप से वर्णन करता है, जो जीवधारी स्वभाव, व्यवहार और अभिवृद्धि, विकास तथा प्रौढ़ता पर प्रभाव डालता है।''

2. *बोरिंग, लैंगफील्ड तथा वेल्ड* (*Boring, Langfeld and Weld, 1962*) के अनुसार, "जीन्स के अतिरिक्त व्यक्ति को प्रभावित करने वाली प्रत्येक वस्तु वातारण है। एक व्यक्ति के वातावरण से तात्पर्य उन सभी उद्दीपकों (Stimulation) के योग से है जिन्हें वह जन्म से मृत्यु तक ग्रहण करता है।"

3. *ई.जे. रॉस* (*E.J. Ross*) के अनुसार, ''पर्यावरण वह बाह्य शक्ति है जो सब पर प्रभाव डालती है।''

4. *पी.जी. जिसवर्ट* (*P.G. Jeswart*) का कहना है, ''पर्यावरण वह तत्त्व है जो एक वस्तु को चारों ओर से घेरे हुए है तथा प्रत्यक्ष रूप से तुरन्त प्रभावित करता है।''

वातावरण का अर्थ हम इस प्रकार दर्शा सकते हैं कि किसी अवस्था विशेष में किसी व्यक्ति अथवा प्राणी को प्रभावित करने में समर्थ उसके निजी अस्तित्व से भिन्न, अन्य सभी उत्पादनों, उपकरणों, परिस्थितियों तथा उत्तेजकों का समुच्चय। वातावरण व्यक्ति की क्रियाओं, विचारों, भावनाओं तथा अनुभूतियों को उत्तेजित तथा प्रभावित करता है।

वातावरण का विकास पर प्रभाव (Influence of Environment on Development)

बालक कुछ सहज योग्यताएँ लेकर जन्म लेता है। यदि उसे अनुकूल वातावरण द्वारा कोई उपयुक्त उद्दीपन नहीं प्रदान किया जाता तो ये योग्यताएँ अपने प्रकृत स्वरूप में विकसित होती हैं। यद्यपि एक व्यक्ति की शारीरिक रचना; जैसे–लम्बाई, ठिगनापन आदि, उसके वंशानुक्रम से निर्धारित होती हैं; किन्तु यदि वह गन्दे वातावरण में कार्य करता है, जहाँ उसके मन को स्वस्थ वायु नहीं मिलती, तो उसकी जीवन-शक्ति के मर्म पर आघात होता है। इसी प्रकार बालक में किसी भी प्रकार की संभावनाएँ और योग्यताएँ क्यों न हों, जब तक उसे उचित मानसिक वातावरण नहीं मिलेगा, वह उसका समुचित विकास नहीं कर सकता।

मानसिक वातावरण से हमारा तात्पर्य उन सम्यक् परिस्थितियों से है, जिनमें बालक का वांछित विकास हो सके; और जो उनके मन पर प्रभाव डालती हों। पाठशाला की वे सभी वस्तुएँ मानसिक वातावरण के अन्तर्गत आती हैं, जिनसे बालक का समुचित मानसिक विकास होता है। इस दृष्टिकोण से पाठशाला मानसिक वातावरण के अन्तर्गत--प्रयोगशाला, पुस्तकालय, गोष्ठी और अन्य शैक्षिक क्रियाकलाप आते हैं। इन सभी की उचित व्यवस्था बालक के इस मानसिक विकास में पूर्ण योग देती है।

पाठशाला में उपयुक्त मानसिक वातावरण उत्पन्न करने से बालक की सीखने की क्रिया को भली-भाँति व्यवस्थित किया जा सकता है और बालक अनजाने में ही बहुत-सी बातें सीखता है। इस प्रकार उपयुक्त वातावरण के द्वारा बालक को अनजाने में ही सिखाने के द्वारा शिक्षा देना, एक महान् बौद्धिक योजना मानी जाती है।

वातावरण के संचयी (Cumulative) प्रभाव के बारे में स्टीफन्स (Stephens) के लिखा है, "एक बच्चा जितने अधिक समय उत्तम वातावरण में रहता है, वह उतना ही इस वातावरण की ओर प्रवृत्त होता है। इसी प्रकार जितने अधिक समय तक वह हानिकारक वातावरण में रहता है प्राय: उतना ही वह गिर जाता है।"

वातावरण के प्रभाव सम्बन्धी कुछ अध्ययन (Some Studies on the Influence of Environment on Individual's Development)

1. *मानव समाज तथा जंगलों में रहने वालों का अध्ययन*: जिग महोदय 30 ऐसे व्यक्तियों का वर्णन करते हैं जिन्होंने अपने प्रारम्भिक जीवन में अनेक वर्ष जानवरों अथवा असभ्य जंगलियों के साथ व्यतीत किए थे। इनमें से अधिकतर 8 वर्ष तक मानव समाज में नहीं लाए गए। इस आयु तक प्रारम्भ के जीवन के वातावरण का स्थायी प्रभाव उन पर अंकित हो चुका था। इनमें बहुत से जानवरों की भाँति खाते थे। वे जीभ से जमीन पर पड़ी हुई चीज को चाटते थे। 30 में से 10 बहुत दिनों तक कोई भी वस्त्र धारण करने से मना करते थे। 6 पर गर्मी-सर्दी का कोई प्रभाव नहीं पड़ता था। मानव समाज के ढंग अपनाने में ऐसे विभिन्न बच्चों को विभिन्न समय लगा।

दो बालिकाओं का इन 30 में से विशेष रूप से उल्लेख किया जा सकता है। इनको बहुत छोटी आयु में ही भेड़िए उठा ले गए। जब वे क्रमश: 5 एवं 3 वर्ष की थीं। तब उन्हें भेड़ियों की माँद में से बचाया गया। इनमें से एक बालिका कुछ समायोजन करने की ओर अग्रसर हुई किन्तु एक वर्ष के भीतर ही उसकी मृत्यु हो गई। दूसरी बालिका 18 वर्ष तक जीवित रही। इतने समय में उसने खाने तथा कपड़े पहनने की आदतें सीखीं।

2. *साहित्यकारों के जीवन का अध्ययन*-कूले (Colley) ने यूरोप के 71 साहित्यकारों के जीवन का अध्ययन किया तथा पाया कि निर्धन परिवारों में जन्में व अच्छा वातावरण पाकर अपने व्यक्तित्व का निर्माण करके महान बनें।

3. *रामू का उदाहरण*: भारत में रामू नामक बालक का उदाहरण किया जाता है जिसे एक भेड़िया उठाकर ले गया। वह बालक भेड़ियों के समय कुछ वर्षों तक रहा तथा उन्हीं के समान व्यवहार करना।

4. *बुद्धि के विकास पर अध्ययन*: *केंडोल* (*Candole*) ने 552 विद्वानों के जीवन का अध्ययन किया तथा निष्कर्ष निकाला कि बुद्धि के विकास में वंशानुक्रम की अपेक्षा वातावरण का प्रभाव कहीं अधिक पड़ता है।

5. *अनाथ बच्चों पर वातावरण का प्रभाव*: जो बच्चे अनाथ घरों से समाज केन्द्रों में भेजे जाते हैं उनकी वहाँ यदि अच्छी देखभाल होती है तथा अच्छा वातावरण मिलता है तो वे परिणामस्वरूप अच्छे सिद्ध होते हैं।

6. *जुड़वा बच्चों पर प्रभाव: न्यूमैन* (*Newman*) *फ्रामैन* (*Freeman*) तथा होलजिगर (Holzinger) ने 20 जुड़वों बच्चों को अलग-अलग वातावरण में रखकर उनका अध्ययन किया। एक जोड़े को नगर के वातावरण में रखा तथा दूसरे को गांव के वातावरण में। नगर में रखे जाने वाला जोड़ा अधिक-बुद्धिमान तथा शिष्ट बना।

11.4 वंशानुक्रम तथा वातावरण का वृद्धि तथा विकास पर सापेक्षिक प्रभाव (Relative Influence of Heredity and Environment on Child Development and Growth)

मनोवैज्ञानिकों में इस प्रश्न पर मतभेद पाया जाता है कि वंशानुक्रम का अधिक महत्त्व है या वातावरण का। प्राचीन काल के विद्वानों का मत था कि माता-पिता के अनुसार ही उनकी सन्तान होती है। परन्तु आधुनिक काल के विद्वानों ने वातावरण का महत्त्व दिया है। उनका विचार है कि वातावरण के प्रभाव से बालक को डॉक्टर, वकील, कलाकार, नेता आदि कुछ भी बनाया जा सकता है, भले ही बालक का वंशानुक्रम कुछ भी रहा है।

1. *लैण्डिस तथा लैण्डिस* के शब्दो में, "वंशक्रम हमें विकसित होने की क्षमताएँ प्रदान करता है। इन क्षमताओं के विकसित होने के अवसर हमें वातावरण से मिलते हैं। वंशाक्रम हमें कार्यशील पूंजी देता है और परिस्थिति हमें इसको निवेश करने का अवसर प्रदान करती है।"

2. *एच. ई. गैरेट* (*H.E. Garrett, 1960*) ने लिखा है कि "इससे अधिक बात और कोई नहीं है कि वंशानुक्रम और वातावरण एक-दूसरे को सहयोग देने वाले प्रभाव या कारक हैं तथा दोनों ही बालक की सफलता के लिए आवश्यक हैं।"

3. *आर.एस. वुडवर्थ* (*R.S. Woodworth*) के विचार में, "व्यक्ति के जीवन और विकास पर प्रभाव डालने वाली प्रत्येक बात वंशानुक्रम और वातावरण के क्षेत्र में आ जाती है परन्तु ये बातें पेचीदा ढंग से जुड़ी होती हैं कि बहुधा वंशानुक्रम और वातावरण के प्रभावों में अन्तर करना कठिन हो जाता है।" वुडवर्थ एक उदाहरण देते हैं कि गोभी और टमाटर के बीज पास-पास बोकर समान वातावरण देने से भी गोभी के बीज से गोभी का

पौधा और टमाटर का पौधा उत्पन्न होगा। कितनी भी देखभाल क्यों न की जाए फिर भी एक जाति का पौधा दूसरी जाति में परिवर्तित नहीं किया जा सकता है। परन्तु पोषण की भिन्नता से एक ही जाति के अच्छे तथा बुरे नमूनों में परस्पर अन्तर दिखाई दे सकता है।

वंशानुक्रम तथा वातावरण एक-दूसरे के पूरक हैं। ये दोनों महान शक्तियाँ हैं जो मानव जीवन को अत्यधिक प्रभावित करती हैं। वास्तव में व्यक्ति अथवा मानव इन दोनों की उपज हैं। व्यक्ति के जीवन का निर्माण किसी एक कारक के द्वारा सम्भव नहीं। वह तो वंशानुक्रम और वातावरण दोनों के सहयोग तथा दोनों की अन्तर्क्रिया से ही प्राप्त किया जा सकता है।

चित्र में जीवन का त्रिकोण वंशानुक्रम, वातावरण और प्रतिक्रिया से बना दिखाई देता है। हम वंशानुक्रम द्वारा निर्धारित होते हैं और एक वातावरण में उत्पन्न होते हैं। इन दोनों के आधार पर हम प्रतिक्रिया करते हैं तथा हमारा विकास होता है।

जीवन के त्रिकोण की भुजाएँ इस प्रकार हैं:

1. पहली भुजा–वंशानुक्रम (जो हम हैं।)
2. दूसरी भुजा–वातावरण (जिसमें हम रहते और पलते हैं।)
3. तीसरी भुजा–प्रतिक्रिया (जो हम करते हैं।)

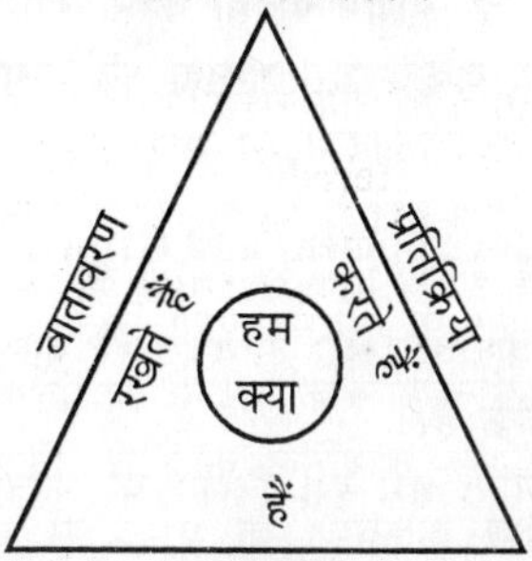

चित्र 11.1: जीवन का त्रिकोण

सारांश: वंशानुक्रम तथा वातवारण से सम्बन्धित अध्ययनों के विवरण से स्पष्ट है कि बालक के शारीरिक और मानसिक विकास को ये दोनों कारक प्रभावित करते हैं। यह बता सकना कि बालक के विकसित मानसिक और शारीरिक गुणों में वंशानुक्रम और वातावरण का योगदान कितना है, बहुत ही कठिन है।

11.5 शिक्षक के लिए वंशानुक्रम और वातावरण का महत्व (Significance of Heredity and Environment for the Teacher)

इस संसार में प्रत्येक व्यक्ति कुछ जन्मजात गुणों को लेकर जन्म लेता है। उसकी शारीरिक आकृति भी कुछ विशिष्ट प्रकार की होती है। कभी-कभी वह अभद्र व्यवहार भी करता है, जो वंशानुक्रम-जनित होता है। शिक्षक का यह कर्त्तव्य है कि उसके व्यवहार में परिवर्तन लाये तथा उसको व्यवहार करने में सामाजिक एवं बौद्धिक दृष्टिकोण प्रदान करे। वांछित परिवर्तनों को लाने के लिए उपयुक्त वातावरण का मिलना परम आवश्यक है। अत:

एक शिक्षक के लिए वंशानुक्रम की यन्त्र-रचना और वातावरण के प्रभाव की सम्यक् जानकारी नितांत आवश्यक है। अपराधी जाति में उत्पन्न होने वाले बालक में अपराधी प्रवृत्ति की तरफ स्वतः रुझान हो जाता है और वह लूटमार एवं डकेती की कला को बड़ी निपुणता और सहज रूप से सीख लेता है। चूंकि शिक्षा का कार्य बालक के व्यवहार में इस प्रकार से इष्ट परिवर्तन लाना है, जिससे उसमें अच्छी आदतें आ जायें और वह देश का योग्य नागरिक बन सके, अतः वातावरण को भुलाकर शिक्षा नहीं दी जा सकती, क्योंकि यह बालक के जीवन को प्रारम्भ से ही बहुत अधिक प्रभावित करता है।

जगत में प्रत्येक व्यक्ति दूसरे से भिन्न पाया जाता है। यद्यपि यह माना जाता है कि "समान, समान को ही जन्म देता है", फिर भी इस समानता में हमें बहुत-सी विभिन्नताएँ मिलती हैं। अध्यापक को प्रत्येक बालक का अलग-अलग अध्ययन करना चाहिए और यह पता लगाना चाहिए कि एक बालक में दूसरे से क्या भिन्नता है? इस प्रकार से अध्यापक विविध परिस्थितियों में बालक के व्यवहार को समझने में और अपनी इच्छानुक्रम मोड़ने तथा उसे इष्ट दिशा में ले जाने में सफल होगा। अध्यापक को बालक के व्यवहार से परिचित होना चाहिए। उसे बालक की बुद्धि, रुझान, प्रवृत्ति और योग्यता आदि का सूक्ष्म अध्ययन करना चाहिए, जो उसे जन्म से ही प्राप्त होते हैं। उसे बालक के व्यवहार का निर्माण उसके जन्मजात गुणों के आधार पर ही करना चाहिए। वह बालक को उपयोगी कार्यों में तभी लगा सकता है, जबकि उसे बालक की जन्मजात योग्यता का पता हो।

बालक की शिक्षा के लिए वंशानुक्रम की जानकारी पर्याप्त नहीं है। उसके जन्म के उपरान्त कुछ ऐसे प्रभावशाली तत्व होते हैं जो बालक के मानसिक, नैतिक और सामाजिक जीवन पर बहुत प्रभाव डालते हैं। ये तत्व वातावरण के अन्दर पाए जाते हैं, जिसमें कि बालक जन्म लेता है। अतः वातावरण का अध्ययन भी बालक की शिक्षा के लिए परम उपयोगी है और अत्यान्तावश्यक है।

इस अवलोकन के उपरान्त हम इस निर्णय पर पहुंचते हैं कि शिक्षण के लिए 'वंशानुक्रम' और 'वातावरण'–दोनों ही अत्यन्त महत्वपूर्ण हैं। दोनों ही बालक की शिक्षा पर गहरा प्रभाव डालते हैं। अच्छे स्कूलों में बालकों के व्यक्तित्व के समुचित विकास के लिए अनुकूल वातावरण उत्पन्न किया जाता है। उन्हें समृद्ध पुस्तकालय, अजायबघर और खेल के मैदान की सुविधाएँ आदि प्रदान की जाती हैं। उन विद्यालयों में शिक्षा देने वाले अध्यापक बालकों के साथ सौहार्द, सहानुभूति और प्रेमपूर्ण व्यवहार करते हैं। वे बालकों के लिए उदाहरणस्वरूप सुन्दर गुणों के पुंज और अच्छे व्यवहार के मूर्त्त रूप होते हैं।

12

बाल्यावस्था तथा पूर्व किशोर अवस्था में शारीरिक विकास की विशेषताएँ

(Characteristics of Physical Development Stage during Childhood and Pre-Adolescence)

बालक का शारीरिक विकास
(Child's Physical Development)

12.1 शारीरिक विकास का अर्थ
(Meaning of Physical Development)

बालक के शारीरिक ढांचे और वाहन अव्यवों में जो परिवर्तन आते रहते हैं, उनको ही शारीरिक विकास कहते हैं। ये परिवर्तन मुख्यत: निम्न प्रकार के होते हैं:

1. ऊँचाई, भारत तथा शारीरिक अनुपात आदि परिवर्तन जिनका सम्बन्ध शारीरिक डील-डौल तथा बाह्य ढांचे (Gross Physique or Structure) से होता है।

2. स्नायु संस्थान (Nervous System), पाचन संस्थान (Digestive System) तथा रक्त संस्थान आदि में परिवर्तन जिनका सम्बन्ध आन्तरिक अवयमों (Internal Organs) से होता है।

शारीरिक विकास का महत्व (Significance of Physical Development)

शारीरिक विकास का बालक के व्यवहार की गुणात्मकता और मात्रात्मकता दोनों पर गहरा प्रभाव पड़ता है। शारीरिक विकास यह निश्चित करता है कि एक बालक एक निश्चित आयु में क्या कर सकता है और क्या नहीं। शारीरिक विकास का अप्रत्यक्ष प्रभाव भी पड़ता है। अपने शरीर के आकार के कारण बालक अपने से स्वस्थ और लम्बे बालकों के संदर्भ में शर्म महसूस कर सकता है और एक लम्बा बालक अपने से छोटे आकार के बालकों में डींग मार सकता है। उन पर रौब जमा सकता है आदि। शारीरिक विकास पर बालक का सर्वांगीण विकास निर्भर करता है। शारीरिक विकास का बालक के मानसिक व बौद्धिक, सामाजिक तथा संवेगात्मक विकास आदि पर भी विशेष प्रभाव पड़ता है। अत: यह आवश्यक है कि घर, परिवार, स्कूल तथा समाज बालक के शारीरिक विकास पर अधिक ध्यान दे। स्कूल में बालकों के विकास के लिए उचित वातावरण का प्रबन्ध किया

जाना चाहिए। खेलों का तथा शारीरिक शिक्षा का उचित प्रबन्ध किया जाए। कक्षा के कमरे साफ, हवादार तथा प्रकाशयुक्त हों।

सामान्य शारीरिक विकास का प्रभाव बालक पर निम्न प्रकार से पड़ता है:

1. *नाड़ी-संस्थान पर प्रभाव (Effect on Nervous System)*: इस विकास के कारण बालक का मानसिक तथा बौद्धिक योग्यताओं का विकास होता है।

2. *मांसपेशियों पर प्रभाव (Effect on Muscles)*: बालक की मांसपेशियों के विकास से उसकी गत्यात्मक क्षमताओं (Motor Capacities) तथा शारीरिक शक्ति बढ़ती है।

3. *अन्तः स्रावी ग्रन्थियों में परिवर्तन (Change in Endocrine Glands)*: इन शारीरिक परिवर्तनों के कारण बालक विपरीत यौन के बालकों में तथा इनकी क्रियाओं में अधिक रूचि लेने लग जाते हैं।

4. *सामान्य शारीरिक अवस्था पर प्रभाव (Effect on General Physical Condition)*: बालक के शरीर के विभिन्न अंगों का समन्वित विकास उसके समस्त शारीरिक विकास पर स्वस्थ प्रभाव डालता है। इससे बालक का सामान्य शारीरिक विकास उत्तम होगा।

12.2 बाल्यावस्था में शारीरिक विकास की विशेषताएँ (Charascteristics of Physical Development During Childhood)

1. ऊँचाई (Height): ऊँचाई प्रति वर्ष 5 से 7 सेमी. बढ़ती है। वैसे बालिकाएँ बालकों की अपेक्षा छोटी होती हैं, परन्तु जब बालक तथा बालिकाएँ 10 वर्ष के हो जाते हैं तब उनकी ऊंचाई प्राय: समान प्रतीत होती है परन्तु दस वर्ष का बालक, बालिका से ऊँचाई में बड़ा हो जाता है। ऊँचाई की वृद्धि पर पौष्टिक भोजन का प्रभाव पड़ता है।

2. वजन (Weight): अध्ययन से पता चलता है कि लगभग बारह वर्ष के बालक का वजन लगभग 28 किलोग्राम के बीच होता है। 11 और 14 वर्ष की आयु के बीच बालकों का वजन बालिकाओं की अपेक्षा कम बढ़ता है।

आयु	*औसत ऊँचाई (से.मी.में)*		*औसत वजन (किलो ग्राम में)*	
	लड़कियाँ	*लड़के*	*लड़कियाँ*	*लड़के*
3 महीने से कम	55.0	56.2	4.2	4.5
3 महीना	60.9	62.7	5.6	6.7
6 महीना	64.4	64.9	6.2	6.9
9 महीना	66.7	69.5	6.6	7.4
1 वर्ष	72.5	73.9	7.8	8.4
2 वर्ष	80.1	81.6	9.6	10.1
3 वर्ष	87.2	88.6	11.2	11.8
4 वर्ष	94.5	96.0	12.9	13.5
5 वर्ष	101.4	102.1	14.5	14.8

(*क्रमशः*)

आयु	औसत ऊँचाई (से.मी.में)		औसत ऊँचाई (से.मी.में)	
	लड़कियाँ	लड़के	लड़कियाँ	लड़के
6 वर्ष	107.4	108.5	16.0	16.3
7 वर्ष	112.8	113.9	17.6	18.0
8 वर्ष	118.2	119.8	19.4	19.7
9 वर्ष	122.9	123.7	21.3	21.5
10 वर्ष	128.4	124.4	23.6	23.5
11 वर्ष	133.6	133.4	26.4	25.9
12 वर्ष	139.6	138.3	29.8	28.5
13 वर्ष	143.9	144.6	33.3	32.1
14 वर्ष	147.5	150.1	36.8	35.7
15 वर्ष	149.6	155.5	38.8	39.6
16 वर्ष	151.0	159.5	41.4	43.2
17 वर्ष	151.5	161.4	42.4	45.7
18 वर्ष	151.7	163.1	42.4	47.4
19 वर्ष	151.7	163.5	42.4	48.1

Source: Growth and Development of Indian Infants and Children, Technical Report Series No. 18, Indian Council of Medical Reserch, 1972.

3. मांसपेशियां और वसा (Muscles and Fat): मांसपेशियाँ लम्बाई-चौड़ाई और मोटाई में बढ़ती है। परिपक्वास्था तक जन्म की अपेक्षा मांसपेश्यिाँ पाँच गुना अधिक मोटी हो जाती हैं। 5 वर्ष की अवधि तक मांसपेशियों का विकास शारीरिक अनुपात के अनुसार बढ़ता है। लगभग 5/6 वर्ष की अवस्था से मांसपेशियों का विकास तीव्र गति से होता है। जिन बच्चों की मांसपेशियाँ जितनी अधिक मोटी होती हैं, वे बच्चे उतना ही अधिक शारीरिक शक्ति का अनुभव करते हैं। हृदय, पाचन तंत्र, ग्रन्थियाँ आदि शरीर के जो प्रमुख अंग हैं, उन सबका नियमित रूप से चलना मांसपेशियों पर ही निर्भर करता है।

4. दाँतों का विकास (Teeth Development): अध्ययन द्वारा ज्ञात हुआ है कि दाँतों की वृद्धि भी आयु से प्रभावित होती है। जब बालक 6 वर्ष का होता है तब एक स्थायी दाँत निकलता है। परन्तु आठ वर्ष और दस वर्ष के बीच होता है तब उसके अस्थयी दाँतों की संख्या दस और सोलह के बीच होती है। लगभग बारह वर्ष की आयु में स्थायी दाँतों की संख्या चौबीस या छब्बीस होती है। दाँतों का विकास भी वैयक्तिक विभिन्नता से प्रभावित होता है।

5. शारीरिक अनुपात में परिवर्तन (Change in Body Proportion): आकार में वृद्धि होने के साथ-साथ बच्चों के शारीरिक अवयवों के अनुपात में भी उल्लेखनीय परिवर्तन दृष्टिगोचर होते हैं। उदाहरणार्थ, जन्म के समय बच्चे का उसके शरीर की सम्पूर्ण

लम्बाई का 1/4 भाग होता है और वह आकार में हाथ पैरों की तुलना में अधिक बड़ा दिखाई देता है, परन्तु जैसे-जैसे बड़ा होता चला जाता है। उसका सिर अपने अनुपात में छोटा होता चला जाता है और किशोरावस्था की समाप्ति तक शारीरिक लम्बाई के 1/8 भाग के बराबर ही रह जाता है। सिर के अतिरिक्त टांगे, बाजू तथा शरीर के अन्य अंगों के अनुपात में भी तेजी से परिवर्तन आते चले जाते हैं।

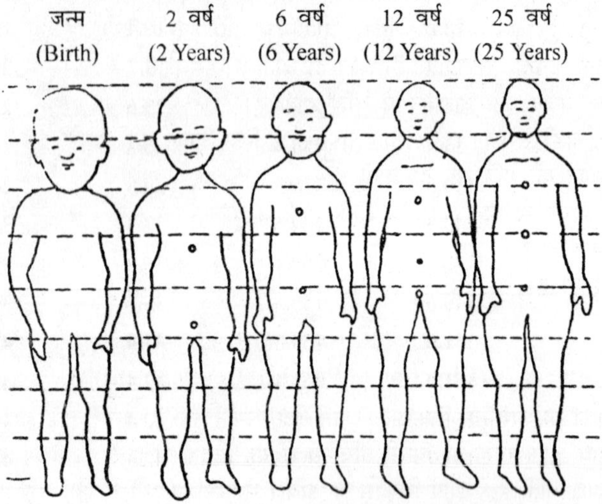

चित्र 12.1: जन्म से लेकर 25 वर्ष तक की आयु शरीर के अनुपात में परिवर्तन (Changes in Body Proportion from Birth to 25 years)

6. आंतरिक अंगों में वृद्धि और विकास (Growth and Development of Internal Organs): जन्म के बाद से ही शरीर के समस्त आंतरिक अवयवों में वृद्धि और विकास की प्रक्रिया प्रारम्भ हो जाती है जिसके फलस्वरूप बालक अपनी बढ़ती हुई आवश्यकताओं को पूरा करने में पर्याप्त स्वावलम्बी बनता जाता है। नीचे कुछ महत्त्वपूर्ण अंगों की वृद्धि और विकास का संक्षिप्त रूप से वर्णन किया जाएगा:

(i) *स्नायु संस्थान* (*Nervous Stystem*): मां के गर्भ और जीवन के प्रथम चार वर्षों में स्नायु संस्थान तेजी से विकसित होता है। इस विकास के फलस्वरूप जन्म से पहले ही स्नायु कोशिकाओं की संख्या और आकार में पर्याप्त वृद्धि हो जाती है। जन्म के बाद के वर्षों में नवीन कोशिकाओं का निर्माण नहीं होता, अपितु कोशिकाओं में जो कुछ अपरिपक्वता रह जाती है, उसे पूरा करने के लिए ही विकास कार्य चलता रहता है। चार वर्ष के पश्चात् स्नायु संस्थान से सम्बन्धित विकास की प्रक्रिया धीमी गति से चलती रहती है।

(ii) *मांसपेशीय संस्थान* (*Muscular System*): यद्यपि जन्म के बाद मांसपेशीय तन्तुओं का निर्माण नहीं होता, फिर भी उसका समुचित रूप से विकास होता रहता है। मांसपेशियाँ हड्डियों से भली-भांति जुड़ी नहीं रहतीं और प्रौढ़ों की अपेक्षा वे अधिक कोमल भी होती हैं। धीरे-धीरे उनका आकार, आकृति एंव संरचना में अन्तर हो जाता है। तथा वे अधिक से अधिक दृढ़ और शक्तिशाली हो जाती हैं।

(iii) *हृदय और फेफडों का विकास* (*Development of Heart and Lungs*): हृदय का विकास भी आयु के साथ-साथ होता है। जब बालक छः वर्ष का होता है। तो उस समय उसके हृदय का वजन जन्म के समय से लगभग पाँच गुना और जब बारह वर्ष का होता है तब उसका वजन जन्म के समय की तुलना में सात गुना बढ़ जाता है। वैसे तो हृदय का विकास जन्म से बारह वर्ष के बाद धीमा हो जाता है। परन्तु सात वर्ष की आयु तक पहुँचते-पहुँचते वह और भी धीमा हो जाता है। इस काल में मांसपेशियों का विकास तीव्र गति से होता है, जिसके कारण बालक हृष्ट-पुष्ट और स्वस्थ दिखाई पड़ता है। बाल्यकाल के अंत तक फेफड़ों की शक्ति निश्चित हो जाती है। इसके बाद जो विकास होता है उससे फेफड़ों के वजन और आयतन में वृद्धि होती है।

(iv) *नाड़ी संस्थान* (*Nervous System*): शिशु काल की अपेक्षा इस आयु वर्ग पर नाड़ी संस्थान की गति मंद हो जाती है।

(v) *पाचन संस्थान* (*Digestive System*): बालक का इस काल में पाचन संस्थान बड़ा कोमल होता है उस पर यदि पूरा ध्यान न दिया जाए तो उसके खराब होने की आशंका रहती है।

12.3 शारीरिक विकास की दिशाएँ (Direction of Physical Development)

बालकों के शारीरिक विकास की गति एक समान नहीं है। इसमें लय व ताल की भाँति उतार चढ़ाव आता रहता है। किसी अवस्था में यह तीव्रता से होता है। किसी समय इसकी गति मंद पड़ जाती है। यद्यपि विकास के संबंध में सभी मनुष्यों में एक समान नियम पाया जाता है फिर भी व्यक्ति का अपना विकास क्रम अलग ही होता है। विकास में उतार-चढ़ाव हमें परिपक्वन की प्रक्रिया के अन्तर्गत देखने में आते हैं। इन उतार चढ़ावों के कारण विकास में अव्यवस्था नहीं आने पाती क्योंकि इनके चक्र में इनका आपसी अनुपात प्राय: समान होता है। सभी क्षेत्रों का (जैसे हड्डियों, स्नायु, परिवहन, पाचन सम्बन्धी) अपना अलग विकास क्रम है, अपने विकास का अलग समय व गति तथा सीमा है। सामान्यत: बालक के शारीरिक विकास तथा वृद्धि की निम्नलिखित दिशाएँ होती हैं:

1. पहले दो या तीन वर्षों में शारीरिक वृद्धि और विकास की गति बहुत तीव्र होती है।
2. इसके पश्चात् के वर्षों में किशोर अवस्था के शुरू होने तक मंद गति होती है।
3. किशोर अवस्था के पहले तीन वर्षों में इस गति में शैशवावस्था की भाँति तीव्रता देखने को मिलती है।
4. बाद के वर्षों मे परिपक्वता ग्रहण करने तक वृद्धि और विकास की गति में पुन: गिरावट आने लगती है।

12.4 बाल विकास की शारीरिक वृद्धि तथा विकास को प्रभावित करने वाले कारक (Factors Affecting Child's Growth and Development)

बालक के शारीरिक विकास को प्रभावित करने वाले निम्नलिखित मुख्य कारक हैं:

1. वंशानुक्रम (Heredity)
2. भौतिक वातावरण (Physical Environment)
3. आहार (Nourishment)

4. रोग (Disease)
5. अन्तः स्त्रावी ग्रन्थियाँ (Endocrine glands)
6. बुद्धि (Intelligence)
7. यौन (Sex)
8. संवेगात्मक स्थिति (Emotional State)
9. विटामिन (Vitamins)
10. पारिवारिक प्रभाव (Family Influence)

12.5 पूर्व-किशोरावस्था में शारीरिक विकास की विशेषताएँ (Physical Development During Pre-Adolescene Characteristics)

पूर्व-किशोर अवस्था प्रायः 12 तथा 13 वर्ष से सम्बन्धित है। इस अवधि में शारीरिक विकास की निम्न विशेषताएँ हैं:

1. ग्यारह वर्ष की आयु के पश्चात् वृद्धि की गति में परिवर्तन देखा जाता है। लड़कियाँ लड़कों से पहले परिपक्तवता (Maturity) प्राप्त करती हैं।

2. लड़कियों की आयु जब लगभग 15 वर्ष की होती है तब प्रथम ऋतुसाव्र यौन परिपक्वता की ओर अग्रसर होने का सूचक होता है।

3. लड़कों में जनेन्द्रीय के परिक्वता की ओर बढ़ने के संकेत 14 वर्ष की आयु के आस-पास हैं, परन्तु संतोनात्पत्ति का सामर्थ्य 16 वर्ष की आयु के बाद आतां है।

4. *तालिका*: लड़के-लड़कियों में यौन लक्षण (Sex Indicators in Boys and Girls)

लड़के	*लड़कियाँ*
1. जघन पर बालों का उगना	1. जघन पर बालों का उगना
2. बगल में बालों का उगना	2. बगल में बालों का उगना
3. चेहरे पर बालों का उगना	3. चेहरे पर हल्के रोमों का आना
4. कंधों का चौड़ा होना	4. कूल्हों का चौड़ा होना
5. पेशियों का मोटा होना	5. पेशियों का थोड़ा मोटा होना
6. स्वर यन्त्र का विकास	6. स्वतन्त्र यंत्र में मामूली त्रिकास
7. पेशियों का मोटा होना	7. पेशियों का थोड़ा मोटा होना
8. पसीने में वृद्धि	8. पसीने में वृद्धि
9. कभी-कभी छाती और स्तानाग्र का स्थायी विकास	9. स्तन का विकास

5. तेरह वर्ष के बाद लड़के तेजी से बढ़ना शुरू कर देते हैं और लड़कियों से अधिक ऊँचे और वजनदार हो जाते हैं।

6. हृदय का विकास 4 से 10 वर्ष की आयु में धीमी गति से होता है। लड़कियों में हृदय की वृद्धि 9 से 13 वर्ष के बीच अधिक तेज हो जाती है, लड़कों में यह वृद्धि 13 वर्ष के पश्चात् आ जाती है।

7. शरीर के विभिन्न अंग विभिन्न अनुपात से बढ़ते हैं। बाहें तथा जंगें लम्बी हो जाती हैं। हाथ और पांव बड़े हो जाते हैं। धड़ भी अपनी पूरी लम्बाई में बढ़ने लगता है। कन्धे की आकृति में परिवर्तन आ जाता है। नाक लम्बी हो जाती है तथा अपनी अन्तिम आकृति धारण कर लेती है।

8. दाँतों की संख्या जो 10 वर्ष की आयु में 14-16 होती है वह 12-13 में 24 से 28 हो जाती है।

13

बाल्यावस्था तथा पूर्व किशोर अवस्था में संवेगात्मक (भावात्मक) विकास की विशेषताएँ
(Characteristics of Emotional Development During Childhood and Pre-Adolescence Stage)

13.1 संवेग का अर्थ (Meaning of an Emotion)

संवेग व्यक्ति की वह दशा है जबकि उसका मन उत्तेजना में होता है। उसकी भावात्मक दशा उत्तेजना में होती है और उसकी नलहीन ग्रन्थियाँ भी उत्तेजित होती हैं। संवेग के अन्तर्गत भाव, आवेग, शारीरिक एवं दैहिक प्रतिक्रिया सभी आ जाती हैं। संवेग शब्द किसी भी प्रकार के आवेश में आने, भड़क उठने अथवा उत्तेजित होने की दशा को सूचित करता है। संवेग को हम व्यक्ति को झंझोर देने वाली दशा कह सकते हैं जिसमें व्यक्ति की आवाज, व्यवहार-सभी कुछ बदल जाता है व्यक्ति का कभी-कभी सामंजस्य भी बदल जाता है। उसके हृदय की गति या तो बढ़ जाती है। या बहुत कम हो जाती है। पसीना तेजी से आने लगता है या सूख जाता है। कभी-कभी व्यक्ति अधिक हँसने भी लग जाता है या फिर रोने भी।

संवेग व्यक्ति के व्यवहार में किसी-न-किसी अंश में अवश्य विद्यमान रहता है। जिस प्रकार सुगन्धि दिखाई न देने पर भी पुष्प में व्याप्त रहती है, उसी प्रकार मानवीय व्यवहार में संवेग व्याप्त रहते हैं।

संवेग शब्द लैटिन भाषा के '*Emover*' से लिया गया है, जिसका अर्थ 'Out' या 'To move' अर्थात् भड़क उठना या उद्दीप्त होना है। संवेग के भाव (feeling) के निकट होने के कारण जब कभी भी भाव की मात्र बढ़ती है तब शरीर उद्दीप्त हो जाता है और उद्दीप्त अवस्था को ही संवेग (भय, क्रोध, ईर्ष्या, जिज्ञासा, चिन्ता आदि) कहते हैं। व्यक्ति में परिवर्तन इस प्रकार के होते हैं।

(क) वाणी के उतार-चढ़ाव, गति गम्भीरता आदि। (ख) चेहरे के विभिन्न अंगों (आँख, नाक, मुँह, होंठ आदि) की आकृतियों में परिवर्तन। (ग) शारीरिक मुद्राओं जैसे क्रोध में तन जाना, प्रेम में लिपट जाना, भय से छिप जाना। (घ) आन्तरिक परिवर्तन जैसे श्वास बढ़ना, दिल धड़कना, रक्तचाप चढ़ना आदि में व्यक्त होते हैं।

13.2 संवेग की परिभाषा (Definition of an Emotion)

मैक्डूल (*McDougall*) के अनुसार, "संवेग मूल प्रवृत्ति का केन्द्रीय अपरिवर्तनशील तथा आवश्यक पहलू है।"

रॉस (Ross) के विचार में, "संवेग चेतना की वह अवस्था है जिसमें भावात्मक तत्त्व की प्रधानता रहती है।"

ऑर्थर टी. जर्सील्ड (Arthur T. Jersild) का कहना है, "संवेग शब्द किसी भी प्रकार से आवेश में आने, भड़क उठने अथवा उत्तेजित होने की दशा को सूचित करता है।"

वैलेनटाईन (Valentine) के कथनानुसार, "जब भावात्मक दशा तीव्रता में हो जाए, तो उसे हम संवेग कहते हैं।"

मूल प्रवृत्तियों के संवेग पृथक-पृथक होते हैं। मैक्डूगल ने 14 प्रवृत्तियाँ तथा 14 ही संवेग बताए हैं।

मूल प्रवृत्ति (Instinct)	*सम्बद्ध संवेग (Related Emotion)*
1. पलायन (Escape)	भय (Fear)
2. युयुत्सा (Combat)	क्रोध (Anger)
3. विकर्षण (Repulsion)	घृणा (Disgust)
4. आत्मगौरव (Self Assersion)	आत्माभिमान (Positive Self Feeling)
5. भोजनान्वेषण (Food Seeking)	भूख (Appetite)
6. जिज्ञासा (Curiosity)	आश्चर्य (Wonder)
7. दीनता (Submission)	आत्महीनता (Subjection)
8. सामूहिकता (Gregariousness)	एकाकीपन (Loneliness)
9. शरणागति (Appeal)	वरूणा (Distress)
10. रचना (Construction)	कृतिभाव (Creativeness)
11. संचय (Hoarding)	अधिकार भावना (Feeling of Ownership)
12. हास्य (Laughter)	टामोद (Amusement)
13. काम प्रकृति (Sex)	कामुकता (Lust)
14. शिशु रक्षा (Parental)	वात्सल्य (Affection)

मैक्डूगल का मत बहुत ही पुराना हो गया है: क्योंकि आजकल मनोविज्ञान का स्वरूप इतना बदल चुका है कि आज सहज वृत्ति मनोविज्ञान (Instinctive Psychology) का स्थान प्रेरणा मनोविज्ञान (Motivation Psychology) ले चुका है।

13.3 भावना और संवेग में अन्तर (Difference between Feeling and Emotion)

भावना (Feeling)	*संवेग (Emotion)*
1. भावना व्यापक होती है और घंटों इसका प्रभाव बना रह सकता है।	1. संवेग तीव्र होता है।
2. भावना का सम्बन्ध किसी वस्तु व्यक्ति पर परिस्थिति से विशेष रूप में नहीं होता।	2. संवेग विशेष वस्तु, व्यक्ति और परिस्थितियों से सम्बन्धित होते हैं।

(क्रमशः)

भावना (*Feeling*)	संवेग (*Emotion*)
3. भाव संवेग की उत्पत्ति के लिए आवश्यक है। बिना भावना के संवेग की उत्पत्ति असम्भव है।	3. भावना की भूमिका में ही संवेग का विकास होता है।

संवेगात्मक व्यवहार की विशेषताएँ (Characteristics of Emotional Behaviour)

1. बालकों के संवेग क्षणिक होते हैं।
2. बालकों के संवेग तीव्र होते हैं।
3. बालकों के संवेगों का रूप क्षण-क्षण में बदलता रहता है।
4. बालकों के संवेग बार-बार होते हैं।
5. बालकों की वैयक्तिक भिन्नता के कारण उनकी संवेगात्मक अनुक्रियाएँ भी भिन्न होती हैं।
6. बालकों के संवेग उनके व्यवहार के लक्षणों द्वारा जल्दी पहचान में आ जाते हैं।
7. बालकों के संवेगों की शक्ति में अन्तर आता रहता है।
8. बालकों की संवेगात्मक अभिव्यक्तियों में भी अन्तर आता रहता है।

13.4 संवेगों को प्रभावित करने वाले कारक (Factors Affecting Emotions)

1. थकान (Fatigue)
2. दुर्बल स्वास्थ्य (Poor Health)
3. परिवार में जन्म का क्रम (Order of Birth in the Family)
4. माता-पिता का बर्ताव (Attitude of Parents)
5. बुद्धि (Intelligence)
6. भौतिक वातावरण (Physical Environment)
7. सामाजिक वातारवरण (Social Environment)
8. पढ़ाई में कमजोरी (Weakness in Studies)
9. सुविधाओं का अभाव (Lack of Facilities)

13.5 संवेगों के बारे में कुछ प्रमुख सिद्धान्त (Main Principles of Emotion)

1. शारीरिक परिवर्तन का सिद्धान्त: इस सिद्धान्त के अनुसार हमारे संवेग मुख्यत: उन शारीरिक अनुक्रियाओं (Response) के कारण होते हैं जो किसी उत्तेजनापूर्ण स्थिति या वस्तु से प्रेरित होते हैं। संवेग उस शारीरिक अनुक्रिया की संवेदना है। जो किसी उत्तेजनापूर्ण स्थिति के कारण सहज ही उत्तेजित हो जाती है। व्यक्ति अचानक एक जहरीला साँप देखा है। साँप देखने से भय उत्पन्न होता है। भय के कारण व्यक्ति भागता है। सामान्य रूप से हम यह कहते हैं कि साँप के भय के कारण कोई व्यक्ति भागता है। हम यह भी कह सकते हैं कि किसी विशिष्ट उत्तेजित परिस्थिति में कुछ परिवर्तन आता है। इसी मानसिक गति को संवेग की संज्ञा दी जाती है।

इस सिद्धान्त के जन्मदाता हैं–जेम्स (James) अमेरिका के प्रसिद्ध मनोवैज्ञानिक तथा कार्ल जी लैंग डेन्मार्क के मनोवैज्ञानिक। इसी कारण इस सिद्धान्त को जेम्स लिंग सिद्धान्त भी कहा जाता है।

2. डार्विन (Darwin) का सिद्धान्त: भावावेश में व्यक्ति जो भी क्रियाएँ करता है, डार्विन के अनुसार उसका सम्बन्ध उसके पूर्वजों द्वारा किए गए कार्यों में निहित हैं।

3. थियोडर पिदरिट (Theodore Pifrtoy) का सिद्धान्त: इस सिद्धान्त के अनुसार जब हमें कोई सुखदायक अथवा दुखदायक अनुभव होता है तब उसके कारण हमारे शरीर में भी कुछ परिवर्तन होने लगते हैं।

13.6 संवेगों का महत्त्वपूर्ण स्थान (Significant Place of Emotion)

बालक के जीवन में संवेगों का महत्त्वपूर्ण स्थान है। उपयुक्त वातावरण में ये केवल बालक की प्रसन्नता को ही नहीं बढ़ाते वरन् क्रियाशीलता हेतु उसे प्रोत्साहित भी करते हैं। अनुपयुक्त वातावरण में वे कभी-कभी बालक की क्रियाशीलता को स्थायी रूप से अपंग भी बना देते हैं। पाचन क्रिया, निद्रा आदि में सांवेगिक तनाव के कारण गड़बड़ी उत्पन्न हो जाती है जिसका शारीरिक विकास पर बुरा प्रभाव पड़ता है। अत्यन्त तीव्र व प्रभावक संवेग बालक के सामाजिक अभियोजन को भी प्रभावित करते हैं। जिन बालकों का सामाजिक अभियोजन भली भाँति नहीं हुआ होता है, वे दु:ख तथा हीनता की भावनाओं से ग्रस्त रहते हैं जिसके कारण उनमें हमेशा सांवेगिक तनाव बना रहता है। संवेग बालक के लिए लाभप्रद होंगे या हानिप्रद, ये संवेग के प्रकार, तीव्रता तथा अनुभव पर निर्भर है। प्रमुख रूप से भय, क्रोध, जलन की भावना आदि दु:खपूर्ण संवेग हैं। साथ-ही-साथ ये बालक के विकास के लिए हानिप्रद भी हैं। इसके विपरीत स्नेह, प्रसन्नता, खुशी, उत्सुकता आदि सुखपूर्ण संवेग हैं जो बालक के सामान्य विकास में सहायक व लाभप्रद हैं।

संवेगात्मक परिपक्वता का विकास तथा व्यवहार (Emotional Maturity and Behaviour): प्रत्येक व्यक्ति के जीवन में संवेगात्मक अनुभव का महत्त्वपूर्ण स्थान है। यदि व्यक्ति के संवेगात्मक अनुभव कटु हैं तो उसके सामाजिक समंजन में कठिनाई होती है। और उसका व्यवहार परिस्थितियों के प्रतिकूल होता है। अच्छे और सुखकर सांवेगिक अनुभव वाले व्यक्तियों का दूसरों के प्रति व्यवहार भी अच्छा होता है। इसलिए प्रत्येक समाज और संस्कृति में वांछनीय संवेगों की व्यवस्था पर बल दिया जाता है।

अपने जन्म के समय से ही बालक जिस स्नेह को अपने माता-पिता से प्राप्त करते हैं, उसका उनके जीवन पर अत्यन्त महत्त्वपूर्ण प्रभाव पड़ता है। बालक अभिभावक, पड़ोसी, सम्बन्धी तथा अध्यापक से स्नेह करता है। इसी के द्वारा उसके व्यक्तित्व का सन्तुलन और सर्वांगीण विकास होता है। यदि बालक यह अनुभव करता है कि अध्यापक अन्य विद्यार्थियों की अपेक्षा उससे कम स्नेह करता है, उसकी उपेक्षा की जाती है तो उसके मन में अध्यापक के प्रति घृणा पैदा हो जाती है तथा वह अपने को उपेक्षित अनुभव करता है। विद्यालय में इस प्रकार की मनोवृत्ति किसी भी तरह उत्पन्न नहीं होनी चाहिए, अध्यापक को सभी बालकों के प्रति समान व्यवहार करना चाहिए।

13.7 विद्यालय में संवेगात्मक कुसमायोजन के कारण (Reasons of Maladjustment of Emotions)

स्कूल के वातावरण में निम्नलिखित तत्त्व छात्रों के संवेगात्मक विकास पर बुरा प्रभाव डालते हैं:

1. स्कूल का दोषयुक्त भौतिक वातावरण।
2. स्कूल में दोषयुक्त शिक्षण विधियाँ।
3. अनुशासन सम्बन्धी दोषयुक्त ढंग।
4. अध्यापकों का दोषयुक्त संवेगात्मक व्यवहार।
5. छात्रों के व्यक्तिगत ान्तर को न समझना।
6. स्कूल में पर्याप्त पाठान्तर क्रियाओं का अभाव।
7. निर्धन छात्रों में निर्धनता के कारण हीन भावना का होना।
8. स्कूल में भावात्मक सुरक्षा का अभाव।
9. स्कूल में भय का वातावरण।
10. स्कूल में उचित सामाजिक वातावरण का अभाव।

13.8 संवेगों का नियन्त्रण अथवा प्रशिक्षण (Control and Sublimation/Training of Emotion)

शिक्षा के क्षेत्र में छात्रों के संवेग बड़ा महत्त्व रखते हैं, उनके प्रशिक्षण अथवा नियन्त्रण पर ही अध्यापक की सफलता निर्भर करती है। संवेगों के उचित नियन्त्रण से व्यक्तित्व का तीव्र विकास होता है। संवेगों के नियन्त्रण के लिए कुछ प्रमुख विधियों का विवरण दिया जा रहा है।

संवेगों का दमन (Represession): संवेगों के दमन का अर्थ अपने अप्रिय, दु:खद और कष्टकारी घटनाओं, विचारों, इच्छाओं तथा प्रेरणाओं आदि को चेतना से जान-बूझकर निकालना। 'जो हुआ, सो हुआ' मानकर किसी अन्य कार्य में जुट जाना।

संवेग का विस्थापन (Displacement): इसके अन्तर्गत किसी वस्तु या विचार से सम्बन्धित संवेग किसी अन्य वस्तु या विचार में स्थानान्तरित हो जाता है। उदाहरण के लिए अपने बच्चे पर क्रोध व्यक्त न करके अपने कुत्ते या किसी अन्य पर क्रोध व्यक्त करना।

अध्यवसाय (Industriousness): छात्रों के संवेगों को नियन्त्रित करने या उचित दिशा देने का यह बहुत ही उत्तम ढंग है। छात्रों को इस प्रकार कार्य में लगाए रखा जाए कि उन्हें अप्रिय संवेगों के उत्पन्न होने और व्यक्त करने का समय ही न मिले। छात्र जब अपनी रुचि के अनुसार कुछ कार्यों को करने में व्यस्त रहते हैं तब उनमें संवेग कम उत्पन्न होते हैं।

संवेगात्मक रेचन (Emotional Catharsis): रेचन की परिभाषा हरलॉक (1974) में इस प्रकार की 'learning the system of pent-up feeling is known as emotional Catharsis, रेचन दो प्रकार का है: (क) शारीरिक रेचन–इसका अर्थ है कि संवेगों के कारण उत्पन्न शक्ति का व्यय होना, छात्रों में संवेगों के कारण उत्पन्न शारीरिक शक्ति का व्यय मुख्यत: तीन आधार से होता है, जैसे विभिन्न खेलों द्वारा (दौड़ना, कूदना, तैरना आदि), चिल्लाने के द्वारा या जोर से हँसने के द्वारा। (ख) मानसिक रेचन–इसमें छात्र

संवेगों के द्वारा उत्पन्न शक्ति का व्यय उन परिस्थितियों और व्यक्तियों के प्रति अपनी अभिवृत्तियों को बदलकर करता है जिनके कारण संवेग उत्पन्न होते हैं। मानसिक रेचन छात्र उस समय उपयोग में लाता है जब उसके मन में योग्यताओं का विकास पर्याप्त मात्रा में हो जाता है, विशेष रूप से कल्पना का विकास हो जाता है।

संवेगों को सही दिशा देने के लिए स्कूली उपाए (Measures for Providing Right Direction to Emotion in the School): विद्यालय में संवेगों को सही दिशा देने के लिए निम्न उपाय प्रयोग में लाए जाने चाहिए:

1. छात्रों की संवेगात्मक शक्तियों के विकास के लिए विद्यालय में प्रचुर मात्रा में विभिन्न प्रकार की पाठान्तर क्रियाओं का आयोजन किया जाए।
2. पाठ्यक्रम तथा शिक्षण विधियों को प्रगतिशील तथा छात्र-केन्द्रित बनाया जाए।
3. विद्यालय में स्नेह, सहयोग तथा सहनशीलता का वातावरण बनाया जाए।
4. छात्रों के व्यक्तित्व का आदर किया जाए।
5. छात्रों की व्यक्तिगत विभिन्नताओं पर ध्यान दिया जाए।
6. छात्रों की उचित प्रश्न पूछने के लिए प्रेरित किया जाए।
7. छात्रों के सामाजिक विकास पर बल दिया जाए।
8. नैतिक शिक्षा प्रत्यक्ष क्रियाओं द्वारा दी जाए।
9. संवेग अपने आप आते हैं, उन्हें सिखाया नहीं जा सकता। अत: अध्यापक के लिए आवश्यक है कि वह अच्छे उदाहरण उपस्थित करे। अध्यापक स्वयं क्रोध आदि संवेगों पर नियन्त्रण रखे।
10. जब कभी अध्यापक किसी छात्र में असाधारण व्यवहार का संकेत पाए, वह तुरन्त उसे जानने तथा सुधारने के लिए प्रयत्न करे। आवश्यकता पड़ने पर विद्यालय में परामर्शदाता से सम्पर्क स्थापित करें।

13.9 क्रोध-संवेग (Anger Emotion)

क्रोध व्यक्ति में बहुत से रूपों में पाया जाता है। यह खेदन और खीझ से लेकर भयंकर ज्वलित क्रोध के रूप तक में मिलता है। बालक की शैशवासस्था में यह उसके कार्यों में प्रत्यक्ष रूप से रूकावट डालने पर उदित होता है। बड़े होने पर क्रोध उत्पन्न होने की बहुत-सी परिस्थितियाँ एवं कारण होते हैं जो अनेक प्रकार के क्रोध के कारणों को जन्म देते हैं एक व्यक्ति जिसका स्वास्थ्य सामान्य से क्षीण है, जो बहुत थका हुआ है अथवा जिसे नींद नहीं आती या जो भूखा है, वह शीघ्र ही क्रोधित हो उठता है। ऐसे बहुत से समय आते हैं जब बालक अपने अभिभावक तथा अध्यापक की आज्ञा नहीं मानता है। किशोरावस्था में यह अभिवृत्ति बहुत अधिक दिखाई पड़ती है।

क्रोध उत्पन्न करने वाले कारण तथा परिस्थितियाँ: ये निम्नलिखित हैं:

1. बालक के दिन-प्रतिदिन के कार्यों में अनावश्यक हस्तक्षेप।
2. बालक के सामर्थ्य से परे इसे कार्य सौंपना।
3. अभिभावकों द्वारा वास्तविक अथवा काल्पनिक पक्षपात।
4. अध्यापकों द्वारा वास्तविक अथवा काल्पनिक पक्षपात।
5. प्रौढ़ व्यक्तियों के व्यवहार जिसे बालक अपना अपमान समझें।

6. परिवार में प्रौढ़ व्यक्तियों की संख्या का अधिक होना।
7. बीमारी, थकान अथवा नींद न आने से शारीरिक शक्ति की क्षति।
8. वस्तुओं का अभाव।

क्रोध से कभी-कभी लाभ (Merits of Anger)

1. क्रोध के उत्पन्न होने पर बालक परिस्थिति पर विजय पाने के लिए बड़ा परिश्रम करने के लिए तैयार हो जाता है। अपने व्यवहार में आवश्यक परिवर्तन लाता है और रचनात्मक कार्यों में लग जाता है।

2. क्रोध में बालक अपने भावों, विचारों तथा आलोचना को व्यक्त करता है जो उसकी रूचि तथा मानसिक वेदना को समझने में बहुत सहायक सिद्ध होते हैं।

3. अभिभावक यह अनुभव करने लगते हैं कि बालक को आवश्यकता से अधिक कार्यों में लगाए रहना अवांछनीय हैं।

क्रोध के बुरे प्रभाव (Evil Influence of Anger)

1. क्रोध से समस्या का उचित समाधान नहीं होता है।
2. शक्ति नष्ट होती है।
3. क्रोध का पाचनशक्ति पर बुरा प्रभाव पड़ता है।
4. क्रोध में व्यक्ति अपना संतुलन खो बैठता है।
5. क्रोध से व्यक्ति की रूग्ण मानसिक दशा हो जाती है।
6. क्रोध से हीनता की भावना बढ़ती है।

क्रोध को रोकने एवं इस पर विजय पाने की विधियाँ (Methods of Preventing and Controlling Anger): क्रोध को भली भाँति समझने के लिए बालक अथवा व्यक्ति की रूचि, स्वार्थ, इच्छाएँ, सामर्थ्य एवं उसके कौशल को भली भाँति समझ लेना चाहिए। क्रोध की अवस्था में निम्नलिखित विधियाँ अपनाना लाभप्रद होगा:

1. क्रोध आते ही अथवा क्रोध की दशा समाप्त होते ही ठण्डे मस्तिष्क से बालक को विचार करना चाहिए कि उसे क्रोध क्यों आया? उसकी क्या आवश्यकता थी? उसे अपनी त्रुटियों का अवलोकन करना चाहिए।

बालक की कमजोरी पर कक्षा में अध्यापक को उसका उपहास नहीं करना चाहिए। अध्यापक को चाहिए कि वह अपनी अध्यापन विधियों को सरल तथा रोचक बनाए जिससे बालक पाठ में रूचि ले। अध्यापक बालक की क्षमताओं को ध्यान में रखकर उसे करने के लिए कार्य दे। बालक की रूचि एवं योग्यता के अनुसार उसे शिक्षा देनी चाहिए।

3. अध्यापक बालक के साथ सदा स्नेह तथा सहानुभूति दिखाए। बालक के अच्छे कार्य की सराहना भी की जाए ताकि जब बालक को उसकी कोई कमजोरी भी बताई जाए ताकि वह कुपित न हो।

13.10 भय (Fear)

भय कई प्रकार का होता है। सामान्य घबराहट से लेकर आतंक की सीमा तक पहुँच जाता है। उसका उदय उन परिस्थितियों के कारण होता है जिनका व्यक्ति सामना नहीं कर

सकता। शैशवास्था में यकायक कुछ हो जाने एवम् तीव्र ध्वनि होने वाली प्रतिक्रिया के रूप में भय का संवेग आता है। आयु के बढ़ने पर बहुत सी ऐसी परिस्थितियाँ होती हैं जो पहले भयप्रद थीं परन्तु अब भय उत्पादन का कारण नहीं रहतीं। बाल्यावस्था के सामान्य भय-अन्धकार का भय, अकेले छोड़ दिए जाने पर भय, पशुओं का भय तथा लाश, भूत-प्रेत आदि के भय हैं।

भय के उत्पन्न होने के कारण

1. आसन्न आपत्ति।
2. ऐसी परिस्थिति जिसमें बालक आत्मविश्वास खो बैठता है।
3. कठिन कार्य।
4. अभिभावक तथा अध्यापकों का कठोर व्यवहार।
5. भयंकर घटना या रोमांचकारी कहानी सुनना, भयप्रद पुस्तकें अथवा भीषण दृश्यों वाले चलचित्र आदि देखना।
6. परीक्षा का भय।

भय का प्रदर्शन होने वाले लक्षण (Signs of Fear)

1. काँपना।
2. चीखना।
3. भागने का प्रयास करना।
4. चेहरे का रंग उड़ जाना।
5. गला रूँध जाना आदि।

भय के कुछ लाभ (Some Merits of Fear)

1. बालक व्यर्थ के मूर्खतापूर्ण कार्यों में अपने को नहीं फँसाता।
2. अभिभावक तथा अध्यापक बालकों के प्रति जागरूक बन जाते हैं।

भय के बुरे परिणाम (Evil Effects of Fear)

1. भय की अधिकता बालक के व्यक्तित्व पर बुरा प्रभाव डालती है।
2. भय बालक की शक्तियों के विकास में बाधा डालता है।
3. अध्यापक अथवा स्कूल के भय के कारण बालक अध्यापक से दूर भागना चाहते हैं और कई बार स्कूल जाना भी छोड़ देते हैं।

भय को रोकने के उपाय (Suggestions for Preventing Fear)

1. बालक को विश्वास दिलाना चाहिए कि कथित वस्तु कुछ भी भयप्रद नहीं है।
2. बालक को नई-नई परिस्थितियों से धीरे-धीरे अवगत कराना चाहिए।
3. बालक को अपने भय का विश्लेषण करने के लिए प्रेरित करना चाहिए।
4. बालक के सम्मुख दूसरे बालकों के उदाहरण प्रस्तुत करने चाहिए।
5. भय परिस्थिति के यथार्थ संघर्ष से भी दूर हो जाता है। भय का सामना करने के लिए दृढ़ होने पर भय जाता रहता है।

13.11 ईर्ष्या (Jealousy)

ईर्ष्या का उदय तिरस्कार, हीनता, भय, क्रोध, स्नेहाभाव आदि सभी के सम्मिलित प्रभाव द्वारा होता है। निश्चित लक्ष्य को न प्राप्त कर सकने के कारण भी बालकों में ईर्ष्या की भावना जन्म ले लेती है।

ईर्ष्या की भावना की उत्पत्ति हेतु प्रमुख रूप से सामाजिक वातावरण ही उत्तरदायी है क्योंकि घर या परिवार में माता-पिता ही बालक के इस संवेग को प्रश्रय देते हैं। उदाहरण के लिए एक बालक जो कि परिवार के सभी सदस्यों के स्नेह का केन्द्र रहता है परिवार में दूसरे बालक के उत्पन्न होने पर यह स्नेह का केन्द्रीकरण जब उसे नहीं प्राप्त होता है तो वह दूसरे बालक से ईर्ष्या करने लगता है। 18 माह की अवस्था से बालकों में इस भावना के लक्षण देखे जाने लगते हैं।

बालक ईर्ष्या के वशीभूत हो अपने प्रतिद्वन्द्वी बालक को चोट पहुँचाने, मारने-पीटने की चेष्टा करते हैं या अँगूठा चूसकर, खाने से इंकार कर और उस बालक की अवहेलना कर अपना विरोध प्रकट करते हैं। ईर्ष्या को प्रकट करने का यह ढंग व्यक्तिगत भेदों पर निर्भर करता है। 4 वर्ष की आयु के बालकों एवं बालिकाओं में ईर्ष्या का संवेग अधिकाधिक पाया जाता है। बाल-मनोवैज्ञानिकी का कहना है कि इस संवेग पर भी लिंग-भिन्नता अपना प्रभाव डालती है। लड़कियाँ लड़कों की अपेक्षा अधिक ईर्ष्यालु होती हैं। ईर्ष्या की भावना बालक के लिए हानिकारक होती है। अतः इसे दूर करने के लिए अभिभावकों को बालकों पर विशेष ध्यान देना चाहिए तथा उनसे सहयोग एवं मित्रता का व्यवहार करना चाहिए। उनकी कमजोरियों के लिए उनका उपहास न किया जाए। इसके साथ ही अगर माता-पिता बालक को स्नेह का अभाव न महसूस होने दें तो बालक उस दुर्भावना से काफी हद तक दूर रह सकता है।

14

बाल्यावस्था तथा पूर्व किशोर अवस्था में सामाजिक विकास की विशेषताएँ (Characteristics of Social Development During Childhood and Pre-Adolescence)

14.1 सामाजिक विकास का महत्त्व तथा आवश्यकता (Signifiance and Need of Social Development)

मनुष्य एक सामाजिक प्राणी है। वह अकेला नहीं रह सकता। उसे अन्य व्यक्तियों, समूहों तथा वर्गों के बीच रहना होता है। अत: यह अनिवार्य है कि वह समाज की परम्पराओं, रीति-रिवाजों, व्यवहारों आदि से भली भाँति परिचित रहे तथा अपने व्यक्तिगत स्वार्थों तथा समाज के स्वार्थों के बीच उचित तालमेल स्थापित करे।

सामाजिक विकास के निम्नलिखित उद्देश्य हैं:

1. मनुष्य का जन्म, समाज में होता है तथा उसे समाज में ही रहना है। अत: उसका सामाजिक विकास होना आवश्यक है।
2. मनुष्य पाशविक प्रवत्तियों को लेकर जन्म लेता है। परन्तु समाज में ही रह कर विकास करके दानव से मानव बनता है।
3. समाज के बिना व्यक्ति कोरी कल्पना है अत: उसका सामाजिक त्रिकास होना चाहिए।
4. कुछ विद्वानों का मत है कि समाज-सेवा कार्य से मुक्ति मिलती है। इसलिए सामाजिक विकास आवश्यक है।
5. समाज में व्यक्ति अनेक व्यक्तियों तथा समूहों के सम्पर्क में आता है। उनके साथ ताल-मेल करके ही वह सुखमय जीवन व्यतीत कर सकताा है। इसलिए उसका सामाजिक विकास जरूरी है।
6. सामूहिक जीवन में ही व्यक्ति नयी खोजों तथा आविष्कारों के उचित अवसर प्राप्त करता है। इसके लिए आवश्यक है कि उसका सामाजिक विकास किया जाए।

14.2 सामाजिक विकास का अर्थ (Meaning of Social Development)

ई.बी. हरलॉक (*E.B.Hurlock, 1978*) के विचार में, "सामाजिक विकास का अर्थ सामाजिक सम्बन्धों की परिपक्वता प्राप्त करना है।"

आई.एल. चाइल्ड (*I.L. Child, 1954*) के अनुसार, "सामाजिक विकास वह प्रक्रिया है जिसके द्वारा व्यक्ति में उसके समूह मानकों (Group Standard) के अनुसार वास्तविक व्यवहार का विकास होता है।"

फ्रीमेन और सोयल (*Freeman and Showel*) ने लिखा है, "यह सामाजिक विकास/समूह मानकों, लोक प्रथाओं और परम्पराओं के अनुरूप होने की प्रक्रिया और एकता, अन्तर सम्पर्क तथा सहयोग की भावना से ओतप्रोत होता है।"

सोरेन्सन (*Sorenson*) के मत में, "सामाजिक विकास का तात्पर्य है अपनी और दूसरों की उन्नति के लिए योग्यता रखना।"

फ्रांसिस एफ. पावर्स (*Francis F. Power*) के विचार में, "सामाजिक विरासत (दाय) को ध्यान में रखकर व्यक्ति के कृत-कार्यों के द्वारा उत्तरोत्तर विकास और उन सामाजिक परिस्थितियों के अनुरूप व्यवस्थित चरित्र का निर्माण ही सामाजिक अभिवृद्धि (विकास) है।"

ऊपर दी गई परिभाषाओं से स्पष्ट है कि बिना सामाजिक विकास के व्यक्तिगत विकास सम्भव नहीं और बिना व्यक्तिगत विकास के सामाजिक विकास। दोनों एक-दूसरे के पूरक हैं।

सामाजिक विकास का अर्थ उस योग्यता को अर्जित करना है जिसके द्वारा सामाजिक प्रत्याशाओं के अनुसार व्यवहार किया जा सके। सामाजिक विकास का लक्ष्य बालक को अपने परिवार, पड़ोस और समुदाय के अनुकूल बनाना है। उसे समुदाय की रीतियों, रिवाजों, आदतों तथा कुशलताओं आदि को सिखाकर समाज को क्रियाशील तथा उत्तरदायी सदस्य बनाना है।

14.3 सामाजिक विकास की कसौटियाँ
(Criteria of Social Development)

सामाजिक विकास की कसौटियाँ इस प्रकार है:

1. सामाजिक प्रौढ़ता (Social Maturity)
2. सामाजिक अनुरूपता (Social Conformity)
3. सामाजिक सामायोजन (Social Adjustment)
4. सामाजिक अन्त:क्रियाएँ (Social Interaction)
5. सामाजिक कार्यों में भाग लेना (Social Participation)

14.4 सामाजिक परिपक्वता का विकास
(Development of Social Maturity)

सामाजिक विकास का अभिप्राय सामाजिक सम्बन्धों में परिपक्वता करने से है। यदि मनुष्य अपनी अवस्था के अनुसार काम न करे तो वह सामाजिक दृष्टि से अपरिपक्व समझा जाता है। समूह के व्यावहारिक प्रतिमानो, रीतियों तथा परम्पराओं से भली-भाँति परिचित होने को ही सामाजिक परिपक्वता कहते हैं। इस आधार पर एक परिपक्व सामाजिक व्यक्ति हम उसे कह सकते हैं जो कि केवल दूसरों के साथ रहना ही नहीं चाहता वरन् उनके कार्यों में सम्मिलित रूप से दक्षतापूर्वक भाग भी लेता है।

14.5 सामाजिक विकास का क्रम (Pattern of Social Development)

सामाजिक विकास का क्रम निश्चित है। सीढ़ी दर सीढ़ी बालक का विकास होता है। बालकों का सामाजिक विकास आयु के अनुसार होता है। दो वर्ष का बच्चा खेल में मस्त रहता है। वह अपने से बड़े बच्चों का अनुकरण भी नहीं करता। बालक का वास्तविक विकास उस समय प्रारम्भ होता है जब वह अपने पड़ोस के बच्चों के साथ खेलना प्रारम्भ करता है अथवा स्कूल जाना प्रारम्भ करता है। यह आयु लगभग $3^1/_2$ वर्ष की होती है। बालकों को सामाजिक कार्यक्रमों में भाग लेने का जितना अधिक अवसर प्राप्त होता है, उनमें सामाजिक विकास अपेक्षाकृत शीघ्र होता है।

14.6 बाल्यावस्था में सामाजिक व्यवहार के कुछ प्रकार (Some Forms of Social Behaviour in Childhood)

सामाजिक व्यवहारों को निम्नलिखित दो भागों में बाँटा जा सकता है:

I. सकारात्मक व्यवहार (Positive Social Behaviour)

II. असामाजिक व्यवहार (Anti-Social Behaviour)

I. सकारात्मक व्यवहार

इनमें सहयोग, उदारता, सामाजिक अनुमोदन की इच्छा, सहानुभूति आदि व्यवहार आते हैं:

1. *सहयोग (Cooperation)*: बालक में सहयोग तीसरे-चौथे वर्ष में दिखाई देता है। सहयोग के प्रथम लक्षण बच्चों के सामूहिक खेल में दृष्टिगोचर होते हैं।

सहयोग करना बहुधा बच्चे अपने सामूहिक खेल और घर में सीखते हैं।

2. *उदारता (Generosity)*: बच्चे प्राय: लगभग पाँच वर्ष की अवस्था में उदारता का गुण धारण करते हैं। बालक उदारता किसी-न-किसी मॉडल से सीखते हैं। अधिक उदार बच्चे बहुधा मध्यवर्गीय परिवारों के होते हैं। इन परिवारों के माता-पिता अपने बच्चों को अच्छे समायोजन और उदारता का गुण समय-समय पर सिखाते रहते हैं। उदारता का गुण प्रशिक्षण पर अधिक आधारित है।

3. *सामाजिक अनुमोदन की इच्छा (Desire for Social Acceptance)*: सम्भवत: बालक जब बोलना भी नहीं जानता है तभी वह समझने लगता है कि वह प्रशंसा और ध्यान का केन्द्र है। जिस बच्चे में सामाजिक अनुमोदन की जितनी अधिक इच्छा होती है। वह सामाजिक समायोजन उतनी ही जल्दी कर लेता है।

4. *सहानुभूति (Sympathy)*: सहानुभूति बालक तभी प्रदर्शित करता है जब वह अपने को दूसरे की स्थिति में होने की कल्पना कर सकता है। लगभग चार वर्ष की अवस्था के अन्त तक बालकों में सहानुभूति के लक्षण कभी-कभी देखे जा सकते हैं। सहानुभूति सहायता करके प्रदर्शित की जाती है। लड़कियों में लड़कों की अपेक्षा सहानुभूति की भावना अधिक होती है।

II. असामाजिक व्यवहार

1. *आक्रामकता (Aggressiveness)*: लगभग पाँच वर्ष की अवस्था तक आक्रामकता का व्यवहार चरम सीमा पर पहुँच जाता है। आक्रामक व्यवहार के निम्नलिखित कारण हैं:

(क) माता-पिता का तिरस्कारपूर्ण व्यवहार।
(ख) बालक की अधिक ध्यान आकर्षित करने की इच्छा।
(ग) ईर्ष्या।
(घ) बालक की भूलों के लिए उससे मारपीट।
(ङ) पारिवारिक तनाव के कारण बालक में उत्पन्न संवेगात्मक तनाव।
(च) अपनी उच्चता (Superiority) प्रदर्शित करने की इच्छा।
(छ) बालक के लक्ष्य की पूर्ति में व्यवधान।

2. *झगड़ना (Quarreling)*: यह व्यवहार लगभग तीन-चार वर्ष को आयु में अपनी चरम सीमा तक पहुँच जाता है। बच्चों के झगड़े में खिलौना छीनने, नोंचने, काटने, गन्दे शब्द बोलने, धक्का देने तथा चिल्लाने आदि व्यवहार देखे जा सकते हैं।

लड़के, लड़कियों की अपेक्षा अधिक झगड़ा करते हैं। बच्चों के झगड़ों का कदापि यह अर्थ नहीं होता है कि ये एक-दूसरे को पसन्द नहीं करते हैं।

3. *निषेधात्मक व्यवहार (Negative Behaviour)*: यह आशा के विरूद्ध व्यवहार है। जिन बच्चों में यह व्यवहार बहुत अधिक मात्रा में होता है, उन्हें कितना भी कहिए, समझाइए, वे बात नहीं सुनते हैं।

14.7 सामाजिक विकास के स्तर (Standards of Social Behaviour)

सामाजिक विकास का स्तर	*विशिष्ट लगभग आयु*
A. बाल्यकाल ■ बालक अध्यापक को माता-पिता के रूप में स्वीकार करता है। ■ धीर-धीरे बालक अन्य बालकों से समायोजन स्थापित करता है।	5 वर्ष के बाद जब बालक स्कूल में प्रवेश होता है।
■ बालक छोटे समूहों में टीम बनाकर मिलता है। ■ बालक में सामाजिक गुणों जैसे सहयोग दूसरों के प्रति सकारात्मक भाव, उत्तरदायित्त्व की भावना, तथा नेता में विश्वास आदि सीखता है।	6 से 7 वर्ष
■ दूसरे लिंग की पहचान होने लगती है।	8 से 10 वर्ष
B. पूर्व किशोर अवस्था ■ बालक अपने मित्र चुनना आरम्भ करता है। ■ सामान्यत: बालक अपनी कक्षा में ही मित्र चुनता है। ■ बालक जीवन कथाएँ तथा खोजों की कथाएँ पढ़ना शुरू करता है। ■ बालक संगीत वादन आदि सीखता है।	12 से 14 वर्ष

(क्रमश:)

सामाजिक विकास का स्तर	विशिष्ट लगभग आयु
■ कम्प्यूटर खेलों में विशेष रूचि रखता है। ■ बालक को अपनी प्रशंसा अच्छी लगती है। ■ बालक टोलियाँ बनाता है। ■ नेतृत्त्व की इच्छा उत्पन्न होती है। ■ वह स्वयं को समाज का अंग समझने लगता है। ■ यौन के प्रति सजगता का आभास होता है। ■ वह अपने मित्रों तथा माता-पिता की स्वीकृति चाहता है।	

14.8 सामाजिक विकास को प्रभावित करने वाले तत्त्व (Factors Affecting Social Development)

सामाजिक विकास पर निम्नलिखित तत्त्वों का प्रभाव पड़ता है:

1. **शारीरिक बनावट और स्वास्थ्य:** जिन बालकों का शरीर संगठित होता है उनका सामाजिक विकास अन्य बालकों की अपेक्षा शीघ्र और सामान्य होता है। वे सामाजिक परिस्थितियों में सीखने के अवसरों का अधिक लाभ उठाते हैं। बेडौल, गूंगे, बहरे, कमजोर बच्चे अपनी कमजोरियों के कारण सामाजिक विकास में पिछड़ जाते हैं।

2. **परिवार का प्रभाव:** सुखी एवं सभ्य परिवार के बच्चों में समाजीकरण की भावना तेजी से जाग्रत होती है और पनपती है। सहयोग, उत्तरदायित्व, पक्षपात, तिरस्कार आदि प्रारम्भ में बालक परिवार से ही सीखते हैं।

3. **लिंग-भेद का प्रभाव:** लड़कियों को मिलने-जुलने की तथा बाजार आने-जाने की अधिक स्वतन्त्रता नहीं होती है। इसलिए इनका सामाजिक क्षेत्र अपेक्षाकृत अधिक सीमित होता है। इस प्रकार लिंग-भेद भी सामाजिक विकास पर काफी प्रभाव डालता है।

4. **संस्कृति का प्रभाव:** संस्कृति मनुष्यों में सामाजिकता का भाव उत्पन्न करने में सहायक होती है। घर तथा समाज में प्रचलित प्रथाएँ बालक पर अपना विशेष प्रभाव डालती है।

5. **आर्थिक स्थिति का प्रभाव:** आर्थिक स्थिति भी बच्चों के सामाजिक व्यवहारों पर गहरा प्रभाव डालती है। मनुष्यों के विभिन्न प्रकार के व्यवहारों के लिए उनके परिवार की आर्थिक स्थिति बहुत हद तक उत्तरदायी होती है।

निम्न स्तर वाले बालकों में हीनता की भावना की वृद्धि हो जाती है और वे समाज में पीछे रह जाते हैं। जो अपने परिवार की आर्थिक स्थिति के कारण पढ़ना चाह कर पढ़ न पायें तो उनका चिड़चिड़ा हो जाना सम्भव है। वह समाज में किसी से मिलना-जुलना नहीं चाहता। वह अपने आपको समाज में भली प्रकार से समायोजित नहीं कर पाता। निर्धनता के कारण हीन भाव का विकास हो जाता है।

6. **संवेगात्मक व्यवहार का प्रभाव:** बालकों के संवेगात्मक व्यवहार का भी प्रभाव उसके सामाजिक विकास पर बहुत पड़ता है। चिड़चिड़े स्वभाव का बालक कभी-कभी समूह में प्रिय नहीं हो सकता। जिस बालक का स्वभाव हँसमुख तथा नम्र होगा, बात-बात

पर नाराज न होगा, उसे सभी बालक अपना मित्र बनाना सौभाग्य समझेंगे। बालक का संवेगात्मक एवं सामाजिक विकास साथ-साथ चलता है।

7. खेल का प्रभाव: खेलों का बालक के सामाजिक व्यवहार पर बहुत प्रभाव पड़ता है। खेलते समय बालक एक समूह का अंग बन जाता है। अत: इससे उसमें सामूहिकता की भावना पैदा होती हैं। खेल बालक को नियम-पालन सिखाता है और बालक में समता तथा सहयोग की भावना उत्पन्न होती है जिससे सामाजिक विकास को बल प्राप्त होता है।

8. मानसिक विकास का प्रभाव: बालक का शारीरिक, सामाजिक और मानसिक विकास साथ-साथ चलता है। ये सभी एक-दूसरे को प्रभावित करते रहते हैं। जिसका भरपूर मानसिक विकास होता है उसे सभी पसन्द करते हैं। सभी जगह उसका स्वागत हो सकता है। उसे सबका सहयोग भी मिलता है। मन्द-बुद्धि अर्थात् जिसका समुचित मानसिक विकास न हुआ हो वह कक्षा में पिछड़ जाता है। उसे सामाजिकता में कठिनाई होती है।

9. पड़ोस और विद्यालय: बालक का सामाजिक विकास किस प्रकार का होगा, यह उसके पड़ोस और स्कूल से भी निर्धारित होता है। बालक के पड़ोस में रहने वाले बच्चों और वयस्कों के सामाजिक व्यवहार का भी प्रभाव बालक पर पड़ता हैं विद्यालय में बालक को अपनी आयु के अनेक बालकों के साथ बैठने और सीखने का अवसर ही नहीं मिलता है बल्कि उसे बड़े बच्चों के सामाजिक अनुभव सुनने और सामाजिक व्यवहार को देखने का अवसर मिलता है। इन अवसरों से उसकी सामाजिक सूझ, सामाजिक प्रत्यक्षीकरण बढ़ता है। फलस्वरूप वह समाज के विभिन्न मूल्यों से सम्बन्धित व्यवहार का अधिगम करता है। विद्यालय के अनेक कार्यक्रमों में भाग लेकर भी वह अनेक सामाजिक व्यवहार प्रतिमानों को सीखता है। विद्यालय में से वह सहयोग, मित्रता, उत्तरदायित्व और आत्मनिर्भरता आदि सीखता है।

14.9 बालक सामाजिक विकास में स्कूल तथा अध्यापक का कार्य (Role of the School and the Teacher in Social Development of the Child)

बालक के सामाजिक विकास में स्कूल का अत्यन्त् महत्त्व है। स्कूल का वातावरण मानव सम्बन्धों का आदर्श प्रस्तुत करें।

शिक्षक का बालक के सामाजिक विकास की प्रक्रिया में महत्त्वपूर्ण स्थान होता है। शिक्षक के स्नेह, पक्षपात, अच्छे अथवा बुरे व्यवहार आदि का सभी बच्चों पर प्रभाव पड़ता है। वह कक्षा और खेल के मैदान में, साहित्यिक और सांस्कृतिक क्रियाओं में बालकों के सामने सामाजिक व्यवहार के आदर्श प्रस्तुत करता है। बालक अपनी अनुकरण की मूल प्रवृत्ति के कारण शिक्षक के ढंगों, कार्यों, आदतों और रीतियों का अनुकरण करता है, अत: यह अत्यन्त आवश्यक है कि शिक्षक सदैव सतर्क रहे। उसके कथनों तथा कार्यों की छाप छात्र पर लग जाती है।

बालक के सामाजिक विकास की प्रक्रिया को तीव्र गति प्रदान करने के लिए शिक्षक को निम्नलिखित बातें ध्यान में रखनी चाहिए:

1. अभिभावकों से समय-समय पर सम्पर्क स्थापित करना और छात्र के विकास के सम्बन्ध में सोचना तथा कार्य करना।

2. अपने समाज की संस्कृति का छात्र को ज्ञान देना।
3. छात्रों के सामने सामाजिक आदर्श उपस्थित करना।
4. छात्रों को स्कूल की परम्पराओं से परिचित करना।
5. विभिन्न सामाजिक योजनाओं तथा सामूहिक क्रियाओं में भाग लेने के लिए छात्रों को प्रोत्साहित करना।
6. स्कूल में विभिन्न परिवारों से आए हुए बालकों में अन्त: सांस्कृतिक भावना का विकास करना।
7. अध्यापक द्वारा सहयोगियों, छात्रों तथा प्रधानाचार्य के साथ मानवीय सम्बन्ध स्थापित करना।
8. छात्रों के साथ स्नेह तथा सहानुभूति का बर्ताव करना।

मानव की समाज के बिना कल्पना करना असम्भव है। सामाजिक वातावरण के प्रभाव से तथा उसमें रहकर मानव शिक्षा ग्रहण करता है। पहले समाज इतना जटिल नहीं था। बालक अनौपचारिक रूप से अपने पूर्वजों के व्यवसाय तथा संस्कृति आदि से सीख जाता था। समाज में जटिलता आने के कारण इसके लिए औपचारिक शिक्षा की आवश्यकता हुई और स्कूलों का आरम्भ हुआ।

अमेरिका के महान् शिक्षाविद् जॉन डियुवी (John Dewey) के अनुसार "शिक्षा त्रिमुखी क्रिया है। इसके तीन तत्त्व हैं-अध्यापक, छात्र तथा समाज। समाज के जीवन को ध्यान में रखकर पाठ्यक्रम बनाया जाता है जो शिक्षक तथा छात्रों के विचार-विमर्श का विषय होता है। शिक्षक पाठ्यक्रम की सहायता से समाज में आवश्यक क्रियाओं का अनुभव ग्रहण करने की प्रेरणा छात्रों को देता है।"

15

बाल्यावस्था तथा पूर्व-किशोर अवस्था में भाषा विकास की विशेषताएँ

(Characteristics of Language Development During Childhood and Pre-Adolescence Period)

15.1 भाषा विकास का महत्त्व
(Significance of Language Development)

सम्प्रेषण (Communication) का सबसे लोकप्रिय माध्यम भाषा है। भाषा के माध्यम से हम अपने विचारों, इच्छाओं और भावनाओं को दूसरों से व्यक्त कर सकते हैं तथा साथ ही दूसरे व्यक्ति हमारे विचारों को समझ सकते हैं। बालकों की भाषा का यदि विकास न हो तो निश्चय ही उनकी मानसिक योग्यताओं का विकास उचित ढंग से नहीं हो पाता। बालक का सामाजिक विकास भी भाषा पर आधारित है। इसमें कोई सन्देह नहीं कि बालकों का प्रत्येक प्रकार का सीखना भाषा से किसी-न-किसी रूप से सम्बन्धित है। भाषा बालकों की ज्ञान-वृद्धि और अनेक विकासात्मक प्रक्रियाओं के लिए आवश्यक है।

मानव का बौद्धिक, मानसिक, सामाजिक और सांस्कृतिक विकास इस बात पर निर्भर है कि वह भाषा का प्रयोग किस सीमा तक कर सकता है। यदि मनुष्य के पास भाषा न होती तो उसमें सामाजिकता न होती और तब उसकी दशा अन्य पशुओं की भाँति दयनीय होती। आज की मानव संस्कृति जिस उन्नत अवस्था को पहुँच गई है उसका प्रमुख कारण भाषा है।

संक्षेप में भाषा की निम्न दृष्टिकोणों में विशेष महत्ता है:

1. भाषा मानव के विचार विनिमय का सर्वोत्कृष्ट साधन है (Language as an Excellent Medium of Means Communication): मानव समाज प्रत्येक व्यवहार जैसे-सामाजिक कार्य, व्यावहारिक कार्य, पत्र व्यवहार, शासन कार्य आदि सभी में भाषा की परमावश्यकता है। समाज का समस्त कार्य भाषा द्वारा होता है।

2. भाषा ज्ञान प्राप्ति का प्रमुख साधन है (Language as the Chief Means of Acquiring Knowledge): शिशु या प्रौढ़ सभी की ज्ञान प्राप्ति का प्रमुख साधन भाषा है। भाषा द्वारा ही नए विचार अर्जित किए जाते हैं जिनसे बौद्धिक विकास होता है। सभी ज्ञान-विज्ञान की शिक्षा प्राप्त करने का माध्य भाषा ही है।

3. भाषा द्वारा किसी जाति या राष्ट्र का ज्ञान सुरक्षित रहता है (Language Preserves the Knowledge of a Race or Nation): समस्त ज्ञान-विज्ञान भाषा के माध्यम से ही सुरक्षित है। आज का ज्ञान और विज्ञान कल की नींव है। भाषा की ही यह शक्ति है कि वह मानव जाति के भाव, विचार और अनुभवों को सुरक्षित रखती है। साहित्य की रचना भाषा से ही होती है। अत: इस दृष्टि से भी भाषा का महत्त्व है।

4. भाषा सभ्यता मानव तथा विकास की आधारशिला (Language as the Foundation of Man's Civilization and Development): आज के ज्ञान-विज्ञान और नाना प्रकार के आविष्कार विचार-क्रिया के ही प्रतिफल हैं। मनुष्य अपने पूर्वजों के ज्ञानानुभवों से लाभ उठाकर उनमें अपने रूख और विचार मिलाकर अपनी पीढ़ी को सौंप देता है। इस प्रकार विचारों में परिमार्जन और परिवर्द्धन होता रहता है और मानव निरन्तर विकास करता जाता है।

5. भाषा सामाजिकता की भावना का आधार है (Language as the Foundation of Social Feeling): भाषा भाव, विचार और अनुभवों को व्यक्त करने का साधन है। भावों तथा विचारों के विनियम से ही सामाजिकता की भावना का विकास होता है।

6. राष्ट्रीय एकता का प्रतीक है (Symbol of National Integration): भावात्मक एकता पैदा करने में भाषा का सबसे बड़ा हाथ है। अत: भाषा द्वारा राष्ट्रीयता की भावना जन्म लेती है और विकसित होती है।

7. भाषा अन्तर्राष्ट्रीय बन्धुत्व का स्रोत (Language as the Source of International Brotherhood): अन्तर्राष्ट्रीय भाषा के द्वारा अन्य देशों के साहित्य का अध्ययन करने तथा अन्य देशवासियों से साहचर्य सम्बन्ध स्थापित करने से अन्तर्जातीय सद्भावना तथा 'वसुधैव कुटुम्बकम्', की भावना पैदा होती है।

15.2 भाषा का अर्थ
(Meaning of Language)

भाषा भाव, विचार तथा अनुभवों को व्यक्त करने एवं विचार विनिमय का सांकेतिक साधन है। यह भाव प्रकाशन अनेक प्रकार से किया जाता है–हाथ, पैर, आँख, नाक, सिर, भौं आदि अंग-प्रत्यंगों के संचालन द्वारा व्यापक अर्थ में इन सभी साधनों को भाषा कहा जा सकता है, परन्तु वास्तविक अर्थ है कि भाषा शारीरिक अथवा आंगिक संकेत न होकर ध्वन्यात्मक संकेत है। अत: विचारों की अभिव्यक्ति के लिए हम कह सकते हैं कि भाषा शब्दों और ध्वनियों का ऐसा समूह मात्र है जिसके द्वारा सामाजिक आदान-प्रदान होता है और परम्परागत होने के कारण भाषा एक पीढ़ी से दूसरी पीढ़ी तक कुछ-न-कुछ परिवर्तन के साथ हस्तान्तरित होती रहती है।

15.3 भाषा के रूप
(Forms of Language)

प्रमुख रूप से भाषा के दो रूप होते हैं:

1. मौखिक भाषा;
2. लिखित भाषा।

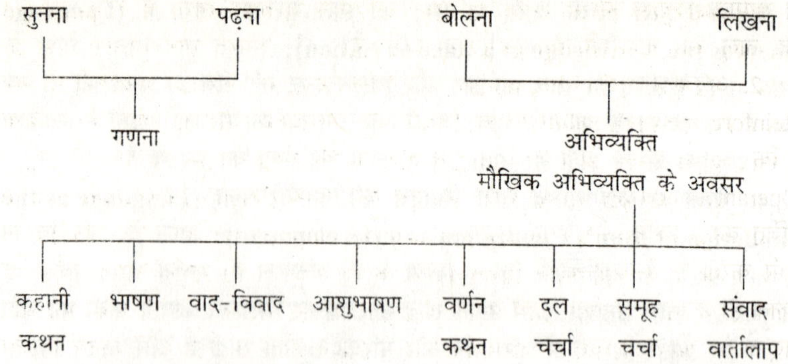

व्यावहारिक दृष्टि से भाषा के मुख्यत: निम्न रूप देखने को मिलते हैं-

1. **मूल भाषा (Root Language):** जो भाषा किसी भाषा परिवार की आदि जन्मदात्री होती है उसे उस भाषा परिवार की मूल भाषा कहते हैं।

2. **संस्कृति भाषा (Cultural Language):** जिस भाषा में किसी राष्ट्र की प्राचीन संस्कृति, सभ्यता, आचार-विचार और ज्ञान का भण्डार निहित होता है उसे उस राष्ट्र की संस्कृति भाषा कहते हैं।

3. **मातृभाषा (Mother-Tongue):** जिस भाषा को कोई बच्चा अपनी माता का अनुकरण करके सीखता है वह उस बच्चे की मातृभाषा कहलाती है।

4. **क्षेत्रीय भाषा (Regional Language)**

5. **राज्ययी भाषा (State Language)**

6. **राष्ट्रभाषा (National Language):** जिस भाषा के द्वारा किसी राष्ट्र विशेष का शासन कार्य चलता है वह उस राष्ट्र की राष्ट्रभाषा कहलाती है।

7. **अन्तर्राष्ट्रीय भाषा (International Language):** जिस भाषा के माध्यम से संसार के सभी राष्ट्र एक-दूसरे से विचारों का आदान-प्रदान करते हैं उसे अन्तर्राष्ट्रीय भाषा कहते हैं।

8. **विदेशी भाषा (Foreign Language):** एक देश की राष्ट्रभाषा दूसरे देश के लिए विदेशी भाषा कही जाती है। जैसे-फ्रैंच, जर्मनी, रूसी आदि भाषाएँ भारत के लिए विदेशी भाषाएँ हैं।

15.4 भाषा विकास के सिद्धान्त
(Principles of Language Development)

प्रारम्भ से ही मनोवैज्ञानिकों में भाषा के विकास में रूचि रही है तथा कई सिद्धान्त बनाए हैं। उनमें से कुछ महत्त्वपूर्ण सिद्धान्तों का संक्षेप में विवरण निम्न प्रकार से है:

1. **स्वरयंत्र की परिपक्वता (Maturation of Larynx):** मनोवैज्ञानिकों के विचार में भाषा का विकास शरीर के किसी एक अंग की परिपक्वता पर निर्भर नहीं है, अपितु स्वरयन्त्र, जीभ, गला और फेफड़े आदि सभी की परिपक्वता पर भाषा का विकास निर्भर करता है। ये सभी अंग जब तक एक विशेष परिपक्वता स्तर पर नहीं पहुँचते तब तक भाषा

का सामान्य विकास सम्भव नहीं है। भाषा का विकास उपरोक्त अंगों के अतिरिक्त होंठ, दाँत, तालू और नाक के विकास पर भी निर्भर है।

2. अनुबन्धन (Conditioning): बी.एफ.स्किनर *(B.F. Skinner, 1957)* ने पुनर्बलन (Reinforcement) के आधार पर भाषा के विकास पर प्रकाश डाला है। स्किनर का विचार है कि अन्य व्यवहार प्रक्रियाओं की भांति भाषा का विकास भी 'अपरेन्ट अनुबन्धन' (Operant Conditioning) पर निर्भर है। इस सिद्धान्त के अनुसार बालक द्वारा भाषा को अर्जित करना ध्वनि और ध्वनि-संयोजन (Sound Combination) के उचित पुनर्वलन पर निर्भर करता है। स्किनर के विचार में बच्चा स्वत: अनायास या अनुकरण के आधार पर बोलता है। उदाहरण के लिए बच्चे के सामने गेंद रखकर या दिखाकर बार-बार गेंद शब्द बोला जाए तो वह गेंद वस्तु (उद्दीपक) और उसके अर्थ दोनों से इतना परिचित हो सकता है कि जब बच्चे के सामने 'गेंद' शब्द बोला जाएगा तो उसके मस्तिष्क पर गेंद की प्रतिमा अंकित हो जाएगी। बच्चा गेंद शब्द के अर्थ को समझ जाएगा। उद्दीपक (गेंद वस्तु) और अनुक्रिया (गेंद शब्द) के बीच स्थापित साहचर्य की यह प्रणाली अनुबन्धन (Conditioning) कहलाती है।

3. कोमास्की (Chomsky, 1959) का सिद्धान्त: कोमास्की के विचार में प्रत्येक बालक में एक सिस्टम संरचना (Built-in-system) होती है जिसके द्वारा बच्चा भाषा की प्रक्रिया कर सकता है तथा वाणी को समझ सकता है और उसका पुनरोत्पादन कर सकता है।

4. सामाजिक अधिगम सिद्धान्त (Social Learning Theory): इस सिद्धान्त के जन्मदाता का नाम ए. बन्दुरा (A. Bandura, 1967) है। इस सिद्धान्त के समर्थकों का कहना है कि बच्चा भाषा के सम्बन्ध में जो कुछ भी सीखता है, वह मॉडल के व्यवहार के निरीक्षण और अनुकरण पर आधारित होता है। बिना किसी मॉडल के बच्चे भाषा और शब्दों की संरचना नहीं कर सकते।

15.5 भाषा-शिक्षण के उद्देश्य (Objectives of Language Teaching)

1. दूसरे के कहे हुए भावों को समझ सकना।
2. दूसरे के लिखे हुए भावों को समझ सकना।
3. अपने भावों को स्पष्ट रूप से कह सकना।
4. अपने भावों को स्पष्ट रूप से लिख सकना।

भाषा विकास के चरण (Steps of Language Development): भाषा के विकास में निम्नलिखित चरण हैं:

1. ध्वनि पहचानना: भाषा विकास का पहला चरण ध्वनि पहचानना है। चार-पाँच मास का बालक ध्वनि पहचानना आरम्भ कर देता है। जब वह सात या आठ महीने का होता है तो वह कोमल और मधुर ध्वनि पर मुस्कराता है।

2. ध्वनि उच्चारण: जब बालक छ: या सात मास का हो जाता है तब हर्ष अथवा क्रोध से सम्बन्धित ध्वनियों को उत्पन्न करने लगता है।

3. शब्द उच्चारण: दो-ढाई वर्ष की आयु में बालक वस्तुओं की अनुभूति का उच्चारण करने लग जाता है।

4. वाक्यों का प्रयोग: ढाई अथवा तीन वर्ष की आयु में बालक छोटे-छोटे वाक्यों का उच्चारण करने लगता है।

5. लिखित भाषा का प्रयोगः चार या पाँच वर्ष की आयु में बालक भाषा का उच्चारण करने के साथ ही उसे लिखने भी लगता है।

6. भाषा विकास की पूर्ण अवस्थाः बाल्यावस्था में पहुँच जाने पर बालक भाषा को समझ, बोल तथा पढ़ सकता है। भाषा शक्ति अध्ययन द्वारा विकसित होती है।

15.6 भाषा विकास में योग्यताएँ (Skills in Language Development)

1. आकलन शक्तिः बालक की आकलन शक्ति में शब्दों के अतिरिक्त हाव-भाव होते हैं। बालक में आकलन शक्ति का विकास लगभग तीन माह की आयु से आरम्भ होता है। आठ माह का बालक शब्दों को सुनकर बोलने और दोहराने का प्रयास करता है। पाँच वर्ष की आयु तक आकलन शक्ति का विकास पर्याप्त मात्रा में हो जाता है।

2. उच्चारणः लगभग एक वर्ष के बालक में शब्दों के अनुसार उच्चारण की योग्यता आ जाती है। बालक दूसरे व्यक्तियों से अनुकरण करके सीखता है।

3. शब्द-भण्डारः बालक के शब्द भण्डार में वृद्धि उसकी आयु में वृद्धि के साथ-साथ बढ़ती है। अठारह माह के लड़के का शब्द-भण्डार 10 शब्द होता है।

4. वाक्य निर्माणः बालक आरम्भ में एक शब्द वाला वाक्य बोलता है। दो वर्ष का बालक दो शब्दों को जोड़कर वाक्य बनाकर बोलता है। तीन वर्ष का बालक तीन शब्दों वाला वाक्य और चार वर्ष का बालक चार या पाँच शब्दों वाले वाक्य का प्रयोग करता है। पाँच वर्ष के बालक के वाक्य में छः से दस शब्द तक हो सकते हैं।

15.7 शब्दावली का विकास (Development of Vocabulary)

बालक का शब्द-भण्डार (शब्दावली) उसके स्कूल की प्रगति को सबसे महत्त्वपूर्ण ढंग से प्रभावित करता है। बालकों में शब्द-भण्डार की दृष्टि से वैयक्तिक भिन्नताएँ पाई जाती हैं। इस भिन्नता के चार मुख्य कारण इस प्रकार हैं–1. बुद्धि, 2. वातावरण, 3. प्रेरणा और 4. सीखने के अवसर आदि। प्रायः यह देखा गया है कि बालकों की अपेक्षा बालिकाओं का शब्द-भण्डार लगभग सभी आयु-अवस्थाओं में अधिक रहता है।

एक या दो शब्दों की मौखिक अभिव्यक्ति से बालक वाक्यों की अभिव्यक्ति पर पहुँचता है। यह क्रम बाल्यावस्था से किशोर अवस्था तक विकसित होता रहता है। धीरे-धीरे करके बालक अपने को मौखिक रूप से अभिव्यक्त करने में पूर्ण समर्थ हो जाता है।

लिपसीट के अनुसार, अठारह माह के बालक का शब्द-भण्डार 10 शब्द, दो वर्ष के बालक का शब्द-भण्डार 272 शब्द, ढाई वर्ष की अवस्था में 450 शब्द, तीन वर्ष की अवस्था में लगभग एक हजार, साढ़े तीन वर्ष की अवस्था में लगभग बारह सौ पचास, चार वर्ष की अवस्था में सौलह सौ शब्द, साढ़े चार वर्ष की अवस्था में लगभग उन्नीस सौ शब्द और पाँच वर्ष की अवस्था में लगभग इक्कीस सौ शब्द हो जाते हैं। छठी कक्षा में पढ़ने वाले बालक का शब्द-भण्डार लगभग पचास हजार शब्द तथा हाई स्कूल में पढ़ने वाले बालक का शब्द-भण्डार लगभग अस्सी हजार शब्द होता है।

प्रारम्भिक अवस्था में बालक सिर्फ सुने हुए शब्दों का अनुकरण करता है। दो वर्ष का बालक संज्ञाएँ अधिक प्रयोग में लाता है। प्रायः संज्ञाएँ खिलौनों, व्यक्तियों और खाने-पीनें की चीजों के सम्बन्ध में होती हैं। इसी अवस्था में बालक विशेषण शब्दों को भी सीखने

लग जाता है। पहले वह गरम, ठण्डा, अच्छा, बुरा आदि विशेषणों को खाने से जोड़ता है। लगभग पाँच वर्ष की अवस्था तक बालक वयस्क सदस्यों की भाँति बोलने लग जाता है।

तालिका: शब्दावली का विकास (Development of Vocabulary)

बालकों की आयु	*बालकों का शब्द भण्डार*
जन्म से आठ माह तक	0
नौ माह से बारह माह तक	तीन या चार शब्द
$1^1/_2$ वर्ष	10 से 12 शब्द
2 वर्ष	272 शब्द
$2^1/_2$ वर्ष	450 शब्द
3 वर्ष	1 हजार शब्द
$3^1/_2$वर्ष	1250 शब्द
4 वर्ष	1600 शब्द
5 वर्ष	2100 शब्द
11 वर्ष	50000 शब्द
14 वर्ष	80000 शब्द
16 वर्ष	1 लाख से अधिक

15.8 मौखिक अभिव्यक्ति या वाक्-शक्ति का विकास (Development of Oral Expression or Speech Skill)

मौखिक अभिव्यक्ति के विकास के क्रम नीचे दिये गए है:

1. बालक शब्दों के अर्थ को उन्हें बोलने से पहले ही समझना आरंभ कर देता है।
2. वाक्-कुशलता के विकास में दूसरा चरण शब्दावली का विकास तथा उच्चारण है।
3. उच्चारण की प्रक्रिया प्रथमत: निरर्थक ध्वनियों तथा बड़बड़ावट से आरंभ होती है।
4. माँ-बाप तथा परिवार के अन्य निकटतम सदस्यों के प्रयत्नों से बालकों में शब्द ग्रहण तथा उच्चारण करने के कौशल का विकास होता है।
5. शुरूआत एक शब्द बोलने से होती है न कि वाक्य से। धीरे-धीरे बालक दो शब्दों को जोड़कर सीखता है।
6. आरम्भ में वाक्य बहुत छोटे तथा अपूर्ण होते हैं।
7. स्कूल जाने के पश्चात् बालक की मौखिक अभिव्यक्ति तथा वाक्-कौशल में तेजी से विकास आरंभ हो जाता है।

15.9 पठन योग्यता का विकास (Development of Reading Skill)

पढ़ने संबंधी कौशल के निम्न चरण हैं:

1. **अक्षर ज्ञान:** बालक वर्णमाला को प्रयास तथा प्रशिक्षण से 1-2 वर्ष में सीख लेते हैं।

2. **शब्द बोधः** अक्षर ज्ञान के पश्चात् शब्द बोध का ज्ञान होता है।
3. **वाक्य बोधः** यह तीसरा चरण है। पहले बालक छोटे तथा सरल वाक्यों को पढ़ना सीखते हैं।
4. **पुस्तक का पढ़नाः** वाक्यों को सीखने के पश्चात् बालक में पुस्तक में दी गई बातों को उचित गति से पढ़ने के कौशल का विकास होता है।
5. **पढ़ने के अवसरः** जैसे-जैसे बालक को पढ़ने के अवसर मिलते हैं, वैसे-वैसे उसमें पढ़ने के कौशल का विकास होता है।

15.10 लिखने संबंधी कौशल या अभिव्यक्ति का विकास (Development of Writing Skills or Written Expression)

लिखने संबंधी कौशल के विकास के निम्न चरण हैं:

1. लिखित सामग्री को पढ़ना सिखाने से ही बालकों में लिखने संबंधी कौशल का विकास शुरू हो जाता है।

2. वर्णमाला के अक्षरों को एक-एक करके बालक लिखना सीखते हैं। इस कार्य को वे प्रायः 5 वर्ष की अवस्था तक पूरा कर लेते हैं।

3. बालक अध्यापक का अनुकरण करके सीखते हैं।

4. अध्यापक द्वारा बोलकर तथा श्यामपट् पर लिखकर बालकों के लेखन कौशल का विकास किया जाता है।

5. भाषा लेखन के कौशल के विकास का अगला चरण बालक द्वारा स्वतन्त्र रूप में लिख कर करना है। वह अपनी भावनाओं का प्रकाशन निबन्ध लिखने, पत्र लिखने आदि से करता है।

वाचन में योग्यताः निम्नलिखित बातों पर बल दिया जाएः

1. अक्षरव्यक्तता (Articulation), 2. सुस्वरता (Intonation), 3. बल (Stress), 4. वाक्यखण्ड या पदच्छेद (Phrasing), 5. प्रवाह तथा गति (Speed), 6. शब्दोच्चारण (Pronunciation)।

1. अक्षरव्यक्तताः मुख से जो ध्वनियाँ निकाली जाएँ, ये शुद्ध तथा स्पष्ट उच्चारण-स्थानों से बोली जानी चाहिए। सब वर्णों का पूरा-पूरा उच्चारण करना चाहिए। एक-दूसरे से मिल न जायें तथा एक वर्ण दूसरे वर्ण से दबा हुआ भी नहीं होना चाहिए।

2. सुस्वरताः वाचन-शिक्षण में भाव के अनुसार ध्वनियों में उतार-चढ़ाव होना आवश्यक है और इसकी उचित शिक्षा भी देनी चाहिए।

3. बलः उच्चारण करते समय प्रत्येक शब्द पर आवश्यकतानुसार, भाव तथा अवसर देखते हुए उचित बल तथा ठहराव देना चाहिए। इससे उच्चारण शुद्ध होगा, भाव स्पष्ट होंगे तथा भाषा भी प्रभावशाली प्रतीत होगी।

4. वाक्यखण्ड या पदच्छेदः वाक्य में कुछ शब्दों को एक साथ बोलने से ही वाचन में सार्थकता है। वाक्य के कौन-से शब्द एक साथ बोलने हैं, इसका बोलते समय अवश्य ध्यान रखना चाहिए और उन्हें उचित विराम या ठहराव के साथ बोलना चाहिए तब ही वाचन आकर्षक तथा प्रभावपूर्ण बन सकेगा।

5. प्रवाह-गतिः वाचन में उचित गति तथा प्रवाह का होना अनिवार्य है। बोलते समय

न तो बहुत तेजी से शीघ्र-शीघ्र बोलना चाहिए और न ही धीरे-धीरे। कई बालक रूक-रूककर, स्वर भंग करके, झिझककर या एक शब्द को दो-दो बार पढ़कर आगे बढ़ते हैं। ऐसा करने से वाचन में अनेक दोष उत्पन्न हो जाते हैं। इन्हें सुधारने का यत्न करना चाहिए। उचित शब्द-समूह तथा उचित विराम का ध्यान रखते हुए वाचन का अभ्यास करना चाहिए।

6. शब्दोच्चारण: शुद्ध उच्चारण वाचन का सबसे आवश्यक अंग है। शुद्ध उच्चारण से ही वाचन में प्राण उत्पन्न हो जाते हैं और अशुद्ध उच्चारण से वाचन सारहीन, नीरस व निर्जीव रहता है। अत: शब्दों के शुद्ध उच्चारण पर विशेष ध्यान देना चाहिए। बालकों का उच्चारण मधुर, सशक्त शुद्ध तथा प्रवाह युक्त बनाने का भी प्रयत्न करना चाहिए।

शब्दावली: इसमें दो बातों का ध्यान रखना पड़ता है:

(क) शब्दावली का विस्तार: शब्दावली का प्रयोग विषय और सुनने के अनुकूल होना चाहिए। कहानी की शब्दावली सरल होगी। वाद-विवाद में जोरदार तथा संभाषण में मीठे शब्दों का होना उपयुक्त है।

(ख) अवसरानुकूलता: भिन्न-भिन्न अवसर ्र विभिन्न प्रकार की भाषा का प्रयोग करना पड़ता है। जहाँ श्रोता पढ़े-लिखें हों, वहाँ सादी भाषा का प्रयोग होना चाहिए।

15.11 भाषा सम्बन्धी कुछ दोष एवं कठिनाइयाँ (Speech Defects and Difficulties)

हम देखते हैं कि प्रारम्भिक स्कूल से लेकर कॉलेज जीवन की शिक्षा तक बालक में निर्देशन की आवश्यकता पड़ती है। यदि बालक को बाल्यावस्था से भली प्रकार बोलने का ढंग न सिखाया गया हो तो आगे चलकर उसके सामाजिक अभियोजन में बाधा पहुँचती है। बच्चा अपनी इस दुर्बलता के कारण अपने बाल समुदाय में विचार व्यक्त नहीं कर पाता तथा वह हीनता की भावना से ग्रस्त हो जाता है। इसके साथ ही अन्य बहुत-सी संवेगिक समस्याएँ भी उत्पन्न हो सकती हैं।

1. भ्रष्ट उच्चारण (Lipsing): कुछ लोग दाँतों, होंठों या जबड़ों की खराबी के कारण सही उच्चारण नहीं कर पाते। वे 'र' के स्थान पर पेड़ को 'ल' बोलते हैं, जैसे रोटी के स्थान पर लोटी, 'पेर', 'प्रमाण' को 'परणाम'।

2. तुतलाना (Stuttering): तुतलाना असामंजस्यपूर्ण, पुनरावृत्ति वाली वह वाणी है जिसमें गले की मांसपेशियों में ्गग्रह (Spasm) हो जाता है। हरलॉक (1978) का विचार है कि तुतलाना अधिकांशत: ढाई से साढ़े तीन वर्ष की अवस्था में प्रारम्भ होता है। बालक का समायोजन जैसे-जैसे अच्छा होता है उसका तुतलाना कम होता जाता है। तुतलाने का एक उदाहरण है, जैसे-'गाड़ी छूट गई' को 'गाड़ी छ छ छ छ छ् छूट गई' ढंग से बोलना। तुतलाने वाला बालक वाक्य के किसी ॰ी शब्द या अक्षर पर अटक कर उसकी पुनरावृत्ति कर सकता है।

3. हकलाना (Stammering): हकला॰ में बालक की ध्वनि बोलते समय अवरूद्ध हो सकती है। जब ध्वनि अवरूद्ध होती है। ॰ब बालक उच्चारण करने में असमर्थ होता है। हकलाने वाला व्यक्ति बोलते-बोलते किसी शब्द या अक्षर पर अटक जाता है और उसकी कुछ देर तक आवाज नहीं निकलती है। य॰पि वह प्रयास तो करता है। उसका मुँह फटा

का फटा रह जाता है परन्तु आवाज नहीं निकलती। हकलाने का कारण बालक के सम्पूर्ण शरीर का असन्तुलित होना है।

15.12 बालक की वाणी में सुधार के उपाय (Methods of Improving Speech)

बालकों में अच्छी वाणी के विकास के लिए आवश्यक है कि उनके सामने अच्छी वाणी के नमूने (माडल्स) प्रस्तुत किए जाएँ। ये नमूने संरक्षक भी प्रस्तुत कर सकते हैं। ये नमूने टेलीविजन और रेडियो के माध्यम से भी प्रस्तुत करवाए जा सकते है। ग्रामोफोन, सिम्दाफोन तथा टेपरिकार्डर के प्रयोग से भी उच्चारण सुधारा जा सकता है।

15.13 भाषा विकास को प्रभावित करने वाले कारक (Factors Affecting Language Development)

बालकों में भाषा का विकास समान गति और समान मात्रा में नहीं होता है। किसी बालक में अधिक और किसी बालक में कम होता है। अत: भाषा विकास में वैयक्तिक भिन्नताएँ पाई जाती हैं। भाषा विकास को प्रभावित करने वाले कुछ प्रमुख कारक निम्न प्रकार से हैं:

1. परिपक्वता: जिस प्रकार क्रियात्मक विकास के लिए शरीर के विभिन्न अंगों की परिपक्वता आवश्यक है ठीक उसी प्रकार से भाषा विकास के लिए भी होंठ, जीभ, दाँत, फेफड़े, स्वरयन्त्र और मस्तिष्क आदि की परिपक्वता आवश्यक है। मस्तिष्क में वाणी केन्द्र का विशेष रूप से परिपक्व होना आवश्यक है। इन अंगों में परिपक्वता के साथ-साथ भाषा का विकास बढ़ता जाता है।

2. स्वास्थ्य: कुछ अध्ययनों में यह देखा गया है कि यदि बालक लम्बी अवधि तक बीमार रहता है, विशेष रूप से दो वर्ष की आयु की अवधि तक, तो उसकी भाषा का विकास कमजोर स्वास्थ्य और अभ्यास न कर सकने के कारण पिछड़ जाताा है।

3. बुद्धि: भाषा विकास और बुद्धि में घनिष्ठ सम्बन्ध है। दो वर्ष की अवस्था तक यह सम्बन्ध और अधिक घनिष्ठ होता है। भाषा का विकास उतना ही कम होता है जितना कि बुद्धि कम होती है। यह देखा गया है कि जिन बच्चों की I.Q. उच्च होती है, उनका शब्द-भण्डार अधिक होता है। उच्च I.Q. वालेबालक शुद्ध और बड़े वाक्य भी बोलते हैं। अधिक बुद्धि वाले बालकों में सुन्दर शब्द-भण्डार, वाक्य रचना की अधिक क्षमता और शुद्ध उच्चारण की क्षमता भी पाई जाती है।

4. निर्देशन: बालकों की भाषा के विकास के लिए संरक्षकों और अध्यापकों आदि का निर्देशन भी आवश्यक है। कुछ लोगों को यह नहीं ज्ञात होता है कि भाषा सिखाने के लिए किस प्रकार निर्देशन दिया जाये। इसके लिए सर्वप्रथम आवश्यक यह है कि उनके सामने मॉडल शब्द (नमूना शब्द) बोले जायें जिनको बच्चे सरलता से सीख सकते हैं। यह शब्द बालक के सामने स्पष्ट ढंग से, धीरे-धीरे, सही उच्चारण के साथ बोले जायें। बालक की भाषा उतनी ही अच्छी विकसित होती है जितने अच्छे उसके सामने मॉडल प्रस्तुत किए जाते हैं। आवश्यकतानुसार बालक को शब्दों से सम्बन्धित वस्तुएँ दिखाकर शब्द सिखाए जायें तो बालक शब्द और उनका अर्थ जल्दी सीख जाता है और वह उनका प्रयोग भी शीघ्र सीख जाता है।

5. सामाजिक-आर्थिक स्तर: उच्च सामाजिक स्तर वाले बालक पहले बोलना, अधिक बोलना तथा अच्छी तरह बोलना अपेक्षाकृत शीघ्र सीखते हैं। लगभग पाँच वर्ष के बालकों में भी भाषा विकास पर सामाजिक-आर्थिक स्तर का स्पष्ट प्रभाव देखा जा सकता है। उच्च सामाजिक-आर्थिक स्तर वाले बालकों को चूंकि सुविधाएँ और अधिगम के अवसर अधिक प्राप्त होते हैं अत: उनका निम्न सामाजिक-आर्थिक स्तर वाले बालकों की अपेक्षा भाषा-ज्ञान अच्छा होता है और शीघ्र विकसित होता है।

6. यौन: प्रत्येक आयु के बालक, बालिकाओं से भाषा विकास में पीछे रहते हैं। लड़कियों का शब्द-भण्डार, वाक्य में शब्दों की संख्या, शब्द-चयन और वाक्य प्रयोग आदि सब कुछ लड़कों से अच्छा होता है। लड़कियाँ लड़कों की अपेक्षा जल्दी बोलना सीखती हैं।

7. पारिवारिक सम्बन्ध: भाषा के विकास पर माँ का प्रभाव सर्वाधिक पड़ता है। यह देखा गया है कि जब बालक के पारिवारिक सम्बन्ध घनिष्ठ और मधुर होते हैं तब बच्चे भाषा शीघ्र सीखते हैं। जिन बच्चों के पारिवारिक सम्बन्ध अच्छे नहीं होते हैं, उनमें अनेक भाषा सम्बन्धी दोष उत्पन्न हो जाते हैं। परिवार का आकार भी बालक के भाषा-विकास को प्रभावित करता है। बड़े परिवारों में बच्चे अधिक होते हैं। वहाँ बच्चे बच्चों का अनुकरण करके भाषा शीघ्र सीख लेते हैं।

8. व्यक्तित्व विशेषताएँ: जो बच्चे उत्साही होते हैं, उनमें शान्त प्रकृति के बच्चों की अपेक्षा भाषा शीघ्र विकसित होती है। उत्साही बच्चों की भाषा शीघ्र विकसित होती है। उत्साही बच्चों की भाषा बोलने की गति भी तीव्र होती है।

9. सामान्य वृद्धि दर: कुछ बच्चों में सामान्य या औसत से तीव्र या मन्द शारीरिक व मानसिक विकास होता है। ऐसे तीव्र विकास वाले बच्चों में भाषा विकास शीघ्र हो जाता है और वे बोलना शीघ्र ही सीख जाते हैं। इनकी शब्दावली विस्तृत होती है तथा ये शब्दों का उच्चारण भी सही ढंग से करते हैं। जिन बच्चों में विकास की गति मन्द होती है, वे अपने समान आयु वाले बालकों से पिछड़ जाते हैं। उनका भाषा विकास भी देर से होता है। अगर बुद्धि की दर औसत है तो बालक का भाषा विकास भी नियत समय पर सामान्य स्तर का होगा।

10. पर्यावरण का प्रभाव: बालक के भाषा विकास पर पर्यावरण का भी अत्यन्त प्रभाव पड़ता है। पर्यावरण के अन्तर्गत अभिभावक, पड़ोसी, साथी, भाई-बहन, अध्यापक, स्कूल एवम् पुस्तकों का महत्त्वपूर्ण स्थान है।

15.14 भाषा में उच्चारण दोष के कारण (Reasons for Wrong Speech)

1. अध्यापक का अपना अशुद्ध उच्चारण।
2. वर्णों के शुद्ध उच्चारण पर बल न देना।
3. अतिशीघ्रता तथा असावधानी से बोलना।
4. दोषपूर्ण बोलने की आदतें जैसे नाक से बोलना।
5. मनोवैज्ञानिक कारण जैसे भय तथा झिझकता से बोलना।
6. प्रान्तीयता, क्षेत्रीयता आदि।
7. शरीर सम्बन्धी दोष।

8. अन्य भाषाओं का दुष्प्रभाव।
9. अशुद्ध उच्चारण करने वाले व्यक्तियों से सम्पर्क।

15.15 भाषा विकास के कुछ प्रमुख उपाय (Important Measures for Language Development)

1. यन्त्र ध्वनि का ज्ञान समझना तथा उस पर बल देना।
2. ग्रामोफोन तथा लिंग्वाफोन का प्रयोग।
3. अध्यापक द्वारा अपना उच्चारण शुद्ध करना।
4. चित्र वर्णन (Picture Composition)।
5. छात्र को विभिन्न प्रकार के मौखिक तथा लिखित विवरणों के लिए प्रेरित करना–कहानी लिखना तथा कहना आदि।
6. बोलने का अभ्यास कराना–भाषण प्रतियोगिता आदि।
7. वाद–विवाद का आयोजन करना।
8. आवृत्ति और पुनरावृत्ति के नियम का उचित उपयोग।
9. अनुकरण विधि का प्रयोग–अच्छे नमूने प्रस्तुत करना।
10. पुस्तक के पाठ पर बल देना।
11. मानसिक स्वस्थता रखना।
12. सतर्कता तथा सावधानी बरतना।

16

ज्ञानात्मक विकास: पियाजे का सिद्धान्त तथा अवस्थाएँ–शिक्षण प्रभाव

(Cognitive Development: Piaget's Stages of Intellectual Development and Their Educational Implications)

16.1 ज्ञानात्मक विकास का महत्त्व (Significance of Cognitive Development)

शैशवावस्था से प्रौढ़ावस्था तक बालक के शारीरिक और सामाजिक विकास के साथ ही ज्ञानात्मक अथवा मानसिक विकास होता रहता है। बिना मानसिक विकास के उपयुक्त सामाजिक विकास सम्भव नहीं। यह देखा गया है कि जिस बालक का मानसिक विकास समुचित ढंग से हुआ है। वह प्रत्येक कार्य को ठीक प्रकार से कर सकता है। एक प्रकार से कहा जा सकता है कि विद्यालय में बालक के शारीरिक, क्रियात्मक, गामक तथा सामाजिक विकास की अपेक्षा ज्ञानात्मक विकास का बहुत अधिक महत्त्व है। अत: ज्ञानात्मक विकास से सम्बन्धित तत्त्वों का जानना बहुत आवश्यक है।

16.2 ज्ञानात्मक विकास का अर्थ (Meaning of Cognitive Developments)

ज्ञानात्मक विकास का तात्पर्य ऐसी क्रियाओं से है जिनमें चिन्तन, प्रत्यक्षीकरण और समस्या का समाधान निहित है। साधारण भाषा में ज्ञानात्मक क्रियाएँ बौद्धिक क्रियाएँ कहलाती हैं। ज्ञानात्मक विकास का अर्थ है–समझने की शक्ति, स्मृति, तर्कशक्ति तथा बुद्धि का विकास।

16.3 ज्ञानात्मक विकास की प्रक्रिया (Process of Cognitive Development)

जन्म के थोड़े ही घंटों के पश्चात् ज्ञानात्मक क्रियाएँ प्रारम्भ हो जाती हैं। जब बच्चा तीस घंटे का होता है तो वह अधिक प्रकाश मिलने पर अपनी आँखों को मचकाने लगता है अर्थात् उसकी ज्ञानात्मक प्रतिक्रियाएँ प्रारम्भ हो जाती हैं और वह अधिक प्रकाश से बचने के लिए अपनी आँखों को बन्द करने लगता है। जब बच्चा दो-तीन दिनों का हो

जाता है तब तेज स्वर उसे चौंका देता है। वह काँप उठता है और अपनी आँखों को फाड़-फाड़कर हैरानी से देखता है।

बालक की पाँच ज्ञानेन्द्रियाँ हैं: आँख, नाक, कान, जीभ तथा त्वचा। इन ज्ञानेन्द्रियों का काम बालक को उत्तेजित करना होता है ये उत्तेजनाएँ भी पाँच प्रकार की होती हैं। आँख के प्रकाश द्वारा, कान की आवाज द्वारा, नाक की गन्ध, जीभ का स्वाद तथा त्वचा की ज्ञानेन्द्री स्पर्श द्वारा उत्तेजना ग्रहण करती है। बच्चे में धीरे-धीरे सभी ज्ञानेन्द्रियाँ सचेष्ट एवं क्रियाशील हो जाती हैं। इन्हीं समस्त शक्तियों के सामूहिक सन्तुलित एवं पूर्ण विकास को ही हम ज्ञानात्मक विकास की संज्ञा देते हैं।

संज्ञान (Cognition): वह मानसिक प्रक्रिया है जिसके द्वारा जीव की किसी वस्तु, घटना या परिस्थिति का बोध होता है अथवा ज्ञान प्राप्त होता है। इसके अन्तर्गत प्रत्यक्षीकरण पहचान है तर्क, निर्णय तथा अवधारण जैसी मानसिक क्रियाएँ संहित होती हैं। तीन कोटियाँ जिनमें समस्त मानसिक क्रियाएँ वर्गीकृत की जाती हैं वे हैं संज्ञान (Cognition), भावबोध (Affection) और क्रियावृत्ति (Connation), उदाहरणार्थ अचानक सामने भूमि पर रेंगते हुए जीव को देखकर सर्प का बोध होता है। (संज्ञान) फलस्वरूप भय की संवेगात्मक अनुभूति होती है, (भावबोध) तदुपरान्त भागने की तत्परता या क्रिया होती है। (क्रियावृत्ति)। आजकल यह माना जाता है कि यदि छात्र किसी शैक्षिक परिस्थिति के सब पार्श्वों को संज्ञान समझ लेता है तो सर्वोत्तम होता है।

16.4 ज्यां पियाजे (J. Piaget 1896–1980) के संज्ञात्मक विकास पर विचार

बीसवीं सदी में स्विस (Switzerland) निवासी मनोवैज्ञानिक ज्यां पियाजे ने अपने शोध प्रयोगों द्वारा बाल-मनोविज्ञान सम्बन्धी क्रान्तिकारी सिद्धान्त प्रतिपादित किए हैं। पियाजे ने बच्चों के मन की परतों को उधेड़ा और उनके सीखने की प्रक्रिया की सूक्ष्म व्याख्या की है। पियाजे के क्रान्तिकारी विचारों ने शिक्षाविदों को शिक्षाक्रम, पाठ्य-पुस्तकों और शिक्षण सामग्री सम्बन्धी प्रचलित अवधारणाओं में मूलभूत परिवर्तन करने को उत्प्रेरित किया है।

बचपन और किशोरावस्था के दौरान उन्होंने ऊँचे दर्जे की बौद्धिक प्रौढ़ता का परिचय दिया। जब वे दस वर्ष के थे तो पब्लिक पार्क में देखी गौरैया पर उनका पहला विवरणात्मक लेख छपा था। 15 वर्ष की उम्र में जेनेवा के संग्रहालय में गोलस्क विभाग के क्यूरेटर बने। 18 वर्ष की उम्र में नेक्टाल विश्वविद्यालय से डिग्री प्राप्त कर ली। अगले तीन वर्षों से प्रकृति विज्ञान विषय में डाक्टरेट की डिग्री ली। 21 वर्ष की उम्र तक पियाजे के 20 शोध लेख प्रकाशित हो चुके थे। पियाजे ने लगभग 40 पुस्तकें लिखी हैं, जिनमें अधिकांश बालक के सीखने सम्बन्धी हैं।

प्रकृति विज्ञान के अध्ययन से मनोविज्ञान का अध्ययन: प्रकृति विज्ञान के अलावा पियाजे ने समाजशास्त्र, धर्म एवं दर्शनशास्त्र का गहन अध्ययन किया। दर्शनशास्त्र से ही उनकी रूचि ज्ञान-मीमांसा (एपिस्टैमोलोजी) की ओर प्रवृत्त हुई। प्राणिविज्ञान तो पियाजे का आधार था ही। उन्होंने सोचा कि क्यों न ज्ञान-मीमांसा सम्बन्धी समस्याओं के समाधान हेतु जीव-विज्ञान के सिद्धान्तों का उपयोग किया जाए। वस्तुतः ज्ञान-मीमांसा व प्राणि-विज्ञान के मध्य किसी सेतु की तलाश करते-करते वे मनोविज्ञान के लोक में जा पहुँचे।

बच्चों का संज्ञात्मक विकास: डाक्टरेट करने के पश्चात् पियाजे मनोविज्ञान का अध्ययन करने की इच्छा से यूरोप की प्रयोगशालाओं, क्लिनिक एवं विश्वविद्यालयों में गए। इसी बीच कुछ अर्से तक पेरिस में अल्फ्रेड बिने (Alfred Binnet) की प्रयोगशाला में उन्होने काम किया। फ्रेंच स्कूल बच्चों की बुद्धि परीक्षा लेते-लेते जिस बात ने उनका ध्यान खींचा, वह थी बच्चों के गलत उत्तर। पियाजे सोचने लगे कि बच्चे गलत उत्तर क्यों देते हैं? बच्चे सोचते केसे हैं? ज्ञान केसे हासिल करते हैं? पियाजे की इसी जिज्ञासा ने संज्ञानात्मक विकास (Cognitive Development) के लिए महान् कार्य की ओर प्रेरित किया।

16.5 पियाजे के बाल-मनोविज्ञान/विकास पर महत्त्वपूर्ण प्रकाशन

Important Publications of Piaget on Education and Chid Psychology/ Development:

1. *The Language of Thought of the Child (1923).*
2. *Judgement and Reasoning in the Child (1924).*
3. *The Child's Conception of the Physical World (1926).*
4. *The Moral Judgement of the Child (1932).*
5. *The Origin of Intelligence in the Child (1937).*
6. *The Child's Conception of Number (1941).*
7. *The Child's Construction of Physical Quantities (1942).*
8. *Play Dreams and Imitations in Childhood (1945).*
9. *The Child's Conception of Time (1946).*
10. *The Child's Conception of Movement and Speed (1946).*
11. *The Construction of Reality in the Child (1947).*
12. *The Child's Conception of Space (1948).*
13. *The Psychology of Intellgence (1950).*
14. *Logic and Psychology (1953).*
15. *The Construction of Reality in the Child (1954).*
16. *The Strategy of Genes (1957).*
17. *The Growth of Logical Thinking from Childhood to Adolescence (1958).*
18. *The Child's Conception of Geometry (1962).*
19. *The Early Growth of Logic in the Child (1964).*
20. *Mental Imagery in the Child (1969).*
21. *The Mechanism of Perception (1969).*
22. *The Psychology of the Child (1969).*
23. *Science of Education and the Psychology of the Child (1969).*
24. *The Origin of the Idea of Chance in Children (1975).*

पियाजे ने बच्चों की गतिविधियों का बहुत नजदीकी से बारीक अध्ययन किया। बच्चे चाहे घरों में हों या स्कूलों में, जिन क्षणों में अत्यन्त सहज व स्वाभाविक रूप से

पढ़ते-लिखते, खेलते-खाते पियाजे उन्हें घंटों तक अनथक रूप से देखते रहते। विभिन्न आयु वर्ग के बच्चों की हरकतें अनवरत रूप से देखने और मिनट-दर-मिनट उनका लेखा जोखा रखने का काम अत्यन्त कठिन था, पर पियाजे वर्षों तक इसे अभिरूचि व आनन्दपूर्वक करते रहे। तब उन्होंने मानव मस्तिष्क के एक सर्वथा अनछुए क्षेत्र के सम्बन्ध में एक नई दृष्टि दुनिया के सामने रखी, जिसे हम संज्ञानात्मक विकास (कॉग्निटिव डवलपमेंट) के नाम से जानते हैं।

पियाजे का कहना है कि बुद्धि का विकास जन्म के साथ जुड़ा हुआ नहीं है। ज्यों-ज्यों शरीर एवं अवयवों का विकास होता रहता है, त्यों-त्यों स्वत: बुद्धि विकसित होती रहती है। लेकिन इस विकास के लिए उपयुक्त क्रियाएँ जरूरी हैं। बच्चा जन्म के साथ ही अंग एवं अवयव संचालन आदि दैहिक क्रियाओं से लैस होकर आता है, वही आगे चलकर उन्हें सोचने-विचारने का एक पूरा तन्त्र प्रदान करती है।

16.6 मानसिक विकास के चरण (Stages of Mental Development)

बच्चे जन्म से लेकर किशोरावस्था तक किस तरीके से सोचते हैं, इस पक्ष पर पर्याप्त खोज करने के पश्चात् पियाजे ने बच्चों के विभिन्न आयु वर्ग के बीच उनके मानसिक विकास की क्रमिकता को देखा, परखा और उसे चार चरणों में विभाजित किया।

पहला चरण संवेदात्मक गामक काल (Sensory Motor Period): जन्म से लेकर दो वर्ष की आयु तक के चरण में इन्द्रियों के जरिये बच्चा प्राथमिक अनुभव प्राप्त करता है। बाहरी वातावरण और उसकी इन्द्रियों के बीच पारस्परिक आदान-प्रदान होने से इस चरण में मानसिक क्रियाएँ घटित होती हैं। प्रारम्भ में चीजों का होना न होना उसके लिए कोई अर्थ नहीं रखता। किसी वस्तु को देखते-देखते जब वह चीज आँखों से ओझल हो जाती है तो बच्चे के लिए उसका अस्तित्व ही समाप्त हो जाता है। शैशवावस्था में बच्चा शुद्ध तात्कालिक अनुभवों तक सीमित रहता है। इन्द्रिय एवं गतिबोध के इस प्रारम्भिक चरण की समाप्ति तक चारों ओर के वातावरण में वह निरन्तर अनुभव करने लगता है। बगैर भाषा के अपने अनुभवों को व्यक्त करने का इन्द्रियों के अतिरिक्त उसके पास कोई और तरीका नहीं होता। वस्तुओं को एक टक देखता जाएगा, भूख लगेगी तो चीखेगा इस भय में होने वाली समस्त इन्द्रियाँ एवं अवयव सम्बन्धित क्रियाएँ ही उसकी बौद्धिक क्रियाएँ होंगी।

दूसरा चरण (दो से सात वर्ष) प्रत्यात्मक चिन्तन की तैयारी का काल (The Period of Preparation for Conceptual Thought): इस चरण में बच्चे की सोचने की क्षमता में परिवर्तन आता है। अपने चारों ओर देखने वाली चीजों के बारे में वह सोचना शुरू करता है। प्रतीकों (Symbols) का सहारा लेने लगता है। अनेक प्रकार के प्रतीक उसका याददाश्त में जुड़ते जाते हैं। शब्दों का उच्चारण करने लगता है। कई बार तो एक ही शब्द कई वस्तुओं के लिए व्यवहार में लाता है। अन्त: बोध के इस दूसरे चरण में बच्चे की पहचान क्षमता में परिवर्तन आने लगता है। शब्दज्ञान में भारी वृद्धि होती है। न सिर्फ शब्दों की समझ बढ़ती हैं अपितु वह स्वत: उनका प्रयोग भी करने लगता है। दो वर्ष का बच्चा औसतन 200-300 शब्दों की समझ रखता है। जबकि पाँच वर्ष की उम्र तक शब्द में 100 प्रतिशत वृद्धि देखने से आती है। दो वर्ष का बच्चा एक या दो शब्दों का वाक्य

बोलता है जबकि साल भर के अन्दर-अन्दर आठ से दस शब्दों का वाक्य बोलने की क्षमता अर्जित कर लेता है और वह भी व्याकरण की दृष्टि से बिल्कुल सही।

भाषा शिक्षण को लेकर इस चरण में बच्चे में जबरदस्त परिवर्तन देखा जाता है, बड़े बुजुर्गों से बातचीत करना, छोटे-छोटे गीत गाना और इस प्रकार स्वयं को सम्प्रेषित करना बच्चा सीखता है। उसके भाषायी विकास के लिए अभिभावक को अधिकाधिक सहायता करनी चाहिए। इस आयु के दौरान भाषा-ज्ञान में रही कमी आगे के वर्षों में भी देखने को मिलती है। इसका यह अर्थ नहीं कि बच्चों को भाषा-ज्ञान हेतु शिक्षण दिया जाए। इस उम्र के बच्चे खिलौनों को वास्तविक मानते हैं। तरह-तरह के बेसिर-पैर की बातें बनातें हैं, अकेले बैठे घंटों अपने आप से बाते करते रहते हैं। पियाजे इससे 'कलेक्टिव मोनोलाग' कहते हैं। ऐसे बच्चों से कहानी सुनाने को कहें तो अनेकानेक कहानियाँ सुना देंगे। बोलते समय आप महसूस करेंगे कि वे अपने आप में खोए हुए हैं-उनका सोचना, उनका बोलना नितान्त स्वकेन्द्रित है। दूसरे की बातों में उनकी रूचि नहीं होती। वस्तुत: 'क्लेक्टिव मोनोलोग' भाषिक अभ्यास की एक पद्धति है जिसके द्वारा किसी और की प्रतीक्षा किए बगैर बच्चे स्वत: बातचीत में व्यस्त रहते हैं। भाषिक अभिव्यक्ति की क्षमता का जहाँ तक प्रश्न है, इस चरण में बच्चे सर्वाधिक ग्राह्य रहते हैं। वे एक ख्याली दुनिया में खोए रहते हैं, यथार्थ का उनके लिए विशेष अर्थ नहीं। यही कारण है कि नाटे व चौड़े गिलास की बजाय, पतले व लम्बे गिलास में उन्हें दूध ज्यादा नजर आएगा और वे उसी को चुनेंगे। दूध की मात्रा को लेकर कमी-बेश की बात आप बच्चे को समझाना चाहेंगे तो उसकी समझ में नहीं आएगी। इस वय के बच्चे की मन:स्थिति को समझते हुए आप कुछ शैक्षिक सामग्री देना चाहें तो काफी सावधानी बरतने की जरूरत है।

इस आयु वर्ग का बालक स्वच्छन्दताप्रिय और अत्यन्त कल्पनाशील होता है। यह सच है कि उसके तर्क में निरन्तर कमी होती है, पर सृजनात्मक कार्यों एवं समस्याओं में मौलिक समाधान की दृष्टि से आत्मबोध का यह काल सर्वाधिक उर्वर काल माना जाता है। कल्पनाशीलता की प्रचुरता बच्चों का यथार्थ की सीमाओं से मुक्त रखती है। परिणामत: वे अधिक सृजनशील होते हैं।

तीसरा चरण (सात से ग्यारह वर्ष तक) (The Period of Cognitive Thought): इस चरण में पियाजे के अनुसार अधिक व्यवहारशील एवं यथार्थ होते हैं। वे सच्चाई को समझ जाते हैं। पारिवारिक रिश्ते उनकी समझ में आने लगते हैं तथा छोटे-बड़े गिलास व पानी के अनुपात का मर्म उन्हें समझ आने लगता है। अब वे किसी चीज को नाप-तोल सकते हैं ताकि कोई उन्हें मूर्ख न बना सके। उन्हें स्वप्न और वास्तविकता का फर्क तो समझ में जा जाता है पर वास्तविक स्थितियों से उन्हें क्या निष्कर्ष निकालना चाहिए, यह समझ में नहीं आता। पाँच वर्ष के बच्चे से पूछें कि स्वप्न क्या होता है तो बोलेगा कि वो जो बिस्तर पर लेटने पर आता है और मूवी की तरह देखा जाता है। यह बात नौ वर्ष वाले से पूछो तो कहेगा-दिमाग के अन्दर बनने वाले मानसिक बिम्ब को स्वप्न कहते हैं।

मूर्त क्रियाओं के इस चरण में बच्चों को सोचना-विचारना क्रमश: अभिघात्मक होने लगता है। इस वय में बच्चों को स्कूल में पढ़ने भेजना अधिक लाभप्रद होता है। जहाँ उन्हें तरह-तरह के कौशल सीखने का अवसर सुलभ होता है।

चौथा चरण (ग्यारह से सोलह वर्ष)(The Period of Conceptional Development): इस चरण में, जो किशोरावस्था के आसपास का समय होता है, बच्चे किसी भी विषय के सम्बन्ध में सामान्य रीति से सोचना शुरू कर देते हैं। उनके सोचने में तर्क स्वतः आ जाता है, सम्बद्धता, क्रमबद्धता, बातों की बारीकी, छल-छन्द आदि वे समझने लगते हैं। प्रतीकात्मक शब्दों, उपमाओं व रूपकों का आशय भी जान जाते हैं।

पियाजे के द्वारा प्रतिपादित संज्ञात्मक विकास के उक्त चारों चरणों में एक बात समान रूप से सर्वत्र विद्यमान है और वह है क्रिया (एक्टीविटी)। सीखने में क्रिया की आधारिक भूमिका है। पियाजे के इन विचारों को शिक्षा की रूपरेखा बनाते समय मुख्यतया प्रत्येक कक्षा के पाठ्यक्रम के निर्माण के समय ध्यान में रखा जाना चाहिए।

16.7 पियाजे के सिद्धान्तों पर शिक्षण सामग्री (Play Material on Piaget's Principles)

पियाजे ने छात्रों के विकास के लिए अनेक प्रकार की खेल क्रियाएँ बनाई। इस प्रकार की दो क्रियाओं का ब्यौरा दिया जा रहा है:

खेल क्रिया न. 1

निपुणता: वस्तुओं के आकारों का प्रेक्षण, समानताओं तथा भिन्नताओं को पहचानना।

सामग्री: 12-18 इंच के दो टैन बौर्ड तथा कार्ड बोर्ड, रंगदार पैंसिलें, छोटी वस्तुएँ, ब्लाक, चाबी, कंघा, पुस्तकें, बटन, खिलौने, पेपर, क्लिप, ढकने आदि।

क्रिया: छात्र डिब्बे में से एक समय में एक वस्तु निकालता है और उसका नाम बताता है और वह उसी वस्तु को उचित स्थान पर रखने का प्रयास करता है। इसी प्रकार की क्रियाओं में बच्चें बहुत रूचि रखते हैं।

अध्यापक द्वारा कार्य आरम्भ करना: अध्यापक इस प्रकार से बच्चों के साथ वार्तालाप करते हैं। क्या आप इस कुंजी की शक्ल बता सकते हैं? आपने इसको चुना है। कौन-सी वस्तु गोल है? कितनी वस्तुएँ सही हैं? कितनी सफेद हैं? कितनी लाल हैं। इन सभी वस्तुओ की मुझे दिखाओ। उस वस्तु को बताओ जिससे ताला खुलता है आदि।

खेल क्रिया न. 2

इस खेल द्वारा बच्चा अपने प्राकृतिक वातावरण के बारे में जानकारी प्राप्त करता है। किस प्रकार के पशु-पक्षी है, वे कहाँ रहते हैं उनके केसे चित्र बनाये जाते हैं।

सामग्री: 9 से 12 टैग, कागज की शीटें, तस्वीरें, पानी, भूमि में, हवा में देखते हुए पशुओं के चित्र जो कि पानी में, वायु में तथा भूमि पर रहते हैं।

क्रिया: बच्चे उपयुक्त वर्ग के पक्षियों की तस्वीरें छाँटते और उनको उचित स्थान पर इकट्ठा करते हैं।

अध्यापक द्वारा क्रिया: अध्यापक निम्नलिखित प्रकार के प्रश्न छात्र से पूछता है:

1. कौन से पशु जल में रहते हैं?
2. कौन से पक्षी वायु में रहते हैं?
3. कौन से पशु भूमि पर रहते हैं?
4. एक ऐसा पशु बताओ जो भूमि पर रहता है और पानी में।

5. क्या आप सबसे छोटे और बड़े पक्षी का नाम बता सकते हो, आदि।

पियाजे के विचारों का सारांश: मोटे तौर पर उनकी निम्नलिखित मान्यताएँ थी:

1. बच्चा प्रौढ़ नहीं है।
2. बच्चा खाली बर्तन नहीं जिसे धीरे-धीरे ज्ञान से भरा जाता है।
3. बच्चे का अपना स्वतन्त्र व्यक्तित्व है।
4. बच्चे का बौद्धिक विकास एक निश्चित और निर्धारित क्रम और चरणों में होता है।
5. बुद्धि का विकास जन्म के साथ बँधा हुआ है। ज्यों-ज्यों शरीर एवम् अवयवों का विकास होता रहता है त्यों-त्यों स्वत: बुद्धि विकसित होती जाती है।
6. बुद्धि के विकास के लिए उपयुक्त क्रियाएँ जरूरी हैं।
7. बच्चा जन्म से ही अंग एवम् अवयव संचालन आदि दैहिक क्रियाओं से लैस होकर आता है! आगे चलकर उसे सोचने-विचारने का एक पूरा तन्त्र प्रदान करती हैं।
8. शिक्षक बच्चे के लिए सीखने, खोजने और अपने स्वतन्त्र निष्कर्ष निकाल सकते के लिए उपयुक्त वातावरण निर्मित करें।
9. कक्षा में पढ़ते समय, खेल के मैदान में और अनौपचारिक क्षणों में भी बच्चे के प्रति हममें गहरी सहानुभूति होनी चाहिए।
10. बच्चे को स्नेह और सम्मान मिलना चाहिए।
11. सीखने में क्रिया की आधारिक भूमिका है।

16.8 ज्ञानात्मक विकास को प्रभावित करने वाले कारक (Factors Affecting Congnitive Development)

1. ज्ञानेन्द्रियाँ (Sense Organs): जब ज्ञानेन्द्रियाँ दोषपूर्ण होती हैं, तब बालक को होने वाली संवेदना और प्रत्यक्षीकरण दोषपूर्ण हो सकता है। उदाहरण के लिए यदि बालक को कम सुनाई पड़ता है तो सुनने से सम्बन्धित उसमें जो प्रत्यय विकसित होंगे वे त्रुटिपूर्ण होंगे।

2. बौद्धिक क्षमताएँ (Intellectual Abilities): बौद्धिक क्षमताओं में बालक की बुद्धि, तर्क, चिन्तन, कल्पना और स्मृति आदि योग्यताओं का विकास यदि सामान्य ढंग से हुआ है तो बालक अपने चारों ओर के वातावरण की चीजों के ज्ञान को सामान्य ढंग से अर्जित करेगा। यदि उसकी ये योग्यताएँ सामान्य नहीं है, तो निश्चय ही बालक गलत प्रत्यक्षीकरण करेगा।

3. परिपक्वता (Maturation): बालक के प्रत्ययों का विकास अप्रत्यक्ष रूप से परिपक्वता से भी प्रभावित होता है। एक आयु-विशेष में सही और सामान्य प्रत्ययों के विकास के लिए आवश्यक है कि उसकी मानसिक परिपक्तवता आयु के अनुसार हो। यदि यह आयु के अनुसार नहीं है, तो बालक अपनी आयु के अनुसार उद्दीपकों के अर्थ को समझने में असमर्थ होगा।

4. सीखने के अवसर तथा सामाजिक वातावरण (Learning Opportunities): प्रत्ययों के विकास की मात्रा तथा प्रत्ययों के गुण, दोनों ही सीखने के लक्ष्य प्राप्त करना। समस्या समाधान में तीन चरण होते हैं-(1) छात्रों के सम्मुख समस्या इस प्रकार से रखी जाती है जिससे उनमें उत्प्रेरणा हो, (2) अनुमानित हल की खोज तथा (3) मूल्यांकन तथा निष्कर्ष।

तर्क करना (Reasoning): उच्च स्तर की एक ज्ञानात्मक क्रिया जो विचारों को सम्बन्धित एवं व्यवस्थित रूप देकर निष्कर्ष तक पहुँचाती है। इसमें कुछ नियमों और सिद्धान्तों के आधार पर दी गई सामग्री का विश्लेषण तथा विवेचन करके कुछ परिणाम निकाले जाते हैं या किसी समस्या का निराकरण किया जाता है।

चिन्तन (Thinking): चिन्तन एक ज्ञानात्मक क्रिया है जो प्रत्यक्षीकरण और स्मृति-दोनों पर ही निर्भर करती है। प्रत्यय और सिद्धान्त हमारे चिन्तन का संचालन करते हैं। चिन्तन में वस्तुओं का विश्लेषण होता है। चिन्तन निरीक्षण के क्षेत्र में वृद्धि करता है।

गहरे चिन्तन के लिए यह आवश्यक है कि हमारे मस्तिष्क के अन्दर इन वस्तुओं के सम्बन्ध में जिनके विषय में हम चिन्तन कर रहे हैं, स्पष्ट प्रत्यय हो, प्रत्यक्ष विचारधाराएँ हों और हमें प्रयोग में आने वाले शब्दों की भाषा ज्ञात हो। पूर्ण और सही प्रत्यय के बिना चिन्तन नहीं होता।

चिन्तन उस घटना अथवा अनुभव के सम्बन्ध में भी हो सकता है जो न कभी घटी हो और न जिसके घटने की सम्भावना हो। परियों, भूतप्रेतों, आदि के विचार इसके उदाहरण हैं।

16.9 ज्ञानात्मक विकास पर घर तथा स्कूल के वातावरण का प्रभाव (Impact of Home and School Environment on the Cognitive Development)

संज्ञानात्मक विकास पर पर्यावरण का बहुत प्रभाव पड़ता है। अनुकूल पर्यावरण का होना बहुत आवश्यक है। माता-पिता तथा अध्यापकों को बालकों के उचित विकास के लिए अनुकूल वातावरण उपलब्ध कराने के लिए भरसक प्रयास करने चाहिए।

विद्यालय में बच्चों को ऐसा वातावरण प्रदान करना चाहिए जिसमें उनको ऐसी समस्याओं को हल करने का अभ्यास हो, जो सूझ-बूझ और साहस की माँग करती हैं। इस प्रकार छात्र सूझ-बूझ के आधार पर चिन्तन और तर्क करना सीख सकता है।

अध्यापकों को चाहिए कि यथासम्भव छात्रों को प्रश्न करने के लिए प्रेरित करें। यह तो स्पष्ट है कि बच्चों के प्रश्नों द्वारा सभी पाठ्यसामग्री, पढ़ाई तथा नहीं जा सकती, परन्तु फिर भी आधुनिक शिक्षा की दृष्टि से यह रीति अधिक उपयोगी है।

छात्रों के लिए ऐसी परिस्थितियाँ प्रदान की जाएँ जिनमें वे नये-नये प्रयोग कर सकें। उनके लिए एक ऐसा कमरा होना चाहिए जिसमें बच्चे अपने खेलने का सामान, चित्रकारी के लिए रंग इत्यादि रंख सकें।

अध्यापकों को कभी अपने छात्रों में यह भावना उत्पन्न नहीं होने देनी चाहिए कि वे मानसिक दृष्टि से इतने हीन हैं कि वे कुछ भी नहीं कर सकते। साथ ही इस प्रकार की भावना भी नहीं उत्पन्न होने दी जाए कि वे इतने उच्च कोटि के हैं कि वे दम्भ से भर जाएँ।

बच्चों के ज्ञानात्मक दृष्टि से सबसे आवश्यक बात तो यह है कि बच्चे जैसे हों, उन्हें उसी रूप में स्वीकार किया जाए। जो बालक दुर्बल बुद्धि का है, उससे सामान्य बुद्धि के बालक के मानसिक कार्यों की अपेक्षा करना अनुचित है।

17

गत्यात्मक अथवा क्रियात्मक विकास
(Motor Development)

17.1 गत्यात्मक विकास का अर्थ तथा परिभाषा (Meaning of Motor Development and Definition)

क्रियात्मक विकास का अर्थ है बालक के शरीर की मांसपेशियों की क्रियाओं अथवा शारीरिक गतियों पर नियन्त्रण। यह विकास नाड़ियों और मांसपेशियों के संयोजन द्वारा सम्भव है। क्रियात्मक विकास के अन्तर्गत बालक की शक्ति, गति तथा मांसपेशियों के उचित उपयोग की क्षमता में आ जाने से। पैरों का उचित उपयोग भी इसमें सम्मिलित हैं।

बालक का संवेगात्मक व्यवहार एवं उसका मानसिक विकास बहुत सीमा तक उसके क्रियात्मक विकास पर निर्भर होता है।

क्रो तथा क्रो (L.D. Crow and L. Crow): ने क्रियात्मक योग्यता को इस प्रकार परिभाषित किया, "क्रियात्मक योग्यता का तात्पर्य उन विभिन्न प्रकार की शारीरिक गतियों से है जो कि नाड़ियों और मांसपेशियों के संयोजन के द्वारा सम्भव है"।

जेम्स ड्रेवर (James Drever) ने लिखा है, "क्रियात्मक योग्यता संरचना और कार्यों से है जो मांसपेशियों की क्रियाओं से सम्बन्धित हैं अथवा इसका सम्बन्ध जीव की उस प्रतिक्रिया से है जो वह किसी परिस्थिति के प्रति करता है।"

ई.बी. हरलॉक (E.B.Hurlock) ने कहा है, "शरीर की विभिन्न माँसपेशियों पर नियन्त्रण का विकास ही क्रियात्मक विकास है।"

17.2 क्रियात्मक विकास का महत्त्व (Significance of Motor Development)

क्रियात्मक योग्यताओं के विकास के माध्यम से बच्चा अपने शरीर पर नियन्त्रण रख सकता है तथा व्यवस्थित रूप से विभिन्न शारीरिक अंगों का प्रयोग करना सीखता है। सामाजिक सम्पर्क के लिए भी यह विकास महत्त्वपूर्ण है। यह भी देखा गया है कि जो बच्चे चल-फिर नहीं सकते, उनकी बुद्धि का विकास भी कम होता है। क्रियात्मक विकास बालक के जीवन पर निम्नलिखित प्रभाव डालता है:

1. बालक का क्रियात्मक विकास जितना अच्छा होगा, बालक में उतनी ही अधिक क्रियाशीलता होगी।

2. उपयुक्त समाजीकरण बालकों के उचित क्रियात्मक विकास पर निर्भर है।
3. उचित क्रियात्मक विकास से बालक को आत्म-आनन्द प्राप्त होता है।
4. उचित क्रियात्मक विकास से बालक में आत्म-निर्भरता आती है।
5. बालक की क्रियात्मक योग्यताओं और कौशलों का विकास बालक के व्यक्तित्व को महत्त्वपूर्ण ढंग से प्रभावित करता है।
6. उचित क्रियात्मक विकास से आत्म विश्वास बढ़ता है।
7. उचित क्रियात्मक विकास अध्ययन में बहुत सहायक सिद्ध होता है।

क्रियात्मक योग्यताओं के प्रकार (Types of Motor Ability): प्राय: इन्हें, दो भागों में बाँटा जाता है।

1. *साधारण क्रियात्मक योग्यताएँ:* ये योग्यताएँ वे हैं, जिनमें सम्पूर्ण शरीर के अधिकांश भाग का उपयोग होता है, जैसे टहलना, दौड़ना, कूदना, फेंकना, तैरना, स्केटिंग आदि।

2. *विशिष्ट अथवा सूक्ष्म क्रियात्मक योग्यताएँ:* इनमें केवल छोटी मांसपेशियों का सहयोग होता है। सम्पूर्ण शरीर के अंगों की आवश्यकता नहीं पड़ती। उदाहरण के लिए-चित्र बनाना, लिखना, औजारों का प्रयोग आदि।

17.3 क्रियात्मक विकास की विशेषताएँ (Characteristics of Motor Development)

बालक के क्रियात्मक विकास की कुछ प्रमुख विशेषताएँ निम्न प्रकार से हैं:

1. विकास पहले सिर के क्षेत्र में और फिर धीरे-धीरे मुख, गर्दन, धड़ और पैरों के क्षेत्र में।
2. क्रियात्मक विकास सामान्य से विशिष्ट की ओर।
3. क्रियात्मक विकास बड़ी से छोटी मांसपेशियों की ओर।
4. क्रियात्मक विकास में कुछ भविष्यवाणी योग्य अवस्थाएँ।
5. क्रियात्मक विकास अधिगम और परिपक्वता की अन्त:क्रिया के फलस्वरूप होना।
6. क्रियात्मक क्रियाओं में यौन अन्तर होना।

17.4 महत्त्वपूर्ण क्रियात्मक विकास (Significance Motor Development)

निम्नलिखित क्रियात्मक विकास बहुत महत्त्वपूर्ण हैं:

1. **हाथ प्रयोग की शक्ति का विकास:** हाथ मानव शरीर के अत्यन्त महत्त्वपूर्ण अंग हैं। हाथ के द्वारा ही बच्चा अपने शरीर के बारे में जानता है। बच्चा दाहिने या बाएँ का उपयोग करे यह ध्यान देने की बात है। उचित हाथ के प्रयोग की समस्या बहुत महत्त्वपूर्ण है क्योंकि आमतौर पर दाहिने हाथ का प्रयोग अधिक होता है और हमारे सभी दैनिक जीवन के कार्य दाहिने हाथ से ही सम्बन्धित होते हैं अगर बच्चा बाएँ हाथ से कार्य करने लगे तो उसके सामाजिक समंजन में रूकावट आ सकती है।

संसार के लगभग 95 प्रतिशत व्यक्ति दाएँ हाथ का प्रयोग करते हैं। संसार के सभी देशों में जो उपकरण तथा यंत्र आदि बने हैं अथवा बन रहे हैं वे सभी दाएँ हाथ का प्रयोग करने वाले व्यक्तियों को ध्यान में रखकर बनाए गए हैं।

बाएँ हाथ का प्रयोग करने वालों को व्यंग्य का लक्ष्य बनाना उचित नहीं है। वाम हस्त होते हुए भी बालक किसी कौशल में सामान्य व्यक्तियों की भाँति कुशलता प्राप्त कर सकता है।

2. *लिखना*: हाथ से सम्बन्धित अनेक क्रियाएँ हैं। लिखना उनमें से एक है। लिखना शुरू में सामूहिक क्रिया होती है। इसमें बच्चा अपने सम्पूर्ण शरीर का उपयोग करता है। जैसे-जैसे लिखने की योग्यता का विकास होता जाता है वैसे-वैसे क्रियाएँ कम होती जाती हैं और हाथ एवं अगुँलियों का चलना केवल रह जाता है।

2 वर्ष की आयु में बच्चा पेन्सिल पकड़कर टेढ़ी-मेढ़ी ऐसी लकीरें खींच सकता है जिसका हम कोई अर्थ नहीं निकाल सकते। इस लिखावट को बच्चे केवल स्वयं अपने आप समझ सकते हैं। बाद में धीरे-धीरे करके बच्चे शब्द लिखना सीखते हैं।

3½ वर्ष का बालक कुछ बड़े अक्षरों को लिखना सीख जाता है। पाँच वर्ष की अवस्था में वह छोटे-छोटे वाक्य लिखना शुरू कर देता है। अक्षरों का आकार छोटा हो जाता है। छः वर्ष का बालक शब्दों और वाक्यों की नकल कर सकता है।

3. *खेलना*: बचपन से ही बच्चे में खेल की स्वाभाविक रूचि होती है। शुरू के तीन वर्षों में बच्चे अकेले खेलना पसन्द करते हैं। इन खेलों में बच्चे एक ही क्रिया को बार-बार दोहराते हैं। इस आयु में बच्चे खिलौने, हाथ एवं कपड़ों से खेलते हैं तथा उन्हें दूसरों का हस्तक्षेप अच्छा नहीं लगता।

दो साल में बच्चे दूसरों की नकल करना शुरू कर देते हैं। इस अवस्था में वे काल्पनिक खेल भी खेलते हैं ती्न साल में बच्चे उन खेलों को खेलना पसन्द करते हैं जिनमें उन्हें नई-नई चीजें बनाने या बिगाड़ने का मौका मिले। इन सब क्रियाओं में अभ्यास एवं अनुभव का बहुत हाथ है। खेल द्वारा बच्चों में हम अनेक योग्यताओं का विकास कर सकते हैं।

17.5 क्रियात्मक विकास में सम्भावित बाधाएँ
(Possible Hindrances in Motor Development)

कभी-कभी निम्नलिखित कारणों से बालक का क्रियात्मक विकास आयु के अनुसार नहीं हो पाता है:

1. पौष्टिक भोजन का अभाव। 2. माता-पिता का अत्यधिक स्नेह। 3. प्रोत्साहन का अभाव। 4. बीमारी की बाधा। 5. कसे कपड़ों को पहनना। 6. चिकना फर्श। 7. असामान्य शारीरिक अंगों का अनुपात। 8. भय की भावना। 9. सीखने के अवसरों की कमी। 10. उचित निर्देशन का अभाव।

17.6 कक्षा में अध्ययन संबंधी क्रियात्मक कौशल
(Motor Skills Related to Studies in the Class)

ये कौशल निम्नलिखित हैं:

1. लिखने संबंधी कौशल। 2. कॉपी करने सम्बन्धी कौशल। 3. आकृति बनाने सम्बन्धी कौशल। 4. ब्लाक बिल्डिंग संबंधी कौशल। 5. पढ़ाई संबधी कौशल। 6. सृजनात्मक कौशल।

बालक के गामन विकास संबंधी ज्ञान की अध्यापक को उपयोगिता (Usefulness of the Knowledge of Motor Skill of the Students to Teacher): शिक्षकों को बालकों के क्रियात्मक या गामन स्वरूप तथा उसकी प्रक्रिया की जानकारी अपने शिक्षण कार्य में बहुत सहायक सिद्ध हो सकती है। मुख्य लाभ इस प्रकार हैं:

1. अध्यापक को बालक में लेखन कौशल के विकास के लिए उसकी हाथ से लिखने संबंधी गामन क्षमताओं तथा योग्यताओं का ज्ञान होना चाहिए। इस ज्ञान के आधार पर वह उसके लेखन कौशल को बढ़ावा दे सकता है। साथ ही उनसे सम्बन्धित गामन क्रियाओं का विकास भी कर सकता है।

2. बालकों के गामन विकास में भिन्नताएँ पाई जाती हैं। इस कारण शिक्षण में विभिन्न प्रकार के प्रयासों की आवश्यकता होती है।

3. शारीरिक शिक्षा, खेल प्रशिक्षक तथा योग अध्यापक आदि के लिए तो बालकों के गामन विकास की जानकारी अति आवश्यक है।

4. विद्यालयों में बच्चों के गामन विकास के लिए उपयुक्त खेल, व्यायाम, योग, कार्य-अनुभव आदि क्रियाओं का आयोजन किया जाना चाहिए।

17.7 बालकों की क्रियात्मक शक्ति को बढ़ाने के उपाय (Measures for the Motor Development of Students)

1. अध्यापक द्वारा प्रत्येक बच्चे की क्रियात्मक शक्ति की जानकारी प्राप्त करना।
2. बालकों का नियमित चिकित्सक परीक्षण (Medical Check up) करना।
3. उचित खेलों तथा क्रीड़ाओं की व्यवस्था करना।
4. हस्त क्रियाओं को बढ़ावा देना।
5. क्रियात्मक कौशलों के विकास के लिए, अभ्यास का महत्त्वपूर्ण स्थान है। अभ्यास द्वारा बालक की निरर्थक गतिविधियाँ तथा गलतियाँ कम हो जाती हैं। उसमें आत्मसंतोष तथा आत्मविश्वास की भावना जाग्रत होती है। अत: बच्चों को अभ्यास के लिए प्रेरित किया जाए, भले ही वे पहले-पहल गलतियाँ करें। ऐसा भी होता है कि बालक के स्वयं करने के प्रयास में बालक से नुकसान भी हो जाता है—जैसे प्रयोगशाला अथवा कार्यशाला में कुछ वस्तुओं का टूट जाना आदि। ऐसी स्थिति में अध्यापकों को खीजना नहीं चाहिए बल्कि बालकों का उत्साह बढ़ाना चाहिए ताकि उनमें आत्मनिर्भरता आए। बड़े स्नेह से उन्हें समझाया जाए।

17.8 क्रियात्मक विकास और लिंग-भेद (Motor Development and Sex Differences)

एलिजाबेथ बी. हरलौक (Elizabeth B. Hurlock) का मत है, "यदि बालक और बालिकाओं को बाल्यावस्था में एक ही प्रकार का प्रशिक्षण और सीखने के लिए एक ही प्रकार का प्रोत्साहन दिया जाए और कौशल के लिए समान उपकरण दिए जाएें तो उनमें अपेक्षाकृत बहुत ही कम अन्तर होता है।"

जेकिन्स (Jenkins) के विचार में एक सामान्य बालक सामान्य बालिका से शक्ति, गति और अन्य गामक कौशलों की परीक्षाओं से अधिक उत्कृष्ट सिद्ध होता है।

1. बालक के जन्मजात कारणों से तथा 2. सांस्कृतिक प्रभाव से। सामान्यत: यह माना जाता है कि हमारी संस्कृति बालिकाओं को इस प्रकार का प्रोत्साहन नहीं देती है। परम्परागत उनका कार्यक्षेत्र घर तक ही सीमित रहा है। यद्यपि समय गुजरने के साथ-साथ इस दिशा में बहुत अन्तर आया है।

जैसे-जैसे बालक-बालिकाओं की आयु बढ़ती जाती है, वैसे ही उनकी गतिविधि शक्तियों में भी अन्तर बढ़ता जाता है। बालिकाओं में इन गामक शक्तियों का विकास अपने चरम बिन्दु पर 14 वर्ष की आयु में पहुँच जाता है, जबकि बालकों में यह विकास 17 वर्ष की उम्र तक होता रहता है।

बालिकाएँ बालाकें से उन मिश्रित कार्यों में प्राय: आगे निकल जाती है, जिनमें मात्र शारीरिक शक्ति की आवश्यकता नहीं पड़ती। एम. मैकफरलेन (M. Mcfarlane 1959) के अध्ययन के अनुसार बालिकाएँ, बालकों से उन कपड़ों के टुकड़ों को एकत्रित करने में बहुत आगे निकल जाती हैं, जिनसे मिलकर कोई वस्त्र बनता है।

17.9 बालक के विकास के पक्षों का परस्पर अन्तर सम्बन्ध (Interrelation or Interdependence of Various Aspects of Child's Development)

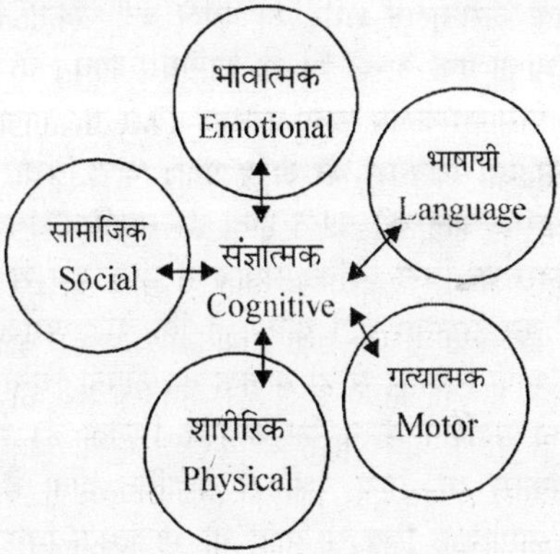

चित्र 17.1: बालक के विभिन्न पक्षों के विकास का परस्पर सम्बन्ध

बालक का सर्वांगीण तथा संतुलित विकास (All Round and Balanced Development of the Child): बालक एक सम्पूर्ण इकाई है। इसके विकास के विभिन्न पक्षों का परस्पर गहरा सम्बन्ध है। यह सर्वमान्य है कि बालक के व्यक्तित्व के अनेक पक्ष हैं परन्तु सभी पक्षों के उचित तथा समन्वित विकास से ही वह जीवन में सफलता प्राप्त कर सकता है। इसमें भी कोई संदेह नहीं है कि कुछ अपवाद भी होते हैं। बहुत कम ऐसे उदाहरण हैं जबकि एक ही पक्ष में विकास के कारण कोई व्यक्ति संसार में अपना नाम ऊँचा कर सका हो।

शारीरिक विकास तथा बाल विकास के अन्य पक्ष: ठीक ही कहा गया है 'स्वस्थ शरीर में ही स्वस्थ मस्तिष्क', 'स्वस्थ शरीर से ही धर्म कर्म संभव हैं।' शरीर से दुर्बल

बालक तथा रोगग्रस्त बालक स्कूल की पढ़ाई में पीछे रह सकता है तथा दूसरे शब्दों में उसका संज्ञात्मक विकास कमजोर पड़ जाता है। जिन बालकों का शारीरिक विकास उचित मात्रा में हो जाता है वे गामक क्रियाओं में और गतिविधियों में स्फूर्ति का प्रदर्शन करते हैं दुर्बल बालक बहुत जल्दी गुस्से में आ जाते हैं। उनका संवेगात्मक विकास रूक जाता है। शारीरिक रूप से कमजोर होने के कारण बालक खेल-कूद आदि क्रियाओं के माध्यम से अन्य छात्रों से मित्रता के सम्बन्ध स्थापित नहीं कर पाते। समुदाय की सेवा कार्यों से वंचित रह जाते हैं। इस कारण उनका सामाजिक विकास भी रूक जाता है। शरीर से स्वस्थ बालक वाकतंत्र, गले, फेफड़े, स्नायु संस्थान में उचित विकास के कारण भाषा जल्दी सीख जाते हैं। इस प्रकार शारीरिक क्षमता का विकास भाषा विकास में सहायक सिद्ध होता है।

सामाजिक विकास तथा विकास के अन्य पक्षः जब बालक सामाजिक रूप से ठीक ढंग से विकसित तथा समायोजित हो जाते हैं, उससे उनके शारीरिक, गामक, संवेगात्मक, मानसिक तथा भाषात्मक विकास पर अच्छा प्रभाव पड़ता है। अकेला रहने वाला बालक क्रोधी बन जाता है जिससे उसका संवेगात्मक संतुलन कम हो जाता है। उसका भाषायी ज्ञान कमजोर पड़ जाता है।

संवेगात्मक विकास का विकास के अन्य पक्षों से संबंधः संवेगात्मक रूप से स्थिर तथा परिपक्व बालक इस प्रकार के व्यवहार करते हैं जो सामाजिक दृष्टि से मान्यता प्राप्त होते हैं। संवेगात्मक असन्तुलन शरीर को दुर्बल बना सकता है। संवेगों पर नियन्त्रण की कमी बालकों की भाषा एक अच्छे विचार-विनियम साधन के रूप में प्रयोग करने में बाधक सिद्ध होती है। परिणामस्वरूप उनमें अनेक प्रकार के भाषा विकार आ जाते हैं।

भाषात्मक विकास एवं विकास के अन्य पक्षः भाषा विचार-विनिमय का बहुत ही शक्तिशाली साधन है। इससे ज्ञान की प्राप्ति होती है। मानसिक विकास का समस्त साधन भाषा ही है। भाषा विकास के बिना व्यक्ति समाज में ठीक ढंग से नहीं रह सकता। अपने विचारों को प्रकट नहीं कर सकता। यही कारण है कि बुद्धि परीक्षण में व्यक्ति के भाषा स्तर को नापा जाता है। भाषा विकास से ही बालक को अपनी चिन्तन शक्ति, विचार शक्ति तथा कल्पना शक्ति को प्रदर्शिन करने का अवसर मिलता है। इसी प्रकार बालक का भाषात्मक विकास, विकास के अन्य पक्षों से प्रभावित होता है। संवेगात्मक विकास, शारीरिक विकास तथा सामाजिक विकास आदि भी भाषात्मक विकास पर किसी न किसी रूप में अपना प्रभाव डालते हैं।

संक्षेप में कहा जा सकता है कि बालक के सम्पूर्ण विकास के लिए उसके सभी पक्षों का विकास संतुलित एवं समन्वित ढंग से होना चाहिए। एकांगी विकास की कल्पना करना उचित नहीं। एक पक्ष की वृद्धि और विकास का बालकों के अन्य सभी आयामों में हो रही वृद्धि और विकास पर यथेष्ट रूप से प्रभाव पड़ता रहता है।

18

परिवार, विद्यालय तथा समाज का बालक के विकास पर प्रभाव
(Role of the Family, School and Society on Development of the Child)

18.1 आदर्श परिवार, आदर्श बाल विकास
(Ideal Family, Ideal Child Development)

वह घर सचमुच स्वर्ग के समान होता है जहाँ परिवार के सभी सदस्य एक-दूसरे के साथ मिलकर रहते हैं। जहाँ सभी के मन में एक-दूसरे के लिए प्रेम, आदर एवं भक्ति की भावना होती है। जहाँ सब अपने सुख के साथ दूसरे के सुख का भी ध्यान रखते हैं। यही हैं अच्छे सम्बन्ध बनाए रखने के मूल सिद्धान्त। जिस घर में रहने वालों के आपसी सम्बन्ध अच्छे होते हैं वहाँ पलने वाले बच्चों की प्रवृत्तियाँ एवं व्यक्तित्व भी इन अच्छी बातों से अछूते नहीं रहते। जब बच्चा अपने अभिभावकों में प्यार, दुलार, समझदारी, नम्रता, निःस्वार्थ, विश्वास आदि गुणों का अनुभव करता है तो उसमें यह सारे गुण स्वयं ही आ जाते हैं। घर में अन्य सदस्यों के साथ मिल-जुल कर रहने की शिक्षा, बच्चे को अभिभावकों से ही मिलती है। बच्चा जब अपने परिवार के साथ मिलकर रहना सीखता है तभी उसे समाज के नियमों तथा रीति-रिवाजों को मानने का महत्त्व भी समझ में आता है। माता-पिता के सामाजिक व्यवहार के ढाँचे पर ही बच्चे का सामाजिक विकास होता है। इस प्रकार परिवार में रह कर बच्चा उस व्यवहार को सीखता है जो समाज को मान्य है तथा समाज में रहने के लिए आवश्यक है।

ऋषि जैमिनी ने ब्रह्मसूत्र में कहा है, "बच्चा नागरिकता का सर्वोत्तम पाठ माँ के चुम्बनों और पिता की देखभाल से सीखता है।" सांस्कृतिक और सामाजिक आदर्श माता-पिता द्वारा ही सन्तान तक पहुँचते हैं। माता-पिता बच्चे के प्रथम शिक्षक होते हैं। वही उसकी शिक्षा की नींव रखते हैं बच्चे का अधिकांश शिक्षण सहज रीति से ही सम्पन्न होता है। बच्चे से व्यवहार और अन्तःक्रिया करते हुए माता-पिता उसे ज्ञान प्रदान करते हैं। माता-पिता के बच्चे से बातचीत और व्यवहार करने के तरीके की बच्चे के व्यक्तित्व पर अमिट छाप पड़ती है।

बिगड़े हुए प्रतिकूल पारिवारिक सम्बन्धों का बालकों के विकास पर बहुत घातक प्रभाव पड़ता है। जो बच्चा अपने कठोर माता-पिता के प्रति क्रोध का मनोभाव रखने लगता

है, वह घर से बाहर सभी वयस्कों के प्रति विरोध का रवैया अपना लेता है। लाड़-प्यार से वंचित रह जाने पर बच्चे में हीनता की भावना उत्पन्न हो जाती है। इसके परिणामस्वरूप बच्चा बराबर अप्रसन्न और क्षुब्ध रहता है।

18.2 बाल विकास में माता-पिता, घर तथा परिवार का महत्त्व (Role of the Family in Child Development)

परिवार एक छोटी सामाजिक संस्था है जिसमें रहते हुए बालक माता-पिता के अतिरिक्त भाई-बहनों तथा अन्य सम्बन्धियों के सम्पर्क में आता है। सभी सदस्य एक-दूसरे पर अपना प्रभाव डालते हैं। बालक परिवार के प्रत्येक सदस्य से प्रत्येक क्षण प्रभावित होता है तथा अपने व्यक्तित्व का निर्माण करता है। इस प्रकार परिवार बालक पर अपना स्थायी प्रभाव अंकित करता है। बालक वैसा ही बनता है जैसा उसका घर होता है। घर के वातावरण के कारण गांधी जी ने प्रेम और सत्य के सिद्धान्तों को अपनाया, शिवाजी ने अपनी माता से रामायण तथा महाभारत की शिक्षा प्राप्त करके मराठा-राज्य की नींव डाली। भारत में प्राचीन काल से ही बालक की शिक्षा पर घर के प्रभाव को अत्यन्त महत्त्व दिया गया है। इसी को विचारधारा के फलस्वरूप स्वामी दयानंद जी ने स्त्री शिक्षा पर विशेष बल दिया।

परिवार के बाल संबंधी कार्य

1. *सीखने का प्रथम स्थान*: रेमाण्ट के शब्दों में ''सामान्य रूप से घर वह स्थान है, जहाँ बालक अपनी माँ से चलना-बोलना, मैं और तुम में अन्तर करना और चारों ओर की वस्तुओं के सरलतम गुणों को सीखता है।''

2. *शारीरिक विकास*: बालक के शारीरिक विकास में घर अथवा परिवार में उपलब्ध भोजन, वस्त्र, खेल-कूद, व्यायाम तथा वातावरण का गहरा प्रभाव पड़ता है।

3. *मानसिक विकास*: वंशानुक्रम से प्राप्त की हुई मानसिक शक्तियाँ कितनी ही उत्तम क्यों न हों, निश्चित रूप से कुण्ठित हो जाएंगी यदि परिवार में विचार, कल्पना, निरीक्षण तथा परीक्षण आदि के विकास के अवसर न प्राप्त हों।

4. *संवेगात्मक विकास*: परिवार के अच्छे वातावरण में बालकों में सहानुभूति, साहस, आनन्द, प्रसन्नता तथा आत्मविश्वास आदि अनेक प्रभावात्मक संवेगों का विकास होता है। इसके विपरीत जिन परिवारों में सदैव कलह, लड़ाई, झगड़े तथा मारपीट आदि का वातावरण रहता है वहाँ बालकों में क्रोध, घृणा, भय, चिन्ता, ईर्ष्या आदि निषेधात्मक संवेग विकसित हो जाते हैं।

5. *सामाजिक विकास*: परिवार में अन्य सदस्यों के साथ रहने से बालक सामाजिक आदर्शों, परम्पराओं तथा व्यवहारों से परिचित होता है।

6. *धार्मिक विकास*: परिवार में रहते हुए बालक को उस समय उचित धार्मिक वातावरण मिलता है, जब उसे अन्य सदस्यों के साथ धार्मिक पुस्तकें पढ़ने, धार्मिक कथाएँ सुनने, पूजा-पाठ तथा अन्य कार्यों में भाग लेने के अवसर प्राप्त होते हैं।

7. *संस्कृति का विकास*: परिवार में रहते हुए बालक स्वतः ही अपनी संस्कृति ग्रहण करता है।

8. *भाषा का विकास*: इसमें सन्देह नहीं कि बालक के शब्दों के उच्चारण आदि पर वातावरण का विशेष प्रभाव पड़ता है।

9. *रुचियों तथा आदतों का विकास*: बालकों में उचित अथवा अनुचित रुचियां अपने बड़ों को देखकर परिवार में ही विकसित होती हैं।

10. *नैतिकता तथा चरित्र का विकास*: परिवार के रहन-सहन, खान-पान, वेशभूषा तथा आचार-विचारों की गहरी छाप बालक के नैतिक तथा चारित्रिक गुणों के विकास पर पड़ती है।

11. *जन्मजात प्रवृत्तियों का विकास*: परिवार एक ऐसा स्थान है जहाँ पर बालक की जन्मजात प्रवृत्तियों के प्रकाशन के लिए उपयुक्त वातावरण प्राप्त होता है।

12. *व्यक्तित्व का विकास*: परिवार में बालक के व्यक्तित्व के विकास का बीजारोपण होता है।

13. *व्यावहारिकता का विकास*: परिवार में रहने से बालक दूसरों के साथ उठने-बैठने, वार्तालाप करने, अतिथियों का सत्कार तथा व्यवहार करने का स्वत: ही ज्ञान आ जाता है।

14. *व्यावसायिकता का विकास*: प्राचीन काल में तो परिवार का बालक की व्यावसायिक प्रशिक्षण पर विशेष प्रभाव पड़ता था। परन्तु बदलती हुई परिस्थिति में यह प्रभाव कम होता जा रहा है।

15. *सामाजिक प्रशिक्षण*: परिवार बालकों के सामाजिक प्रशिक्षण का प्रथम केन्द्र है।

16. *परोपकार की भावना*: कहा जाता है कि परोपकार की भावना का विकास सबसे पहले परिवार में होता है।

18.3 परिवार का बाल विकास पर प्रभाव डालने वाले कारक (Factors Affecting the Child in the Family)

1. **अभिभावक अभिवृत्तियों का छात्रों के विकास पर प्रभाव:** बालक का विकास बहुत कुछ अभिभावकों की अभिवृत्तियों से प्रभावित और निर्धारित होता है। कई बार कहा जाता है कि अभिवृत्तियों का निर्माण बालकों के उत्पन्न होने से पहले ही हो जाता है।

कुछ अभिभावकों में अपने बालकों के प्रति अति-संरक्षण (Over-protection) की अभिवृत्ति होती है। यदि यह अभिवृत्ति अभिभावकों में अधिक दिनों तक चलती है तो बालक में अनेक प्रकार के लक्षण उत्पन्न हो जाते है, जैसे शीघ्र परेशान होने की प्रवृत्ति, ध्यान लगाने की कम योग्यता, दूसरों पर आश्रित होना, दूसरों से शीघ्र प्रभावित होना, अपनी योग्यताओं पर विश्वास न होना आदि।

कुछ अभिभावकों में अपने बच्चों के प्रति तिरस्कार की अभिवृत्ति होती है। अभिभावकों का तिरस्कार बालकों के आत्म-सम्मान को चोट पहुँचाने वाला होता है। अभिभावकों का तिरस्कार बालकों में अनेक विशिष्ट लक्षण उत्पन्न कर सकता है। जैसे-आक्रामकता, निर्दयता, झूठ बोलने की प्रवृत्ति, समाज विरोधी व्यवहार, असहायता की भावना आदि।

कुछ अभिभावकों में प्रभुत्वशाली अभिवृत्ति होती है। इस अभिवृत्ति के अभिभावक प्राय: कठोर स्वभाव वाले होते हैं। ये अपने बालकों के साथ प्रभुत्वशाली अभिवृत्ति अपनाते हैं और अपने बच्चों को अधिक नियन्त्रण में रखते हैं। अभिभावकों की प्रभुत्वशाली अभिवृत्ति के कारण बालकों में अनेक विशिष्ट लक्षण उत्पन्न हो सकते हैं, जैसे-अति-संवेदनशीलता, अधिक शर्मीलापन, हीनता की भावना। इस प्रकार के विशिष्ट लक्षणों वाले बच्चों और अभिभावकों में मधुर सम्बन्ध नहीं होते हैं। कुछ अभिभावक जब

अपने बच्चों पर बिल्कुल नियन्त्रण नहीं रखते हैं, तो बालक कहना नहीं मानते हैं, बालकों का व्यवहार उत्तरदायित्वपूर्ण नहीं होता है, वे लापरवाह हो जाते हैं।

2. अभिभावकों का पक्षपातः अधिकांश अभिभावक बालकों के साथ समानता का व्यवहार नहीं कर पाते हैं। होता यह है कि वह अपने कुछ बच्चों के साथ बहुत अच्छा व्यवहार करते हैं तथा कुछ बालकों पर अधिक ध्यान और स्नेह नहीं दे पाते हैं। प्रायः माँ अपने बेटे का बेटियों की अपेक्षा अधिक पक्ष लेती हैं तथा पिता अपनी बेटी का बेटों की अपेक्षा अधिक पक्ष लेता है। कई बार माता-पिता अपने उस बच्चे का भी अधिक पक्ष लेते हैं जिसमें कोई शारीरिक दोष या मानसिक दुर्बलता होती है। जब माता-पिता अपने कई बच्चों में से केवल एक या कुछ का मान करते हैं तो इस अवस्था में अन्य बालकों के साथ सम्बन्ध बिगड़ने की पूर्ण सम्भावना होती है।

3. परिवार का आकारः बड़े परिवारों की अपेक्षा छोटे परिवारों में पारस्परिक सम्बन्ध अच्छे होते हैं। यदि अभिभावक बड़ा परिवार चाहते हैं और यदि परिवार बड़ा होता है तो अभिभावक बालक सम्बन्ध मधुर होते हैं। परन्तु यदि अभिभावक छोटा परिवार पसन्द करते हैं और किसी कारणवश उनका परिवार बड़ा हो जाता है तो अभिभावक बालक सम्बन्ध बिगड़ने की सम्भावना अधिक होती है।

परिवार में नए बच्चों के उत्पन्न होने का अन्तर भी अभिभावक-बालक सम्बन्धों को महत्त्वपूर्ण ढंग से प्रभावित करता है।

छोटे परिवार में अभिभावक अपने बच्चों के साथ अधिक समय देते हैं। बच्चों को समान और अधिक सुविधाएँ मिलने की सम्भावना होती है। अतः इस बात की भी अधिक सम्भावना होती है कि अभिभावक-बालक सम्बन्ध मधुर रहें। छोटे परिवारों में बहुधा दो या तीन बच्चे होते हैं। इन परिवारों में बहुधा प्रजातांत्रिक वातावरण होता है। अनुशासन भी उन परिवारों में अधिक होता है। इन परिवारों में अभिभावक-बालक सम्बन्ध बहुत अच्छा होता है।

4. परिवार का सामाजिक आर्थिक स्तरः अभिभावक और बालक सम्बन्ध को परिवार का सामाजिक आर्थिक स्तर भी महत्त्वपूर्ण ढंग से प्रभावित करता है।

5. *माता-पिता का व्यवसायः* अभिभावक और बालक सम्बन्धों को प्रभावित करने वाला यह एक महत्त्वपूर्ण कारक है। पिता के व्यवसाय का पविार के बच्चों से प्रत्यक्ष सम्बन्ध है। अधिक आयु के बच्चों की सामाजिक प्रतिष्ठा बहुत कुछ पिता के व्यवसाय से निर्धारित होती है। माँ का व्यवसाय भी बालकों के व्यवहार को महत्त्वपूर्ण ढंग से प्रभावित करता है। यदि माँ किसी व्यवसाय में होती है तो छोटे बच्चों को अकेले रहना पड़ता है जिससे उनमें अकेलेपन और अप्रसन्नता की भावनाएँ उत्पन्न हो जाती हैं। ये भावनाएँ उस समय और तीव्र हो जाती हैं जब बालक के दूसरे साथियों की माँ घर में रहकर उनका पालन-पोषण करती हैं और उन्हें स्नेह देती हैं। इस अवस्था में बालक-अभिभावक सम्बन्ध मधुर नहीं होते हैं।

6. टूटे परिवारः जब परिवार में किसी व्यक्ति की मृत्यु हो जाती है, तलाक मिलती है या परिवार के बड़े-बूढ़े अथवा पिता अधिक दिनों के लिए परिवार से बाहर रहते हैं तो इन अवस्थाओं में चल रहे परिवार टूटे परिवार कहलाते हैं। टूटे परिवार के सदस्य अक्सर बाबा, नाना के परिवारों के साथ रहते हैं। बहुधा ऐसे परिवारों में आर्थिक समस्याएँ अधिक जटिल होती हैं और बच्चों को अच्छा वातावरण नहीं मिल पाता।

7. जन्म क्रम: अभिभावक-बालक सम्बन्ध जन्म के क्रम से भी प्रभावित होते हैं। माता-पिता पहले बालक के प्रति अच्छी अभिवृत्ति रखते हैं और उसे वरीयता अधिक देते हैं पहले बालक में परिपक्वता, अनुरूपता और आश्रिता अधिक होती है। बाद के बच्चे पहले की अपेक्षा अपने आपको तिरस्कृत समझते हैं। अतः बालक-अभिभावक सम्बन्ध तिरस्कार की भावना से बिगड़ सकते हैं।

8. भाई-बहनों के सम्बन्ध: भाई-बहनों में सर्वाधिक अच्छे सम्बन्ध उस समय होते हैं जब भाई-बहिनों में आयु सम्बन्धी कोई विशेष अंतर नहीं होता है। जुड़वाँ बच्चों में आपसी सम्बन्ध अन्य भाई-बहिनों की अपेक्षा अच्छे होते हैं। भाई-बहनों में आयु सम्बन्धी अन्तर जितना अधिक होता है। उनके आपसी सम्बन्धों के खराब होने की सम्भावना उतनी ही अधिक होती है। दो बहिनों में जितनी ईर्ष्या होती है उतनी दो भाइयों या एक भाई-बहिन में नहीं होती। लड़के अपनी बहिनों की अपेक्षा अपने भाइयों से अधिक लड़ाई करते हैं। भाई बहिनों में यदि स्नेह है, वे एक-दूसरे के साथ खेलते हैं, वे एक-दूसरे के साथ सहयोग करते हैं और सहायता करते है। इस अवस्था में पारिवारिक सम्बन्ध अच्छे होते हैं। भाई-बहिनों में जब भी मनमुटाव वाले सम्बन्ध होंगे, पारिवारिक सम्बन्ध तब अवश्य खराब होंगे। बालकों के बीच ईर्ष्या और मन-मुटाव को प्रारम्भ में ही समझा कर समाप्त कर देना चाहिए जिससे कि पारिवारिक सम्बन्धों में ह्रास न हो।

18.4 बच्चे की आवश्यकताएँ तथा परिवार द्वारा उनकी पूर्ति
(The Children's Needs and Role of Family)

बच्चे की आवश्यकताओं को चार भागों में बाँटा जा सकता है: 1. शारीरिक आवश्यकताएँ; 2. भावात्मक आवश्यकताएँ; 3. खिलौनों की आवश्यकताएँ; 4. सीखने की आवश्यकताएँ;

1. शारीरिक आवश्यकतायें (Physical Needs): बढ़ते हुए बच्चे की शारीरिक आवश्यकताएँ निम्नलिखित हैं:

1. भोजन। 2. कपड़े। 3. शारीरिक सुरक्षा। 4. नींद। 5. व्यायाम।

1. *भोजन:* जन्म से पूर्व भी बच्चे को भोजन की आवश्यकता होती है क्योंकि उसे जीवित रहना है और बढ़ना भी है। इस समय वह अपना भोजन बिना किसी परिश्रम किये अपनी माता से प्राप्त कर लेता है। जन्म के पश्चात् उसे अपनी हर आवश्यकता के लिए अपने अभिभावकों पर निर्भर रहना पड़ता है और इन्हें पूरा करने के लिए स्वयं भी परिश्रम करना पड़ता है। बच्चें के अभिभावकों को चाहिए कि वे बच्चे की भोजन की आवश्यकता को समझें और उसे समयानुसार तथा आवश्यकतानुसार खिलायें-पिलायें।

भोजन बच्चे को शक्ति देता है, उसके दाँत व हड्डियों को मजबूत बनाता है, खून एवं माँसपेशियों को बढ़ाता है, विभिन्न रोगों से रक्षा करता है तथा अन्य बीमारियों से बचने के लिए शक्ति देता है। माँ का दूध बच्चे के लिए सबसे उत्तम आहार है। परन्तु कुछ समय के लिए ही। जैसे-जैसे बच्चे की आयु बढ़ती है उसे माँ के दूध के अतिरिक्त अन्य भोजनों की आवश्यकता होती है। उसकी इन आवश्यकताओं को नियमानुसार पूरा करना उसके अभिभावकों का ही कर्त्तव्य हैं।

2. *कपड़े*: कपड़े बच्चे की मौसम से रक्षा करते हैं। अर्थात् गर्मी में ठण्डक और सर्दी में गर्मी पहुँचाने के लिए पहनाये जाते हैं। बच्चे को उतने ही कपड़े पहनाने चाहियें जितने आवश्यक हों। अधिक पहनाने से उसकी गति की स्वतन्त्रता में विघ्न पड़ता है। बच्चे के सिर तथा पैरों की तेज धूप या ठण्डी हवा से रक्षा करने के लिए उसे टोपी तथा मोजे पहनाये जाते हैं। यही नहीं, तेज धूप से भी उसके सिर की रक्षा करनी पड़ती है। पाँव में मोजे और जूते पहनाने से पाँव में चोट नहीं लगती।

कपड़े पहनाने का एक और भी उद्देश्य होता है। कपड़े से शरीर की सुन्दरता बढ़ती है। सादे नमूनों वाले कपड़े पहन कर बच्चा और भी प्यारा लगता है। कारण चाहे कोई भी हो, बच्चे के कपड़े ढीले-ढाले तथा आरामदेह होने चाहिए जिन्हें पहन कर वह स्वतन्तत्रतापूर्वक हिल-डुल सके।

3. *शारीरिक सुरक्षा*: बच्चें का शरीर प्रारम्भ में बहुत ही कमजोर होता है। उसकी देखभाल बहुत ही धैर्य और आराम से होनी चाहिए। बच्चे के शरीर को रोगों से सुरक्षित रखना चाहिए। उसकी देख-भाल स्वास्थ्यप्रद वातावरण में ही होनी चाहिए। उसके बाल, त्वचा, नाखुन, दाँत, नाक, कान तथा आँखों की आवश्यकतानुसार देखभाल होनी चाहिये। उसके द्वारा इस्तेमाल की जाने वाली वस्तुऐं, जैसे कंघा, तौलिया, लंगोट, ब्रुश, बिस्तर, खिलौने, खाने के बर्तन, दूध की बोतल इत्यादि की भी सफाई रखनी चाहिये।

4. नींद: बच्चा जितना छोटा होता है उसे उतनी ही अधिक नींद की आवश्यकता है। सो जाने से बच्चे के शरीर को आराम मिलता है और उसकी खोई हुई शक्ति वापस आ जाती है। इसलिए बच्चे की देखभाल करने वालों को चाहिए कि वे देखें कि बच्चा दिन तथा रात में अधिक-से-अधिक नींद ले ले।

5. व्यायाम: बच्चा छोटा हो या बड़ा, व्यायाम की उसे सख्त जरूरत है। व्यायाम से शरीर स्वस्थ रहता है बच्चे की आयु के साथ-साथ उसके व्यायाम करने का ढंग भी बदलता रहता है। प्रारम्भ में शिशु अपने बिस्तर पर लेटा हुआ अपनी टाँगे तथा बाहें फेंककर व्यायाम करता है। जब वह घुटनों के बल चलने अथवा चलने योग्य होता है तो वह चलकर, भागकर अथवा कूदकर व्यायाम करता है। कुछ और बड़ा होने पर वह खेलों में भाग लेकर व्यायाम करता है। साधन कोई भी हों, अभिभावकों का कर्त्तव्य है कि वे देखें कि बच्चे को प्रतिदिन आवश्यकतानुसार व्यायाम करने का अवसर मिलता रहे ताकि उसका शरीर स्वस्थ रहे।

2. भावात्मक आवश्यकताएँ (Emotional Needs): शारीरिक आवश्यकताओं के साथ ही साथ बच्चे को कुछ भावात्मक आवश्यकताओं की भी अनुभूति होती है। ये आवश्यकतायें उसके व्यक्तित्व को बनाने में सहायक होती हैं। इसलिए बच्चे के व्यक्तित्व को संतुलित बनाने के लिए इनकी पूर्ति करना अत्यन्त आवश्यक है। बच्चे की भावात्मक आवश्यकताएँ इस प्रकार हैं: (i) अनुराग, (ii) सम्बद्धता, (iii) पहचान, (iv) सुरक्षा, तथा (v) स्वतन्त्रता। यहाँ अब प्रत्येक का संक्षेप में उल्लेख किया जाएगा।

(i) *अनुराग*: बच्चे की यह भावात्मक आवश्यकता बहुत गहरी होती है। प्रत्येक बच्चा अपने अभिभावकों से प्यार तथा दुलार की आशा रखता है। यदि बच्चे को उनके प्यार भरे शब्द और मुस्कराहट मिलती रहे तो उसकी इस आवश्यकता की पूर्ति हो जाती है और

उसमें अपने प्रति विश्वास की भावना पैदा होती है। अपने अभिभावकों से मिला थोड़ा-सा अनादर भी बच्चें के इस विश्वास को ठेस पहुँचाता है और उसका प्रभाव उसके व्यक्तित्व पर पड़ता है।

(ii) *भावात्मक सुरक्षा:* बच्चा चाहता है कि वह जल्द बड़ा हो जाये परन्तु अपने माता-पिता की नजरों में बच्चा ही बना रहे। भावात्मक सुरक्षा बच्चे को स्वतन्त्र एवं परिपक्व होने में सहायता देती है। अपने अभिभावकाकें से मिले प्यार, दुलार, ध्यान, प्रशंसा, रूचि, आराम तथा दिलासा के आधार पर ही इस भावना का निर्माण होता है। परन्तु याद रहे कि अभिभावकों की ओर से इन सबके प्रदर्शन की भी एक सीमा होती है। अधिक लाड़-प्यार में बच्चा बिगड़ जाता है। उपरोक्त भावनाओं का प्रदर्शन उतना ही हो कि बच्चे के मन में यह विश्वास बना रहे कि उसके अभिभावक उसे प्यार करते हैं। बच्चे को कभी भी यह अनुभव न हो कि अपने घर में अब उसकी आवश्यकता नहीं है।

(iii) *सम्बद्धता:* जैसा कि ऊपर कहा जा चुका है कि प्रत्येक बच्चा अपने अभिभावकों से प्रेम की आशा रखता है। यही नहीं वह घर में अपना अस्तित्व चाहता है। वह चाहता है कि घर में होने वाले कार्यों में उसकी भी राय ली जाए क्योंकि वह भी अन्य व्यक्तियों की तरह घर का एक सदस्य है। इसलिए अभिभावकों को चाहिए कि वे छोटी-मोटी बातों में उसकी सलाह लेते रहें और घर में उसकी जरूरत का उसे आभास देते रहें।

(iv) *पहचान:* बच्चा भी आकर्षण का केन्द्र बनकर लोगों का ध्यान अपनी ओर आकर्षित करके आनन्द प्राप्त करता है। आयु के साथ अपने अभिभावकों एवं अपने साथियों द्वारा प्रशंसा पाने की उसकी इच्छा भी बढ़ती है। बच्चा वही काम करना चाहता है जिससे वह प्रशंसा का भागी बन सके। उसकी यह मनोकामना सदैव उसके साथ रहती है और वह सदैव उसे पाने के लिए प्रयत्नशील रहता है।

(v) *स्वतन्त्रता:* बच्चे को संसार का कोई अनुभव नहीं होता परन्तु धीरे-धीरे अपने अभिभावकों की सहायता से वह संसार के बारे में बहुत सी बातें सीखता है। इस प्रकार उसमें खोज करने की भावना पैदा होती है। जब वह अपने को किसी काम करने योग्य पाता हे उसके मन में अपने प्रति विश्वास पैदा होता है। इस विश्वास के सहारे वह और भी आगे बढ़ता है और पहले से अधिक कठिन कार्यों को करने की इच्छा व्यक्त करता है। इस प्रकार उसमें स्वावलंबन पैदा होता है। छोटे बच्चे में इस भावना से सम्बन्धित व्यवहार अक्सर देखने को मिलते हैं जैसे-वह स्वयं खाना चाहता है, कपड़े पहनता है तथा अपना प्रत्येक काम स्वयं करने की इच्छा प्रकट करता है। अवसर न मिलने पर झगड़ा करता है। बच्चे की इन इच्छाओं को दबाना नहीं चाहिए वरन् उसे स्वयं काम करने देना चाहिए। परन्तु साथ ही साथ इस बात का भी ध्यान रखा जाए कि बच्चा स्वयं काम करता हुआ अपने आपको हानि न पहुँचाये। खोज करता हुआ बच्चा कभी भी मुसीबत में पड़ सकता है। इस अवस्था में माता-पिता के निरीक्षण की बहुत जरूरत है।

3. खिलौनों की आवश्यकताएँ (Need for Play/Toys): जैसे ही बच्चा वस्तुओं को थामने योग्य होता है, उसे खिलौने दिए जाते हैं। खिलौनों से खेलकर उसे बहुत आनन्द मिलता है। इनसे उसका जी भी बहलता है, समय भी कट जाता है और उसे व्यायाम भी मिलता है। खिलौनों के जरिये बच्चे की शारीरिक क्रियाओं और कल्पनाओं का भी विकास

होता है, क्योंकि खिलौनों के साथ बच्चे अपनी अलग छोटी-सी दुनिया बना लेते हैं, बच्चों के खिलौने उनकी आयु के अनुसार होने चाहिए।

18.5 परिवारों में परिवर्तन (Changes in the Families)

बदलती हुई आर्थिक, सामाजिक, धार्मिक तथा वैज्ञानिक स्थितियों के कारण भारतीय परिवारों के ढाँचे में महत्त्वपूर्ण परिवर्तन आए हैं, जिन्हें जान लेना बहुत जरूरी है। प्रमुख परिवर्तन निम्न प्रकार से हैं:

1. परिवार का आकार दिन-प्रतिदिन छोटा होता जा रहा है।
2. परिवार के रिश्तेदारों के आपसी सम्बन्ध कम होते जा रहे हैं।
3. धीरे-धीरे परिवार में पैतृक कार्य का प्रचलन कम हो रहा है। गाँवों के परिवारों के कार्य में कोई विशेष अन्तर नहीं आया है।
4. परिवार के लोगों के अपेक्षाकृत अधिक व्यस्त रहने के कारण बालकों को परिवार से प्राप्त होने वाला मनोरंजन अब घर से न प्राप्त होकर घर के बाहर से प्राप्त होता है।
5. परिवार की स्त्रियाँ अब पहले की अपेक्षा बाहर रहने लगी हैं। इनके परिवार से बाहर रहने के दो मुख्य कारण हैं: प्रथम यह कि घरेलू सामान की खरीद के लिए बाहर निकलती हैं तथा द्वितीय यह कि नौकरी आदि के सम्बन्ध में इन्हें परिवारों से बाहर जाना पड़ता है।
6. भारतीय परिवारों में तलाक का प्रचलन अधिक चल पड़ा है। अब पुनर्विवाह भी पहले की अपेक्षा अधिक होने लगे हैं।
7. बालकों पर अब परिवार का उतना नियन्त्रण नहीं रहा है क्योंकि परिवार के बड़े-बूढ़े सदस्यों को न अपने काम से फुरसत है और न अब उनमें बालकों के प्रति वह पुराने मूल्य रह गए हैं।
8. बालकों के पालन-पोषण में अब पिता का कार्य पहले से कुछ अधिक हो गया है।
9. व्यावसायिक गतिशीलता (Mobility) अधिक होने के कारण अब परिवार की संरचना बदल रही है।
10. बालकों के भविषय के लिए माता-पिता अब अधिक चिन्तित रहते हैं, इसका मुख्य कारण बेरोजगारी और सुविधाओं का अभाव है।
11. बालकों की शिक्षा की ओर माता-पिता ध्यान अवश्य देते हैं परन्तु उनमें निराशा इस बात की अधिक रहती है कि क्या पढ़ने-लिखने के बाद बच्चों को कोई नौकरी या कार्य मिल सकेगा।

18.6 बालक के विकास में स्कूल (Role of the School in Child Development)

बालक के व्यक्तित्व के विकास में स्कूल की महत्त्वपूर्ण भूमिका है। पाँच वर्ष की आयु तक बालक की समस्त सामाजिक अंत: क्रियाएँ माता-पिता तथा अन्य पारिवारिकजनों के साथ सम्बन्धित होती हैं। पाँच-छ: वर्ष की अवस्था में जब बालक स्कूल में प्रवेश लेता है तो उसकी अन्त: क्रियाओं का दायरा बढ़ जाता है। स्कूल के मित्रों और अध्यापकों के साथ उसकी अन्त:क्रियाएँ प्रारम्भ हो जाती है। लगभग सात वर्ष की अवस्था में बालक की

यह अन्त:क्रियाएँ अधिक बढ़ने लग जाती हैं। ग्यारह-बारह वर्ष की अवस्था तक उसकी स्कूल से सम्बन्धित अन्त: क्रियाएँ परिवार की अपेक्षा अधिक हो जाती हैं।

परिवार के बाद पाठशाला का बच्चे के व्यक्तित्व पर सबसे अधिक प्रभाव पड़ता है। पाठशाला में बच्चे के व्यक्तित्व के बौद्धिक, भावात्मक, शारीरिक, सामाजिक और आध्यात्मिक पक्षों का विकास होता है। बच्चे के जीवन के जो वर्ष पाठशाला में बीतते हैं, उनमें जीवन के प्रति सही मूल्य, कौशल और अभिवृत्तियों की नींव रखी जाती है। बच्चे के जीवन के स्कूल के कुछ वर्ष ही वह काल खण्ड है जिसमें ज्ञान प्राप्त करने तथा जीवन की समस्याओं को हल करने के लिए ज्ञान का उपयोग करने के विषय में बच्चे की अभिवृत्ति और कौशल की नींव रखी जाती है।

स्कूल तथा व्यक्तित्व: स्कूल से सम्बन्धित अनेक कारकों का प्रभाव बालक के विकास पर पड़ता है। उदाहरण के लिए कक्षा का वातावरण, अध्यापक, अनुशासन, स्कूल में पक्षपात, शैक्षिक उपलब्धि, सामाजिक उपलब्धि आदि कारक बालक के व्यक्तित्व के विकास को प्रभावित करते हैं। स्कूल में बच्चा अपने सहपाठियों तथा शिक्षकों आदि के व्यवहार से ही प्रभावित नहीं होता है बल्कि विद्यालय का सामान्य वातावरण भी बालक के व्यवहार को प्रभावित करता है। उसे विभिन्न सामाजिक-आर्थिक स्तर के बच्चों के साथ मिलने का अवसर मिलता है। वह इन तमाम प्रकार के बच्चों की आदतों, विचारों और चरित्र आदि से प्रभावित होता है।

संरक्षकों के बाद बालक के व्यक्तित्व विकास पर स्कूल का प्रभाव उसी प्रकार पड़ता है। जिस प्रकार से जैसे पहला प्रभाव घर या परिवार का पड़ता है और दूसरा प्रभाव उस कक्षा का पड़ता है जहाँ बालक पढ़ता है।

स्कूल और चरित्र: परिवार के बाद स्कूल का बालक के नैतिक और चारित्रिक विकास पर महत्त्वपूर्ण ढंग से प्रभाव पड़ता है। स्कूल के शिक्षक, सहपाठी और वातावरण आदि सभी बालक के नैतिक विकास में कुछ योगदान अवश्य देते हैं स्कूल में बालक के पाठ्यक्रम और अनुशासन का भी उसके नैतिक मूल्यों के विकास पर महत्त्वपूर्ण ढंग से प्रभाव पड़ता है। जिस स्कूल का सामान्य अनुशासन और व्यवस्था ठीक होती है। वहाँ पढ़ने वाले बालकों के चारित्रिक विकास के लिए सुन्दर वातावरण मिलता है। स्कूल में बालकों के नैतिक विकास पर उसके साथी समूह का भी महत्त्वपूर्ण ढंग से प्रभाव पड़ता है। उदाहरण के लिए बालक के साथी दुराचारी हैं तो निश्चय ही बालक में भी इसी प्रकार के व्यवहार प्रतिमान विकसित होंगे।

स्कूल और सामाजिक विकास: स्कूल में शिक्षक और बालक के मित्र भी बालक के सामाजिक विकास में योगदान देते हैं। स्कूल में बालक को अपनी आयु के अनेक बालकों के साथ बैठने और सीखने का अवसर ही नहीं मिलता है बल्कि उसे बड़े बच्चों के सामाजिक अनुभव सुनने और सामाजिक व्यवहार देखने का अवसर भी मिलता है। इन अवसरों से उसकी सामाजिक सूझ तथा सामाजिक प्रत्यक्षीकरण बढ़ता है। फलस्वरूप वह समाज के विभिन्न मूल्यों से सम्बन्धित व्यवहार को सीखता है। स्कूल के अनेक कार्यक्रमों में भाग लेकर वह अनेक सामाजिक व्यवहार प्रतिमानों को सीखता है। स्कूल में वह सहयोग, मित्रता और आत्मनिर्भरता आदि सीखता है।

18.7 बाल विकास पर समाज का प्रभाव (Society's Influence on Child Development)

समाज के सामाजिक वातावरण के अन्तर्गत मुख्यतः तीन तत्त्व आते हैं जिनका बालक के विकास पर प्रभाव पड़ता है:

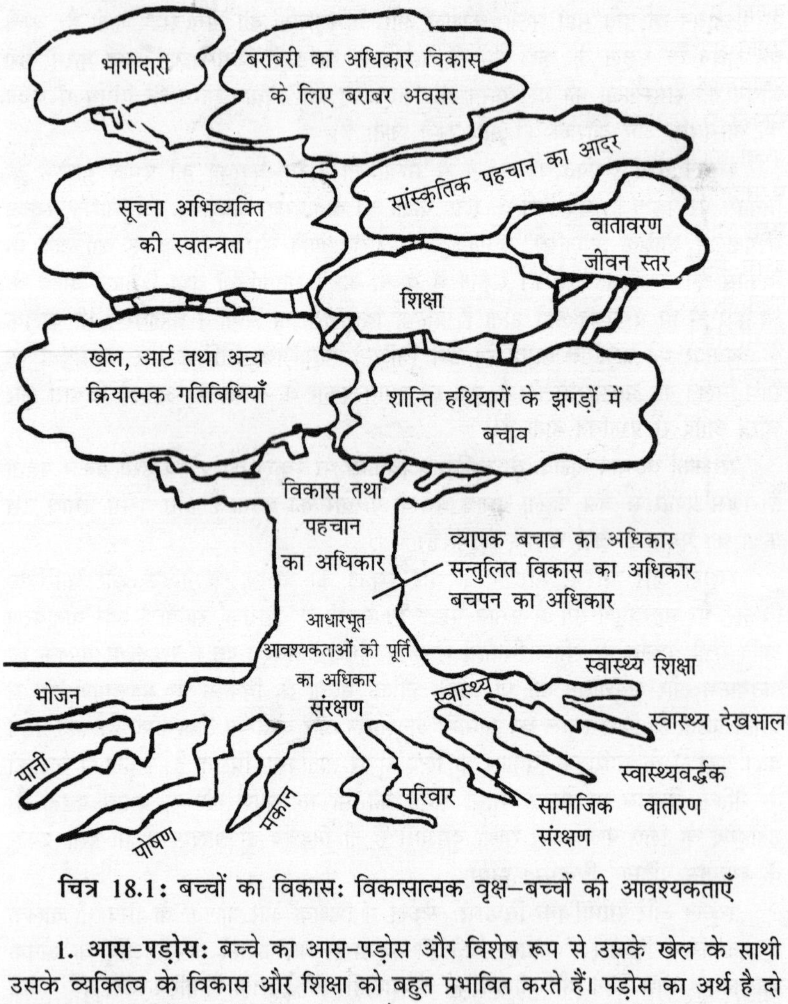

चित्र 18.1: बच्चों का विकास: विकासात्मक वृक्ष–बच्चों की आवश्यकताएँ

1. **आस-पड़ोस:** बच्चे का आस-पड़ोस और विशेष रूप से उसके खेल के साथी उसके व्यक्तित्व के विकास और शिक्षा को बहुत प्रभावित करते हैं। पड़ोस का अर्थ है दो या अधिक परिवारों के संग-संग खेलने और संग-संग रहने वाले बच्चे। ऐसे समूहों में रहकर ही बच्चे विभिन्न प्रकार के सामाजिक कौशल सीखते हैं और उनमें परस्पर सहयोग, एक-दूसरे के अधिकार और कर्त्तव्य की चेतना, ईमानदारी और नेतृत्त्व आदि सामाजिक अभिवृत्तियाँ विकसित होती है। बच्चे का पड़ोस ऐसा होना चाहिए जो उसे स्वच्छ, सरल और सन्तुलित परिवेश प्रदान कर सके।

2. सामाजिक परम्पराएँ तथा संस्थाएँ: बच्चे के माता-पिता जिन सामाजिक परम्पराओं और धार्मिक संस्थाओं से जुड़े रहते हैं, उनका बच्चे की शिक्षा पर प्रभाव पड़ता है। ये संस्थाएँ जिन नैतिक और सामाजिक मूल्यों पर बल देती हैं, आगे चलकर बच्चा उन्हें ग्रहण करता है।

3. जनसंचार माध्यम: आज के युग में वयस्क मन पर जन-संचार माध्यमों का काफी प्रभाव पड़ता है। बच्चों पर भी रेडियो-टेलीविजन और साहित्य का काफी गहरा प्रभाव पड़ता है। ये संचार माध्यम शिक्षण और मनोरंजन दोनों काम करते हैं। यदि इनका प्रभावकारी तरीके से उपयोग किया जाए तो ये सृजनशीलता को प्रोत्साहित करते हैं और सीखने में सहायता करते हैं। किन्तु माता-पिता को यह ध्यान रखना चाहिए कि उनके बच्चों को जिस सामग्री के प्रति उन्मुख किया जा रहा है उससे उनके सन्तुलित विकास में सहायता मिले और किसी प्रकार का दूषित प्रभाव न पड़े। हिंसा भरे चलचित्रों का और बहुत अधिक टी.वी. देखने का बचचों के विकास पर प्रतिकूल असर पड़ सकता है। जो बचचे मनोरंजन के लिए लगातार टी.वी. या वी.सी.आर. कार्यक्रम देखा करते हैं, उनकी पढ़ने में रूचि नहीं रहती है। परिणामत: वे साहित्य के पठन से प्राप्त होने वाले आनन्द से वंचित रह जाते हैं। जिन बच्चों को पढ़ने के लिए प्रोत्साहित नहीं किया जाता, आगे चलकर वे भाषा कौशल के विकास में पिछड़ जाते हैं।

19

बच्चों की सामान्य खेल क्रियाएँ तथा उनकी वृद्धि विकास में योगदान (Common Play Activities of Children and Their Role in Growth and Development)

19.1 खेलों का महत्त्व (Significance of Play)

खेल एक अत्यन्त महत्त्वपूर्ण क्रिया है। बिना खेल के मनुष्य अपने में नवीन शक्ति का अर्जन नहीं कर सकता। खेल वास्तव में आनन्दायक एवं उपयोगी है। इसके द्वारा बच्चा सक्रिय बनता है तथा उसमें अपने व्यक्तित्व के प्रति सचेष्टता आती है। खेल द्वारा बालक की मूल प्रवृत्तियों का शोधन होता है।

खेल का अर्थ (Meaning of Play): खेल ऐसी क्रिया है जिसके द्वारा आनन्द की प्राप्ति होती है। खेल की क्रिया स्वेच्छा से उत्पन्न होती है। खेल में आनन्द की प्राप्ति के अतिरिक्त किसी फल की प्राप्ति का विचार नहीं होता। इस क्रिया में मनुष्य को बाध्य नहीं होना पड़ता। वह किसी दबाव में आकर यह क्रिया नहीं करता है:

1. *फ्रोबेल* (Froebel) ने खेल की इस प्रकार परिभाषा की है "बच्चे के विकास का सर्वोच्च रूप खेल ही है क्योंकि यह स्वक्रियात्मक होता है तथा अन्तःकरण का वास्तविक प्रतिनिधित्व करता है। यह प्रसन्नता, स्वतंत्रता तथा संतोष प्रदान करता है। आन्तरिक तथा बाह्य जगत में शान्ति प्रदान करता है।"

2. *मैक्डूगल* (Mc Dougall) के अनुसार, खेल स्वयं अपने लिए की जाने वाली एक क्रिया है अथवा यह बिना उद्देश्य के क्रिया है, जिसका कोई लक्ष्य नहीं होता है।

3. *हरलॉक* (Hurlock) के शब्दों में, "अन्तिम परिणाम का विचार किए बिना कोई भी क्रिया जो उससे प्राप्त होने वाले आनन्द के लिए की जाती है खेल हैं।"

4. *क्रो व क्रो* (Crow and Crow) ने खेल को इस प्रकार परिभाषित किया है, "खेल की उस क्रिया के रूप में परिभाषा की जा सकती है, जिसमें एक व्यक्ति उस समय व्यस्त होता है जब वह उस कार्य को करने के लिए स्वतन्त्र होता है जिसे वह करना चाहता है।"

समीक्षा: फ्रोबेल द्वारा खेल की दी गई परिभाषा स्पष्ट तथा बोधगम्य हैं। बिना उद्देश्य के कोई क्रिया नहीं होती, भले ही उद्देश्य अपरोक्ष है। आनन्द प्राप्त करना भी उद्देश्य की श्रेणी में आ जाता है।

19.2 खेल की विशेषताएँ (Characteristics of Play)

1. खेल स्वेच्छा पर आधारित है। 2. खेल से आनन्द प्राप्त होता है। 3. खेल का कोई उद्देश्य नहीं होता है। 4. खेल से बच्चों का मनोरंजन होता है। 5. खेल खेल के लिए है। 6. खेल स्वतन्त्रता पर आधारित रहता है। 7. खेल बच्चों का प्रायः सर्वस्व है। 8. खेल बच्चों को सीखना नहीं पड़ता है। 9. खेल प्रेरणादायक है।

19.3 बच्चा कहाँ खेलता है (Where Does the Child Play?)

1. बच्चा पर्यावरण में तथा परिवरण के साथ खेलता है। 2. बच्चा जीवित तथा अजीवित वस्तुओं से खेलता है। 3. बच्चा प्रकृति में तथा प्रकृति के साथ खेलता है। 4. बच्चा शुद्धियों से वास्तविक जीवन की भान्ति खेलता है। 5. बच्चा पालतु पशु-पक्षियों से खेलता है। 6. बच्चा अन्य बच्चों के साथ खेलता है। 7. बच्चा बड़ों के साथ खेलता है। 8. बच्चे बड़ों के खेल खेलता है जैसे 'खाना बनाना' डाक्स बनाना आदि। 9. बच्चा खिलौनों से खेलता है। 10. बच्चा घर में तथा घर से बाहर खेलता है। 11. बच्चा कम्प्यूटर खेल खेलता है। 12. बच्चा विषयों से सम्बन्धित कक्षा में तथा कक्षा से बाहर खेलता है।

19.4 खेल तथा कार्य में अन्तर (Distiction Between Play and Work)

1. **स्वतन्त्रता:** खेल में कोई बन्धन नहीं होता, कार्य में बन्धन होते हैं।

2. **आनन्द तथा मनोरंजन:** खेल से आनन्द की प्राप्ति होती है। इससे मनोरंजन भी होता है। परन्तु कार्य में ऐसा नहीं है।

3. **लक्ष्यपूर्ति:** कार्य में लक्ष्यपूर्ति की चिन्ता रहती है। परन्तु खेल में ऐसा नहीं है।

4. **उत्तदायित्व:** खेल में विशेष उत्तरदायित्व नहीं होता है परन्तु कार्य में उत्तरदायित्व का प्रमुख स्थान है।

5. **थकान:** खेल में पूर्ण अभिरूचि होने और मन लगने से खिलाड़ी को अत्यधिक परिश्रम के बावजूद थकान का अनुभव नहीं होता है। कार्य में मन शीघ्र ऊब जाता है। थकान जल्द ही महसूस होने लगती है।

6. **मनोवैज्ञानिक प्रभाव:** खेल में आनन्द के कारण मनोविज्ञान का प्रभाव अधिक होता है, काम में मनोविज्ञान का प्रभाव आनन्दप्राप्त नहीं होता?

7. **चारित्रिक विकास:** खेल में बच्चे के चरित्र में ऐसे गुणों का विकास होता है जिनसे चारित्रिक विकास में सहायता मिलती है। खेल में बालक सहयोग, सहानुभूति, भ्रातृभाव आदि गुणों को सीखता है। कार्य करते समय बच्चे को ऐसे अवसर नहीं मिलते हैं।

8. **रक्त संचालन पर प्रभाव:** खेल में बालक का मन खिला रहता है। इसमें वह शुद्ध वायु का सेवन करता है। शरीर में रक्त संचालन की गति बढ़ जाती है। परन्तु काम में रक्त का संचालन इस भाँति नहीं हो पाता। शुद्ध वायु नहीं मिलती है।

19.5 खेल के प्रभावक तत्त्व (Factors Influencing Play)

कुछ बालक किसी विशेष खेल को पसन्द करते हैं और कुछ कम खेलना पसन्द करते हैं। कुछ बिल्कुल ही अलग रहना चाहते हैं। खेलों को प्रभावित करने वाले तत्त्व इस प्रकार हैं:

1. शारीरिक स्वास्थ्य: अच्छे स्वास्थ्य के बालक सदा खेलों में उत्साह दिखाते हैं। इस कारण बालक के स्वास्थ्य का ध्यान रखना बहुत जरूरी है।

2. वातावरण: अच्छे वातावरण में निम्नलिखित तत्त्व आते हैं:

(क) माता-पिता का स्वभाव

(ख) स्थान

(ग) खेलने के उपकरण

(घ) स्कूल का वातावरण

3. लिंग भिन्नता: बच्चों के खेल उनके लिंग पर भी निर्भर है। कुछ खेल लड़कियों के लिए विशेष रूचिकर होते हैं और कुछ लड़कों के लिए।

4. मौसम: खेले जाने वाले खेलों पर मौसम का भी प्रभाव पड़ता है।

5. खेलने का अवसर: बच्चों को कई बार खेलने के पर्याप्त अवसर भी उपलब्ध नहीं होते है।

19.6 खेलों के प्रकार (Types of Play)

खेलों का कई प्रकार से वर्गीकरण किया जा सकता है। परन्तु विभिन्न वर्गों में कोई निश्चित रेखा नहीं खींची जा सकती:

कार्ल ग्रुस द्वारा गया वर्गीकरण (Classification of Games)

1. रचनात्मक खेल (Constructive Play)
2. परीक्षणात्मक खेल (Experimental Play)
3. लड़ाई के खेल (Fighting Play)
4. बौद्धिक खेल (Intellectual Play)
5. गतिशील खेल (Movement Play)

खेलों का वर्गीकरण

1. शहरी खेल-ग्रामीण खेल।
2. स्वदेशी खेल-विदेशी खेल।
3. घर के खेल-घर के बाहर खेल।
4. अकेले खेल-सामूहिक खेल।
5. बिजली के खिलौनों के खेल-बिना बिजली के खेल।
6. लड़कों के खेल-लड़कियों के खेल। दोनों लिंगों के समान खेल।
7. जीवित वस्तुओं में खेल-निर्जीव वस्तुओं से खेल।
8. छोटे खेल-बड़े खेल।
9. छोटे बच्चों के खेल-बड़े बच्चों के खेल।
10. प्राचीन खेल-नए खेल।
11. कम्प्यूटर खेल-बिना कम्प्यूटर खेल।
12. खेल-कूद के मैदानी खेल बिना मैदान के खेल।
13. मौखिक खेल-क्रियात्मक खेल।
14. प्रयोगात्मक खेल।

15. चेष्टा खेल।
16. रचनात्मक खेल।
17. युद्धात्मक खेल।
18. बौद्धिक खेल।
19. रेत के खेल।
20. पानी के खेल।
21. मैदानी खेल-पहाड़ी खेल।

कुछ महत्त्वपूर्ण खेलों का संक्षिप्त विवरण
(A Brief Description of Some Significant Plays)

1. *प्रयोगात्मक खेल* (Experimental Play): इसमें बच्चे वस्तुओं को स्पर्श करते, उठते-धरते या हिलाते-डुलाते हैं और उनसे परिचय या ज्ञान प्राप्त करते हैं। यह खेल प्रायः वैयक्तिक होते हैं और पर्यावरण की जानकारी देने में सहायक होते हैं।

2. *चेष्टा खेल* (Movement Play): इसमें बच्चे निरूद्देश्य चेष्टायें करते हैं। जैसे उठना-बैठना, दौड़ना-कूदना आदि।

3. *रचनात्मक खेल* (Constructive Play): इसमें बालक किसी वस्तु की रचना करते हैं, जैसे मिट्टी, बालू, कागज, आदि से चीजों का निर्माण करना।

4. युद्धात्मक खेल (Fighting Play): लड़ने की मूल प्रवृत्ति सभी प्राणियों में होती है जो उन्हें लड़ने-झगड़ने की ओर प्रवृत्त करती है। इससे कुश्ती, मुक्केबाजी और कबड्डी जैसे खेलों की ओर वे प्रेरित होते हैं। यह खेल सामूहिक होते हैं। इनके खेलने के नियम बना दिये जाते हैं जिससे सामाजिक और मानसिक विकास सम्भव होता है।

5. *बौद्धिक खेल* (Intellectual Play): ऐसे खेल जिनमें प्रधानतः बुद्धि का प्रयोग किया जाता है। कार्यालय ने इन खेलों के तीन भेद किये हैं यथा–

(क) *विचारात्मक खेल* (Thinking Play): इसे सोच-विचार कर खेला जाता हैं, जैसे ताश, शतरंज, चौपड़ आदि।

(ख) *संवेगात्मक खेल* (Emotional Play): इसमें खेलने वाले को विभिन्न संवेगों की अनुभूति होती है, जैसे नाटक।

(ग) *कृत्यात्मक खेल* (Volitional Play): इसमें इच्छाशक्ति का अभ्यास निहित हो, जैसे घाई-माई, चुप या हंसी के खेल।

6. *रेत के खेल* (Sand Play): रेत के गड्ढों के अलावा किसी कुण्ड या टब में रखी हुई रेत से खेलने में बच्चे बहुत आनन्द अनुभव करते हैं। यह रेत उँगलियों में से पानी की तरह फिसलती है। रेत भरने और डालने के लिए बर्तनों की आवश्यकता है। अगर बाहर रेत के गड्ढे की व्यवस्था हो सके तो बच्चों के लिए रेत की एक बड़ी ट्रे या टब का प्रबन्ध करना चाहिए।

बच्चे रेत और पानी को मिलाने में बहुत आनन्द लेते हैं। बच्चों के आस पास रेत और पानी की ट्रे रख दी जानी चाहिए ताकि बच्चे इस खेल की ओर आकृष्ट हो सकें।

7. *पानी के खेल* (Water Play): पानी की क्रियाएँ बच्चों को बहुत-से अनुभव तथा अनेक प्रकार के आनन्द प्रदान करती है। पानी बच्चे को आराम भी प्रदान करता है। जब बच्चा अपने को अशान्त अनुभव करता है उस समय उसे पानी से सन्तुष्टि प्राप्त होती है।

पानी की क्रीडाओं की आवश्यक सामग्री: पानी के खेलों में निम्नलिखित सामग्री का प्रयोग किया जा सकता है:

1. स्वच्छ पानी से भरी हुई बाल्टी या टब,
2. छोटे-छोटे रबड़ के खिलौने,
3. साबुन,
4. कुछ बर्तन, जैसे कटोरी, गिलास आदि,
5. बुलबुले निकालने की नली,
6. बच्चों की दूसरी पोषाक जो खेल के बाद पहनाई जा सके।
7. कम्प्यूटर खेल: कम्प्यूटर द्वारा अनेक खेल खेले जाते हैं।

19.7 सामान्य व्यावहारिक खेल क्रियाएँ (Common Behavioural or Practical Play Activities)

उद्देश्य (Objectives): बच्चों की व्यावहारिक क्रियाओं के उद्देश्य इस प्रकार हैं:

1. बच्चे को स्वास्थ्यवर्द्धक जीवन व्यतीत करने के सिद्धान्तों की जानकारी कराना तथा इन सिद्धान्तों के अनुसार जीवन व्यतीत करने का अभ्यास कराना।
2. छात्रों का शारीरिक विकास, क्रियात्मक विकास तथा मांसपेशियों का सुदृढ़ तथा समन्वित गठन करना।
3. बच्चे के भावात्मक तथा सामाजिक विकास को बढ़ावा देना।
4. बच्चे के मानसिक, भाषायी तथा सौन्दर्यात्मक विकास को बढ़ावा देना।
5. बच्चे में स्वावलम्बन एवम् आत्मनिर्भरता के भाव जागृत करना।
6. बच्चे की रचनात्मक शक्तियों का विकास करना।
7. बच्चे को वातावरण के अनुकूल बनाने के अवसर प्रदान करना।

19.8 व्यावहारिक क्रियाओं के भाग (Classification of Common Activities)

I. स्वास्थ्यवर्द्धक जीवन व्यतीत करने की व्यावहारिक क्रियाएँ। (Activities Relating to Healthful Life)

II. शारीरिक विकास की व्यावहारिक क्रियाएँ (Practical Activities Relating to Health Development)

III. भावात्मक तथा सामाजिक विकास सम्बन्धी व्यावहारिक क्रियाएँ। (Emotional and Social Development)

IV. सौन्दर्यात्मक विकास सम्बन्धी व्यावहारिक क्रियाएँ (Activities Relating to Aesthetic Development)

V. रचनात्मक क्रियाएँ (Creative Activities)

VI. कलात्मक क्रियाएँ (Artistic Activities)

VII. आत्म निर्भरता सिखाने की क्रियाएँ (Self Reliance Activities)

I. स्वाथ्यवर्द्धक जीवन व्यतीत करने की व्यावहारिक क्रियायें: इन क्रियाओं को चार भागों में बाँटा जा सकता है:

1. व्यक्तिगत स्वच्छता सम्बन्धी आदतों के विकास की क्रियाऐं: पूर्व स्कूल में निम्नलिखित व्यावहारिक क्रियाओं के अवसर प्रदान करना आवश्यक है:

(i) नाखुन, दांत, बाल आदि साफ करने की क्रियाएँ।

(ii) शरीर को साफ रखने की क्रियाएँ।

(iii) वस्त्र साफ करने की क्रियाएँ।

(iv) मल-मूत्र त्याग सम्बन्धी क्रियाओं का अभ्यास।

(v) खाने से पहले हाथ धोने की क्रियाएँ।

(vi) खाने से पहले मुँह साफ करने की क्रियाएँ।

(vii) आराम के साथ भोजन करने की क्रियाएँ।

(viii) रूमाल, ग्लास, तौलिया आदि धोने की क्रियाएँ।

(ix) उचित ढंग से उठने, बैठने, खड़ा होने, बोलने आदि के तरीकों के अभ्यास की क्रियाएँ।

(x) विभिन्न स्थानों पर उचित ढंग से श्वास लेने की क्रियाएँ।

क्रियाओं का आयोजन करने की विधियाँ (Methods of Organising Activities):

(i) अध्यापक को अपने उदाहरणों द्वारा बच्चों को क्रियाओं का सिखाना।

(ii) इन क्रियाओं के लिए उपचारिक पाठों का न होना।

(iii) बच्चों को इन क्रियाओं में भाग लेने के लिए प्रेरित करना।

(iv) बच्चों के साथ सहानुभूतिपूर्वक व्यवहार रखना, भले ही बच्चों के नाखुन, बाल तथा दांत साफ न हों।

आवश्यक सामग्री (Essential Equipment): छोटी केचियों का एक जोड़ा, पानी की कटोरियाँ, प्लास्टिक की चादरें, दन्त मंजन अथवा दन्त पेस्ट, मृग, कंधे, शीशे, बालों का तेल, रिबनस, हाथ-मुँह धोने का साबुन, कपड़े धोने का साबुन, ऐप्रन, कपड़े के छोटे टुकड़े, प्राथमिक चिकित्सा बॉक्स।

2. कलासरूम आदि साफ रखने की आदतों के निर्माण सम्बन्धी क्रियाएँ: (i) फर्श पर से कूड़ा-करकट उठाना। (ii) फर्नीचर को झाड़ना। (iii) फर्श तथा खेलने के मैदान आदि को साफ करना। (iv) मलमूत्र के पश्चात् पानी गिराना। (v) खेलने आदि की वस्तुओं को ठीक स्थान पर रखना। (vi) फर्श को साफ रखना।

क्रियाओं का आयोजन:

(क) ये क्रियाऐं नियमित रूप से की जानी चाहिए।

(ख) अध्यापक को इन क्रियाओं में स्वयं भाग लेना चाहिए।

(ग) ये क्रियाऐं यान्त्रिक ढंग से न की जायें।

(घ) अध्यापक बच्चों को प्रेरित करे कि वे घर जा कर भी ऐसी क्रियाऐं करें।

(ड.) अध्यापक बच्चों के ग्रुप में ये क्रियाएँ करके दिखाए।

आवश्यक सामग्री: कूड़ेदान, खाने के डिब्बे, बेकार कागज फैंकने की बाल्टी, झाडू, झाड़न, मग, बाल्टी, रोगाणुनाशक-चूना आदि।

3. क्रियाएँ जिनसे बच्चों को साधारण रोगों के बचने के लिए अवगत कराया जा सकता है:

1. नाक बहने पर रूमाल का प्रयोग करने की क्रिया।
2. खाँसी आने पर मुँह ढकने की क्रिया।
3. इधर-उधर न थूकना।
4. फर्श से किसी भी वस्तु का उठाकर न खाना।
5. बासी भोजन न खाना।

क्रियाओं का आयोजन करने की विधियाँ: (i) अध्यापक द्वारा वस्तुओं में विभिन्न प्रकार के कीटाणुओं के बारे में जानकारी देना।

(ii) बच्चों को बताना कि ये कीटाणु साधारणतया नंगी आँखों से नहीं देखे जाते।

(iii) अध्यापक द्वारा बच्चों को बताना कि ये कीटाणु तेजी से बढ़ते हैं।

(iv) कठपुतलियों द्वारा इस प्रकार की क्रियाएँ आयोजन करना।

4. *भोजन सम्बन्धी स्वस्थ आदतें निर्माण करने की क्रियाऐं:* (i) पोषक भोजन के तत्त्वों जैसे सब्जियाँ, फल, दूध, घी, पनीर आदि से बच्चे की जानकारी कराना।

(ii) बच्चे में इस प्रकार की अभिवृत्ति का निर्माण करना जिससे वह समय पर तथा अपनी इच्छा से भोजन करें।

भोजन सम्बन्धी अच्छी आदतों के निर्माण हेतु क्रियाओं का आयोजन करना:

1. दोपहर के खाने की स्कूल में व्यवस्था करना।
2. स्कूल में पोषक भोजन की व्यवस्था करना।
3. बच्चों को ताजे फल तथा सब्जियाँ खाने के लिए प्रेरित करना।
4. बच्चों की खाने-पीने के स्थान को साफ सुथरा रखने में सहायता लेना।
5. बच्चों को दोपहर का खाना परोसने में सहायता लेना।
6. बच्चों में खाने को चबाकर खाने की आदत डालना।
7. बच्चों में धीरे-धीरे खाने की आदत डालना।
8. बच्चों में अपने बर्तन स्वयं उठाने की आदत डालना।
9. प्रत्येक बच्चे के लिए अलग अलग गिलास का प्रबन्ध करना।
10. बच्चों के लिए ताजे तथा स्वच्छ जल का प्रबन्ध करना।
11. बच्चों के सम्मुख खाते समय केसे आसन होने चाहिएँ, इसका प्रदर्शन करना।
12. बच्चों को किसी विशेष प्रकार की वस्तु खाने के लिए बाध्य न करना।

II. शारीरिक विकास के लिए व्यावहारिक क्रियाएँ

(अ) शारीरिक वृद्धि के लिए क्रियाएँ।

(ब) बड़ी मांसपेशियों के समन्वत के लिए क्रियाएँ।

(स) सूक्ष्म मांसपेशियों के गठन के लिए क्रियाएँ।

(अ) *शारीरिक वृद्धि की क्रियाएँ*

1. अध्यापक द्वारा बच्चे के स्वास्थ्य का निरीक्षण।
2. स्वास्थ्य केंन्द्र पर समय समय पर चैकअप।
3. बच्चे के वजन तथा लम्बाई का मासिक चैकअप।
4. काड़ों अथवा रजिस्टर में तत्त्वों का लिखा जाना।

(ब) *बड़ी मांसपेशियों के समन्वित गठन के लिए क्रियाएँ*

1. व्यक्तिगत तथा सामूहिक खेलों में भाग लेने के लिए बच्चे के लिए अवसर जुटाना।

2. बच्चे की आयु के अनुसार क्रियाओं का आयोजन करना।

3. रेत अथवा मानी के खेलों में भाग लेने के लिए बच्चे के लिए अवसर प्रदान करना।

4. बागवानी करने की क्रियाऐं उपलब्ध करना।

5. खेलों की विभिन्न सामग्री अर्थात् झूले, छल्स, रबर गेंद आदि का प्रयोग करने और निश्चित स्थान पर रखने के अवसर प्रदान करना।

(स) *सूक्ष्म मांसपेशियों के समन्वित गठन हेतू गतिविधियाँ*

1. मनकों में धागा डालना।
2. एक बर्तन से दूसरे बर्तन में पानी डालना।
3. छोटे छोटे कागजों को फाड़ना।
4. कागज के छोटे छोटे टुकड़े चिपकाना।
5. छोटी चीजों को उठाना।
6. चित्रकारी करना तथा रंग भरना।
7. मिट्टी के खिलौने बनाना।
8. विभिन्न प्रकार के बीजों, बटनों तथा छोटे ब्लाकों का वर्गीकरण।
9. आलू आदि छीलना।

आवश्यक सामग्री

(i) केंचियों का जोड़ा, (ii) सूईयाँ, (iii) रंगदार धागों में मनके (iv) विभिन्न आकार के ग्लास (v) बोतलें (vi) डब्बे (vii) कार्डबोर्ड (viii) रंगदार कागज (ix) रंगदार चाक (x) रंग भरने वाले विभिन्न आकार के ब्रुश (xi) रद्दी-पुराने समाचार (xii) विभिन्न आकार के बिल्डिंग ब्लाक (xiii) गारा (xiv) मिट्टी (xv) लकड़ी का तख्ता (xvi) बीज आदि।

III. *भावात्मक तथा सामाजिक विकास सम्बन्धी व्यावहारिक क्रियायें*

1. भावात्मक भावों पर नियन्त्रण करने की क्रियाऐं।
2. अपने के बराबर, बड़ों तथा छोटों से उचित सामाजिक सम्बन्ध स्थापित करने की क्रियाऐं।
3. अपने समुदाय के साथ सामंजस्यपूर्ण सम्बन्ध स्थापित करने की क्रियाऐं।
4. बच्चे में आत्मविश्वास उत्पन्न करने के लिए क्रियाऐं।
5. अपने तीव्र आवेशों को स्वत: नियन्त्रण करने की क्रियाऐं।
6. समुदाय द्वारा मान्यता प्राप्त आदतों का निर्माण करने की क्रियाऐं।
7. अपनी तथा दूसरों की चीजों को सुरक्षित रखने की क्रियाऐं।
8. समुदाय की कार्यों में भाग लेने की क्रियाऐं।

क्रियाओं का आयोजन करना

1. बच्चों द्वारा स्कूल आने पर अध्यापक का अभिवादन करना।
2. अध्यापक द्वारा बच्चों के स्कूल आने पर उनका अभिवादन करना।
3. बच्चों को अपने माता पिता का प्रातः सायं अभिवादन करना।
4. बच्चों द्वारा विभिन्न अवसरों पर अपने साथियों तथा बड़ों का अभिवादन करना।
5. गुड़ियों के खेल, खेल तथा सामूहिक खेलों में भाग लेना।
6. बच्चों का मार्गदर्शन करना।
7. स्थानीय डाकघर, पुस्तकालय आदि को देखने जाना।
8. आस-पास की सफाई

आवश्यक सामग्री

(i) *ग्रुप खेलों के लिए*: गुड़ियों का घर, घण्टियाँ, कठपुतलियाँ, खेलों का सामान।
(ii) *कला सामग्री*: कच्ची मिट्टी, पेंट, ब्रुश, पैंसिल, ड्राईंग पेपर आदि।

भावात्मक क्रियाओं के लाभ

1. बच्चा स्वतः ही अपनी भावनाओं को व्यक्त करता है।
2. बच्चे अपनी तीव्र भावनाएँ जैसे क्रोध, चिल्लाने आदि पर नियन्त्रण रखते हैं।
3. बच्चे अपने के समान तथा बड़ों का आदर करते हैं।
4. बच्चा समूह में अपनी बारी की प्रतीक्षा करता है।
5. बच्चा अपनी चीजों का प्रयोग दूसरों से मिलकर करता है।
6. बच्चा नेता तथा अनुयायी दोनों रूपों में कार्य करता है।
7. बच्चा दूसरों से मित्रता स्थापित करता है।
8. बच्चा दुःख के समय, हानि के समय तथा दुर्घटना के समय दूसरों से सहृदयता दिखाता है।
9. बच्चा दुखी नहीं होता जब तत्काल ही उसकी आवश्यकताओं की पूर्ति नहीं होती है।

IV. रचनात्मक क्रियायें

1. मिट्टी से वस्तुएँ बनाना।
2. कपड़ों को रस्सी या तार में डालना।
3. प्लास्टिक क्ले से आकार बनाना।
4. वातावरण की सफाई करना।

V. कलात्मक क्रियायें

1. चित्र काट कर चिपकाना।
2. चाक या पोत के द्वारा आकृति बनाना।
3. धूल या रेत पर खेल कर आकृति बनाना।
4. लकड़ी के गुद्दे से खेलना।
5. गुड़िया बनाना।

VI. बच्चों को आत्म-निर्भर बनाने सम्बन्धी गतिविधियाँ

नर्सरी स्कूल के बच्चे यद्यपि बहुत छोटे होते हैं फिर भी ऐसे बहुत से काम हैं, जिन्हें वे खुद कर सकते हैं। उन्हें इस प्रकार के अनेक अवसर जुटाऐं जायें जिससे वे आत्म-निर्भर होना सीख सकें। निम्नलिखित गतिविधियों की व्यवस्था की जायें।

1. अपने हाथ धोने तथा पोंछने का प्रशिक्षण।
2. बिना बिखेरे भोजन खाना।
3. कंघी करना।
4. नाखुन काटना।
5. बटन लगाना तथा खोलना।
6. आसन बिछाना तथा लपेटना।
7. एक बर्तन से दूसरे बर्तन में बिना गिराए अनाज डालना।
8. एक बर्तन से दूसरे बर्तन में बिना गिराए पानी डालना।
9. बोतल भरना।
10. बिना आवाज के वस्तु रखना।
11. धूल पोंछना।
12. व्रसों पालिश करना।

19.9 खेल-आयोजन कुछ ध्यान देते योग्य सुझाव
(Some Considerations in Organising Play-Provisions)

1. ऐसा खेल हो जिनमें बच्चों की रूचि हो।
2. क्रियाओं का आयोजन खेल के माध्यम से हो।
3. बच्चों को प्रयोग करने, छान-बीन करने और खेल-क्रियाओं का चुनाव करने की छूट दी जाए।
4. बच्चों की उनकी अपनी गति से भाग लेने के लिए प्रोत्साहित किया जाए।
5. बच्चों का ध्यानपूर्वक मार्गदर्शन किया जाए ताकि वे समुचित ढंग से व्यवहार करें।
6. बच्चों की योग्यताओं का विकास करने के लिए उन्हें प्रोत्साहित करना चाहिए।
7. बच्चों पर अध्यापक अपनी इच्छा न थोपें। बच्चों की आवश्यकतानुसार कार्यक्रम में परिवर्तन किया जाना चाहिए।
8. बच्चों के उच्छृंखल व्यवहार को प्रोत्साहन न दिया जाए।
9. बच्चों को उनके खेल के सामने की देखरेख करना और खेल समाप्त होने के पश्चात् ढंग से रखना सिखाया जाए।

19.10 विभिन्न विषयों का खेल भावना से सीखने
(Learning Some Subjects Through Play Spirit)

1. भाषा-शिक्षण: भाषा के शिक्षण में भाषण, विचारगोष्ठी, कवि दरबार, अन्त्याक्षरी, वाद-विवाद, उच्चारण तथा वर्तनी के खेलों का प्रयोग किया जाता है। अभिनय द्वारा तो भाषा साहित्य तथा सामाजिक विज्ञान की शिक्षा बड़ी रोचक बनाई जा सकती है। नाटक खेलकर ज्ञान आत्मसात बनाने की विधि बड़ी उत्तम है। रसानुभूति के पाठ में बालकों को

आनन्द अनुभव कराना खेल का लक्षण है। छोटी कक्षाओं में बड़े बिल्डिंग, गेम्स तथा टेलीग्राम एण्ड कार्ड गेम्स आदि से बच्चों को तेजी से बोलने और शब्दों को समझने का ज्ञान कराया जा सकता है।

2. गणित-शिक्षण: पूर्व-प्राथमिक स्तर पर बालकों को गिनती सिखाने, जोड़-बाकी बताने के लिए गोलियों या काष्ठ खण्डों से खेल खिलाया जा सकता है। किसी हस्तकला के माध्यम से गणित की शिक्षा बड़ी आकर्षक बन जाती है। वस्तुओं को निर्दिष्ट भागों में बाँटने, विशिष्ट नाप की क्यारियाँ बनाने, दुकान चलाने, क्रय-विक्रय करने और गणित की पहेलियाँ बुझाने से उसका शिक्षण रोचक बन जाता है।

3. विज्ञान-शिक्षण: बालक अपने साधारण घरेलू प्रेक्षणों का परीक्षण प्रयोगशाला में करते हैं। उपकरणों का प्रयोग तथा उनकी मरम्मत आदि अनेक कार्य करने में बालक बड़ी रूचि लेते हैं। बाजार से छोटी-छोटी वस्तुएँ खरीद कर उनके खिलौने बनाए जा सकते हैं जिनसे किसी वैज्ञानिक सिद्धांत को समझने में सहायता मिल सकती है। प्रकृति अध्ययन में भी बालकों को बड़ा आनन्द आता है।

4. सामाजिक ज्ञान शिक्षण: स्थानीय इतिहास पढ़ाने में भ्रमण करके बालकों को ऐतिहासिक वस्तुएँ दिखाई जा सकती हैं, रोचक कहानियाँ सुनाई जा सकती हैं। ऐतिहासिक घटनाओं का अभिनय और चित्रों का प्रदर्शन किया जा सकता है।

शैक्षणिक पर्यटन, प्रकृति निरीक्षण तथा चित्र प्रदर्शन किया जा सकता है। विभिन्न वस्तुओं के नमूने तथा विभिन्न देशों के टिकट इकट्ठे किये जा सकते हैं। देश-विदेश के निवासियों को उनकी वेश-भूषा में बुला कर सम्पर्क कराया जा सकता है। बाजारों और कारखानों का प्रेक्षण हो सकता है।

5. कला-शिक्षण: संगीत तथा चित्रकला के पाठ तो स्वयं ही आकर्षक और रोचक होते हैं किन्तु उन्हें भी रस-स्वादन या सौन्दर्यानुभूति कराकर आनन्ददायक बनाया जा सकता है।

19.11 खेल का बालक की वृद्धि तथा विकास में योगदान (Role of Play in the Growth and Development of Children)

बालकों के खेलकूद तथा खेल क्रियाओं के बारे में कभी कहा जाता था "पढ़ोगे-लिखोगे होगे नवाब, खेलोगे-कूदोगे होगे खराब" परन्तु आज के विशेषज्ञ इस कथन को बिल्कुल नहीं मानते उनका तो कहना है कि खेलकूद का बालक के शारीरिक, गत्यात्मक, बौद्धिक, सामाजिक, संवेगात्मक, चारित्रिक, सृजनात्मक तथा नैतिक विकास में विशेष स्थान है। अन्तर्राष्ट्रीय खेलकूद की शारीरिक शिक्षा परिषद के घोषणापत्र में कहा गया है–"औद्योगिकीकरण, नगरीकरण तथा यंत्रीकरण के परिणामों से भयभीत मनुष्य के मनोवैज्ञानिक तथा शारीरिक सन्तुलन से निर्माण में खेल-कूद ही समर्थ है।" खेल के मैदान को तो कभी 'ढका हुआ स्कूल' भी कहा जाता है क्योंकि यहाँ पर अनेक मूल्यों का बच्चों में विकास होता है जिनसे जीवन-संघर्ष में बहुत सहायता मिलती है। कम्प्यूटर खेलों ने तो शिक्षा के क्षेत्र में नई क्रान्ति ला दी है। 'कार्लग्रस' के अनुसार, "खेल शिक्षा प्रदान करने का एक साधन है। खेल द्वारा पढ़ना-लिखना आसान एवं रूचिपूर्ण जो जाता है। खेल में

बालक की रचनात्मक शक्तियों का विकास होता है। खेल शिक्षा का व्यावहारिक रूप है।" पी.सी. नन का कहना है कि "खेलने से शरीर को स्फूर्ति तथा ताजगी प्राप्त होती है।"

खेल तथा खेल क्रियाओं में बालक के विकास में निम्न प्रकार से सहायता मिलती है:

1. सीखना रूचिकर हो जाता है (Learning becomes Interesting): खेल द्वारा शिक्षण-पद्धति में बालक जो भी कार्य करता है वह किसी के दबाव में नहीं बल्कि स्वेच्छा से करता है। इससे शुष्क और नीरस कार्य भी आनन्ददायक हो जाता है और बालक को प्रसन्नता भी होती है। हाल के अनुसार "बालक का हृदय खेल में ऐसा लग जाता है कि जैसा किसी भी कार्य में नहीं, मानों इसमें मनुष्य खोये हुए स्वर्ग की याद कर रहा होता है।"

2. क्रिया-द्वारा सीखना (Learning Through Play): इसमें अधिकतर कार्य बालकों को हाथ से कराये जाते हैं। इस प्रकार इसमें बालकों को 'करके सीखने' का अवसर प्राप्त होता है।

3. ज्ञान का स्थायी होना (Permanent Knowledge): खेलों द्वारा बालक जो ज्ञान प्राप्त करते हैं, वह आत्मप्रेरित, रूचिपूर्ण एवं व्यावहारिक होता है। इस प्रकार की ज्ञान के वह कभी नहीं भूल पाते। वह ज्ञान स्थायी बन जाता है।

4. व्यक्तिगत योग्यताओं का विकास (Development of Individual Talents): खेलों द्वारा शिक्षा देते समय उन विधियों का प्रयोग किया जाता है जो लचीली होती है। इसलिए उनके द्वारा व्यक्तिगत विभिन्नताओं के समायोजन का अवसर मिल जाता है।

5. व्यक्तित्व का सर्वांगीण विकास (All Round Development of Personality): खेलों द्वारा शिक्षा देने से बालकों को सभी प्रकार की क्रियाऐं जैसे शारीरिक, मानसिक, सामाजिक आदि करने का अवसर मिल जाता है। इसलिए उनका सर्वांगीण विकास होता है।

6. नेतृत्त्व के गुणों का विकास (Development of Qualities of Leadership): खेलों द्वारा नेतृत्व की भावना को बढ़ावा मिलता है। टीम के कप्तान द्वारा सारे खिलाड़ियों को नियन्त्रण में रखने से ही टीम की उन्नति होती है।

7. मानसिक विकास (Mental Development): खेल तथा खेल क्रियाओं से निर्णय-शक्ति तथा विचार-शक्ति का विकास होता है। कहा गया है "स्वस्थ शरीर, स्वस्थ मन।"

8. शारीरिक विकास (Physical Development): खेलों से शरीर के अंगों में दृढ़ता तथा सुडौलता आती है।

9. चरित्र का विकास (Character Development): खेलों द्वारा सहयोग, कर्त्तव्यपरायणता, आज्ञापालन, आत्मविश्वास आदि के गुण छात्रों के चारित्रिक विकास में बहुत सहायक सिद्ध होते हैं।

10. बच्चों की मूल प्रवृत्तियों की पूर्ति तथा विकास (Development of Inherent Power of the Student): बालक की छुपी हुई अतिरिक्त शक्ति को स्फूर्ति मिलती है।

11. सामाजिक विकास (Social Development): खेलों द्वारा बच्चों में सामाजिकता का विकास होता है।

19.12 खेल की सीमाएँ (Limitation of Play)

1. शिक्षा में खेल की आवश्यकता तो है किन्तु शिक्षा को निरा खेल बना देना उचित न होगा।

2. खेलों में स्वतन्त्रता अधिक होती है। इनसे शैक्षिक कार्यों में असंतुलन तथा अनुशासनहीनता का भय रहता है।

3. खेलों में समय का बड़ा अपव्यय होता है। शिक्षण कार्य मन्द पड़ जाता है।

4. बच्चे खेल को खेल ही समझते हैं और उसमें निहित विषय ज्ञान की क्रियाओं को भी गम्भीरतापूर्वक नहीं लेते।

5. जीवन में बहुधा अरूचिपूर्ण कार्य भी करने होते हैं। खेल खिलवाड़ की आदतें ऐसे अवसरों पर काम नहीं आती।

6. कभी-कभी कहा जाता है कि खेल पद्धति से बच्चों में पढ़ने और सीखने की गम्भीरता और शालीनता नहीं आ पाती है।

उपसंहार: खेलों का बालक के सम्पूर्ण विकास में बहुत महत्त्व है। खेल का केवल शारीरिक विकास तक ही सीमित रखना बहुत बड़ी भूल है। इसी प्रकार खेल को केवल मनोरंजन का साधन ही मानना उपयुक्त नहीं है। खेल में निहित दृष्टिकोण को समझने की बहुत जरूरत है। खेल की भावना को शिक्षण-अधिगम की प्रक्रिया में अपनाया जाना चाहिए।

इकाई III

व्यक्तित्व विकास तथा समायोजन

PERSONALITY DEVELOPMENT AND ADJUSTMENT

20

व्यक्तित्व के अर्थ तथा परिभाषा

(Meaning and Definition of Personality)

20.1 व्यक्तित्व का अर्थ (Meaning of Personality)

व्यक्तित्व के लिए प्रयुक्त अंग्रेजी भाषा का शब्द (Personality) का जन्म लैटिन भाषा के शब्द *Persona* से हुआ है। *Persona* शब्द का शाब्दिक अर्थ मुखौटा (Mask) है। इस प्रकार हम देखते हैं कि व्यक्तित्व की सबसे पुरानी और आजकल भी जनसाधारण में प्रचलित परिभाषा यही है कि व्यक्तित्व व्यक्ति के बाहरी गुणों का या विशेषताओं का समूह है। किन्तु व्यक्तित्व की यह परिभाषा आज मनोवैज्ञानिकों को मान्य नहीं है। परिभाषा के संबंध में मनोवैज्ञानिकों में बहुत ही अधिक मतभिन्नता हैं।

व्यक्तित्व शब्द का प्रयोग कई अर्थों में किया जाता है। कई विद्वान व्यक्तित्व को चरित्र का उद्‌गम स्थान मानते हैं। कुछ व्यक्तित्व का अर्थ बाह्य शारीरिक गठन आदि से लेते हैं। कुछ व्यक्तित्व का अर्थ व्यक्ति के मानसिक विकास से लेते हैं। व्यक्तित्व तो समग्रता है जिसमें व्यक्ति के संपूर्ण आंतरिक एवं बाह्य गुणों व अवगुणों का समावेशित दिग्दर्शन होता है।

1948 में *ऑलपोर्ट* (*Allport*) ने व्यक्तित्व की 49 परिभाषाओं का विवरण दिया है। इसके पश्चात् अनेक विद्वानों ने इन परिभाषाओं में बढ़ोतरी की है। यहाँ पर कुछ मुख्य परिभाषाओं को दिया जा रहा है:

1. *आलपोर्ट* की परिभाषा इस प्रकार है–"व्यक्तित्व व्यक्ति के उन मनोवैज्ञानिक व्यवस्थाओं का गतिशील संगठन है जो वातावरण के साथ उसके अपूर्व समायोजन का निर्धारण करता है।"

2. *बोरिंग* (*Boring*) का कथन है –"वातावरण के साथ समान्य एवं स्थायी समायोजन ही व्यक्तित्व है।"

3. *वारेन* (*H.C. Warren*) के विचार में "व्यक्तित्व व्यक्ति का संपूर्ण मानसिक संगठन है, जो उसके विकास की किसी भी व्यवस्था में होता है।"

4. *रैक्स रॉक* (*Rex Rock*) के अनुसार, "व्यक्तित्व समाज द्वारा मान्य तथा अमान्य गुणों का संतुलन है।"

5. *ट्रैक्सर* (*A.E. Traxler*) ने कहा है, "व्यक्तित्व से तात्पर्य मनुष्य के संपूर्ण व्यवहार से है, जो कि सामाजिक स्थितियों में दृष्टिगोचर होता है। व्यवहार में केवल बहिर्मुखी कार्य ही नहीं अपितु आन्तरिक भाव भी, जोकि किसी स्थिति द्वारा पैदा होते हैं सम्मिलित हैं।"

6. *देशाइल* (*J.F. Dashiell*) का कहना है "यह व्यक्ति के व्यवहारों का एक समायोजित संकलन है जोकि व्यक्ति अपने सामाजिक व्यवस्थापन के लिए करता है।"

7. *केम्प* (*Kemph*) ने व्यक्तित्व पर अपने विचार प्रकट करते हुए कहा कि "व्यक्तित्व आदतों की उन व्यवस्थाओं का समन्वय है जो वातावरण के साथ व्यक्ति के विशिष्ट अभियोजन का प्रतिनिधित्व करता है।"

8. *वैलनटाइन* (*Valentine*) के शब्दों में –"व्यक्तित्व जन्मजात एवं अर्जित प्रवृत्तियों का योग है।"

9. *गेट्स* (*Gates*) के मतानुसार–"व्यक्तित्व से हमारा तात्पर्य है गुणों का प्रारूप, न कि कुछ ही विशेषताओं की सूची।"

10. *मोर्टन प्रिंस* (*Morton Prince*) ने कहा है कि "व्यक्तित्व सभी जैविक, जन्मजात प्रवृत्तियों, इच्छाओं, मूल एवं मूल प्रवृत्तियों का योग है तथा इसमें अनुभव से प्राप्त अर्जित प्रवृत्तियाँ भी निहित हैं।"

11. *विलियम हीली* (*William Healy*) ने लिखा है कि, "व्यक्तित्व वातावरण के साथ, विशेषतया सामाजिक वातावरण के साथ संबन्धित आदतों के समायोजन की समन्वित व्यवस्था है।"

12. *ए.जे. जोन्स* (*A.J. Jones*) ने व्यक्तित्व के अर्थ को इस प्रकार दर्शाया है:

1. जिस ढंग से व्यक्ति देखता है।
2. जिस ढंग से व्यक्ति पहचानता है।
3. जिस ढंग से व्यक्ति पहनता है।
4. जिस ढंग से व्यक्ति चलता है।
5. जिस ढंग से व्यक्ति कार्य करता है।
6. जिस ढंग से व्यक्ति व्यवहार करता है।
7. जिस ढंग से व्यक्ति वस्त्र पहनता है।
8. जिस ढंग से व्यक्ति के शरीर का गठन है।

20.2 सबसे उपयुक्त परिभाषा (Best Definition of Personality)

1. *आईजैन्क* (*Eysenck*): "व्यक्तित्व व्यक्ति के चरित्र, स्वभाव, बुद्धि और शारीरिक बनावट का थोड़ा-बहुत स्थायी और स्थिर संगठन है जो वातावरण के साथ उसके अपूर्व समायोजन का निर्धारण करता है।"

आईजैन्क ने अपनी परिभाषा में शामिल कुछ शब्दों का अर्थ स्पष्ट करने का प्रयास भी किया है।

आईजैन्क की दी गयी परिभाषा के गुण

1. यह परिभाषा व्यक्तित्व के निर्माण में वंशानुक्रम और वातावरण के संतुलित समायोजन को महत्त्व देती है।

2. इस परिभाषा में आईजैन्क ने व्यक्तित्व के लिए व्यवहार सम्बन्धी विशेषताओं को गिनाने के स्थान पर उसके (व्यक्तित्व) संगठन और संरचना को अधिक महत्त्व दिलाने का प्रयास किया है।

3. यह परिभाषा व्यक्ति को शरीर विज्ञान सम्बन्धी आधार प्रदान करती है।

4. यह परिभाषा क्रियात्मक, ज्ञानात्मक, भावनात्मक और रचनात्मक पक्षों को लेकर व्यक्ति के व्यवहार का सम्पूर्ण चित्र प्रस्तुत करने का प्रयास करती है।

5. व्यक्तित्व को मापन एवं मूल्यांकन की वस्तु बनाकर यह उसे वैज्ञानिक आधार प्रदान करने की चेष्टा करती है।

इस परिभाषा में भी यद्यपि अनेक कमियाँ हैं, फिर भी यह परिभाषा अन्य परिभाषाओं की अपेक्षा उपयुक्त प्रतीत होती है। वास्तव में व्यक्तित्व को विचारक अपने-अपने दृष्टिकोण से देखते हैं, जिसके कारण व्यक्तित्व के संबंध में एकमत होना संभव नहीं है।

20.3 विभिन्न दृष्टिकोणों से व्यक्तित्व का अर्थ
(Meaning of Personality from Various Points of View)

विभिन्न दृष्टिकोणों से व्यक्तित्व के अर्थ को निम्न प्रकार से दर्शाया जाता है:

1. दार्शनिक दृष्टिकोण (Philosophical Point of View): आत्मज्ञान का दूसरा नाम व्यक्तित्व है। वह पूर्णता का प्रतीक है। इस पूर्णता का आदर्श ही व्यक्तित्व को प्रदर्शित करता है।

2. मनोवैज्ञानिक दृष्टिकोण (Psychologcal Point of View): मनोवैज्ञानिक दृष्टिकोण के अनुसार व्यक्तित्व व्यक्ति के जन्मजात तथा अर्जित स्वभाव, मूल प्रवृत्तियों, भावनाओं तथा इच्छाओं का समूचा संगठित सार है।

3. समाजशास्त्रीय दृष्टिकोण (Social View): इस दृष्टिकोण के अनुसार व्यक्तित्व उन सभी तत्वों का संगठन है जिनके द्वारा व्यक्ति के समाज में कोई स्थान प्राप्त होता है।

20.4 व्यक्तित्व के बारे में मनोवैज्ञानिक निष्कर्ष-व्यक्तित्व की विशेषताएँ
(Characteristics of Personality)

1. व्यक्तित्व वंशानुक्रम (Heredity) तथा वातावरण दोनों की देन है।
2. व्यक्तित्व अद्वितीय (Unique) होता है।
3. व्यक्तित्व में व्यक्ति का संपूर्ण व्यवहार निहित है।
4. व्यक्तित्व के विकास में वृद्धि और विकास के सभी आयामों को ध्यान में रखा जाता है।
5. व्यक्तित्व का विकास आत्मचेतना से जुड़ा हुआ है।
6. व्यक्तित्व के निर्माण में अधिगम महत्त्वपूर्ण भूमिका निभाता है।
7. व्यक्तित्व के 'स्व' अथवा 'आत्म' संगठन को ही व्यक्तित्व कहा जाता है।
8. व्यक्तित्व एक गत्यात्मक संगठन है।
9. व्यक्तित्व द्वारा व्यवहार की भविष्यवाणी की जा सकती है।
10. व्यक्तित्व की पहचान व्यक्ति द्वारा निर्धारित अपने जीवन के लक्ष्य से की जाती है।

20.5 व्यक्तित्व के प्रकार (Types of Personality)

लेखकों तथा मनोवैज्ञानिकों ने व्यक्ति के अनेक प्रकार दर्शाए हैं। जहाँ पर केवल प्रमुख वर्गीकरणों का उल्लेख किया गया है:

1. व्यक्तित्व का क्रेमचर (Kretschner) द्वारा किया गया वर्गीकरण

1. मिलनसार व्यक्ति
2. चुस्त व्यक्ति
3. एकान्त प्रिय व्यक्ति
4. मिश्रित व्यक्ति–ऊपर दिए गए तीनों प्रकार के अंशों के सम्मिश्रण वाला व्यक्ति।

2. इन्ड्रोसीन (Endrocine) प्रकार के व्यक्तित्व

1. प्रभावक
2. शिथिल
3. सहनशील
4. पूर्वपरिपक्व–समय से पहले परिपक्वता प्राप्त करने वाले व्यक्ति
5. कुटिल
6. लड़ाकू
7. सांस्कृतिक

3. स्प्रेन्गार (Spranger) द्वारा किया गया वर्गीकरण

1. वैचारिक–दार्शनिक, आविष्कारक, वैज्ञानिक आदि
2. आर्थिक–व्यापारी, उद्योगी, दुकानदार आदि
3. सौन्दर्यात्मक–कलाकार, चित्रकार, साहित्यकार आदि
4. राजनीतिक
5. धार्मिक
6. सामाजिक

4. जुंग (C.G. Jung) द्वारा दिया गया वर्गीकरण

सी.जी. जुंग (C.G. Jung) ने इसे दो भागों में बाँटा है:

बहिर्मुखी (Extrovert)	*अन्तर्मुखी (Introvert)*
1. बोलने में निपुण	1. बोलने के स्थान पर लिखने में निपुण।
2. चिन्ताओं से मुक्त	2. चिन्ताओं से युक्त।
3. व्यवहार कुशल	3. चुप्पी साधने वाले।
4. शीघ्रता से न घबराने वाले	4. शीघ्रता से घबराने वाले।
5. खेल-कूद में रुचि लेने वाले	5. पुस्तकों आदि में रुचि लेने वाले।
6. वस्तुनिष्ठ तथ्यों से प्रभावित होने वाले	6. व्यक्तिगत भावनाओं से प्रभावित होने वाले।

(क्रमशः)

बहिर्मुखी (*Extrovert*)	अन्तर्मुखी (*Introvert*)
7. मित्रवत	7. अकेले रहने वाले।
8. व्यवहार में लचीलापन	8. व्यवहार में लचीलेपन का अभाव।
9. व्यक्तिगत रोगों की कम चिन्ता करने वाले	9. व्यक्तिगत रोगों की चिन्ता करने वाले।

20.6 व्यक्तित्व के प्रकारों की समीक्षा (Review of Types of Personality)

व्यक्तित्व के प्रकारों के बारे में क्रो तथा क्रो के विचार इस प्रकार हैं, "इस प्रकार के वर्गीकरण की एक सामान्य आलोचना यह है कि ये विकास के किसी न किसी एक विशेष पहलू पर बल देते हैं और सामान्य मानव-स्वभाव की अपेक्षा उसके उग्र रूपों की व्याख्या करते हैं।"

वास्तव में प्रत्येक व्यक्ति में अनेक प्रकारों का मिश्रण होता है।

20.7 बाल्यावस्था में व्यक्तित्व को प्रभावित करने वाले कारण (Factor Influencing Personality or Determinants of Personality during Childhood)

बाल्यावस्था में व्यक्तित्व को प्रभावित करने वाले कारक: जैविक (Biological) तथा वातावरणीय सामाजिक तथा सांस्कृतिक (Environment-Socio-cultural)

1. *जैविक कारक* (Biolgical Factors)

1. शारीरिक बनावट,
2. स्वास्थ्य,
3. बुद्धि,
4. मेधा,
5. स्नायुमण्डल,
6. ग्रंथियाँ,
   (अ) कंठ ग्रंथि (Thyroid Glands),
   (आ) उपकंठ ग्रंथि (Purathyroid Glands),
   (इ) मूत्रस्थ ग्रंथि (Adrenal Glands),
   (ई) पीयूष ग्रंथि (Pituitary Glands),
   (उ) यौन ग्रंथि (Sex Glands)।

2. *वातावरणीय अथवा सामाजिक सांस्कृत कारक* (Enviornmental Factors)

ये निम्नलिखित हैं:

1. परिवार,
2. पड़ोस, मित्र मंडली आदि,
3. आर्थिक स्थिति,

4. विद्यालय का वातावरण,
5. समाज एवं संस्कृति,
6. जलवायु,
7. शैक्षिक वातावरण।

व्यक्तित्व के विकास में आनुवंशिकता और वातावरण दोनों की महत्त्वपूर्ण भूमिका है। व्यक्ति अपने शारीरिक ढाँचे को आनुवंशिकता से प्राप्त करता है और उस ढाँचे की सीमा में वह कई क्रियाकलाप करता है। किन्तु यह क्रियाकलाप तभी सम्भव हैं जब उसे उचित वातावरण प्राप्त होगा। और इसके साथ ही हम यह कह सकते हैं कि वातावरण इस प्रकार का अवसर प्रदान कर सकता है जिसके फलस्वरूप मनुष्य अपनी क्षमता को उस हद तक विकसित कर सकता है जिस हद तक उसकी आनुवंशिकता उसकी अनुमति देता है। फिर भी एक शिक्षक के नाते हम इतना ही कहेंगे कि हमें अपने छात्रों के लिए ऐसा वातावरण और स्थिति उत्पन्न करनी चाहिए जिससे छात्रों के जन्मजात गुणों का अधिकतम विकास हो सके। अन्त में हम ट्रैवर्स (Travers) के शब्दों में यह कह सकते हैं कि जब हमने यह मान लिया कि व्यक्तित्व आनुवंशिकता और वातावरण के परस्पर क्रिया के द्वारा उत्पन्न होता है तो यह प्रश्न ही निरर्थक है कि इनमें से कौन अधिक महत्त्वपूर्ण है।

वैसे अब तक यह स्पष्ट हो गया होगा कि व्यक्तित्व का कोई भी विशेषक (Trait) पूर्णतया न तो आनुवंशिकता से और न वातावरण से निर्धारित होता है, फिर भी इतना तो स्पष्ट है कि बुद्धि, शारीरिक गठन, संवेदी-प्रेरक क्रिया यंत्र (Sensory-motor-equipments) पर आनुवंशिकता का अधिक प्रभाव है। किन्तु जहाँ तक संवेगात्मक और सामाजिक विशेषताओं का प्रश्न है--जैसे हमारी अभिव्यक्तियाँ (Attitudes), नैतिक मानदण्ड, आदतें आदि वातावरण से अधिक प्रभावित होती हैं। मनुष्य के व्यक्तित्व को प्रभावित करने वाले वातावरण संबंधी कार्यक्रमों में निम्नलिखित बहुत महत्त्वपूर्ण हैः

(अ) माता-पिता एवं परिवार तथा घर;
(आ) पड़ोसी एवं साथी;
(इ) विद्यालय एवं समाज;
(ई) संस्कृति।

व्यक्तित्व के विकास में वंशानुक्रम तथा वातावरण का प्रभाव पड़ता है। व्यक्तित्व विकास में वंशानुक्रम का प्रभाव 1/3 है तथा वातावरण का 3/4 स्कूल में प्रभावी वातावरण की आवश्यकता है।

नैतिक गुणों का विकास वैज्ञानिक तथ्यों के आधार पर किया जाना चाहिए।

अभिवृत्तियाँ तथा संवेदनाएँ अर्जित की जा सकती हैं। स्कूल में इस दिशा में पर्याप्त कार्य किया जा सकता है।

गुणों के विकास में अभिप्रेरणा का विशेष स्थान है।

20.8 बाल्यावस्था में व्यक्तित्व निर्माण में बाधाएँ (Barriers in Personality Development during Childhood)

पारिवारिक स्थिति

आर्थिक

(i) रोजगार की कमी
(ii) निम्न आर्थिक स्थिति

मनोवैज्ञानिक

(i) अभिभावकों की उग्रता
(ii) बच्चों से अव्यावहारिक आशाएँ
(iii) भद्दे शब्दों का प्रयोग
(iv) आदर्शों का अभाव
(v) बच्चों से पक्षपात का व्यवहार
(vi) असुरक्षा का भय

सामाजिक

(i) निम्न सामाजिक स्थिति
(ii) टूटे तथा विरले परिवार
(iii) सुरक्षा का अभाव
(iv) परिवार को असामाजिक तत्व की संज्ञा देना

विद्यालय

1. दूषित भूआदिक स्कूल वातावरण
2. मानसिक शिथिलता व्यक्तित्व वाले अध्यापक
3. स्नेह के वातावरण का अभाव
4. छात्रों के व्यक्तित्व को उचित स्थान न देना
5. शिथिल अनुशासन
6. पाठान्तर क्रियाओं का अभाव
7. विषयों का गलत चुनाव
8. मार्गदर्शन का अभाव

संगसाथी (Peers)

1. संगसाथियों की अवांछित रूचियाँ तथा क्रियाएँ
2. समूह मं छात्र की पहचान का न होना।
3. समूह में ईर्ष्या के भाव
4. समूह में भगडालू रूचियों की अधिक संख्या

20.9 संकलित अथवा एकीकृत व्यक्तित्व (Integrated Personality)

विद्यालय में निम्न तत्वों का एकीकृत विकास किया जाना चाहिए। यह भी याद रहे कि व्यक्तित्व का एकीकृत विकास में सभी तत्व संतुलित रूप से विकसित किए जाने चाहिए:

1. कलात्मक विकास, 2. मानसिक विकास, 3. शारीरिक विकास, 4. भाषायी विकास, 5. नैतिक विकास, 6. आध्यात्मिक विकास, 7. भावात्मक विकास, 8. गामिक विकास

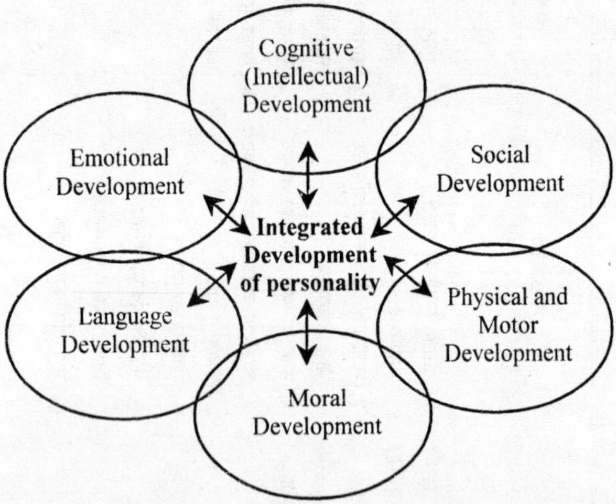

चित्र 20.1: संकलित व्यक्तित्व (Integrated Personality)

20.10 संकलित अथवा एकीकृत अथवा संतुलित व्यक्तित्व के मुख्य लक्षण (Traits of an Integrated and Balanced Personality)

वर्गीकरण I (Classification)

■ सौन्दर्यबोध दृष्टि से परिष्कृत (Aesthetically Refined), ■ सांस्कृतिक दृष्टिकोण से उत्कृष्ट (Culturally Rich), ■ भावात्मक दृष्टि से संतुलित (Emotionally Stable), ■ बौद्धिक दृष्टि से गम्भीर (Intellectually Sound), ■ शारीरिक दृष्टि से शक्तिशाली (Physically Strong), ■ राजनैतिक दृष्टिकोण से जागरूक (Politically Wide-awake), ■ धार्मिक दृष्टि से पवित्र (Religiously Pious), ■ सामाजिक दृष्टि से कुशल (Socially Efficient), ■ आध्यात्मिक दृष्टि से प्रकाशित (Spiritually Enlightened), ■ व्यावसायिक दृष्टिकोण से आत्म निर्भर (Vocationally Self-Sufficient)

वर्गीकरण II (Classification II)

निम्न प्रकार से भी संकलित व्यक्तित्व का वर्गीकरण किया जा सकता है:

■ ठोस शारीरिक तथा मानसिक स्वास्थ्य (Sound Physical and Mental Health), ■ उच्च सामाजिकता (High Sociality), ■ विकसित आत्म चेतना (Developed Self-Consciousness), ■ संतुलित अभियोजन शीलता (Balanced Adjustability), ■ लक्ष्य संचालित (Goal Directed), ■ संगठित (Integrability)

20.11: चार्ट–अधिगमकर्त्ता अथवा बालक के एकीकृत व्यक्तित्व विकास के लिए स्कूल के कार्यक्रम
(Chart: Programmes of the School for the Integrated Development of the Personality of the Learner/Child)

1	2	3	4	5	6	7	8	9
कलात्मक विकास	**संज्ञात्मक विकास**	**भावात्मक विकास**	**नैतिक विकास**	**भाषायी विकास**	**शारीरिक विकास**	**सामाजिक भावना का विकास**	**आध्यात्मिक विकास**	**व्यावसायिक विकास**
1. विद्यालय में आकर्षक तथा सुन्दर भौतिक वातावरण की व्यवस्था करना। 2. विभिन्न कलात्मक पाठ्य या पाठान्तर क्रियाओं का प्रावधान करना।	1. मनोवैज्ञानिक शिक्षण-अधिगम विधियों का प्रावधान करना। 2. विभिन्न प्रकार की अनुदेशन सामग्री की व्यवस्था करना 3. छात्रों की व्यक्तिगत रूचियों आदि की संतुष्टि करना।	1. अध्ययन का संतुलित व्यक्तित्व। 2. स्नेह तथा सहयोग का वातावरण। 3. अध्यापक का प्रभावी आदर्श प्रस्तुत करना। 4. समुचित अनुशासनात्मक विधियाँ प्रयोग में लाना।	1. अध्यापक का स्वच्छ व्यक्तिगत उदाहरण। 2. सामाजिक सेवा कार्यों में छात्रों को भागीदार बनाना।	1. अध्यापक द्वारा सभ्य भाषा का प्रयोग करना। 2. शुद्ध भाषा का प्रयोग करना। 3. समृद्ध भाषा सामग्री का प्रावधान करना।	1. नियमित शारीरिक अभ्यास। 2. स्कूल स्वास्थ्य प्रोग्राम। 3. छात्रों का स्वास्थ्य निरीक्षण। 4. स्वच्छता पर जोर।	1. सामूहिक कार्य पर बल। 2. बिना किसी जाति आदि भेद के छात्रों से बर्ताव। 3. सामाजिक सेवा के कार्यों का प्रावधान। 4. स्कूल में स्व-शासन की व्यवस्था करना।	1. प्रातः सभा में आध्यात्मिक विषयों पर कार्यक्रम। 2. मौन साधना। 3. योगिक प्रशिक्षण।	1. रोजी कमाने में आत्म निर्भर बनाना। 2. परिश्रम करने की आदतों का निर्माण करना। 3. हस्त कौशलों का विकास करना।

21

बाल्यावस्था तथा पूर्व-किशोरावस्था में व्यक्तित्व निर्माण की विधियाँ: सामाजीकरण-आदत तथा गुण निर्माण

(Methods of Developing Personality at the Boyhood and Pre-Adolescence Stage: Socialisation—Habit and Trait Formation)

21.1 परोक्ष तथा अपरोक्ष विधियाँ (Direct and Indirect Methods)

व्यक्तित्व का निर्माण परोक्ष तथा अपरोक्ष दोनों प्रकार से होता है। कहा जाता है कि व्यक्तित्व का निर्माण तो स्वतः अर्थात् अनजाने भी होता रहता है। जब से बच्चा माता के गर्भ में होता है। उसके व्यक्तित्व का निर्माण होना आरम्भ हो जाता है। महाभारत के काल का अभिमन्यु के व्यक्तित्व के निर्माण का उदाहरण हमारे समक्ष हैं।

मोटे तौर पर हम कह सकते हैं कि घर तथा विद्यालय में दो प्रकार की निम्नलिखित विधियाँ व्यक्तित्व के निर्माण को प्रभावित करती हैं:

1. माता-पिता तथा अध्यापकों का अपरोक्ष व्यवहार तथा उनका व्यक्तित्व
2. व्यक्तित्व निर्माण सम्बन्धी निदेशन (Direct Instruction for the Development of Personality)
3. बच्चों का विभिन्न प्रकार से सामाजीकरण (Socialization of the Child) जिसके अर्न्तगत दो तत्व विशेष महत्त्व रखते हैं:
   (i) आदत निर्माण (Habit Formation)
   (ii) गुण अथवा विशेषक अथवा लक्षण निर्माण (Trait Formation)

बाल्यावस्था तथा किशोरावस्था पर सबसे अधिक प्रभाव डालने वाले दो महत्त्वपूर्ण तत्व हैं: परिवार तथा स्कूल।

बालक के व्यक्तित्व का पूर्ण विकास तभी सम्भव हो सकता है जबकि वह अपनी वास्तविकता को समझे। इसके लिए निर्देशन की आवश्यकता है।

इस बात पर जोर देना आवश्यक है कि बालक के व्यक्तित्व के विकास में

आनन्दमय तथा सुखमय वातावरण महत्त्वपूर्ण प्रभाव डालता है। इस सम्बन्ध में जस्टिन (Justin) का कथन है, "बाल्यवस्था में सुख का प्रादुर्भाव मानव सम्बन्धों के माध्यम से होता है।"

21.2 व्यक्तित्व का सामाजीकरण (Socialisation of Personality)

21.3 सामाजीकरण का अर्थ (Meaning of Socialisation)

सामाजीकरण ऐसी प्रक्रिया है जिसके द्वारा व्यक्ति समाज में प्रचलित परम्पराओं, मूल्यों, प्रतिमानों तथा मान्यताओं को समझता है, अपनाता है तथा व्यवहार करता है। सामाजीकरण की कुछ परिभाषाएँ नीचे दी जा रही हैं:

1. *हैविघर्स्ट एवं न्यूगर्टन* (*Havgrst and Newgarten*) का कहना है, "सामाजीकरण वह प्रक्रिया है जिसके माध्यम से बच्चे अपने समाज के स्वीकृत ढंगों को अपनाते हैं तथा इन ढंगों को अपने व्यक्तित्व का एक अंग मानते हैं।"

2. *गिलिन और गिलिन* (*Gillan and Gillan*) का कहना है, "सामाजीकरण से हमारा तात्पर्य उसे प्रेक्रिया से है जिसके द्वारा व्यक्ति समूह का एक क्रियात्मक सदस्य बनता है तथा उसी के स्तर के अनुसार कार्य करता है। उसके लोकाचार, परम्परा तथा सामाजिक्र परिस्थितियों के साथ अपना समन्वय स्थापित करता है।"

3. *रॉस* (*Ross*) के विचार में, "समाजीकरण सहयोग करने वालों में 'हम' भावना का विकास करता है और उनमें एक साथ कार्य करने की इच्छा तथा क्षमता में वृद्धि होती है।"

4. समाजीकरण के अर्थ को स्पष्ट करते हुए *किम्बल यंग* (*Kimball Young*) ने लिखा है, "समाजीकरण का अर्थ यह है कि व्यक्ति जनरीतियों, रुढ़ियों, कानूनों, अपनी संस्कृति के अन्य लक्षणों, कुशलताओं और अन्य आवश्यक आदतों को सीखता है, जो समाज का क्रियाशील सदस्य बनाने में सहायता देती हैं। वह अपने आपको अपने परिवार, पड़ोस और समुदाय के अनुकूल बनाना सीखता है। सारांश में, समाजीकरण की सम्पूर्ण प्रक्रिया सामाजिक कार्य के अन्तर्गत आती है।"

संक्षेप में समाजीकरण वह प्रक्रिया है जिसके द्वारा बालक समाज की विधियाँ सीखता है और उन विधियों को अपने व्यक्तित्व का अंग बना लेता है।

21.4 बालक के समाजीकरण की प्रक्रिया (Process of Child's Socialisation)

जे.एच. रॉनेक (*Joseph H. Roncek*) के अनुसार "बालक का समाजीकरण बालकों के समूह में सर्वोत्तम रूप में होता है, और एक बालक दूसरे बालकों का सर्वोत्तम शिक्षक होता है।

21.5 शिक्षा तथा बालक का समाजीकरण (Education and Socialisation of the Child)

मनुष्य एक सामाजिक प्राणी है। समाज में ही प्रत्येक प्राणी का पालन-पोषण होता है, समाज में ही उसकी विभिन्न आवश्यकताओं की पूर्ति होती है। समाज की उन्नति में ही उसकी उन्नति होती है। अतः शिक्षा की व्यवस्था ऐसी हो जिसके द्वारा मनुष्य समाज

का सच्चा सामाजिक घटक बन सके। दूसरे शब्दों में बालक का शिक्षा द्वारा समाजीकरण करना बहुत महत्वपूर्ण कार्य है। शिक्षा के सामाजिक उद्देश्य से ही समाजवाद का जन्म हुआ।

बालकों के समाजीकरण की प्रक्रिया में शिक्षा का महत्त्वपूर्ण स्थान है। अतः यहाँ पर संक्षेप में शिक्षा का अर्थ दिया जा रहा है। दुर्खीम के शब्दों में, ''शिक्षा का उद्देश्य बालक में एक विशेष प्रकार की शारीरिक, बौद्धिक तथा भौतिक क्षमताओं को उभारना है तथा विकसित करना होता है, जिन्हें राजनैतिक समाज चाहता है तथा उसकी सामाजिक पर्यावरण की आवश्यकता होती है। संक्षेप में शिक्षा छोटे बच्चों अथवा छोटी पीढ़ी का समाजीकरण ही है।''

शिक्षा सामाजिक उद्देश्यों की पूर्ति का साधन है। ऐसा साधन जिससे समाज अपने ही अस्तित्व को सुनिश्चित करता है। शिक्षा एक नया व्यक्ति बनाती है जो समाज में अपना जीवनयापन सुगम बनाता है।

21.6 बालक के समाजीकरण वाले तत्त्व (Elements of Child's Education)

प्रमुख तत्त्व निम्नलिखित हैं तथा इनका विवरण अगले अध्यायों में दिया गया है:
1. परिवार, 2. स्कूल, 3. पड़ोस, 4. समूह

21.7 बालक के समाजीकरण में स्कूल की भूमिका (Role of the School in the Socialisation of the Child)

स्कूल में शिक्षा प्रक्रिया तथा बालकों का समाजीकरण (Process of Education in the School and Socialisation of Students)

विद्यालय समाज का निर्माता: विद्यालय समाज की एक महत्त्वपूर्ण संस्था है। इस संस्था द्वारा ही समाज उन्नति के पथ पर अग्रसर होता है। विद्यालय एक ऐसा दर्पण है जिससे समाज के ठीक स्वरूप का पता चलता है। विद्यालय एक ऐसा स्थान है जहाँ पर कल के नागरिक जिनके कन्धों पर समाज तथा राष्ट्र का भावी भार है, शिक्षा प्राप्त करते हैं। विद्यालय बच्चों के लिए इस प्रकार के वातावरण की सृष्टि करता है जिसमें पलकर वे अच्छे नागरिक बन सकें, अपने तथा समाज के जीवन को सुखमय बना सकें। विद्यालय बच्चों के आचार, विचार तथा चरित्र पर बहुत ही महत्त्वपूर्ण प्रभाव डालता है।

विद्यालय समाज का दर्पण: जॉन डीवी ने ठीक ही कहा है, "जो कुछ सबसे श्रेष्ठ और बुद्धिमान माता-पिता अपने बालक के लिए चाहता है वही समाज अपने बालकों के लिए चाहता है। हमारे विद्यालयों के लिए कोई अन्य आदर्श संकुचित और अप्रिय है और यदि इस पर व्यवहार किया जाए तो यह हमारे जनतन्त्र को नष्ट करेगा।" एच.जी. वेल्स. (H.G. Wells) का कहना है, "ऐसा समाज बिगड़ा हुआ समाज ही माना जाएगा जिसके विद्यालय सुचारु रूप से नहीं चलाये जाते। दूसरे शब्दों में विद्यालय ही समाज की उन्नति तथा अवनति का सूचक है।"

विद्यालय को सारे सामाजिक जीवन का 'सुन्दर सार' कहा जाता है, क्योंकि इसमें समाज का प्रत्येक अंग, जिससे समाज बनता है, सम्मिलित है। वास्तव में विद्यालय समाज का एक ऐसा छोटा किन्तु आदर्श अंग है, जिसमें समाज के काम बच्चों की योग्यतानुसार उनके सामने रखे जाते हैं।

विद्यालय का वातावरण शुद्ध, पवित्र तथा कपटरहित होना चाहिए ताकि बच्चों में सद्‌गुणों की सृष्टि तथा विकास हो सके। सदा इस बात पर जोर दिया जाना चाहिए कि बच्चे आपस में प्रेमपूर्वक रहें।

स्कूल में समाजीकरण के साधन

स्कूल निम्नलिखित तत्वों तथा साधनों द्वारा बालक का समाजीकरण करता है:

1. विद्यालय का पाठ्यक्रम।
2. विद्यालय की पाठान्तर क्रियाएँ।
3. विद्यालय के अध्यापक।
4. विद्यालय का समाज तथा समुदाय के संबंध।

21.8 अध्यापक का कार्य बालक के समाजीकरण में (Role of the Teacher in the Socialisation of the Child)

शिक्षण का बालक के समाजीकरण की प्रक्रिया में महत्त्वपूर्ण स्थान होता है। शिक्षक के स्नेह, पक्षपात, अच्छे अथवा बुरे व्यवहार आदि का सभी बच्चों पर प्रभाव पड़ता है। अध्यापक कक्षा और खेल के मैदान में, साहित्यिक और सांस्कृतिक क्रियाओं में बालकों के सामने सामाजिक व्यवहार के आदर्श प्रस्तुत करता है। बालक अपनी अनुकरण की मूल प्रवृत्ति के कारण शिक्षक के ढंगों, कार्यों, आदतों और रीतियों का अनुकरण करता है, अत: यह अत्यन्त आवश्यक है कि शिक्षक सदैव सतर्क रहें। उसके कथनों तथा कार्यों की छाप छात्रों पर लग जाती है।

समाजीकरण की प्रक्रिया को तीव्र गति प्रदान करने के लिए शिक्षक को निम्नलिखित बातें ध्यान में रखनी चाहिए:

1. अपने समाज की संस्कृति का छात्र को ज्ञान देना।
2. छात्रों के सामने सामाजिक आदर्श उपस्थित करना।
3. छात्रों को स्कूल की परम्पराओं से परिचित कराना।
4. विभिन्न सामाजिक योजनाओं तथा सामूहिक क्रियाओं में भाग लेने के लिए छात्रों को प्रोत्साहित करना।
5. स्कूल में विभिन्न परिवारों से आए हुए बालकों में अन्त: सांस्कृतिक भावना का विकास करना।
6. अध्यापक द्वारा सहयोगियों, छात्रों तथा प्रधानाचार्य के साथ स्वच्छ मानवीय सम्बन्ध स्थापित करना।
7. छात्रों के साथ स्नेह तथा सहानुभूति का बर्ताव करना।
8. अभिभावकों से समय-समय पर सम्पर्क स्थापित करना और छात्र के विकास के सम्बन्ध में सोचना तथा कार्य करना।
9. राष्ट्रीय पर्वों को मनाना।
10. राष्ट्रीय चिह्नों के प्रति आदर की भावना बढ़ाना।
11. देश के विभिन्न भागों में शैक्षिक यात्राओं का आयोजन करना।

21.9 व्यक्तित्व में आदतों तथा गुणों अथवा विशेषकों का निर्माण (Habit and Trait Formation in Personality)

आदत का अर्थ (Meaning of Habit): आदत से तात्पर्य है किसी को स्थायी प्रकार से करना। आदत का निर्माण चेतन स्तर से आरम्भ होता है परन्तु बार-बार अभ्यास के कारण इसका निर्माण स्वत: अथवा अचेतन स्तर पर होने लगता है। छात्र चेतन स्तर पर स्वच्छ लेख लिखना आरम्भ करता है। पहले वह प्रत्येक अक्षर पर विशेष ध्यान देता है। परन्तु अभ्यास करते करते लेख स्वत: लिखा जाता है। अत: आदत एक सीखा हुआ कार्य या अर्जित व्यवहार है जो स्वत: होता है।

आदत का अर्थ स्पष्ट करने के लिए निम्नलिखित परिभाषाएँ दी जा रही हैं:

1. *विलियम जेम्स* (*William James*): "प्राणी (छात्र) के पूर्वकृत्त व्यवहारों की पुनरावृत्ति आदत हैं।"

2. *गैरेट* (*Garelt*): आदत उस व्यवहार का दिया जाने वाला नाम है, जो इतनी अधिक बार दोहराया जाता है कि वह यन्त्रवत् हो जाता है।

3. *मरसेल* (*Mursell*): "आदतें, व्यवहार करने की और परिस्थितियाँ तथा समस्याओं का सामना करने की निश्चित विधियाँ होती हैं।"

4. *लैडेल* (*Ledell*): "आदत, कार्य का वह रूप है, जो आरम्भ में स्वेच्छा से और जान-बूझ कर किया जाता है, पर जो बार-बार किए जाने के कारण स्वत: होता है।"

आदत निर्माण

↓

स्वेच्छा से किया गया कार्य

↓

बार-बार किया गया कार्य

↓

स्वत: आदत का रूप

आदत शब्द की उत्पत्ति लैटिन भाषा के शब्द 'Habites' अथवा 'Hebere' से हुई है जिसका अर्थ किसी वस्तु को प्राप्त करना है।

21.10 आदतों की विशेषताएँ (Characteristics of Habits)

1. आदतें स्वचालित होती हैं।
2. आदतें अर्जित की जाती हैं।
3. आदतें कार्य में एकरूपता लाती हैं।
4. आदत सम्बन्धी कार्य और व्यवहार शीघ्र सम्पादित होते हैं।
5. आदत सम्बन्धी कार्यों में बालक को ध्यान लगाने की बहुत कम आवश्यकता होती है।
6. आदत सम्बन्धी कार्य बालकों के लिए बड़े ही रोचक और सन्तोष प्रदान करने वाले होते हैं।
7. आदत सम्बन्धी कार्य शुद्ध ढंग से सम्पादित होते हैं।

21.11 आदतों के प्रकार (Kinds of Habits)

(1) नैतिक आदतें (Moral Habits) जैसे: सच बोलना

(2) भावना सम्बन्धी आदतें (Feeling Habits) जैसे: स्नेह की अनुभूति करना

(3) यान्त्रिक आदतें (Mechanical Habits) जैसे: स्वच्छता से कार्य करना

(4) शारीरिक अभिलाषा सम्बन्धी आदतें (Physiological Craving Habits) जैसे: खाना पीना

(5) नाड़ी मण्डल सम्बन्धी आदतें (Nervous Habits) जैसे बार-बार नाखुन काटना, बेठे-बैठ पैर हिलाना

(6) भाषा सम्बन्धी आदतें (Habits of Speech) जैसे: 'श' के स्थान 'स' का उच्चारण करना

(7) विचार सम्बन्धी आदतें (Habits of Thought) जैसे: किसी व्यक्ति के बारे में अच्छी या बुरी बात सोचना

नोट: आदतों के प्रकार का कोई अन्त नहीं है। जहाँ पर केवल कुछ प्रकारों का ही उल्लेख किया गया है।

आदतों का दूसरा वर्गीकरण

(1) अच्छी आदतें

(2) बुरी आदतें

21.12 अच्छी आदतों का प्रभाव (Effects of Good Habits)

1. आदतें कार्य को सरल बनाती हैं।
2. आदतें कार्य को अधिक सही बना देती है।
3. आदतों से थकावट कम होती हैं।
4. आदतें कार्य के लिए चेतन ध्यान की आवश्यकता को कम करती है।
5. आदतें बिना प्रयास के कार्य करने में सहायक होती हैं।
6. आदतें कार्य कुशलता बढ़ाती हैं।
7. आदतें कार्य में रोचकता लाती हैं।
8. आदतें मानसिक शक्ति के संचय में सहायता करती हैं।
9. आदतों के बिना जीवन दुष्कर हो जाता है।
10. आदतें चरित्र निर्माण में सहायक हैं।
11. आदतें सभ्यता तथा संस्कृति के विकास में सहायक हैं।
12. आदतें भूलें कम करने में सहायक होती हैं।

21.13 आदतों की हानियाँ अथवा सीमाएँ (Demerits of Habits)

1. आदतें व्यवहार को यान्त्रिक बनाती हैं।
2. बुरी आदतों का छूटना कठिन हो जाता है।
3. नवीन परिस्थितियों का सामना करने में दिक्कतें डालती हैं।
4. आदतें कार्य में विविधता लाने में बाधक हो जाती है।
5. आदतों में नवीनता का अभाव रहता है।
6. आदतों में परिवर्तनशीलता का अभाव रहता है।
7. आदतों से कार्य में नीरसता आती है।
8. आदतें विवेकशीलता में बाधा पहुँचाती हैं।
9. आदतें व्यक्ति की स्वतन्त्रता कम करती हैं।

आदत निर्माण के पद

1. आदत निर्माण का स्पष्ट उद्देश्य।
2. आदत निर्माण का सही आरम्भ।
3. आदत निर्माण में कार्य में स्थिरता।
4. आदत निर्माण में एक सुनिश्चित कार्यक्रम का अपनाना।
5. आदत के निर्माण में किसी अपवाद का न होना।

अच्छी आदतों का निर्माण और विकास के सिद्धान्त
(Formation and Principles of Development of Habits)

मुख्यत: निम्न सिद्धान्तों के आधार होता है:

1. संकल्प का सिद्धान्त
2. इच्छाशक्ति का सिद्धान्त
3. क्रियाशीलता का सिद्धान्त
4. अभ्यास का सिद्धान्त
5. ध्यान का सिद्धान्त
6. निरन्तरता का सिद्धान्त
7. अच्छे उदाहरण का सिद्धान्त
8. पुरस्कार और दण्ड का सिद्धान्त
9. प्रशिक्षण का सिद्धान्त

21.13 बुरी आदतें निवारण की कुछ विधियाँ (Some Remedies for Bad Habits)

जब बच्चों में बुरी आदत पड़ जाएँ तो उनका निवारण अति आवश्यक हो जाता है। आदतों के निवारण के कुछ नियम निम्न प्रकार से हैं:

1. बालक में बुरी आदत का माता-पिता या अध्यापक को गहराई से अध्ययन करना चाहिए। इस अध्ययन में यह जानने का प्रयास करना चाहिए कि किन परिस्थितियों या किन

कारणों से बालक में बुरी आदत का विकास हुआ है। यदि ये परिस्थितियाँ और कारण दूर कर दिए जाएँ तो बालक की बुरी आदत छूट सकती है।

2. बुरी आदतों को छोड़ने में वातावरण भी सहायक होता है। बालकों को यदि बाजार की कुछ गन्दी चीजें खाने की आदत है तो उसका बाजार जाना बन्द किया जा सकता है अथवा जिन लोगों के साथ जाता है, उनका साथ छुड़ाया जा सकता है या घर में अच्छी खाने-पीने की चीजें उपलब्ध कराकर उनकी आदतें छुड़वाई जा सकती हैं।

3. पुरस्कार और दण्ड के द्वारा भी बालकों की बुरी आदतें छुड़वाई जा सकती हैं।

21.14 आदतों का शिक्षा में महत्व (चरित्र तथा व्यक्तित्व निर्माण) तथा सीखने में योगदान (Significance of Habits in Education (Character and Personlity Development) and Contribution to Learning)

1. अच्छी आदतें बालक के चरित्र तथा व्यक्तित्व का निर्माण करती हैं। कहा गया है 'चरित्र आदतों का पुंज है।' 'Character is bundle of Habits.'
2. अच्छी आदतें सीखने में सहायता देती हैं।
3. अच्छी आदतें स्वभाव से दस गुणा शक्तिशाली होती हैं।
4. अच्छी आदतें बालक को समाज में आत्म सम्मान से रहने की शक्ति प्रदान करती हैं।
5. अच्छी आदतें/बालक की मानसिक तथा शारीरिक शक्ति की बचत करने की क्षमता बढ़ाती हैं।

21.15 व्यक्तित्व विकास में गुणों अथवा विशेषकों अथवा लक्षणों का निर्माण (Trait Formation in Personality Development)

गुणों का अर्थ (Meaning of Traits): व्यक्ति के गुणों का अर्थ है उसके व्यवहार की विधियाँ जो मुख्यत: स्थायी होती हैं। व्यक्ति के गुणों तथा योग्यताओं में अन्तर हैं। उदाहरणार्थ पढ़ाने का कार्य एक प्रकार की योग्यता है परन्तु पढ़ाने का ढंग उस व्यक्ति का गुण है। उसे आसान बनाने के लिए मनोवैज्ञानिकों ने व्यक्तित्व के कुछ गुण अथवा लक्षण निर्धारित किए हैं।

वाल्टर माइकल (*Walter Michcal*) ने अपनी पुस्तक '*Introduction to Personality*' में विशेषक को इस प्रकार परिभाषित किया है "विशेषक एक सतत् आयाम (Dimension) है जिसके आधार पर व्यक्ति में विद्यमान व्यक्तिगत अन्तरों की विशेषताओं को संख्यात्मक अथवा परिमाणात्मक दृष्टिकोण से व्यवस्थित किया जा सकता है।"

गैटर (*Gatter*) के शब्दों में, "व्यक्तित्व के गुण, व्यक्ति के व्यवहार करने की निश्चित विधियाँ हैं। जो व्यक्ति के बहुसंख्यक स्वरूपों को स्पष्ट दर्शाती है।"

व्यक्तित्व के गुणों की संख्या के बारे में *मन* (*Munn*) ने लिखा है, "व्यक्तित्व के इतने विभिन्न अंग, पक्ष या स्वरूप हैं कि वास्तव में यह बताना असम्भव है कि इन गुणों की संख्या कितनी है।"

गुणों की विशेषताएँ (Characteristics of Traits): *आलपार्ट* (*Allport*) के अनुसार गुण की निम्न विशेषताएँ हैं:

1. गुण व्यक्तित्व को संरचना प्रदान करता है।

2. गुण मानव व्यवहार में निरन्तरता लाते हैं।
3. गुण आदत से श्रेष्ठ है।
4. वातावरण के सम्पर्क से गुण ग्रहण किये जाते हैं।
5. गुण हमारे व्यवहारों में प्रदर्शित होते हैं।
6. गुणों में परिवर्तनशीलता (Flexibility) रहती है।
7. गुण मापे जा सकते हैं।
8. कुछ गुणों में व्यापकता (Universality) होती है।
9. गुण मानसिक अवस्थाएँ (Mental Sets) हैं।
10. गुणों से कार्यात्मक एकता (Functional Unity) रहती है।
11. गुण उच्च श्रेणी की आदतें हैं (Higher Order Habits) जो प्राय: व्यवहार में प्रकट होती हैं
12. किसी व्यक्ति के व्यवहार से उसके गुणों का अनुमान लगाया जा सकता है।
13. व्यक्तिगत गुण स्वीकृत तथ्यों का रूप होते हैं।
14. गुण अपूर्व (Unique) होते हैं।

जी.डब्ल्यू. आलपार्ट (*G.W. Allport*) ने लगभग 8,000 गुणों का विश्लेषण किया। तदुपरान्त व्यक्तित्व के व्यवहार को प्रदर्शित करने वाले 4591 गुणों का उल्लेख किया। व्यक्तित्व की आलपार्ट ने इस प्रकार परिभाषा दी है–"व्यक्तित्व व्यक्ति में उन मनोदैहिक (Psycho-physical) पद्धतियों का संगठन है जो उसके वातावरण से उसके अद्वितीय समायोजन को निश्चित करता है।"

आलपार्ट ने व्यक्तित्व के निर्माण में निम्नलिखित क्रम बताया:

21.16 गुणों का वर्गीकरण तथा व्यक्तित्व का निर्माण (Classification of Traits and Development of Personality)

(1)	(2)	(3)
प्रमुख गुण (Cardinal Traits)	केन्द्रीय गुण (Central Traits)	गौण गुण (Secondary Traits)

1. प्रमुख गुण: इस प्रकार के गुण कुछ ही व्यक्तियों में पाए जाते हैं। ये गुण व्यक्ति के हर पक्ष को प्रभावित करते हैं। उदाहरणार्थ गाँधी जी के 'अहिंसा' के गुण ने उनके जीवन की प्रत्येक गतिविधि को प्रभावित किया। अशोक महान में पवित्रता का गुण था तथा इसके आधार पर उन्होंने प्रजा में भी इस गुण के विकास के प्रयत्न किए।

2. केन्द्रीय गुण: आलपार्ट के विचार में यह गुण प्रत्येक व्यक्ति में होते हैं तथा उसके व्यवहार को स्थिर तथा निरन्तर बनाते हैं। उदाहरण के तौर पर एक व्यक्ति में शुचिता, परिश्रम तथा समय पालन के गुण होते हैं। इन्हीं गुणों के आधार पर उसके व्यक्तित्व का संगठन होता है। इन केन्द्रीय गुणों की संख्या 5 से 10 तक हो सकती है।

3. सामान्य गुण: इस प्रकार के गुण इतने शक्तिशाली नहीं होते कि वे व्यक्तित्व के अभिन्न अंग बन जाएँ।

आलपार्ट के सिद्धान्त की शैक्षिक उपयोगिता (Educational Implications of Allport's Theory of Personality)

आलपार्ट के इस सिद्धान्त से व्यक्तित्व के विकास के लिए महत्त्वपूर्ण पद्धतियों का संकेत मिलता है। यह सिद्धान्त गुणों के विकास की दिशा दर्शाता है जिससे व्यक्तित्व का समायोजित ढंग से विकास हो सके।

माध्यमिक शिक्षा आयोग (1952-53) (Secondary Education Commission, 1952-1953) ने सात गुणों के विकास पर बल दिया। ये गुण हैं–(1) पहल शक्ति, (2) नैतिकता, (3) धैर्य, (4) नेतृत्व, (5) आत्मविश्वास, (6) संवेगात्मक नियन्त्रण, (7) सामाजिकता।

आर.बी. केटल (R.B. Cattell) का व्यक्तित्व विशेषक सिद्धान्त (Cattell's Personality Theory of Traits)

केटल अमेरिका के एक प्रसिद्ध मनोवैज्ञानिक थे। उन्होंने व्यक्तित्व संरचना संबंधी 'कारक विश्लेषण' की तकनीक का प्रयोग किया। लगभग सर्वप्रथम उन्होंने 4000 गुणों की सूची तैयार की। तद्पश्चात् उन्होंने व्यक्तित्व निर्माण में 16 कारकों का उल्लेख किया, जिनका संक्षेप में नीचे विवरण दिया गया है।

गुण जो व्यक्तित्व के सकारात्मक विकास को दर्शाते हैं	*गुण जो व्यक्तित्व के नकारात्मक विकास को दर्शाते हैं*
1. सामाजिक रूप से समायोजित	1. सामाजिक रूप से जिद्दी, तटस्थ तथा कम बोलने वाले।
2. स्थिर संवेदनशील, बुद्धि-सजग, कल्पनाशील, चिन्तनशील, बुद्धिमान	2. निर्बुद्धि-मूर्ख, जड़, कल्पनारहित।
3. स्वाभिमानी, परिपक्व सहनशील, स्थिर	3. अहम, व्यग्र, चिन्तित, बैचेन।
4. प्रभुत्व, आत्मविश्वास, प्रतिस्पर्धात्मक, सरल	4. अप्रभुत्व, अनिश्चित।
5. बहाव, हंसमुख, प्रतिक्रियावादी	5. बिना बहाव-चुप, दब्बू।
6. सुपर इगो शक्ति-चेतन, उत्तरदायी, निष्ठावान	6. सुपर इगो की कमियाँ, अविश्वसनीय, अदृढ़।
7. परवाह, सैक्स में रुचि नहीं।	7. लापरवाह, बाहरी रूप से सैक्स रुचि दिखाना
8. व्यावहारिक, तार्किक स्वसमर्थ।	8. दयावान, अन्तरावलोकन, भावुक
9. शक्की, ईर्ष्यालु	9. विश्वसनीय, शकरहित।
10. विचित्र, कल्पनाशील	10. निर्दयी, व्यवहारिक, रूढ़िवादी।
11. चतुरता–सजग	11. सीधापन, अपरिपक्व।
12. हंसमुख	12. चिन्तित।
13. क्रान्तिकारी	13. रुढ़िवादी।
14. आत्मनिर्भरता	14. मूह पर निर्भर।
15. नियन्त्रित	15. निरन्तर बदलती रुचियाँ।
16. सामान्य मानसिक शक्ति	16. सामान्य मानसिक शक्ति का अभाव।

21.17 व्यक्तित्व के गुणों के निर्माण के उपाय (Measures for the Development of Personality Traits)

1. बालकों का व्यक्तिगत अध्ययन।
2. बालकों के व्यक्तिगत अन्तरों (Individual Differences) के महत्त्व को समझना।
3. बालकों के व्यक्तिगत अन्तरों की पूर्ति के लिए उचित विधियाँ प्रयोग में लाना।
4. पाठ्यक्रम को रूचिकर बनाना।
5. अनुशासन को सामाजिक तथा स्वचालित बनाना तथा दोनों दृष्टिकोणों में उचित संतुलन स्थापित करना।
6. बड़ों द्वारा विशेषकर माता-पिता तथा अध्यापकों को ऊँचे आदर्श प्रस्तुत करना।
7. स्कूल में सारे कार्य नियमानुसार समय पर होना।
8. मूल्य शिक्षा का रचनात्मक, सृजनात्मक तथा निर्माणात्मक पाठ्यक्रम सहगामी क्रियाओं द्वारा प्रावधान करना।
9. विद्यालय में परस्पर सहयोग, भाई-चारे तथा आत्मीयता का वातावरण निर्माण करना।
10. बच्चों की स्कूल व्यवस्था तथा अनुशासन में भागीदार बनाना।
11. आवश्यकतानुसार मूल्य शिक्षा की व्यवस्था करना।

22

आत्म-अवधारणा, रुचियों, अभिवृत्तियों तथा मूल्यों का विकास
(Development of Self-Concept, Interests, Attitudes and Values)

22.1 आत्म-सम्प्रत्यय अथवा आत्म-अवधारणा का अर्थ (Meaning of Self-Concept)

आत्म-सम्प्रत्यय अथवा आत्म-अवधारणा का अर्थ बालक अथवा व्यक्ति द्वारा अपने बारे में बनाई गयी अवधारणा, छवि या चित्र से है। प्रसिद्ध मनोवैज्ञानिक एच.जे. आईजैन्क के शब्दों में आत्म-सम्प्रत्यय का अर्थ इस प्रकार है–"व्यक्ति विशेष द्वारा अपने व्यवहार, योग्यताओं तथा विशेषताओं के बारे में बनाई गई अवधारणों को तथा उसकी समस्त अभिवृत्तियों तथा मूल्यों को संयुक्त रूप में आत्म-सम्प्रत्यय का नाम दिया जाता है।" दूसरे शब्दों में, आत्म-सम्प्रत्यय के मुख्य तत्व इस प्रकार हैं, "मैं अपने आप में क्या हूँ, "मुझमें क्या गुण तथा दोष हैं", "मुझमें किस प्रकार की विशेषताएँ हैं।" "मैं किसी संकट का किस प्रकार सामना कर सकता हूँ।" "मैं लोगों का कितना सहयोग, स्नेह तथा विश्वास प्राप्त कर सकता हूँ।" आदि।

22.2 आत्मसंप्रत्यय का विकास (Development of Self-Concept)

आत्म अथवा 'अपना' अथवा 'स्वयं' का विकास शिशु अवस्था में ही प्रारम्भ हो जाता है। बाल्यावस्था किशोरावस्था तथा प्रौढ़ावस्था तक बढ़ता है। जैसे जैसे बच्चा बड़ा होता जाता है। वह अनुभव करता है कि वह दूसरों से भिन्न है। वह धीरे-धीरे जान जाता है कि कुछ वस्तुएँ उसकी हैं।

बच्चा समस्त वातावरण का अंश होता है परन्तु यह वातावरण उसका अपना नहीं। उस वातावरण के भाव को जिसमें वह सम्मिलित रहता है, 'प्रत्यक्ष आत्म' (Phenomenal Self) कहते हैं और शेष के वातावरण को जिसके सम्बन्ध में वह जानता है अथवा जिसके प्रति वह प्रतिक्रिया करता है। 'प्रत्यक्ष वातावरण' कहते हैं। दिया गया चित्र इसे स्पष्ट करता है।

आत्म अवधारणा के घटक (Components of Self-Concept): आत्म अवधारणा के घटक हैं: अपने विश्वास, अपनी मान्यताएँ तथा अपने बारे के विभिन्न पक्षों का ज्ञान-शारीरिक, भावात्मक, मनोवैज्ञानिक तथा सामाजिक उपलब्धियाँ तथा विशेषताएँ ।

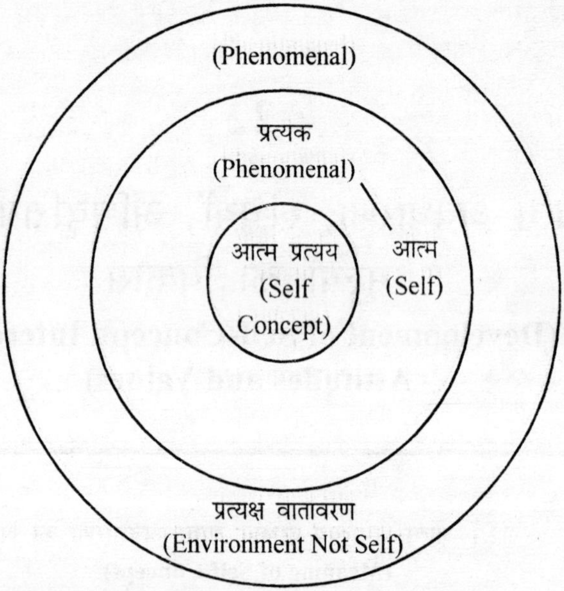

चित्र 22.1: आत्म-संरचना का चित्र (Self Structure)

आत्म अवधारणा के विकास का महत्त्व (Significance of Development of Self-Concept): अपने बारे में अच्छी अवधारणा रखना जीवन में सफलता के लिए बहुत आवश्यक है। इससे अपने में विश्वास जागृत होता है। कार्यशक्ति बढ़ती है। इसके विरुद्ध नकारात्मक अवधारणा व्यक्ति को दुर्बल तथा उत्साहहीन बना देती है।

22.3 आत्म-सम्प्रत्यय का व्यक्तित्व के विकास में योगदान (Role of Self-Concept in Personality Development)

बालक के आत्म-संप्रत्यय के विकास में परिवार, पड़ोस तथा स्कूल में वातावरण का बहुत प्रभाव पड़ता है। आत्म-संप्रत्यय का विकास बालक के मानसिक, शारीरिक, संवेगात्मक तथा भाषा विकास पर निर्भर करता है। सकारात्मक आत्म-अवधारणा के विकास के लिए आवश्यक है कि अध्यापक छात्रों को स्नेह तथा लगन से पढ़ाएँ। उनमें आत्मविश्वास के भाव भरें। उन्हें उत्साहित करें।

इसमें कोई सन्देह नहीं कि बालक का आत्म-संप्रत्यय, जिसे हम अपने बारे में बनाई राय भी कहते हैं, उसके व्यक्तित्व के निर्माण में बहुत प्रभावी होता है इसीलिए कहा जाता है कि व्यक्ति को अपने बारे में उपयुक्त अवधारणा बनानी चाहिए। अपने में आत्मविश्वास रखना चाहिए तथा इसी प्रकार से सोचना चाहिए कि मैं सभी परिस्थितियों का सामना सफलतापूर्वक कर सकता हूँ।

22.4 रुचियों का विकास (Development of Interests)

रुचि का अर्थ (Meaning of Interest): रुचि वह आन्तरिक तत्व हैं जो व्यक्ति

विशेष को उसके पर्यावरण में विभिन्न वस्तुओं, व्यक्तियों तथा क्रियाओं की ओर आकृष्ट करता है अथवा विमुख करता है। यह तत्व व्यक्ति के व्यक्तित्व निर्माण पर अपूर्व प्रभाव डालता है। उसका अनुमान हम व्यक्ति के निरीक्षण तथ विशेष प्रकार के परीक्षणों (Tests) से लगा सकते हैं। यदि कोई व्यक्ति किसी वस्तु में रूचि लेता है तो वह उसमें बहुत समय तक बड़ी तत्परता से अपना ध्यान केन्द्रित करेगा। रूचि का विपरीत अरूचि तथा विरूचि है। रूचि न होने पर अथवा अरूचि होने पर व्यक्ति उससे दूर भागता है।

रूचि की कुछ परिभाषाएँ नीचे दी जा रही हैं:

1. *ड्रेवर* (Drever) के अनुसार, "रुचि एक संचालक शक्ति (Dynamic Power) रूपी प्रकृति है।"

2. *क्रो एण्ड क्रो* (Crow and Crow) के शब्दों में, "रुचि वह अभिप्रेरक शक्ति (Motivational Power) है जो हमें किसी व्यक्ति वस्तु या क्रिया की ओर ध्यान देने के लिए बाध्य करती है अथवा यह एक प्रभावात्मक अनुभूति है जो स्वयं क्रिया द्वारा अभिप्रेरित होती है दूसरे शब्दों में रुचि किसी क्रिया का कारण भी हो सकती है और उस क्रिया में भाग लेने का परिणाम भी।"

3. *रौस* (Ross) के विचार में, "जो वस्तु हमसे सम्बन्धित होती है, अथवा प्रयोजन रखती है, हमारी रूचि उसी में होती है।

4. *सी.जे. जॉन डारले* तथा *थेडा हैगनब* (C.J. John Darley and Theda Hagenab) के अनुसार, "रुचियाँ एवं वास्तविक ग्रस्तता व्यक्तित्व को प्रदर्शित करती हैं और व्यक्तित्व आवश्यकताओं एवं कृतियों की पूर्ति हेतु अवसर प्रदान करती है।"

5. *डी. फरीयर* (D. Freyer) के शब्दों में, "वस्तुनिष्ठ रुचियाँ स्वीकृतिदत्त होती हैं और वस्तुनिष्ठ विरक्तियाँ अस्वीकृतिदत्त प्रतिक्रियाएँ।"

6. *ई.के. स्ट्रॉग* (E.K. Strong) के विचार में, "ये रुचियाँ उनकी योग्यता की या तो अभिव्यक्तियाँ हैं और प्राकृतिक लक्षण रखती है, अथवा वे उस सामाजिक शक्ति का परिणाम है जिसको कि अभी तक स्वीकार नहीं किया गया है।"

7. *एफ.सी. कलिर्फड. पी.* (F.C. Clifford P.) के अनुसार, "रुचियों को उन शक्तियों में से एक शक्ति स्वीकार किया जा सकता है जो कि क्रिया को उत्प्रेरित करती है। साधारणतया रुचियों को पसन्दों का नाम दिया जा सकता है।

8. डब्लू.वी. बिंघम (W.V. Bingham) के शब्दों में, "रुचि किसी अनुभव में लीन होने एवं उसमें निरन्तर रहने की प्रवृत्ति है।"

22.5 रुचियों की विशेषताएँ (Characteristics of Interests)

1. रुचियाँ व्यक्तित्व का एक अंग है।
2. सामान्यत: रुचियों का योग्यताओं से सम्बन्ध होता है।
3. रुचियाँ वंशानुक्रम (Hereditary) तथा वातावरण (Environment) से प्रभावित होती हैं।
4. व्यावसायिक तथा अव्यावसायिक रुचियाँ साथ-साथ चलती हैं।
5. रुचियों में विभिन्नता होती है।
6. आयु बढ़ने के साथ-साथ रुचियों की विभिन्नता समाप्त हो जाती है।
7. रुचियाँ व्यक्ति के व्यवहार का अंग है।

8. रुचियाँ विशेष वस्तुओं के बारे में प्रतिक्रियाएँ हैं।
9. व्यावसायिक तथा अव्यावसायिक रुचियाँ साथ-साथ चलती हैं।
10. रुचियाँ प्रदर्शित (व्यक्ति के व्यवहार द्वारा), अभिव्यक्त (शब्दों द्वारा व्यक्त), प्रपत्रित (परीक्षणों द्वारा जानी जाने वाली) होती हैं।
11. रुचियाँ अस्थायी होती है।
12. रुचियों का सम्बन्ध भूतकाल, वर्तमान, तथा भविष्य से होता है।
13. रुचि किसी विशिष्ट वस्तु या परिस्थितियों से जुड़ी प्रतिक्रिया के प्रति व्यक्ति की स्वयं की पसन्द की भावना है।
14. रुचि का सम्बन्ध भावना से होता है, अतः इसका वस्तुनिष्ठ मापन सम्भव नहीं है।

22.6 रूचि के पक्ष (Aspects of Interests)

रूचि ज्ञानात्मक, क्रियात्मक तथा भावात्मक होती है अर्थात् जानना, अनुभव करना तथा इच्छा करना।

रुचियों के आधार (Basis of Interets)

रूचियों के निम्नलिखित आधार हैं:

1. आयु (Age)
2. शारीरिक विकास (Physical Development)
3. प्रतिभा (Talent)
4. पर्यावरण (Environment)
5. सामाजिक स्थिति
6. आर्थिक स्थिति
7. आदतें (Habits)
8. प्रयोजन (Purpose)
9. मनोभाव (Mental Set)
10. इच्छा (Desire)
11. आवश्यकता (Want)

यह आवश्यक नहीं है कि रूचि का केवल एक ही आधार हो। रुचि के कई आधार हो सकते हैं।

रूचि का महत्त्व (Significance of Interest)

रूचि एक प्रकार की चुम्बन शक्ति है। रुचि कार्य में लगन तथा तल्लीनता लाती है। कार्य में दक्षता लाने में सहायक है। कार्य को सुगम बनाती है। प्रसन्नता को बढ़ावा देती है। छात्रों की रुचियों पर निर्देशन निर्भर करता है।

22.7 छात्रों की रुचियों का विकास (Development of Children's Interests)

1. छात्रों की पाठ में रूचि बढ़ाने के लिए अध्यापक को विभिन्न शिक्षण विधियों का प्रयोग करना चाहिए।

2. कक्षा में दृश्यश्रव्य सहायक साधनों का उपयोग किया जाए। ये साधन विषय को रोचक बनाते हैं।
3. छात्रों की रूचियों के अनुसार पाठ्यक्रम के चयन में विविधता का प्रावधान किया जाए।
4. अध्यापक को छात्रों की अवस्था तथा कक्षा को ध्यान में रखते हुए उनकी रूचियों के अनुसार चित्रों तथ स्थूल वस्तुओं आदि का प्रयोग करना चाहिए।
5. विद्यालय में विभिन्न प्रकार की पाठान्तर क्रियाओं का आयोजन किया जाना चाहिए।
6. बालकों की जिज्ञासा प्रवृत्ति को बढ़ाना दिया जाए।
7. पूर्व ज्ञान को नए ज्ञान से जोड़कर छात्रों की रूचि पाठ्यवस्तु में बढ़ाई जा सकती है।
8. बालकों की रचनात्मक कार्यों तथा खेलों में रूचि का विकास करके स्कूल में उनकी रूचि में बढ़ौतरी हो सकती है।
9. विद्यालय में समय सारणी को लचीला बनाया जाए।
10. पाठ के उद्देश्य को स्पष्ट किया जाए।
11. जहाँ तक सम्भव हो पाठ्य सामग्री को वास्तविक जीवन की गतिविधियों से जोड़ा जाए।
12. पुस्तकालय में विभिन्न प्रकार की शिक्षण-अधिकगम सामग्री का प्रावधान किया जाए।

22.8 रुचि परीक्षण तथा निर्देशन (Interest Measurement and Guidance)

निर्देशन एवं परामर्श प्रक्रियाओं में रुचि परीक्षण का महत्त्वपूर्ण स्थान है।

ब्लम व वेलिंसकी (*Blum and Balinsky*) ने कहा–"रुचि परीक्षाएँ, विभिन्न व्यवसायों, विद्यालय और सामाजिक तथा मनोरंजनात्मक क्रियाओं के प्रति व्यक्ति के दृष्टिकोण का मापन करती हैं।"

गुड (*Good*) के शब्दों में–"रुचि परीक्षा व्यक्ति की पसन्दों और नापसन्दों का मापन करने के लिए प्रयोग की जाने वाली एक विधि है।"

विद्यालय का सर्वप्रथम कार्य है कि छात्रों की संकीर्ण रुचियों का अन्त करके उनके स्थान पर नई रुचियाँ उत्पन्न करना। यह भी ज्ञात किया जाए कि रुचियाँ स्थायी हैं अथवा अस्थायी। संकीर्ण या विस्तृत। परामर्शदाता अध्यापक तथा छात्रों को उसकी रुचियों से परिचित कराए।

निर्देशन में यह जानना अत्यन्त आवश्यक है कि छात्र की रुचियों तथा उसकी योग्यताओं में क्या सम्बन्ध है। यह जानकर रुचियों के विकास के लिए अवसर प्रदान करना विद्यालय का प्रमुख कार्य बन जाता है। रुचि छात्रों को अध्ययन में प्रेरणा देती है, उन्हें सक्रिय बनाती है। छात्रों की रुचियों का पता लगाने के उपरान्त उन्हीं के आधार पर शिक्षा का चयन किया जा सकता है।

छात्रों को उनकी रुचियों के आधार पर विभिन्न प्रकार के व्यवसायों को समझने में सहायता मिलनी चाहिए।

रुचि तालिकाएँ अथवा परिसूचियाँ (Interest Inventories)

रुचि मापन के लिए रुचि तालिकाओं का प्रयोग किया जाता है। सबसे पहले 1919 में 'कार्नीगे इन्सटीट्यूट ऑफ टैक्नालोजी' (Carnegie Institute of Technology, U.S.A) में रुचि तालिका का आरम्भ हुआ। इसके पश्चात् मूर (Moor) ने 1951 में इंजीनियर्स की यान्त्रिक एवं सामाजिक रूचियों का पता लगाने के लिए रुचि तालिका बनाई। 1924-25

में क्रेग (Crage) ने तथा 1927 में कार्नहांसरे (Karn Hanser) ने रुचि तालिकाओं का निर्माण किया। जहाँ पर केवल एक रुचि का उदाहरण दिया जा रहा है।

1. *ई.के. स्ट्रांग की व्यावसायिक रुचि–परिसूची* (*E.K. Strong's Vocational Interest Blank*): इस परिसूची में 420 पद हैं जिनके आधार पर व्यक्तियों की किसी व्यवसाय में रुचि का पता लगाया जाता है। इसके प्रशासन हेतु सम्पूर्ण निर्देश परिसूची पर छपे हैं। इसे भरने के लिए लगभग 50 मिनट लगते हैं।

यह परिसूची 17 वर्ष के लड़कों के लिए अति उत्तम है। 15 एवं 16 वर्ष के लड़कों पर इसका प्रयोग सम्भव है। 15 वर्ष से कम आयु के लड़कों की रुचि का मापन वैध नहीं है, क्योंकि उनकी रुचि अस्थायी होती है।

इस सूची के 420 पद विभिन्न व्यवसायों, मनोरंजन क्रियाओं, विद्यालय विषय एवं व्यक्तिगत विशेषताओं से सम्बन्धित है। स्ट्रांग ने यह सूची बनाने से पूर्व कई हजार इंजीनियर, डॉक्टर, शिक्षक, बीमा कर्मचारी, विक्रेता, किसान, दन्त चिकित्सक इत्यादि से सम्पर्क स्थापित किया।

जब कोई व्यक्ति यह परिसूची भर लेता है तो उसका विश्लेषण किया जाता है एवं फलांकन निकाला जाता है। फिर यह ज्ञात कर लिया जाता है कि उसकी रुचियाँ उन व्यक्तियों के समक्ष है या नहीं।

रुचि तालिका के प्रयोग में ध्यान देने योग्य बातें (Considrations in the Use of Interest Inventories)

रुचि तालिका का चयन करते समय ध्यान में रखने योग्य बातें:

1. रुचि तालिका छात्रों की आयु के अनुरूप हो।
2. रुचि तालिका उद्देश्यों के अनुरूप हो।
3. रुचि तालिका की वैधता एवं विश्वसनीयता का ध्यान रखा जाए।

निर्देशन में रुचि परीक्षाओं की सीमाएँ (Limitations of Interest Tests in Guidance)

1. जिन कार्यों का बालकों को अनुभव नहीं होता है, उनके बारे में वे अपनी रुचियाँ व्यक्त नहीं कर सकते हैं।

2. बालकों की रुचियाँ बदल सकती हैं, समाप्त हो सकती हैं, नई रुचियाँ उत्पन्न हो सकती हैं। इस कारण बालकों की रुचियों को निर्देशन का आधार नहीं माना जा सकता।

3. एक विशिष्ट रुचि को एक विशिष्ट व्यवसाय का प्रतीक नहीं माना जा सकता। हो सकता है कि आरम्भ में रुचि न हो, परन्तु कुछ समय के पश्चात् रुचि उत्पन्न हो जाए।

4. रुचि परीक्षाओं में वैधता कम होती है।

निष्कर्ष: जोन्स ने लिखा है–"रुचि तालिकाएँ माध्यमिक विद्यालयों के छात्रों की सामान्य और विशिष्ट रुचियों को निधारित करने में महत्त्वपूर्ण उपकरण सिद्ध हुई हैं। पर उनको उनके दोषों और गुणों का स्पष्ट ज्ञान प्राप्त करके ही प्रयोग किया जाना चाहिए।"

22.9 भारत में रुचि मापन (Measurement of Interest in India)

सन् 1956 में भारत में रुचि मापन का विधिवत् कार्य मनोविज्ञान ब्यूरो इलाहाबाद

(उत्तर प्रदेश) में हुआ। यहाँ पर कूडर की रुचि पत्र के आधार पर एक व्यावसायिक रुचि तालिका का हिन्दी भाषा में निर्माण हुआ।

सन् 1956 में ही बिहार शैक्षिक एवं व्यावसायिक निर्देशन ब्यूरो ने कूडर के आधार पर रुचि पत्र तैयार किया।

सन् 1957 में अलीगढ़ विश्वविद्यालय में प्रो. कार्तिक रे. चौधरी ने वनर्न (Varnon) के सहयोग से 'वर्नन रे चौधरी रुचि सर्वेक्षण' का निर्माण किया।

सन् 1958 में टी.डी. एस. कालेज, अलीगढ़ के प्रिंसिपल ने स्ट्रांग (Strong) के 'व्यावसायिक रुचि पत्र' का भारतीय अंक तैयार किया।

इसके पश्चात् भारत में अनेक रुचि पत्र तथा तालिकाओं का निर्माण हुआ।

1. Interest Inventories

1. Chatterji's Non-verbal Preference Record by S. Chatterji.
2. Educational Interest Record (English/Hindi) by V.P. Bansal and S.N. Srivastava.
3. Educational Interest Record (Hindi) by S.P. Kulshrestha.
4. Indian Adaptation of Geist Picture Interest Inventory (Hindi) by N.S. Chauhan Govind Tiwari.
5. Interest Inventory; Bureau of Psychology, Allahabad, U.P.
6. Interest Inventory for Girls by T.S. Sodhi and A. Bhatnagar.
7. Interest Inventory (Hindi), Vocational Guidance Bureau, Jabalpur.
8. Interest Record by R.P. Singh.
9. NCERT Interest Inventory (English) (Senior Form), NCERT.
10. Study Habit Inventory by M.N. Palsana.
11. Vocational Interest Record (Hindi by S.P. Kulshrestha).
12. Vocational Interest Record (Hindi) by V.P. Bansal and D.N. Srivastava.
13. Vocational Interest Record (Hindi) by Kamal Dwivedi.
14. Vocational Interest Record (English/Hindi) by B. Bansal.
15. Vocational Preference Test by M. Joshi and J. Pandey.

2. Socio-economic Status Scale

1. Socio-economic Status Scale Form A and B (Hindi) by S.P. Kulshrestha.
2. Socio-economic Status Scale Urban (Hindi) by G.P. Srivastava.
3. Socio-economic Status Scale (Hindi) by Rajeev Bhardwaj.
4. Socio-economic Status Scale Urban (English) by S.D. Kapoor.
5. Socio-economic Status Scale Questionnaire Urban (Hindi) by Kapoor, Singh, Jalota and Pandey.
6. Socio-economic Status (Urban) by Kuppu Swamy.
7. Socio-economic Status Scale (Rural) by Udai Pareek and S. Trivedi.

3. Tests of Creativity

1. Non-verbal Test of Creativity Thinking by B. Mehdi.
2. Passi Test of Creativity (English/Hindi) by B.K. Passi.
3. Verbal Test of Creativity by B. Mehdi.

4. Value Test

1. Comprehensive Value Scale (Hindi/English) by K.G. Agarwal.
2. Personal Value Questionnaire (Hindi) by Shiny and Vera.
3. Value Orientation Scale (Hindi) by N.S. Chauhan, S. Aurora, et al.
4. Value Test (Hindi) by R.K. Ojha.
5. Value Test (Hindi) by S.N. Pathway.

22.10 अभिवृत्ति अथवा अभियोग्यता का विकास (Development of Attitudes)

अभिवृत्ति का अर्थ (Meaning of Attitude): अभिवृत्ति का अर्थ है किसी व्यक्ति का दृष्टिकोण जो किसी व्यक्ति, वस्तु, संख्या, विचार या स्थिति के प्रति किसी विशेष व्यवहार को इंगित करता है। यह पूर्व अवधारणा होती है जो किसी के प्रति स्वीकारात्मक या नकारात्मक ढंग से प्रतिक्रिया करवाती है। वह पसन्द अथवा नापसन्द, प्यार अथवा घृणा, पक्ष अथवा विपक्ष की प्रतिक्रियाएँ करती है। वह व्यक्तियों या वस्तुओं के प्रति सकारात्मक या नकारात्मक ढंग से अनुभवों द्वारा प्रतिक्रिया करने की संवेगात्मक प्रवृत्ति है।

अभिवृत्ति के पक्ष (Dimensions of Attitude): अभिवृत्ति के पाँच पक्ष हैं:

1. *दिशा:* यह पक्ष अथवा विपक्ष में व्यक्त होती है।
2. *तीव्रता:* यह व्यक्ति की वस्तु के प्रति भाव व संवेग पर निर्भर करती है।
3. *उन्मुक्तता:* व्यक्त करने की तैयारी जिनके साथ अभिवृद्धि जाग्रत होती है।
4. *स्थिरता:* विभिन्न परिस्थितियों में यह कितनी स्थिर रहती है।
5. *सामान्य एवं विशिष्ट:* एक व्यक्ति के प्रति विशिष्ट और सब व्यक्तियों के प्रति सामान्य अभिवृत्तियाँ वैयक्तिक होती हैं। ये व्यक्ति में क्रियाशील भी हो सकती हैं और गुप्त भी या सुप्तावस्था में हो सकती हैं। इनका विकास शैशवकाल से ही प्रारम्भ हो जाता है। ये व्यक्ति के पूर्वाग्रहों, विश्वासों, विचारों पर गहरा प्रभाव डालती हैं। दूसरे शब्दों में व्यक्ति के जीवन में इनका स्थान महत्वपूर्ण है। किसी विशेष अभिवृत्ति से हमारा अभिप्राय उस प्रेरणात्मक शक्ति से है जो कि व्यक्ति या बालक को किसी एक क्रिया को दूसरी क्रिया के बदले चुनने को बाध्यय करती है।

अभिवृत्तियों की तीव्रता भिन्न-भिन्न होती है। यह तीव्रता प्रायः व्यक्तियों की रुझान या झुकाव पर निर्भर है। अगर किसी अभिवृत्ति के साथ दुःखद अनुभव संयोजित है तो उस अभिवृत्ति की प्रेरणात्मक शक्ति व्यक्ति के लिए कम हो जाएगी। अभिवृत्ति प्रायः सामान्य, गहरी और निरन्तर चलने वाली होती है।

22.11 बाल अभिवृत्तियों के विकास के कारक (Factors of Development of Children's Attitudes)

बालक की अभिवृत्तियाँ दो प्रमुख तत्वों से प्रभावित होती हैं: 1. घर, स्कूल, समूह से सम्बन्धित अनुभव, 2. किताबों, रेडियो, चित्रपट आदि विभिन्न संचारात्मक साधन।

विज्ञापन का भी बहुत कुछ प्रभाव अभिवृत्तियों पर पड़ता है। वातावरण परिवर्तन के साथ-साथ व्यक्ति की पूर्व अभिवृत्तियाँ भी परिवर्तित हो जाती हैं। उसकी नयी अभिवृत्तियों का विकास चेतन व अचेतन दोनों ही रूपों में हो सकता है।

अभिवृत्तियों का विकास अनुकरण व संकेत की ही देन है। बालक के अभिभावक, शिक्षक, संगी-साथी तथा अन्य परिवार के सदस्यों की अभिवृत्तियाँ बालक की विकासशील अभिवृत्तियों को प्रभावित करती हैं। बालक बिना किसी तर्क के अपने से बड़े व्यक्तियों की अभिवृत्तियों को स्वीकार कर लेता है क्योंकि उनके साथ सम्मान संकेत (Prestige Suggestion) का पक्ष निहित रहता है।

अभिवृत्ति विकास की अवस्थाएँ (Stages of Attitude Development)

नवजात शिशुओं व छोटे बालकों के प्रारंभिक अनुभव शारीरिक कठिनाई या आनन्द की भावनाओं से परिपूर्ण होते हैं। विकास के प्रथम वर्ष में अपने समीप रहने वाले व्यक्ति से बालक स्नेह करने लगता है। साथ ही वह अजनबियों से डरता भी है। एक से चार वर्ष की आयु तक बालकों में स्वीकृति प्राप्त करने तथा अधिकार प्रदर्शन की इच्छा से सम्बन्धित अभिवृत्तियों का विकास होता है।

अपने सम्बन्धियों या अभिभावकों द्वारा किसी दूसरे बालक पर अधिक ध्यान देने या अन्य बालक की प्रशंसा करने से बालक में उपेक्षा व दुःख की अभिवृत्ति का विकास हो जाता है। जीवन के इन वर्षों में बालक में बहुत-सी नकारात्मक अभिवृत्तियों का भी विकास होता है। अत्यधिक आत्मकेन्द्रित होने के कारण बालक इस अवस्था में शीघ्र ही चिढ़ जाता है और चिढ़कर विरोध में नकारात्मक व्यवहार प्रदर्शित करता है।

किण्डरगार्टन व नर्सरी स्कूल में पढ़ने वाले बालक अपने विषय में अधिक स्वतन्त्र हो जाते हैं। ये अपने सम्बन्ध में अन्य व्यक्तियों, दशाओं, परिस्थितियों के सम्बन्ध में निश्चित अभिवृत्तियों का अर्जन करते हैं। उनमें पक्षपात व विरोध की दृढ़ भावना विकसित हो जाती है और वे सदा अपने व्यवहार को मान्यता दिलाने का यत्न करते हैं।

प्रारम्भिक स्कूल का बालक यह जानता है कि उसे अपने अभिभावकों की आज्ञा माननी चाहिए किन्तु इसके साथ उसमें अपने शिक्षक की आज्ञा पालन की भी अभिवृत्ति का विकास आवश्यक है।

कुछ बालक इस अभिवृत्ति को अत्यन्त आसानी से सीख जाते हैं। इसका प्रमुख कारण अभिभावकों की आज्ञा की अपेक्षा शिक्षक की आज्ञा को अधिक महत्व देना है। किशोरावस्था में बालक अपने साथियों की अभिवृत्तियों को अपने परिवार के सदस्यों की अभिवृत्तियों की अपेक्षा अधिक महत्व देते हैं।

Attitude Scales

1. Attitude Scale towards Education by S.L. Chopra.
2. Attitude towards Communication Jobs (English) by O.S. Rathore.
3. Career Maturity Inventory (Indian Adaptation) by Nirmala Gupta.
4. Dimensions of Temperament Scale (English) by N.K. Chadha.
5. Occupational Aspiration Scale by J.S. Grewal.
6. Rao's School Attitude Inventory (School) by D. Gopal Rao.

7. Science Attitude Scale (Hindi) by Avinash Grewal.
8. Sex Behaviour Attitude Scale (Hindi) by Y. Singh.
9. Study Habits Attitude (Hindi) by C.P. Mathur.
10. Study Habits Inventory (English) by D.N. Sansanwal and M. Mukhopdhyay.
11. Study Involvement Inventory (English/Hindi) by Asha Bhatnagar.
12. Study Habits and Attitudes (Hindi) by M.C. Joshi and Jagdish Pandey.
13. Teacher Attitude Scale (English) by Goyal.
14. Vocational Attitude Maturity Scale by Manju Mehta.
15. Vocational Preference Scale (Hindi) by Mera M. Joshi and Jagdish Pandey.

22.12 मूल्यों का विकास (Development of Values)

22.13 मूल्यों का अर्थ (Meaning of Values)

मूल्यों के अर्थ तथा प्रकृति के बारे में विचारकों ने अपने-अपने दृष्टिकोण से विचार व्यक्त किए हैं। कुछ विचारक तो इन्हें जीवन में आदर्श रूप में लेते हैं। अर्थात् अच्छे गुण। कुछ विचारकों के विचार में मूल्य, अच्छे तथा बुरे दोनों तत्त्वों का सूचक हैं। उनके अनुसार मूल्य का अर्थ किसी वस्तु अथवा स्थिति का वह गुण है जो समालोचना व वरीयता प्रकट करता है। परन्तु जब हम कहते हैं कि छात्रों में नैतिकता का विकास होना चाहिए, तो उस का अर्थ अच्छे गुण अर्थात् ईमानदारी तथा सत्यता आदि से होता है।

मूल्यों के बारे में कुछ विचार निम्नलिखित हैं:

1. *जॉन डी.वी. का विचार (John Dewey's View)*: "मुख्यत: मूल्य का अर्थ है पुरस्कृत करना, सम्मानित करना, प्रशंसा करना, अनुमान लगाना।"

2. *एड्गर ब्राइटमैन का विचार (Edger Brightman's View)*: "सामान्य अर्थों में मूल्य वह है जिसे किसी भी व्यक्ति द्वारा किसी भी समय पसन्द किया जाये, पुरस्कृत किया जाये, सम्मानित किया जाये, जिसकी इच्छा की जाये और अनुमोदन किया जाये। यह इच्छित वस्तु या क्रिया की वास्तविक आनन्दाभूति है।"

3. *आर.बी. पैरी के विचार (R.B. Perry's View)*: "कोई भी लक्ष्य तब 'मूल्य' बन जाता है जब उसमें कोई रुचि लेता है, जैसे कोई भी चीज़ तब निशाना बन जाती है जब उस पर कोई निशाना लगाता है।"

4. *कनिनघम के विचार (Cunningham's View)*: "शिक्षा-मूल्य शिक्षा के उद्देश्य बन जाते हैं। इन्हीं के अनुसार व्यक्ति के गुणों, योग्यताओं तथा क्षमताओं को विकसित किया जाता है, जो वस्तुत: जीवन-मूल्यों में निहित होते हैं।"

5. *एन.टी. रामजी का विचार (N.T. Ramji's View)*: "मूल्य वह है जिसकी इच्छा की जाये या जिसकी तलाश की जाये। क्रियात्मक रूप से मूल्य जीवन के उन निर्देशक सिद्धान्तों को कहा जा सकता है, जो व्यक्ति के शारीरिक एवं मानसिक स्वास्थ्य में तथा सामाजिक उत्थान एवं अनुकूलन-स्थापन में सहायक हों और उसकी संस्कृति के अनुकूल हों।"

6. *हैण्ड्रसन का विचार (Henderson's View)*: "जो किसी मनुष्य की इच्छा को सन्तुष्ट करता है, वह मूल्य है।"

कुछ भारतीय दार्शनिकों तथा सुधारकों के मूल्य सम्बन्धी विचार (Views of Some Indian Philosphers and Reformers on the the Meaning of Values)

7. *स्वामी दयानन्द के विचार* (*Swami Dayananda's Views*): "मूल्य-उन्मुख शिक्षा में माता-पिता को महान् एवं महत्त्वपूर्ण भूमिका निभानी है। यह माता-पिता का कर्त्तव्य है कि वह बच्चों को ऐसे मूल्यों का शिक्षण दें जो भारतीय शिक्षा की प्राचीन परम्पराओं द्वारा निर्देशित हैं।" उन्होंने सत्यता पर विशेष बल दिया।

8. *स्वामी विवेकानन्द के विचार* (*Swami Vivekananda's Views*): "शिक्षा मानव में पहले से विद्यमान आध्यात्मिक पूर्णता का स्पष्टीकरण है। आदर्श यह होना चाहिए कि हम देश की सम्पूर्ण शिक्षा-आध्यात्मिक एवं धर्मनिरपेक्ष को अपने हाथों में लें और जहाँ तक क्रियात्मक हो सके यह राष्ट्रीय दिशाओं में और राष्ट्रीय विधियों द्वारा प्रदान की जानी चाहिए।" उन्होंने निर्बलों की सहायता तथा सेवा पर जोर दिया ही, उनकी सेवा को भगवान की सेवा माना।

9. *महात्मा गाँधी के विचार* (*Mahatama Gandhi's Views*): "शिक्षा हाथ, दिमाग और दिल के लिए होनी चाहिए। दिल के लिए शिक्षा का अर्थ है–'आध्यात्मिक प्रशिक्षण'। शिक्षा का उद्देश्य आत्मानुभूति है। इसी में जीवन एवं शिक्षा का सर्वोत्तम कल्याण निहित है।"

10. *रवीन्द्रनाथ टगौर के विचार* (*Rabindranath Tagore's Views*): "मूल्य-उन्मुख शिक्षा की आवश्यकता पर बल देते हुए रवीन्द्रनाथ टैगार ने कहा, "शिक्षा की महान् उपयोगिता केवल तथ्य एकत्र करने में नहीं है बल्कि मनुष्य को जानना है और मनुष्य को इस योग्य बनाना है कि वह अपने आप को जान सके।"

11. *श्री अरबिन्दो के विचार* (*Sri Aurobindo's Views*): प्रत्येक मनुष्य में "मूल्य आध्यात्मिकता निहित है। आध्यात्मिकता मूल्यों के लिए शिक्षा के दो स्तर हैं। पहले स्तर पर हमारी शिक्षा को उच्चतर मूल्यों के शिक्षण का अवसर प्रदान किया जाना चाहिए। इस निम्न स्तर पर सभी को उच्चतर मूल्यों की शिक्षा मिलनी चाहिए। दूसरे स्तर पर उन लोगों को आध्यात्मिक शिक्षा दी जानी चाहिए जो आध्यात्मिक मूल्यों के अनुसर की योग्यता रखते हों।"

12. *राधाकृष्णन का विचार* (*Radhakrishnan's View*): "शिक्षा केवल सूचनाएँ प्रदान करने या कौशलों के प्रशिक्षण तक सीमित नहीं है। इसे शिक्षितों को मूल्यों की उचित भावना प्रदान करनी होगी।"

शिक्षा की राष्ट्रीय नीति, 1986 (National Policy on Education 1986): नीति के दस्तावेज़ में निम्नलिखित बातों का उल्लेख किया गया है:

(i) *नैतिक मूल्य* (*Moral Values*): "समाज में अनिवार्य मूल्यों के पतन तथा बढती हुई मानवद्वेषी प्रवृत्ति ने इस आवश्यकता के प्रति ध्यान आकर्षित किया है कि सामाजिक एवं नैतिक मूल्यों के निर्माण के लिए पाठ्यक्रम का पुन: निर्माण किया जाये।"

(ii) *शाश्वत मूल्य* (*Eternal Values*): "हमारे बहु-संस्कृति सम्पन्न समाज़ में शिक्षा द्वारा शाश्वत मूल्यों का निर्माण होना चाहिए और ये मूल्य हमारी जनता की एकता के प्रति उन्मुख होने चाहिए। ऐसी मूल्य-उन्मुखता से दुर्बोधवाद, धार्मिक कट्टरता, हिंसा, अन्धविश्वास तथा भाग्यवाद को समाप्त करने में सहायता मिलेगी।"

(iii) *स्वीकारात्मक सामग्री* (*Positive Content*): "अपनी इस सामना करने की भूमिका के अतिरिक्त, मूल्य-उन्मुख शिक्षा के पास सुदृढ़ स्वीकारात्मक सामग्री भी है जो हमारी विरासत, राष्ट्रीय लक्ष्यों तथा विश्व व्यापक अवधारणों पर आधारित है। इसे इसी पक्ष पर मुख्य बल देना चाहिए।"

(iv) औपचारिक शिक्षा पद्धति और देश की समृद्ध तथा विविधतापूर्ण सांस्कृतिक परम्पराओं के बीच विद्यमान खाई को पाटना होगा। आधुनिक टेक्नॉलोजी के नशे में नई पीढ़ी की जड़े भारत के इतिहास और संस्कृति से कटनी नहीं चाहिए। हर कीमत पर संस्कृति-विहीनता, मानवगुण-विहिनता और अलगाव से बचना होगा। शिक्षा को परिवर्तन-उन्मुख और प्रौद्योगिकियों और देश की सांस्कृतिक परम्पराओं के सातत्य के बीच संश्लेषण का कार्य करना होगा और शिक्षा इसे बखूबी कर सकती है।

सारांश: मूल्य वे तत्व हैं जो हमें जीवन में सदाचार तथा भाईचारे से रहने की प्रेरणा देते हैं। जीवन में आध्यात्मवाद तथा भौतिकवाद सन्तुलन स्थापित करने में सहायक होते हैं।

मूल्यों का अनेक प्रकार से वर्गीकरण किया जा सकता है।

22.14 मूल्यों के प्रकार (Types of Values)

व्यक्ति विकास सम्बन्धी मूल्य

इसके अन्तर्गत निम्न प्रकार के मूल्य आते हैं:

1. कर्त्तव्यनिष्ठा
2. सत्यनिष्ठा
3. ईमानदारी
4. सहयोग
5. परमार्थ/स्वार्थ का परित्याग
6. रचनात्मक दृष्टिकोण
7. करुणा
8. जिज्ञासा
9. पहल/हस्तक्षेप/नेतृत्व क्षमता
10. जीवन भर सीखने की लगन
11. पिछड़े तबके के उन्नयन की विशेष योजना।
12. आत्मसम्मान।
13. आत्मविकास।
14. नैतिक एवं आध्यात्मिक उन्नयन।

सामाजिक विकास सम्बन्धी मूल्य

ये मूल्य इस प्रकार हैं:

1. सामाजिक न्याय।
2. समानता में आस्था।
3. बहुसंस्कृति और विविधताओं का सम्मान।
4. जनसंख्या नियन्त्रण/परिवार कल्याण।
5. सामाजिक/सामूहिक जिम्मेदारियों का निर्वाह।
6. विवादों का शान्तिपूर्ण हल।
7. बहस की महत्ता।
8. तर्क सम्मत विचार संरचना।
9. नमनीयता।
10. सामूहिक निर्णय का सम्मान।
11. आपसी सहयोग।
12. कटुता/कट्टरता का परित्याग।
13. संयत भाषा/शिष्ट व्यवहार।
14. अन्याय का विरोध, असहयोग एवं सत्याग्रह।

नोट: व्यक्ति मूल्य तथा सामाजिक मूल्य एक-दूसरे से जुड़े हुए हैं उन्हें अलग-अगल देखना कई बार बहुत कठिन हो जाता है क्योंकि समाज व्यक्तियों से बनता है तथा व्यक्ति समाज से पृथक् नहीं देखे जा सकतें।

22.15 राष्ट्रीय शैक्षिक अनुसन्धान एवं प्रशिक्षण परिषद द्वारा दर्शायी गई मूल्यों की सूची (List of Values Prepared by NCERT)

राष्ट्रीय शैक्षिक अनुसन्धान एवं प्रशिक्षण परिषद् (NCERT) नई दिल्ली ने शिक्षा में सामाजिक, नैतिक एवं आध्यात्मिक मूल्यों पर दस्तावेज में 83 मूल्यों का उल्लेख किया है: (1) दूसरों के सांस्कृतिक मूल्यों की सराहना, (2) अस्पृश्यता विरोध, (3) नागरिकता, (4) दूसरों की चिन्ता, (5) दूसरों का ध्यान रखना, (6) सहयोग, (7) सामान्य अच्छाई, (8) प्रजातान्त्रिक निर्णय लेना, (9) व्यक्ति की महत्ता, (10) शारीरिक कार्य का सम्मान, (11) साथी भावना, (12) अच्छे आचरण, (13) राष्ट्रीय समाकलन, (14) आज्ञा-पालन, (15) समय का सदुपयोग, (16) ज्ञान की खोज, (17) संयम, (18) करूणा, (19) सामान्य लक्ष्य, (20) शिष्टाचार, (21) शक्ति, (22) स्वास्थ्यकर जीवन, (23) अखण्डता, (24) शुचिता, (25) निष्कपटता, (26) आत्म-नियन्त्रण, (27) साधन-सम्पन्नता, (28) नियमितता, (29) दूसरों का सम्मान, (30) वृद्धावस्था का सम्मान, (31) सादा जीवन, (32) सामाजिक न्याय, (33) स्वानुशासन, (34) स्व-सहायता, (35) स्व-सम्मान, (36) आत्म-विश्वास, (37) स्व-समर्थन, (38) स्वाध्याय, (39) आत्म-निर्भरता, (40) आत्म-नियन्त्रण, (41) समाज-सेवा, (42) मानव-जाति की एकात्मकता, (43) अच्छे व बुरे में विभेद का भाव, (44) सामाजिक उत्तरदायित्व का भाव, (45) स्वच्छता, (46) साहस, (47) जिज्ञासा, (48) धर्म, (49) अनुशासन, (50) सहनशीलता, (51) समानता, (52) मित्रता, (53) वफादारी, (54) स्वतन्त्रता, (55) दूरदर्शिता, (56) सज्जनता, (57) कृतज्ञता, (58) ईमानदारी, (59) सहायकता, (60) मानवतावाद, (61) न्याय, (62) सत्यता, (63) सहिष्णुता, (64) सार्वभौमिक सत्य, (65) सार्वभौमिक प्रेम, (66) राष्ट्रीय व जन सम्पत्ति का महत्त्व, (67) पहल, (68) दयालुता, (69) जीवों के प्रति दया, (70) धर्मपरायणता, (71) नेतृत्व, (72) राष्ट्रीय एकता, (73) राष्ट्रीयता सचेतनता, (74) अहिंसा, (75) शान्ति, (76) देशभक्ति, (77) समाजवाद, (78) सहानुभूति, (79) धर्मनिरपेक्षता, (80) पृच्छा भाव, (81) दल भावना, (82) समय की पाबन्दी, (83) दल-कार्य।

22.16 नैतिक शिक्षा का अर्थ (Meaning and Importance of Moral Education)

शिक्षा का मुख्य उद्देश्य साधारणतया मानवता के गुणों का विकास करना है। उस शिक्षा का कोई मूल्य नहीं जो नैतिकता को दृढ़ न करे। ऋग्वेद में कहा गया है कि शिक्षा वह है जो व्यक्ति को अभिमान रहित तथा आत्मविश्वासी बनाए। प्रसिद्ध विद्वान् याज्ञवल्क्य के अनुसार शिक्षा मानव को चरित्रशील बनाती है। हरबर्ट ने शिक्षा के सम्पूर्ण कार्य को एक ही शब्द में प्रकट किया है और वह शब्द है नैतिकता।

'नैतिकता तथा धर्म के बारे में गाँधीजी ने कहा, "सदाचार, नैतिकता और धर्म मेरे लिए पर्यायवाची शब्द है। नैतिकता के आधारभूत सिद्धान्त सब धर्मों में समान है। इनको बालकों को निश्चित रूप से पढ़ाया जाना चाहिए और इसको पर्याप्त धार्मिक शिक्षा समझा जाना चाहिए।" यहाँ ध्यान देने योग्य शब्द हैं–सदाचार, नैतिकता और इसी को पर्याप्त धार्मिक

शिक्षा समझा जाना चाहिए। अतः स्पष्ट है कि नैतिक शिक्षा जो कि धार्मिक शिक्षा का पक्ष है प्रधानता रखती है।

विश्वविद्यालय शिक्षा आयोग (1948-49) ने जीवन के उच्चतर मूल्यों पर पर्याप्त बल देते हुए लिखा, "यद्यपि देश की विशालता, आवागमन के सुगम साधन, अतुल सम्पत्ति, विस्तृत शिक्षा प्रसार, सम्पत्ति का न्यायपूर्ण विभाजन आदि अपने आप में बहुत महत्त्वपूर्ण हैं किन्तु ये किसी देश को महान् नहीं बनाते। यदि हम देश व समाज में उथल-पुथल तथा राक्षसीराज लाना चाहते हैं तो हमें आत्मा को अतृप्त रखकर व्यावसायिक तथा तकनीकी शिक्षा देना चाहिए। तब हमारे बीच निष्क्रिय आत्मा वाले वैज्ञानिक एवं सुरुचिहीन तकनीक व्यक्ति होंगे जिनमें नैतिकता न होगी और न होगा कोई स्पष्ट ध्येय। तब समाज अपने किए का फल भोगेगा। यदि हम अपने को सभ्य मानते हैं तो हममें असहायों तथा दुखियों के प्रति सहानुभूति, स्त्रियों की मर्यादा की रक्षा, देश, धर्म, जाति, रंग से परे मानव भाईचारा, शान्ति एवं स्वतन्त्रता के प्रति प्रेम, नृशंसता के प्रति घृणा तथा न्याय के प्रति सतत् लगाव होना चाहिए।" ऐसा प्रतीत होता है कि राधाकृष्णन आयोग ने आज की परिस्थितियों की भविष्यवाणी की है।

नैतिक मूल्यों की अवहेलना के परिणाम (Consequences of Disregard of Moral Values)

1. आर्थिक असमानता। 2. अधिकारों की होड़। 3. वैरपूर्ण सम्बन्ध। 5. कथनी और करनी में अन्तर। 7. कर्त्तव्य भावना का अभाव। 8. स्वार्थ भावना की प्रबलता। 9. भोगवाद के प्रति आकर्षण। 10. मान्यताएँ तोड़ने का फैशन। 11. मान्यताओं का लुप्त होना। 12. आसुरी भावों का उदय। 13. जीवन-दर्शन के प्रचारित एवं व्यावहारिक रूप में अन्तर। 14. शिक्षित वर्ग तथा नेताओं द्वारा आदर्श प्रस्तुत करने में अक्षमता। 15. नैतिकता पर आधारित जीवन-यापन करने वाला कष्टपूर्ण जीवन। 16. नैतिकता पर आधारित जीवन-यापन करने वाले को 'बेचारा' कहना। 17. अनुचित कार्य करने में भय का अभाव। 19. भ्रष्टाचार का शिष्टाचार बन जाना।

नैतिकता, धर्म और आध्यात्मिकता (Morality, Religion and Spirituality)

नैतिकता आचरण से सम्बन्धित है। धर्म विश्वास है। आध्यात्मिकता का सम्बन्ध परमात्मा से है।

धर्म ईश्वर से सम्बन्धित है, नैतिकता ईश्वर की चेतन अवस्था से तथा आध्यात्मिकता कार्यकलापों से।

नैतिकता सद्व्यवहार है, धर्म जीवन-दर्शन और जीव-मार्ग का नाम है। आध्यात्मिकता अन्तरात्मा की शुद्धि और आन्तरिक पवित्रता का साधन है।

नैतिकता समस्त मानव जीवन को विकसित करने वाला गुण है। धर्म मानव के विभिन्न वर्गों के जीवन-यापन का आधार है। आध्यात्मिकता परलोक, ईश्वर, आत्मा तथा ब्रह्मांड से सम्बन्धित विचार है।

नैतिकता अच्छे और बुरे का विवेक है। धर्म एवं आध्यात्मिकता ईश्वर से सम्बन्ध स्थापित करता है।

नैतिकता मानव व्यवहार संहिता है। नैतिकता धर्म का अंश है।

22.17 नैतिक शिक्षा के सन्दर्भ में श्री प्रकाश समिति (1960) की महत्वपूर्ण सिफारिशें
(Important Recommendations of Sri Prakasha Samiti on Moral Education)

धार्मिक तथा नैतिक शिक्षा पर विचार करने के लिए भारत सरकार ने 1960 में एक समिति बनाई। समिति के अध्यक्ष श्री प्रकाश थे। समिति ने विस्तार से इस समस्या का अध्ययन किया और सिफारिशें कीं। ये सिफारिशें आज भी उतनी ही महत्त्वपूर्ण हैं।

1. नैतिक शिक्षा का सम्बन्ध हमारे व्यवहार से है। इसके अन्तर्गत विशेषकर मनुष्य का आपसी सम्बन्ध आता है। वह चाहे घरेलू, सामाजिक, आर्थिक जीवन से सम्बन्धित हो। यह आवश्यक है कि बचपन से ही नैतिक शिक्षा पर बल दिया जाए। हमारी अच्छी आदतों का ह्रास शीघ्रता से हो रहा है। इसे हमें रोकना और सुधारना चाहिए। अच्छी आदतें हमारे व्यवहार को भद्र बनाती हैं।

2. हमारी आदतें जैसी प्रारम्भिक काल में घर पर बन जाती हैं, वे हमारे जीवन को प्रभावित करती हैं। अतः माता-पिता की शिक्षा भी आवश्यक है। यह कार्य भाषण, पत्र, रेडियो और चलचित्र द्वारा सरलता से किया जा सकता है।

3. अच्छी आदतों के निर्माण में अध्यापकों का विशेष स्थान है। यह कार्य 'उदाहरण' द्वारा प्रभावपूर्ण बनता है।

4. प्रातःकाल सभा में नैतिकता सम्बन्धी सामूहिक गान गाए जाएँ। सन्तों, महात्माओं और आदर्श नेताओं के जीवन से सम्बन्धित कहानियाँ सुनाई जाएँ।

5. जैसा कि विश्वविद्यालय शिक्षा आयोग ने बताया है, हम नित्य मौन आराधना से कार्य शुरू करें।

6. विचित्र प्रकार के समाज-सेवा कार्यों में छात्रों को लगाया जाए ताकि वे 'करके' नैतिक मूल्यों के अर्थ को समझें।

7. स्काउटिंग, राष्ट्रीय कैडेट कोर आदि पर बल दिया जाए।

स्कूल स्तर

(क) प्रातः स्कूल में सभा की जाए जिसमें सामूहिक गान गाए जाएँ।

(ख) भाषा पाठ्यक्रम में अवतारों, साधु-सन्तों और धार्मिक नेताओं के जीवन और शिक्षा से सम्बन्धित कहानियाँ सम्मिलित की जाएँ।

(ग) समस्त स्कूल कार्यक्रम में सप्ताह में दो पीरियड नैतिक शिक्षा के लिए निश्चित किए जा सकते हैं। इन कक्षाओं में अध्यापक विभिन्न धर्मों की मनोरंजक कहानियाँ सुनाएँ और शिक्षाएँ बताएँ। नैतिक शिक्षा में धार्मिक क्रियाओं को सम्मिलित किया जाए।

(घ) स्कूल कार्यक्रम द्वारा छात्रों में सेवा और श्रम के प्रति आदर भाव उत्पन्न किया जाए।

(ङ) स्कूल की समस्त शारीरिक शिक्षा और खेल के उद्देश्य चरित्र-निर्माण होना चाहिए। भाषा और दूसरी पाठ्यसामग्री में विभिन्न धर्मों की कहानियाँ सम्मिलित की जाएँ।

(च) सप्ताह में एक घण्टे तक नैतिक शिक्षा दी जाए। कक्षा में विचार-विमर्श को प्रोत्साहन दिया जाए। शिक्षा के इस नियमित कार्यक्रम के अतिरिक्त ऐसे व्यक्तियों को भाषण देने के लिए बुलाया जाए, जो छात्रों को नैतिक और आध्यात्मिक विषय की जानकारी कराएँ। बड़े-बड़े पर्वों पर सामूहिक कार्यक्रमों का आयोजन किया जाए। प्रतियोगिताओं और ऐसे ही दूसरे साधनों द्वारा छात्रों में अपने धर्म-प्रवर्तकों तथा धर्म के अतिरिक्त दूसरों के धर्मों के प्रति आदरभाव जागृत किया जाए।

(छ) अवकाश के समय सुव्यवस्थित ढंग से समाज-सेवा कार्य का आयोजन किया जाए। इसका उद्देश्य श्रम के प्रति आदर, मानव-प्रेम, देशभक्ति और अनुशासन हो। ये अनिवार्य कर दिया जाए और शारीरिक शिक्षा सामान्य शिक्षा के रूप में दी जाए।

22.18 मूल्यों की शिक्षा तथा उचित वातावरण (Moral Education and Appropriate Environment)

शिक्षा का कार्य जीवन-मूल्यों का संचारण करने वाली शक्ति कहा गया है। राममूर्ति रिपोर्ट 1991, जिसने राष्ट्रीय शिक्षा नीति 1986 की समीक्षा की, शिक्षा के मूल्य विकास सम्बन्धी कार्य के बारे में इस प्रकार लिखा, "शिक्षा को मूल्यों के संवर्धनक वातावरण प्रदान करना चाहिए। इसे व्यक्ति के चरित्र निर्माण में वैयक्तिक मूल्यों के 'वोट' के रूप में प्रदान किया जाना चाहिए जिसमें सामाजिक, सांस्कृतिक तथा राष्ट्रीय मूल्य सम्मिलित हैं, ताकि उसे कार्यों और निर्णयों के लिए 'सन्दर्भ व अर्थ' मिल सके तथा व्यक्ति विश्वास तथा प्रतिबद्धतापूर्वक कार्य कर सके। शिक्षा को राष्ट्रीय शक्ति तथा एकता के प्रोत्साहन के लिए प्रेरक की भूमिका निभानी है जिसमें छात्रों को शक्ति मिल सके ताकि वे सामाजिक परिवर्तन के साधन बन सकें।"

जीवन के मूल्यों का विकास और निर्माण परिवार से आरम्भ होता है। अतः परिवार का कर्त्तव्य है कि बालक को ऐसा वातावरण दे जिसमें रहकर बालक जीवन के उच्च मूल्य धारण कर सके। इसी प्रकार स्कूल में अध्यापकों द्वारा प्रभावपूर्ण वातावरण प्रदान किया जाए। उनके सामने अच्छे मॉडल प्रस्तुत किए जाएँ। विद्यालय में विभिन्न प्रकार की सामाजिक क्रियाओं का आयोजन किया जाए ताकि छात्र चरित्रवान बन सकें और जीवन में उच्च मूल्यों को धारण कर सकें। समाज के सभी वर्गों और विशेषकर नेताओं पर उच्च मूल्यों के वातावरण की विशेष जिम्मेदारी है।

23

मानसिक स्वास्थ्यः घर तथा स्कूल में समायोजन (सांमजस्य)

(Mental Health: Adjustment at Home and School)

23.1 मानसिक स्वास्थ्य का अर्थ (Meaning of Mental Health)

साधारण शब्दों में मानसिक स्वास्थ्य का अर्थ है, व्यक्ति के व्यक्तित्व का सम्पूर्ण विकास अर्थात् दैनिक जीवन में आशाओं, भावानाओं तथा आदर्शों में संतुलन बनाए रखता तथा जीवन की वास्तविकताओं का दृढ़ता से सामना करता है ताकि व्यक्ति अधिक से अधिक आनन्द तथा संतोष प्राप्त कर सके।

मानसिक स्वास्थ्य का महत्त्व (Significance of Mental Health)

मानसिक स्वास्थ्य के निम्नलिखित लाभ हैं:

1. व्यक्ति के आचरण में अन्तर्दृष्टि के भावों का विकास हो जाता है।
2. मानसिक स्वास्थ्य से जीवन के प्रति आशापूर्ण दृष्टिकोण का विकास होता है।
3. मानसिक रोगों से बचाव अर्थात् उन्माद तथा हठीलेपन से मुक्ति मिलती है।
4. शारीरिक स्वास्थ्य-मानसिक स्वास्थ्य से शारीरिक रोग जैसे मधुमय तथा दमा आदि होने की आशंका नहीं रहती है।
5. मानसिक स्वास्थ्य से सामाजिक कार्यों में रूचि बढ़ती है।

23.2 समायोजित व्यक्ति की प्रमुख विशेषताएँ (Chief Characteristics of a Well-Adjusted Person)

1. सहनशीलता। 2. आत्मविश्वास। 3. संवेगात्मक परिपक्वता। 4. वातावरण का उचित ज्ञान। 5. निर्णय लेने की योग्यता। 6. वास्तविक संसार में विश्वास। 7. शारीरिक स्वास्थ्य के प्रति सावधानी। 8. आत्म सम्मान की भावना। 9. व्यक्तिगत सुरक्षा की भावना। 10. आत्म मूल्यांकन की क्षमता। 11. कार्य कुशलता। 12. स्वस्थ रुचियाँ तथा अभिरुचियाँ। 13. व्यवहार में नमनीयता (Flexibility)। 14. आत्मसन्तुष्टि।

23.3 कुसमायोजन का अर्थ (Meaning of Maladjustment)

कुसमायोजन का अर्थ है, परिवार तथा समाज के साथ तालमेल न रखना। यही नही, स्वयं अपने से भी तालमेल न रख सकना। कहा जाता है कि कुसमायोजित व्यक्ति अपने

लिए तथा दूसरों के लिए 'अभिशाप' है। उसका स्वभाव स्तर नहीं होती। ऐसे व्यक्ति दूसरों से झगड़ा करते रहते हैं। मानसिक द्वन्द्व से पीड़ित हैं। अशान्त रहते हैं। उचित निर्णय लेने में असमर्थ हैं। असुरक्षा की भावना रखते हैं। आत्मविश्वास की कमी रखते हैं। शीघ्र क्रोध में आ जाते हैं।

23.4 मानसिक स्वास्थ्य पर प्रभाव डालने वाले तत्त्व (Factors Affecting Mental Health)

1. घर का प्रभाव (Influence of the Home)

1. परिवार की मान्यताएँ।
2. परिवार की परम्पराएँ।
3. परिवार का अनुशासन।
4. परिवार की स्थिरता।
5. परिवार की आर्थिक स्थिति।
6. परिवार का सामाजिक स्तर।
7. परिवार के सदस्यों की आवश्यकताओं की पूर्ति-(i) पर्याप्त भोजन आदि (ii) रहने की व्यवस्था (iii) वस्त्र।
8. माता-पिता तथा अभिभावकों का व्यवहार।
9. निर्देशन तथा मार्गदर्शन।

2. विद्यालय का प्रभाव (Influence of the School)

1. विद्यालय का भौतिक वातावरण-स्वच्छ प्रकाश, वायु आदि।
2. विद्यालय का मनोवैज्ञानिक वातावरण-स्नेह आदि।
3. विद्यालय का सामाजिक वातावरण-समानता आदि।
4. विद्यालय का शैक्षिक वातावरण।
   (a) विद्यालय का पाठ्यक्रम।
   (b) विद्यालय में शिक्षण अधिगम सामग्री।
   (c) विद्यालय में शिक्षण विधियाँ
   (d) विद्यालय में सहगामी क्रियाएँ।
   (e) विद्यालय में अनुशासन।
5. विद्यालय में निर्देशन तथा परामर्श।
6. परीक्षा पद्धति।
7. शिक्षकों का व्यवहार।
8. कक्षा का वातावरण।

बच्चों के मानसिक स्वास्थ्य के लिए परिवार के कार्य (Functions of the Home in the Mental Health of Children)

1. परिवार का शान्तिपूर्वक वातावरण।
2. माता-पिता का प्रभावी मानसिक स्वास्थ्य।
3. माता-पिता का संतुलित व्यवहार।

4. बालक के व्यक्तित्व की पहचान।
5. बालक के व्यक्तित्व का सम्मान।
6. बालक की भौतिक आवश्यकताओं की पूर्ति।
7. बालक के लिए अवश्य वस्तुओं का प्रावधान।
8. परिवार में सृजनात्मक अनुशासन।
9. बालक की रूचियों तथा अभिरूचियों के विकास के लिए मार्गदर्शन।

23.5 छात्रों के मानसिक स्वास्थ्य के लिए स्कूल तथा अध्यापक का कार्य (Role of the School and the Teacher in the Mortal Health of the Students)

स्कूल में छात्रों के मानसिक विकास तथा मानसिक स्वास्थ्य के लिये हमें निम्नलिखित बातों का ध्यान रखना चाहिये:

1. आर्थिक समस्याओं के अभाव की पूर्ति: शिक्षा के क्षेत्र में आर्थिक कठिनाईयों को समाप्त करने के प्रयत्न करने चाहियें। विशेषकर निर्धन छात्रों को इस सम्बन्ध में पुस्तक, वर्दी तथा आर्थिक सहायता दी जाये। अध्यापकों को भी ऐसे बच्चों को किसी प्रकार अमीर बच्चों से घटिया नहीं समझना चाहिये।

2. घर का वातावरण तथा अभिभावकों से सम्पर्क· घर के वातावरण में अध्यापक कोई विशेष सुधार तो नहीं कर सकते परन्तु फिर भी वे अभिभावकों का सहयोग प्राप्त करके उन्हें बच्चों के मानसिक विकास के सम्बन्ध में सुझाव दे सकते हैं।

3. शिक्षा पद्धतियों में सुधार: शिक्षण-पद्धतियों का मनोवैज्ञानिक आधार पर शोधन किया जाना अति आवश्यक है।

4. अध्यापकों का स्वयं मानसिक स्वास्थ्य: अध्यापक केवल उसी व्यक्ति को बनना चाहिये जिसके मन में बच्चों के लिये प्रेम हो और जिसके सामने ऊँचे आदर्श हों परन्तु सारे अध्यापक इस प्रकार के तो हो नहीं सकते फिर भी मुख्याध्यापक को इस बात का ध्यान रखना चाहिये कि कोई भी ऐसा अध्यापक, जिसका अपना मानसिक सन्तुलन ठीक न हो, उसे बच्चों पर बुरे प्रभाव डालने की अवसर न दे।

5. उपयुक्त पाठ्यक्रम: पाठ्यक्रम की रचना मनोवैज्ञानिक आधार पर की जाये। पाठ्यक्रम बनाते समय बच्चों की योग्यता, आयु, रुचियों तथा क्रियात्मक तत्त्वों का ध्यान रखा जाये।

6. स्कूल का आर्कषक वातावरण: जहाँ तक हो सके स्कूल का मानवीय तथा भौतिक वातावरण ऐसा बनाया जाये जो बच्चों के लिए आकर्षक हो।

7. स्कूल का सृजनात्मक अनुशासन: स्कूल का अनुशासन भी मनोवैज्ञानिक नियमों के आधार पर संगठित किया जाये। अनुशासन के नियम बच्चे स्वयं बनायें परन्तु अध्यापकों के पथ-प्रदर्शन में। देखने में तो ऐसा लगे कि बच्चों को पूर्ण स्वतन्त्रता है परन्तु वास्तव में एक पग भी बिना नियमों के न रखा जाए।

8. व्यक्तिगत ध्यान पर बल: सारे छात्र एक ही गति से एक ही मार्ग पर नहीं चल सकते। इसीलिये प्रत्येक छात्र की ओर व्यक्तिगत ध्यान दिया जाए। अध्यापक प्रत्येक छात्र की व्यक्तिगत कठिनाइयों को व्यक्तिगत रूप से सुलझाए।

9. स्कूल में पर्याप्त निर्देशन सुविधाओं की व्यवस्था: छात्रों को भली भाँति जानने के लिए तथा उनको शैक्षिक-व्यावसायिक मार्गदर्शन के लिए निर्देशन की उचित व्यवस्था होनी चाहिए।

23.6 मानसिक ग्रंथि का अर्थ (Meaning of Mental Complex)

जब कुछ अतिरिक्त भावों का ऐसा संगठन बन जाता है जिसे व्यक्तित्व की चेतना सत्ता स्वीकार नहीं करती और जिसको दमन शक्ति अचेतन मन की अंधेरी कोठड़ियों में धकेल देती है, उसे मानसिक ग्रंथि कहते हैं।

मानसिक ग्रंथियों की रचना: जब तक हमारी मूल प्रवृत्तियों तथा अर्जित रुचियों का प्रकाशन साधारण विधि से होता रहता है, हमारा मानसिक विकास बिना किसी समस्या के होता रहता है। प्रत्येक नया अनुभव अपने पीछे कुछ संस्कार छोड़ जाता है और उन संस्कारों का मानसिक रचना में संगठन होता रहता है। परन्तु कभी-कभी व्यक्तित्व का विकास साधारण ढंग से नहीं होता। जीवन में कुछ ऐसे अनुभव भी होते हैं जो व्यक्ति के लिए अति दु:खदायी तथा भयानक होते हैं। यदि वह तीव्र संवेगात्मक दशा में हो तो ऐसे दु:खदायी अनुभवों का अपना ही संगठन बन जाता है। चेतन मन को यह संगठन बहुत दु:खी करता है और वह इस सारे अनुभव के संस्कारों को नष्ट कर देना चाहता है ताकि उनकी याद उसे लगातार दु:खी न करती रहे। दमन-शक्ति ऐसे संगठन को अचेतन मन में धकेल देती है परन्तु दमन शक्ति उसे और भी अधिक दबाती है। यह शक्तिशाली संगठन अचेतन मन का स्थायी भाग बन जाता है। वहाँ से यह संगठन कभी तो स्वप्न संसार द्वारा, कभी किसी मानसिक रोग को उत्पन्न करके और कभी किसी प्रकार के विचित्र व्यवहार द्वारा प्रकाशन मांगता है। मानसिक रोगों के चिकित्सक कहते हैं कि वे मनोविश्लेषण द्वारा मानसिक ग्रंथियों को अचेतन मन में से ढूंढ लेते हैं और उन्हें चेतन मन के स्तर पर लाकर उनका साधारण विधि से मानसिक रचना में संगठन करते हैं।

23.7 आत्महीनता के भाव की मानसिक ग्रंथि को ठीक करने के उपाय (Remedial Measures for Balancing Mental Complex)

1. प्रोत्साहन: ऐसे व्यक्ति को प्रोत्साहन देना चाहिए न कि सहानुभूति।

2. कार्य करने में स्वतन्त्रता: जहाँ तक हो सके ऐसे व्यक्तियों को कुछ इस प्रकार के कार्य करने के लिए दिए जाएँ जिन्हें वह स्वतन्त्रता से कर सके। यदि वह किसी कार्य के लिए उत्तरदायी होंगे और सफलता का गर्व भी उन्हें मिलेगा तो उनकी मानसिक दशा बदलनी शुरू हो जाएगी। परन्तु कार्य ऐसे हों जिन्हें वे कर सकते हों। इस ग्रंथि की चिकित्सा के लिए सबसे उत्तम साधन यही है कि वे निरन्तर सफलता प्राप्त करें।

3. पाठांतर क्रियाएँ: पाठांतर क्रियाएँ इस रोग के समाधान की उत्तम औषधि बन सकती हैं। इन क्रियाओं में कई परिस्थितियों में नेता का दायित्व सम्भालना पड़ता है और दूसरों से सहयोग भी लेना पड़ता है।

4. अध्यापक का व्यवहार: अध्यापक को कभी भी किसी बच्चे को बुद्धिहीन या योग्यताहीन नहीं कहना चाहिए। बच्चों को कक्षा में लज्जित करना भी अच्छा नहीं। इसकी हानि तो हो सकती है परन्तु लाभ कभी भी नहीं।

अंगहीन बच्चों को भी सहानुभूति की अपेक्षा उत्साह तथा सफलता देने वाली परिस्थितियों की आवश्यकता होती है।

आत्महीनता के भाव तथा आत्महीनता की मानसिक ग्रंथि

आत्महीनता के भाव तथा मानसिक ग्रंथि में यह अन्तर है कि जब तक आत्महीनता के भाव चेतन मन में रहते हैं, व्यक्ति अपने आपको योग्यता में हीन समझता है। परन्तु जब यह भाव अचेतन मन में चले जाते हैं तो मानसिक ग्रंथि बन जाती है और व्यक्ति अपने आपको हीन तो नहीं समझता परन्तु संघर्ष करना छोड़ देता है क्योंकि वह समझता है कि सारे समाज ने और प्रकृति ने इसको पराजित करने का फैसला कर लिया है।

23.8 मानसिक अन्तर्द्वन्द्व का अर्थ (Meaning of Mental Conflict)

मानसिक अन्तर्द्वन्द्व का अर्थ है–दो विरोधी शक्तियों का टकराव। ऐसी परिस्थिति में व्यक्ति बहुत दुःखी होता है। उसका मन एक प्रकार से युद्धक्षेत्र बन जाता है। वह न तो सो सकता है और न ही आराम कर सकता है।

मानसिक विकास का कार्य हमेशा साधारण विधि से नहीं होता। व्यक्ति की प्रवृत्तियाँ तथा इच्छायें हर समय सन्तोषजनक विधि से प्रकाशन नहीं हो सकतीं। कई बार उन्हें अपने ही मन में से और कई बार बाहर से रुकावटों का सामना करना पड़ता है। कभी-कभी कोई अनुभव इतना भयानक होता है कि उसके संस्कारों को उसका अपना ही आदर्श आत्मभाव स्वीकार नहीं करता है। कई बार उसके ही स्थाई भाव आपस में टकरा जाते हैं और वह निर्णय नहीं कर सकता कि कौन-से स्थाई भाव की आज्ञा का वह पालन करें। उदाहरण के लिए एक छात्रा ने अपने मित्र की कुछ पुस्तकें चुरा लीं। यह व्यवहार उसने अपनी संचय प्रवृत्ति के तीव्र संवेग के प्रकाशन के लिए किया। परन्तु अधिकार भावना के तीव्र होते हुए भी उसके मन में सत्यता का स्थाई भाव विकास कर चुका था। अधिकार भावना की तीव्रता के कारण उसने पुस्तकें चुरा तो लीं परन्तु उसका स्थाई भाव अशांत हो गया। इन दोनों उत्तेजनाओं ने उसके मन में इतनी अशांति उत्पन्न कर दी कि वह रात को सो भी न सकी। कभी तो वह अपने आपको कई बहाने बना कर चुराने की क्रिया में ठीक सिद्ध करती और कई बार दोषी। ऐसी परिस्थितियाँ युद्ध के दिनों में भी बन जाती हैं। एक देशभक्त देश की रक्षा के लिए युद्ध क्षेत्र में जाता है परन्तु वहाँ भयानक बमबारी देखते ही उसकी स्वरक्षा की शक्तिशाली प्रवृत्ति उत्तेजित हो जाती है। इस दशा में भी यदि वह देशभक्त जल्दी ही इस सम्बन्ध में कोई निर्णय न कर सके तो उसके मन में अन्तर्द्वन्द्व की दशा बन जाती है।

ऐसी परिस्थितियाँ मन को दो विरोधी शक्तियों का अखाड़ा बना देती हैं। इन परिस्थितियों को मानसिक अन्तर्द्वन्द्व कहते हैं। व्यक्ति अति दुःखी होता है। उसकी मानसिक शक्ति केवल इसी क्रिया में व्यय होती रहती है और वह और कोई भी क्रिया नहीं कर सकता। वह न ही सो सकता है और न ही आराम कर सकता है। उसका मन एक प्रकार का युद्ध क्षेत्र बन जाता है।

परन्तु यह संघर्ष अधिक समय के लिए नहीं चलता। यदि इसे रोका न जाए तो व्यक्ति का जीवन संकट में पड़ जाता है। इसलिए प्रकृति सहायता के लिए दमन-शक्ति को उत्तेजित करती है। वह दुःखदायक भाव अचेतन मन की अंधेरी कोठड़ियों में धकेल दिया

जाता है। अब व्यक्ति को उसके सम्बन्ध में कुछ याद नहीं। वह आराम से सो सकता है। परन्तु वह परिस्थिति तो अभी तक प्रस्तुत है। विरोधी शक्तियों ने केवल रूप तथा स्थान बदला है। उन संस्कारों की मृत्यु नहीं हुई। वह उत्तेजना फिर उठती है। परन्तु दमन शक्ति हर समय अचेतन मन की बाहरी सीमा पर बड़ी सावधान रहती है। उत्तेजना फिर दब जाती है। अब चेतन मन के स्थान पर अचेतन मन युद्धक्षेत्र बन जाता है। मानसिक शक्ति अब भी उस ओर व्यय हो रही है परन्तु पहले से कम मात्रा में।

कभी-कभी दबा हुआ भाव अधिक शक्तिशाली होता है। उसने अपने साथ कई संवेगों को संगठित किया हुआ होता है। वह कई बार सावधान दमन-शक्ति को पराजित करके चेतन मन में आ जाता है। उस समय वह व्यक्तित्व का स्वामी होता है और व्यक्ति के व्यवहार का संचालक। परन्तु आदर्श आत्मभाव फिर उसे दबा देता है। ऐसी परिस्थिति को हम व्यक्ति का दुहरा व्यक्तित्व कहते हैं। कई बार हम देखते हैं कि कोई व्यक्ति किसी समय तो महान बन जाता है और किसी समय संवेगों में डूबा होता है। यदि दमनशक्ति अधिक शक्तिशाली हो तो दबे हुये संस्कार स्वप्न में या मानसिक रोगों की दशाओं में कई भेष बदल कर प्रकाशन लेते हैं।

मानसिक अन्तर्द्वन्द्व को दूर करने के उपाय: एक बार मानसिक ग्रंथियाँ उत्पन्न हो जाएँ तो इनका इलाज केवल मानसिक चिकित्सा के डॉक्टर ही कर सकते हैं। अध्यापक तो केवल यही कर सकता है कि स्थिति को अधिक न बिगड़ने दे और मानसिक ग्रंथियाँ बनने ही न दें। कक्षा का वातावरण सदा भयमुक्त बनाए रखा जाना चाहिए।

23.9 मानसिक समायोजन के लिए प्रतिरक्षा विधि (Defence Mechanism for Mental Adjustment)

मानसिक समायोजन के लिए प्रतिरक्षा विधि (Defence Mechanim) का अर्थ

व्यक्ति की कुछ जन्मजात प्रवृत्तियाँ होती हैं। वे जब उत्तेजित हो जाएँ तो अति शक्तिशाली बन जाती हैं। वे प्रकाशन माँगती हैं। परन्तु व्यक्ति का भौतिक तथा सामाजिक वातावरण और व्यक्ति का अपना आदर्शभाव उनके मार्ग में रुकावटें डालते हैं। कई बार व्यक्ति का अनुभव कुछ ऐसे संस्कार छोड़ जाता है जो अति भयानक होते हैं और दमन शक्ति को उन्हें अचेतन मन में धकेलना पड़ता है। परन्तु वे वहाँ से भी प्रकाशन के लिए प्रयत्न करते रहते हैं। इन परिस्थितियों में या तो उन प्रवृत्तियों या दमन किए गये संस्कारों का प्रकाशन हो ही नहीं सकता या फिर वह व्यक्ति के लिए या समाज के लिए दु:खदायक बन जाता है। ऐसी दशाओं में मानसिक शक्तियाँ विचित्र मार्गों द्वारा अपना प्रकाशन करती हैं। इसे अंग्रेजी में डिफैंस मकैनिज्म कहते हैं। इसके उदाहरण नीचे दिये गये हैं–

1. अनुचित व्यवहार को उचित समझने का विश्वास (Rationalization): व्यक्ति के अधिकतर व्यवहार का वास्तविक संचालक अचेतन मन होता है, परन्तु व्यक्ति को इस बात का ज्ञान नहीं होता। उसे उत्तेजना तो अपने अचेतन मन से आती है परन्तु व्यवहार चेतन दशा में होता है। कई बार वह व्यवहार ऐसा होता है जिसे व्यक्ति का चेतन मन स्वीकार करना नहीं चाहता। कई उसका आदर्श भाव (master sentiment) या स्थाई भाव ऐसे व्यवहार को अच्छा नहीं समझते। परन्तु उत्तेजन इतना शक्तिशाली होता है कि

व्यक्ति उस वेग को रोक नहीं सकता। ऐसी दशा में व्यक्ति उस व्यवहार को करता है परन्तु उसको उचित सिद्ध करने के लिए तर्क भी बना लेता है। उदाहरण के लिए कई व्यक्ति धूम्रपान के विरुद्ध होते हैं परन्तु वे धूम्रपान करते हैं। क्योंकि उन्हें विश्वास होता है कि यदि वह धूम्रपान बन्द कर देंगे तो उन्हें दमे का रोग हो जाएगा। एक लोमड़ी ने ऊँचे अंगूरों का गुच्छा इसलिए छोड़ दिया था कि वह खट्टे थे। वास्तव में वह उस गुच्छे तक पहुँचनें में अक्षम थी।

2. प्रक्षेपण (Projection): हम कई बार देखते हैं कि भ्रष्टाचारी व्यक्ति भ्रष्टाचार के विरुद्ध सबसे अधिक प्रचार करते हैं। वास्तव में वे यह प्रचार करके दूसरों को धोखा नहीं दे रहे होते बल्कि अपने आप को धोखा दे रहे होते हैं क्योंकि वे विश्वास रखते हैं कि भ्रष्टाचार अच्छा नहीं। अपने भ्रष्टाचार के कारण उनका आदर्शभाव उन्हें विचलित करता है। वे दु:खी होते हैं। परन्तु दमन शक्ति इन संस्कारों को नीचे धकेल देती है। अब उन्हें अपना भ्रष्टाचार दिखाई ही नहीं देता परन्तु दूसरों में दिखाई देता है। वास्तव में उनके अवगुण का प्रक्षेपण दूसरे व्यक्तियों को जाता है। इसलिए वे अपने अचेतन मन के वेग को शांत करने के लिए भ्रष्टाचार के विरुद्ध बड़े जोर-शोर से प्रचार करते हैं।

अन्तर्राष्ट्रीय व्यवहार में ऐसा होता है कि जब कभी कोई राष्ट्र किसी दूसरे राष्ट्र पर आक्रमण करने की योजना बनाता है तो उसे उससे पहले ही अनुभव होने लगता है कि वह देश उसके विरुद्ध कार्यवाहियाँ कर रहा है।

3. मानसिक विकास की स्थिरता (Fixation): विकास की प्रत्येक नई अवस्था अपने साथ नई-नई शक्तियों तथा नई-नई कठिनाइयाँ लाती हैं। कुछ व्यक्ति नई परिस्थितियों में समायोजन नहीं बना सकते। वे विकास से घबराते हैं परन्तु शारीरिक विकास तो जारी रहता है। इससे वे और भी अधिक घबरा जाते हैं। उन्हें शिशु अवस्था या बाल्यावस्था याद आती है जबकि उनकी सभी आवश्यकताएँ माता-पिता पूरी करते थे, उन्हें हर प्रकार की सुरक्षा प्राप्त थी। माँ की गोदी अथवा घर की सुरक्षा उन्हें हर एक संकट से बचाती थी। अब स्कूल में उन्हें ऐसी सुरक्षा कहीं दिखाई नहीं देती। स्कूल का या संसार का कठिन कार्य उन्हें भयभीत करता है। इस अवस्था में उनके मन में अन्तर्द्वन्द्व उत्पन्न हो जाता है। इससे वे और भी अधिक दु:खी हो जाते हैं परन्तु दमन शक्ति उनकी सहायता को आती है। उनका मानसिक विकास स्थिर हो जाता है। इस अवस्था को मानसिक विकास की स्थिरता कहते हैं।

4. प्रतीय गमन (Regression): विकास की नई अवस्थाओं में कभी-कभी किसी व्यक्ति को जीवन की वास्तविकताएँ इतनी कठोर अनुभव होती हैं कि वह व्याकुल हो उठता है। वह उस अवस्था की जिम्मेदारियों से इतना घबरा जाता है कि तत्काल ही शिशु अवस्था में वापस चला जाना चाहता है। उसे उस अवस्था की हर प्रकार की सुरक्षा तथा आनन्द आकर्षित करते हैं। इसलिए यही नहीं कि उसका मानसिक विकास रुक जाता है बल्कि यह शिशु अवस्था या बाल्यावस्था की ओर प्रतीय गमन करता है। शारीरिक विकास में तो वह बढ़ता जाता है, परन्तु मानसिक अवस्था को मुख्य रखते हुए वह शिशु बन जाता है। उसका बिस्तर पर पेशाब कर देना, बच्चों की तरह बातें करना और दूसरा व्यवहार छोटे बच्चों जैसा हो जाता है। इसे प्रतीय गमन कहते हैं।

5. किसी कमी को पूरा करने के लिए किसी अन्य क्षेत्र में उन्नति करना (Compensation): आत्महीनता का भाव हमेशा दु:खदाई होता है। प्रत्येक व्यक्ति के

लिए यह प्राकृतिक नियम है कि वह उत्तम बनने के लिए संघर्ष करें। कई बार कई व्यक्ति किसी शारीरिक, मानसिक, आर्थिक, बौद्धिक अथवा सामाजिक कमी के कारण जीवन की दौड़ में पीछे रह जाते हैं। कमी स्थाई अथवा प्रबल हो तो वे उस दशा में तो सुधार कर नहीं सकते। मान लो एक व्यक्ति की एक आँख या दोनों आँखें या एक टाँग या एक हाथ या दोनों अंग हैं ही नहीं या उसकी किसी विशेष विषय में रुचि नहीं या उसकी बुद्धि उपलब्धि कम है तो वह व्यक्ति इस प्रकार की कमी को पूरा नहीं कर सकता परन्तु वह यह तो कर सकता है कि किसी विशेष क्षेत्र में उन्नति कर ले। जैसे तैमूर लंगड़ा था, महाराजा रणजीतसिंह की एक आँख नहीं थी परन्तु वे फिर भी उन्नति कर गये। कई अन्धे मनुष्य विद्वान् या उत्तम रागी बन जाते हैं।

6. एकरूपता (Identification): इस मानसिक साधन की सहायता से व्यक्ति किसी और व्यक्ति का व्यक्तित्व अपना लेता है। कई बार हम देखते हैं कि कोई व्यक्ति किसी दुर्घटना में घायल व्यक्ति को देखकर बेहोश हो जाता है। ऐसी दशा में बेहोश होने वाला व्यक्ति घायल व्यक्ति या व्यक्तियों से एकरूपता धारण करता है। फिर वह उसी प्रकार पीड़ा का अनुभव करता है और बेहोश हो जाता है। यह आवश्यक नहीं कि ऐसी प्रत्येक परिस्थिति में बेहोश होने वाले व्यक्ति की सहानुभूति भी घायल होने वाले व्यक्ति के साथ हो। जब कभी हम कोई कहानी या नॉवल पढ़ते हैं तो हम प्राय: कहानी के नायक के साथ एकरूपता धारण करते हैं।

7. उत्ततीकरण (Sublimation): यह एक प्रकार की परिवर्तित प्रक्रिया (Substituted Act) है। उदाहरण के लिए, प्रेम की बाजी हार कर न जाने कितने व्यक्ति साहित्य साधना में लग जाते है और इसी कार्य में जुटकर अपनी कामशक्ति को नया रूप देते हैं तथा महान साहित्यकार, कवि या संगीतकार बन जाते हैं। गोस्वामी तुलसीदास इसका सर्वश्रेष्ठ उदाहरण है।

23.10 अध्यापकों का मानसिक समायोजन (Mental Adjustment of Teachers)

इसमें कोई दो मत नहीं है कि अध्यापकों के मानसिक स्वास्थ्य का छात्रों पर विशेष प्रभाव पड़ता है। जिन अध्यापकों का मानसिक स्वास्थ्य संतुलित रहता है। वे छात्रों की क्षमता बढ़ाने में अधिक सफल होते हैं। छात्रों के उत्साह से पढ़ाते हैं तथा अन्य कार्यक्रमों में भी कुशलता का परिचय देते हैं। कक्षा का मनोवैज्ञानिक तथा भावात्मक वातावरण छात्रों के मानसिक स्वास्थ्य को बढ़ावा देता है। उनमें उत्साह कार्य के प्रति उत्साह तथा लगन के भाव विकसित करता है। छात्रों में आत्म विश्वास की भावना भरता है। इसलिए आवश्यक है कि अध्यापक अपने मानसिक स्वास्थ्य की ओर पूरा-पूरा ध्यान दें।

अध्यापकों में निराशा के कारण (Causes of Teacher's Frustration)

1. समाज में उनके प्रति आदर तथा सम्मान की घटती हुई भावना।
2. छात्रों की अध्यापकों के प्रति उदासीनता।
3. समाज में अध्यापकों का निम्न स्तर।
4. कम वेतनमान।
5. कार्य करने की अच्छी परिस्थितियों का न होना।
6. अधिक कार्यभार।

7. कक्षाओं में छात्रों की अधिक संख्या।
8. प्रबंध समिति का अनुचित व्यवहार।

मानसिक स्वास्थ्य वाले अध्यापकों के लक्षण (Characteristics of Mentally Healthy Teachers)

1. सहनशीलता। 2. स्थिर भावनात्मक स्थिति। 3. सन्तुलित स्वभाव। 4. प्रेरण तथा संकल्प। 5. आत्म संयम। 6. दृढ़ इच्छाशक्ति। 7. संकल्पनाएं। 8. आत्मविश्वास। 9. आत्मनिर्भरता। 10. संकल्पशक्ति। 11. दूरदर्शिता। 12. दृढ़ता। 13. आशावादिता। 14. जन-सम्पर्क कुशलता। 15. धीरज। 16. आशावादिता। 17. सकारात्मक दृष्टिकोण। 18. सद्-व्यवहारता। 19. आत्मसम्मान की भावना।

इकाई IV
अधिगमकर्त्ताओं (सीखने वाले) में व्यक्तिगत भिन्नताएँ
INDIVIDUAL DIFFERENCES AMONG LEARNERS

24

अधिगमकर्त्ताओं में अन्तर व्यक्तिगत तथा अन्तर विभिन्नताएँ: उनके शैक्षिक निहितार्थ
(Intra-Individual and Inter-Individual Differences: Their Educational Implications)

24.1 व्यक्तिगत भिन्नताओं का विस्तार कार्य क्षेत्र (Extensive Scope of Individual Differences)

व्यक्तिगत भिन्नताओं के प्रकरण पर चर्चा करते हुए एच.सी. मकोन (H.C. Mckown) ने अत्यन्त सुन्दर शब्दों में लिखा है, "In the whole world there are probably no two things exactly alike-no two trees, no two leaves, flowers, blades of grass, rocks, rain drops, clouds, animals, lungs, pianoz, books, baseballs or photographs even there at first glance appears to be identical. Similarly no two human beings are alike they differ physically in weight, height, colour of eyes and their texture of skin and in thousand other details as well as in thousands of details of mental, social and spiritual life." इन भिन्नताओं का बालकों के व्यवहार, व्यक्तित्व तथा शिक्षण–अधिगम प्रक्रिया पर विशेष प्रभाव पड़ता है।

कक्षा में बालकों के सीखने की गति भिन्न होती है। कुछ बालक यात्री रेलगाड़ी की गति से कार्य करते हैं। कुछ मालगाड़ी की तथा अन्य शताब्दी आदि गाड़ियों की गति से। अतः शिक्षण अधिगम प्रक्रिया में परिवर्तन की आवश्यकता पड़ती है।

24.2 अन्तरा भिन्नता तथा अन्तर व्यक्तिगत भिन्नता (Intra-Individual and Inter-Individual Differences)

व्यक्तिगत अथवा व्यक्तित्व अन्तरा–व्यक्तिगत भिन्नता का अर्थ है व्यक्ति के भीतर विभिन्न पक्षों में समय–समय पर भिन्नता। व्यक्ति में वृद्धि तथा विकास की गति सभी पक्षों–अंगों तथा व्यवहारों में एक समान नहीं रहती है। उसकी रूचियों, अभिरूचियों तथा क्षमताओं में परिवर्तन आते रहते हैं। व्यक्ति का मन चंचल होता है अतः उसके व्यवहार में परिवर्तन आते रहते हैं।

अन्तर-व्यक्तिगत भिन्नता का अर्थ है विभिन्न व्यक्तियों में भिन्नता। अर्थात् एक व्यक्ति का दूसरे व्यक्ति से/व्यक्तियों से विभिन्न व्यवहार, शरीर आदि में।

24.3 व्यक्तिगत भिन्नता के विभिन्न पक्ष अथवा क्षेत्र (Different Aspects or Field of Individual Differences)

व्यक्तिगत भिन्नताओं का क्षेत्र बहुत व्यापक है। मोटे तौर पर ये क्षेत्र निम्न प्रकार हैं:

1. विशिष्ट योग्यताओं (Abilities) में भिन्नता तथा उनके विकास की आवश्यकता।
2. अभिवृत्ति (Aptitude) भिन्नता तथा इसके विकास की आवश्यकता।
3. व्यक्तित्व (Personality) में भिन्नता तथा व्यक्तिगत अध्ययन की आवश्यकता।
4. उपलब्धि (Achievement) भिन्नता तथा उसके विकास की आवश्यकता।
5. शारीरिक भिन्नता (Physical Differences) तथा इसके विकास की आवश्यकता।
6. रुचि भिन्ना (Interest Differences) तथा रुचियों के विकास की आवश्यकता।
7. बुद्धि (Intelligence) में भिन्नता तथा प्रत्येक छात्र की बुद्धि के विकास की आवश्यकता।
8. गत्यात्मक (Motor) योग्यताओं में भिन्नता तथा उनके विकास की आवश्यकता।
9. विचारों (Views) में भिन्नता तथा इनके प्रदर्शन की आवश्यकता।
10. संवेगात्मक (Emotional) अभिव्यक्ति में भिन्नता तथा इसके विकास की आवश्यकता।
11. लिंग (Sex) भिन्नता तथा इसके उचित विकास की आवश्यकता।

24.4 अन्तर व्यक्तिगत असमानता (भिन्नता) के कुछ उदाहरण (Some Examples Inter Personal Differences)

व्यक्ति का पक्ष	*अन्तरव्यक्तिगत भिन्नता के उदाहरण*
1. शारीरिक (Physical)	मोटे-पतले आदि।
2. बुद्धिलब्धि (I.Q)	प्राय: 100 से 130 बुद्धिलब्धि।
3. व्यक्तित्व (Personality)	प्रभावी तथा गैर प्रभावी आदि।
4. रूचि (Interest)	पढ़ने में, खेलने आदि में भिन्नता।
5. उपलब्धि (Performance)	परीक्षा में अंकों में भिन्नता
6. अभिवृत्ति (Attitude)	काम के प्रति अभिवृत्ति का होना अथवा न होना,
7. गामिक (Motor)	कार्य करने की गति में भिन्नता, वही कार्य ज्यादा समय में तथा वही कार्य कम समय में।
8. लिंग भेद (Sex Differences)	शारीरिक शक्ति में भेद, सेवा तथा पुलिस में कम स्त्रियाँ
9. सामाजिक भिन्नता (Social Differences)	ऊँच-नीच की भावना का होना।
10. अभिरूचि भेद (Hobbies)	व्यक्तियों की फुर्सत की क्रियाओं में भिन्नता-सिक्के इकट्ठे करना, गाना बजाना आदि
11. संवेगात्मक (Emotional)	भावनाओं में बह जाना तथा न बह जाना।

24.5 व्यक्तिगत भिन्नता के कारण (Causes of Individual Differences)

(1) वंशानुक्रम (Heredity)
(2) वातावरण (Environment)
(3) जाति, प्रजाति तथा देश (Caste, Race and Country)
(4) आयु (Age)
(5) बुद्धि (Intelligence)
(6) शिक्षा (Education)
(7) सामाजिक स्थिति (Social Status)
(8) आर्थिक स्थिति (Economic Condition)
(9) लिंग भेद (Sex Differences)

24.6 व्यक्ति भिन्नताओं के शैक्षिक निहितार्थ (Educational Implications of Individual Differences: Importance of Individal Differences)

1. छात्र 'केन्द्र-बिन्दु' के रूप में (Child as the Central Point): मनोवैज्ञानिक अनुसंधान के परिणामस्वरूप शिक्षा प्रक्रिया तथा अध्यापन में छात्र को 'नायक' अथवा 'केन्द्र-बिन्दु' माना जाता है। अत: उसे भली प्रकार जाने बिना सफल अध्यापन की कल्पना नहीं की जा सकती। छात्र की व्यक्तिगत भिन्नताओं, विशेषताओं, योग्यताओं, रुचियों, अभिरुचियों, आदि को जानना आवश्यक है। अध्यापक, परामर्शदाता, मार्गदर्शन कार्यकर्त्ता आदि सभी के लिए व्यक्ति से सम्बन्धित संपूर्ण सूचनाओं का अत्यधिक महत्त्व है।

मुख्यत: व्यक्ति अध्ययन के निम्नलिखित लाभ हैं:

1. छात्र को भली-भाँति जानकर उस उपयुक्त समायोजन के लिए।
2. छात्र की सफलता अथवा असफलता के कारण जान कर स्थिति को बदलने हेतु।
3. उपयुक्त वातावरण प्रदान करने के लिए।
4. अध्यापक अथवा मार्गदर्शन कर्मचारी के नाते छात्र की सतत सहायता करके अपने आप में संतोष अनुभव करने के लिए।

2. कक्षा में छात्रों की कम संख्या: कक्षा में वैयक्तिक भिन्नताओं के अनुसार शैक्षिक आवश्यकताओं की पूर्ति के लिए आवश्यक है कि कक्षा में बालकों की संख्या अधिक से अधिक 25 होनी चाहिए। कक्षा में छात्रों की संख्या कम होने से अध्यापक छात्रों को भली-भाँति जान सकता है। जब एक अध्यापक का छात्रों से व्यक्तिगत सम्पर्क और सम्बन्ध होता है तो वह अपने छात्रों से उनके स्वभाव के अनुसार कार्य करवा सकता है।

2. लिंग भेदों की आवश्यकताओं की पूर्ति: एक ही कक्षा को बालक तथा बालिकाओं की रुचियों, अभिवृत्तियों एवं मानसिक योग्यताओं में कुछ-न-कुछ अन्तर

अवश्य होता है। इन सबको सामान्य पाठ्यक्रम के अनुसार शिक्षा देना गलत है। अतः पाठ्यक्रम का विभिन्नीकरण है; पाठ्यक्रम लचीला होना चाहिए, एक कक्षा के बालक/बालकों को अपनी रुचियों, योग्यताओं और इच्छाओं के अनुसार विषयों के चयन में छूट होनी चाहिए।

4. मार्गदर्शन सेवाएँ: प्रत्येक छात्र की रुचि, योग्यता और क्षमता अलग-अलग होती है। प्रत्येक छात्र का मानसिकता तथा शारीरिक विकास अलग-अलग होता है। मार्गदर्शन सेवा द्वारा छात्रों की विभिन्नताओं का पता लगाकर उनकी रुचियों, योग्यताओं तथा क्षमताओं के अनुरूप अवसर प्रदान किए जाते हैं।

5. पाठ्यक्रम का चयन: उच्चतर माध्यमिक स्तर पर छात्रों को विभिन्न विषयों के समूह से कुछ विषय चुनने होते हैं। इस कार्य में विभिन्न रुचियों का ज्ञान अधिक सहायक सिद्ध होता है।

6. अपव्यय तथा अवरोधन को रोकना: हमारे देश में अनेक छात्र शिक्षा स्तर को पूर्ण किए बिना ही विद्यालय छोड़ देते हैं। इस प्रकार धन, शक्ति तथा समय व्यर्थ हो जाता है। अवरोधन की समस्या उत्पन्न हो जाती है। एक ही कक्षा में अनेक छात्र कई वर्ष अनुत्तीर्ण होते रहते हैं। व्यक्तिगत भिन्नता को जानकर तथा उनके अनुसार कार्य करके अपव्यय तथा अवरोधन को कम किया जाता है।

7. विद्यालय में समायोजन की समस्या: अधिकांश छात्र विद्यालय में प्रवेश के उपरान्त अपने आपको अजीब परिस्थिति में पाते हैं। उन्हें विद्यालय का वातावरण नया सा लगता है। व्यक्तिगत भिन्नताओं को जानकर छात्रों को वातावरण से समायोजित करने में सहायता मिलती है।

8. विद्यालय व्यवस्था में परिवर्तन: शिक्षा के क्षेत्रों में विशेष परिवर्तन हुए हैं। आज की शिक्षा में विद्यालय का कार्य छात्र के बौद्धिक विकास के साथ-साथ उसके व्यक्तिगत तथा सामाजिक विकास की ओर भी ध्यान देता है। पाठ्यक्रम में परिवर्तन आया है। शिक्षण विधियाँ बदल गई हैं। ऐसी व्यवस्था में छात्रों को व्यक्तित्व भिन्नताओं के सन्दर्भ में मार्गदर्शन सेवा की अत्यन्त आवश्यकता पड़ती है।

9. आगामी शिक्षा हेतु निर्णय: यदि शिक्षण संस्थाओं में विभिन्न विषयों से सम्बन्धित अवसरों का ज्ञान छात्रों को दिया जाए तो वे उपयुक्त आगामी विषय चुनने में सफल हो सकेंगे।

10. विद्यार्थियों को व्यवसाय के चयन हेतु सहायता: शैक्षिक मार्गदर्शन को व्यावसायिक मार्गदर्शन से अलग नहीं किया जा सकता। विद्यार्थियों को इस प्रकार की जानकारी कराना अत्यन्त आवश्यक प्रतीत होता है–किस व्यवसाय के लिए विद्यार्थी में कौन-सी योग्यता चाहिए? व्यवसाय में प्रवेश पाने के लिए उसे क्या करना चाहिए? व्यवसाय सम्बन्धी सूचनायें उसे कहाँ से और केसे उपलब्ध होंगी? उस व्यवसाय का भविष्य क्या है? शैक्षिक मार्गदर्शन द्वारा छात्रों को इस प्रकार की जानकारी दी जा सकती है।

11. अनुशासन व्यवस्था: बढ़ती हुई अनुशासनहीनता को रोकने के लिए यह आवश्यक है कि विद्यालयों में ऐसी कोई व्यवस्था की जाए जहाँ छात्र व्यक्तिगत भिन्नताओं के सन्दर्भ में उचित मार्गदर्शन प्राप्त करके लाभान्वित हो सकें।

12. भावात्मक समायोजन: विद्यालय में कई कारणों से छात्रों का भावात्मक समायोजन नहीं हो पाता। व्यक्तिगत तथा सामूहिक मार्गदर्शन तथा परामर्श द्वारा छात्रों की समस्याओं को समझने तथा समाधान करने में सहायता मिलती है।

13. शिल्प शिक्षा का महत्व: विज्ञान एवं तकनीकी शिक्षा के महत्व के बारे में उपयुक्त मार्गदर्शन की आवश्यकता है।

24.7 व्यक्तिगत भिन्नताएँ तथा व्यक्ति अध्ययन (Individual Differences and Individual's Study)

व्यक्ति अध्ययन का महत्त्व (Significance of Individual's Study): रीविस तथा जुड (William C. Reavis and Charles H. Judd) ने इस प्रकार व्यक्त किया है–"छात्रों की पृष्ठभूमि तथा उनके अनुभवों के सम्बन्ध में ज्ञान प्राप्त किए बिना उनके विकास में पथ-प्रदर्शन करने का प्रयत्न 'असम्भव' के लिए प्रयत्न करने के समान है।"

जोन्स (Jones) ने कहा है कि "चुनाव (Choices) करने में जो सहायता दी जाए, उसका आधार व्यक्ति से सम्बन्धित पूर्ण ज्ञान, उसकी प्रमुख आवश्यकताएँ तथा उनके निर्णय को प्रभावित करने वाली परिस्थितियों का ज्ञान होना चाहिए।"

आवश्यक तथ्यों के प्रकार (Types of Data to be Collected)

1. *सामान्य सूचनायें (General Data)*: इसमें वे सभी तथ्य सम्मिलित हैं जो छात्र से सम्पर्क स्थापित करने में सहायक होते हैं। जैसे छात्र का नाम, घर का पता, जन्मतिथि आदि।

2. *पारिवारिक तथा सामाजिक वातावरण (Family and Social Environment)*: घर की बहुत-सी पारिवारिक बातें होती हैं जिनका छात्र के जीवन पर अपूर्व प्रभाव पड़ता है, इसलिए उन्हें जानना भी आवश्यक है। इसमें माता-पिता की आर्थिक स्थिति, शैक्षिक स्तर, धर्म आदि बातें आती हैं। परिवार में कितने सदस्य हैं? छात्र का परिवार में क्या स्थान है? माता-पिता जीवित हैं अथवा नहीं? माँ सौतेली तो नहीं, आदि बातों की जानकारी होना जरूरी है।

3. *स्वास्थ्य सम्बन्धी सूचनायें (Health Data)*: स्वास्थ्य-सम्बन्धी बातें व्यक्ति के शैक्षिक तथा व्यावसायिक चयन में काफी प्रभाव डालती हैं। इन सूचनाओं में छात्र के स्वास्थ्य परीक्षण के सम्पूर्ण आलेख सुरक्षित रखने चाहिए। छात्र की शारीरिक क्षमताओं से परिचित रहना जरूरी है।

4. *शैक्षिक इतिहास तथा कक्षा-कार्य का आलेख (Educational History and Record of Class Work)*: छात्रों ने किन-किन विद्यालयों में शिक्षा पाई है? उन्होंने विभिन्न विषयों में कितने अंक प्राप्त किए हैं? उनकी अध्ययन की आदतें कैसी हैं? आदि बातों का उल्लेख होना चाहिए।

5. *मनोवैज्ञानिक तथ्य (Psychological Data)*: विभिन्न प्रकार की मनोवैज्ञानिक परीक्षाओं द्वारा छात्रों की मानसिक योग्यता, अभियोग्यता, रुचियाँ, व्यक्तित्व तथा व्यक्तित्व समायोजन से सम्बन्धित बातों का उल्लेख होना आवश्यक है।

6. *सहपाठीय क्रियाओं सम्बन्धी तथ्य (Record of Co-curricular Activities)*: ये क्रियाएँ व्यक्ति के सामाजिक समायोजन पर विशेष प्रभाव डालती हैं। इनसे व्यक्ति के संवेगात्मक विकास का ज्ञान प्राप्त होता है।

7. *भविष्य की योजना (Plan for the Future)*: सफल निर्देशन के लिए आवश्यक है कि छात्रों की शैक्षिक या व्यावसायिक योजनाओं के बारे में सूचनायें एकत्रित की जाएँ।

सूचनाओं का आलेख रखना (Recording of Information)

1. सूचनाएँ इस प्रकार एकत्रित की जाएँ कि वे क्रिया तथा कारण के सम्बन्ध को स्पष्ट करें।
2. आलेख की सूची इस प्रकार संगठित की जाए कि सूचनाएँ सरलता से प्राप्त की जा सकें।
3. आलेख-पत्र ऐसे स्थानों पर रखे जाएँ कि उनका प्रयोग करने वाले सरलता से प्राप्त कर सकें।
4. आलेख का प्रयोग करने के लिए स्पष्ट निर्देशन आलेख के साथ लिख दिया जाये।
5. आलेख उन व्यक्तियों को न दिखाएं जाएं, जिन्हें इनको देखने का अधिकार न हो।
6. जिस सामग्री पर आलेख लिखा जाए वह टिकाऊ हो।
7. फाइल व्यवस्था सादा होनी चाहिए।
8. आलेख निष्पक्ष भाव से लिखने चाहिए।
9. आवश्यकतानुसार छात्र का एक विद्यालय से दूसरे विद्यालय में जाने पर आलेख भी साथ भेज दिए जाएँ।

25

बुद्धि, अभिरुचि तथा व्यक्तित्व में विभिन्नता: इनके शैक्षिक निहितार्थ

(Differences in Ability, Aptitude and Personality: Their Educational Implications)

25.1 योग्यता में विभिन्नता (Difference in Ability)

योग्यता का अर्थ (Meaning of Ability): जीवन में व्यक्ति के जितने पक्ष हैं, उन सबके लिए किसी न किसी प्रकार की योग्यता की आवश्यकता रहती है। इसमें भी कोई सन्देह नहीं है कि व्यक्ति की आन्तरिक विशेषताओं योग्यताओं (Intra Ability) में भी भिन्नता पायी जाती है। शिक्षा का कार्य इन योग्यताओं को ध्यान में रखकर छात्र का सर्वांगीण संतुलित विकास करना है। योग्यताएँ वंशानुक्रम तथा वातावरण दोनों से प्रभावित होती हैं। इस सन्दर्भ में यह अत्यन्त हैरानी का विषय है कि मनोवैज्ञानिकों ने योग्यता की सर्वमान्य परिभाषा खोजने का बहुत कम प्रयास किया है।

योग्यता किसी व्यक्ति के कार्य करने तथा सौन्दर्य की क्षमता है जो व्यक्ति को वातावरण से सामंजस्य स्थापित करने में सहायता देती है।

योग्यता के अनेक प्रकार हैं: 1. मानसिक योग्यता। 2. शारीरिक योग्यता। 3. लिखने की योग्यता। 4. पढने की योग्यता। 5. गिनती की योग्यता। 6. सामाजिक योग्यता। 7. आध्यात्मिक योग्यता। 8. नैतिक योग्यता। 9. राजनैतिक योग्यता। 10. व्यावसायिक योग्यता।

25.2 योग्यता के शिक्षिक निहितार्थ (Educational Implications of Ability)

प्रत्येक छात्र के सर्वांगीण विकास के लिए आवश्यक है कि अध्यापक उसकी योग्यताओं की पहचान करके उनके विकास के लिए उचित अवसर प्रदान करने की व्यवस्था करें। जिस कार्य के लिए उसकी योग्यता है, उसे करने के लिए बढ़ावा दिया जाए। जिसके लिए योग्यता का अभाव हो, उसे पूरा करने की व्यवस्था करे।

छात्रों की योग्यताओं की पहचान के लिए आवश्यक है कि विद्यालय में विभिन्न प्रकार की मार्गदर्शक सेवाओं की व्यवस्था की जाए। छात्रों की व्यक्तिगत क्षमताओं को ध्यान में रख कर शिक्षण-अधिगम विधियों की व्यवस्था की जाए।

डाल्टन योजना आदि को जहाँ सम्भव हों, अपनाया जाए। पढ़ाई में कमजोर बच्चों के लिए कुछ समय के लिए अतिरिक्त व्यवस्था की जाए।

प्रतिभाशाली छात्रों के लिए संवर्धन कार्यक्रम (Enrichment Programme) का प्रबन्ध किया जाए।

25.3 अभिरुचि अथवा अभियोग्यता विभिन्नताएँ (Aptitutde Differences)

अभिवृत्ति का अर्थ (Meaning of Aptitude): सामान्य भाषा में अभिरुचि का अर्थ व्यक्ति की उस विशिष्ट योग्यता से है जो व्यक्ति को किसी विशिष्ट क्षेत्र में वाँछित स्तर की निपुणता प्राप्त करने में सहायता प्रदान करती है। वास्तव में अभिरुचि कुछ विशेषताओं का मिश्रण है जो प्रशिक्षण द्वारा कुछ विशिष्ट ज्ञान, कौशल या संगीत अनुक्रियाओं के समूह को प्राप्त करने की व्यक्ति की योग्यता की ओर संकेत करता है। जैसे–भाषा को बोलने की योग्यता, संगीतकार बनने की योग्यता, मशीनी कार्य करने की योग्यता। परन्तु 'अभिरुचि' को स्पष्ट रूप से समझने के लिए विभिन्न विद्वानों द्वारा दी गई परिभाषाओं का अवलोकन आवश्यक है।

1. *ब्लम व बेलिंसकी* (*Blum and Balinsky*): "अभिरुचि में वृद्धि, रुचियों, व्यक्तित्व और सीखने या प्रशिक्षण के माध्यम से प्राप्त होने वाला वातावरण का प्रभाव सम्मिलित रहता है।"

2. *गुड* (*Good*): के अनुसार "अभियोग्यता व्यक्ति की किसी विशेष कार्य को करने में जन्मजात क्षमता या योग्यता (Innate Capacity or Ability) है।"

3. *ट्रेक्सलर* (*E.A. Traxler*) ने कहा है कि–"अभिरुचि वर्तमान दशा है जो व्यक्ति की भविष्य की क्षमताओं की ओर संकेत करती है।"

4. *जोन्स* (*Jones*): "अभिरुचि, योग्यता नहीं है, पर यह कुछ योग्यताओं के सम्भावित विकास की भविष्यवाणी करने में सहायता देती है। यह जन्मजात क्षमताओं और अर्जित योग्यताओं, कुशलताओं आदि का योग है, जो यह बताता है कि व्यक्ति वर्तमान में क्या है और यह भविष्यवाणी करता है कि वह क्या बन सकता है।"

5. *वारेन* (*Warren's Dictionary of Psychology*) ने अपने कोष में अभिरुचि (Aptitude) की परिभाषा इस प्रकार की है–"अभिरुचि वह दशा या गुणों का रूप है जो व्यक्ति को उस योग्यता की ओर संकेत करती है जो वह प्रशिक्षण के साथ ज्ञान, दक्षता या प्रतिक्रियाओं को सीखता है, जैसे भाषा बोलने या संगीतोत्पादन की योग्यता।"

6. *बिंघम* (*Bingham*): "अभिरुचि व्यक्ति के व्यवहार के उन विशिष्ट गुणों की ओर संकेत करती है जो यह बताते हैं कि वह व्यक्ति किन्हीं विशिष्ट प्रकार की समस्याओं का किस प्रकार सामना करेगा और उनका केसे समाधान करेगा।"

25.4 अभिरुचियाँ तथा अन्य मिलते-जुलते शब्द (Aptitude and Allied Terms)

रुचि को अभिरुचि का जागृत रूप तथा अभिरुचि को रुचि का प्रस्तुत रूप कहा जा सकता है।

अभिरुचि का क्षेत्र सीमित है और रुचि का बहुत व्यापक।

ब्लम तथा वेलिंसकी ने अन्तर को इस प्रकार स्पष्ट किया है। अभिरुचि में बुद्धि, रुचियाँ, व्यक्तित्व तथा प्रशिक्षण और अधिगम द्वारा दिया गया वातावरण का प्रभाव सम्मिलित होता है?

अभिरुचि तथा योग्यता (Aptitude and Ability): योग्यता का सम्बन्ध वर्तमान काल से होता है तथा अभिरुचि का भविष्य काल से। व्यक्ति की वर्तमान योग्यताओं और आदतों के आधार पर इस बात की भविष्यवाणी करना सम्भव है कि वह व्यक्ति प्रशिक्षण द्वारा व्यवसाय अथवा केरियर में किस सीमा तक सफलता प्राप्त कर सकता है।

अभिरुचि तथा बुद्धि (Aptitude and Intelligence): बुद्धि का सम्बन्ध सामान्य मानसिक योग्यता से होता है। दूसरी ओर अभिरुचि का सम्बन्ध व्यक्ति की विशिष्ट योग्यताओं से होता है जैसे कलात्मक, व्यावसायिक तथा मेकेनिकल आदि।

अभिरुचि तथा उपलब्धि (Aptitude and Achievement): उपलब्धि का सम्बन्ध भूतकाल से होता है अर्थात् जो कुछ किसी क्षेत्र में किया गया है। अभिरुचि इस ओर इशारा करती है कि व्यक्ति वर्तमान योग्यता के आधार पर क्या कुछ प्राप्त कर सकता है अथवा बन सकता है। अभिरुचि परीक्षण व्यक्ति की वर्तमान योग्यता को मापता है तथा इन परिणामों के आधार पर व्यक्ति की होने वाली उपलब्धियों के बारे में भविष्यवाणी कर सकता है।

अभिरुचियों के प्रमुख प्रकार (Chief Types of Aptitudes)

(1)	(2)	(3)	(4)	(5)	(6)	(7)	(8)
दस्तकारी कार्यों में अभिरुचि (Aptitude for Manual Occupations)	लिपिकों के कार्यों में अभिरुचि (Aptitude for Clerical Work)	शिक्षण कार्य के लिए अभिरुचि (Aptitude for Teaching)	संगीत तथा कला में अभिरुचि (Aptitude for Music and Art)	चिकित्सा व्यवसाय में अभिरुचि (Aptitude for Medical Profession)	वकालत में अभिरुचि (Aptitude for Legal Profession)	इंजीनियरिंग में अभिरुचि (Aptitude for Engineering)	कौशल व्यवसाय में अभिरुचि (Aptitude for Skilled Occupation)

अभिरुचि की प्रकृति (Nature of Aptitude)

1. किसी व्यक्ति के प्रत्येक कार्य के लिए क्षमता समान रूप से दृढ़ नहीं हो सकती है।
2. एक ही कार्य के लिए व्यक्तियों में भिन्न-भिन्न मात्रा की क्षमता होती है।
3. किसी व्यक्ति की क्षमता सापेक्ष रूप से स्थायी होती है।

25.5 अभिरुचि परीक्षणों का अर्थ (Meaning of Aptitude Tests)

ब्लम व *बेलिंसकी* (Blum and Balinsky): "अभिरुचि परीक्षणों का बुद्धि परीक्षणों से सम्बन्ध है। अभिरुचि परीक्षण मानसिक तत्त्वों का मापन करती हैं, जैसे–मौखिक, स्थानीय और प्रत्यक्ष ज्ञानात्मक योग्यताएँ।"

क्रो व क्रो (Crow and Crow): "अभिरुचि परीक्षणों का निर्देशन कार्यक्रम में स्थान होना चाहिए। यदि इनको मूल्यांकन की अन्य विधियों के साथ प्रयोग किया जाए, तो ये विद्यालय परामर्शदाता को तरुण व्यक्ति के विकसित होनेवाला व्यक्तित्व के स्वरूप के अनेक पक्षों में एक पक्ष (योग्यता या कुशलता) के बारे में कुछ सूचना प्रदान कर सकती है।"

गैरेट (Garrett): "उन परीक्षणों अभिरुचि परीक्षण कहा जाता है जिनका निर्माण यह खोज करने के लिए किया जाता है कि छात्र संगीत में अथवा गणित में प्रतिभाशाली है या उसमें औजारों और मशीनों से कार्य करने की कुशलता है या नहीं।"

हल (Hull): "अभिरुचि परीक्षण वह परीक्षण है, जिसका निर्माण यह पता लगाने के लिए किया जाता है कि किसी विशिष्ट व्यक्ति में किसी विशिष्ट व्यवसाय को सीखने का किसी विशिष्ट कुशलता को प्राप्त करने की कितनी क्षमता है।"

स्किनर (Skinner): "अभिरुचियाँ, विशिष्ट कुशलताएँ, जानकारियाँ और रुचियाँ हैं। अभिरुत्रि परीक्षण इन विशिष्ट योग्याओं की सम्भव मात्रा का मापन करने का प्रयास करते हैं।"

अभिरुचि भिन्नता के निहितार्थ शैक्षिक निहितार्थ: अभियोग्यता परीक्षण (Educational Implications of Aptitude Tests)

अभिरुचि परीक्षण अध्यापन में सुधार, शैक्षिक तथा व्यावसायिक सुधार एवं कार्य के क्षेत्र में समायोजनार्थ विशेष महत्त्व रखते हैं। अभिरुचि परीक्षणों का क्षेत्र बहुत व्यापक होता है। इनके अन्तर्गत आने वाले जिन पहलुओं का परीक्षण किया जाता है उनका सम्बन्ध पाठशालीय जीवन के अतिरिक्त अन्य जीवन से होता है। इस परीक्षण के निम्नलिखित प्रयोग हैं:

1. बालकों की शक्ति, योग्यता और कुशलता का ज्ञान प्राप्त किया जाता है।
2. बालकों को उनकी शक्तियों और निर्बलताओं को बताकर पाठ्यक्रमों का चयन करने में सहायता दी जाती है।
3. विद्यालय में प्रवेश चाहने वाले छात्रों का चयन किया जाता है।
4. बालकों के दोषों को ज्ञात करके उनके उपचार के लिए सुझाव दिए जाते हैं।
5. छात्रों को उनकी अभिरुचियों के अनुसार व्यवसाय का चयन करने में सहायता दी जाती है।

निर्देशन तथा बाल विकास में परीक्षणों की सीमाएँ (Limitations of Aptitude Tests in Guidance and Child Development)

1. *ब्लम तथा बेलिंसकी* (Blum and Balinsky) का कहना है कि अभिरुचि परीक्षण व्यक्तियों में अनुभव की समानता को स्वीकार करती है, जो उनमें नहीं होता।

2. *स्किनर* (Skinner) का कहना है कि अभिरुचि परीक्षण सफलता की ठीक-ठीक भविष्यवाणी नहीं कर सकते हैं। यह केवल योग्यताओं या प्रतिभाओं की उपस्थिति का संकेत दे सकते हैं।

3. अभिरुचि परीक्षणों का क्षेत्र सीमित है क्योंकि ये विद्यालय के विभिन्न पाठ्यक्रमों या उनके व्यवसायों में छात्रों की केवल तुलनात्मक सफलता बताते हैं।

4. *जोन्स* (Jones) का विचार है कि अभिरुचि परीक्षणों के परिणाम विभिन्न व्यक्तियों द्वारा विभिन्न बताए जाते हैं।

5. अभिरुचि परीक्षण व्यक्तियों के समूह की योग्यता के बारे में ठीक भविष्यवाणी करते हैं। परन्तु अलग-अलग व्यक्तियों के बारे में नहीं।

6. अधिकांश अभिरुचि परीक्षण विभिन्न तत्त्वों के सम्बन्ध को स्पष्ट नहीं करते हैं।

7. ऐसा भी देखा गया है कि शैक्षिक अभिरुचि परीक्षणों में उच्च स्थान प्राप्त करने वाले छात्र कभी-कभी परीक्षा में सफल नहीं हो पाते।

8. विभिन्न व्यक्ति किसी कार्य में सफलता प्राप्त करने के लिए अभिरुचि परीक्षणों का मूल्यांकन विभिन्न कसौटी पर करते हैं।

9. जिस स्थान पर अभिरुचि परीक्षाएँ की जाती हैं वहाँ का भौतिक, सामाजिक और संवेगात्मक वातावरण विद्यालय या व्यवसाय के वातावरण से बिल्कुल भिन्न होता है। अत: कई बार अभिरुचि परीक्षणों की भविष्यवाणी गलत हो जाती है।

25.6 विभिन्न प्रकार के अभिरुचि परीक्षणों का विवरण (Description of Some Aptitude Tests)

I. विभेदक अभिरुचि परीक्षण [Differential Aptitude Test (DAT)]

इस क्षेत्र में थर्स्टन (Thurstone) ने विशेष कार्य किया। विभेदक अभिरुचि परीक्षण श्रृंखला का प्रकाशन सन् 1947 में हुआ। इसका निर्माण विशेषतया हाई स्कूल स्तर के परामर्श हेतु किया गया। इसके अन्तर्गत समाविष्ट आठ अभिरुचि माप निर्देशन की दृष्टि से महत्त्वपूर्ण है।

भारत में इस क्षेत्र में विशेष कार्य जे. एम. ओझा (J.M. Ojha) ने भारतीय परिस्थिति के अनुसार किया।

II. लिपिक अभिरुचि परीक्षण (Clerical Aptitude Test)

1. बिल (Bill) के अनुसार लिपिक के कार्यों के अन्तर्गत निम्नलिखित बातें आती हैं:

(i) आँकड़ों को एकत्रित करना।
(ii) आँकड़ों का वर्गीकरण करना।
(iii) आँकड़ों को प्रस्तुत करना।
(iv) आँकड़ों का योजना बनाने में प्रयोग करना।

2. सुपर (Super) के विचार में लिपिक के दो गुण हैं:

(i) गति (Speed)
(ii) शुद्धता (Accuracy)

3. *बिंघम* (Bingham) के विचार में चार प्रकार की योग्यताओं द्वारा लिपिक कार्य की अभियोग्यता प्रकट होती है:

(i) *पर्यवेक्षण* (Perceptual): इसका अर्थ है कागज पर लिखे शब्दों एवं संख्याओं को शीघ्रता एवं शुद्धता से देखने की योग्यता।
(ii) *बौद्धिक* (Intellectual): शब्दों में चिन्हों को समझने की योग्यता।
(iii) *मानसिक दक्षता* (Mental Skill): संख्याओं को शीघ्रता एवं शुद्धतापूर्वक जोड़ने तथा गुणा करने की योग्यता।
(iv) *यांत्रिक योग्यता* (Motor Ability): उंगलियों तथा हाथों द्वारा कागज, पैंसिल, टाइपराइटर आदि को संभालना।

4. *मिनेसोटा लिपिक अभिरुचि परीक्षण* (Minnesota Clerical Aptitude Test): इस परीक्षण द्वारा टाइपिंग पत्रों को छांटना, फाइलों का कार्य आदि अभियोग्यता का मापन होता

है। इसके प्रयोग में 35-40 मिनट लगते हैं। इसका प्रयोग व्यक्तिगत एवं सामूहिक दोनों रूप से किया जाता है।

III. यान्त्रिक अभिरुचि परीक्षण (Mechanical Aptitude Test)

इसमें निम्नलिखित तत्त्व आते हैं:

(i) यांत्रिक सूचना

(ii) शारीरिक दक्षता

(iii) शक्ति गति आदि।

मिनेसोटा यांत्रिक संग्रह परीक्षण (Minnesota Mechanical Assembly Test): इसमें 33 यांत्रिक उपकरण हैं। ये सब अंग्रहित अवस्था में होते हैं। परीक्षार्थी को निश्चित समय में इनको ठीक ढंग से संग्रहित करना होता है।

IV. संगीत अभिरुचि परीक्षण (Music Aptitude Test)

संगीत अभिरुचि का ज्ञान निम्नलिखित गुणों के उपस्थित होने पर होता है:

(i) किसी वाद्ययन्त्र को बजाने के लिए आवश्यक कार्य-कलापों का ज्ञान होना।

(ii) विभिन्न प्रकार की ज्ञानेन्द्रियों की विभिन्नताओं को अनुभव करना।

(iii) मधुरलय के बारे में सौन्दर्यात्मक निर्णय।

V. Sea Shore Musical Test

यह टैस्ट 1916 में अमरीका में बनाया गया। निम्नलिखित आधारों पर मूल्याकंन किया जाता है:

(1) स्वर की ऊँचाई का ज्ञान, (2) स्वर की तीव्रता का ज्ञान, (3) समय का ज्ञान, (4) विस्तार का ज्ञान, (5) लय का ज्ञान, (6) ध्वनि का ज्ञान, (7) सीखने की शक्ति, (8) रचनात्मक कल्पना, (9) संगीत में सांवेगिक आत्मप्रदर्शन।

VI. कलात्मक अभिरुचि परीक्षण (Artistic Aptitude Test)

मैकाडोरी कला परीक्षण (Mcadory Art Test) का निर्माण 1929 में हुआ था।

25.7 भारत में निर्मित प्रमुख अभिरुचि परीक्षणों की सूची (List of Important Indian Aptitude Tests)

शिक्षण अभिरुचि परीक्षण (Teaching Aptitude Test): शिक्षण अभिरुचि परीक्षण से प्राय: निम्नलिखित विशेषताओं की जानकारी की जाती है:

(1) व्यावसायिक ज्ञान, (2) शब्द ज्ञान, (3) परिणामात्मक तर्क, (4) अनुक्रमांक, (5) संख्या सूचक तर्क, (6) तार्किक चुनाव, (7) सामान्य सूचना, (8) पठन सम्बोधन, (9) मानसिक योग्यता, (10) अनुकूलन योग्यता।

1. A Battery of Clerical Aptitude Test by Kiran Gupta.
2. A Battery of Mechanical Aptitude Test by A. Sharma.
3. A Battery of Mechanical Aptitude Test, Bureau of Psychology, Allahabad, U.P.

4. Engineering Aptitude Test Battery form A and B (English) by Swarn Pratap.
5. Indian Adaptation of Differential Aptitude Test (DAT) from L.H. (Hindi) by J.M. Ojha.
6. Scholastic Aptitude Test by Jai Prakash.
7. Scholastic Aptitude Test, NCERT.
8. Scientific Aptitude Test for College Students (Hindi) by A.K.P. Sinha.
9. Scientific Aptitude Test Battery (Hindi) by K.K. Agarwal.
10. Scientific Knowledge and Aptitude Test by S. Chatterji.
11. Teaching Aptitude Test Battery (Hindi) by R.P. Singh.

26

व्यक्तित्व तथा उपलब्धि (निष्पादन) भिन्नताएँ: शैक्षिक उपयोग्यता

(Personality and Performance Differences: Educational Implications)

26.1 व्यक्तित्व विभिन्नताएँ जानने की आवश्यकता अथवा व्यक्तित्व भिन्नताओं के निहितार्थ (Educational Implications of Differnces in Personality)

व्यक्ति के संतुलित तथा प्रभावी विकास के लिए यह आवश्यक है कि व्यक्तित्व की भिन्नताओं को जानना चाहिए। व्यक्ति के सभी पक्षों को जाने बिना उसका उचित मार्गदर्शन नहीं हो सकता। व्यक्तित्व के सभी पक्षों के बारे में व्यक्तिगत अध्ययन अनिवार्य है। व्यक्तित्व की भिन्नता पर तीसरी इकाई में भी प्रकाश डाला गया है। विभिन्न प्रकार के व्यक्तियों के व्यक्तित्व पर चर्चा की गई है। ये भिन्नताएँ क्यों होती है, इसका विवेचन भी किया गया है। जहाँ पर व्यक्तिगत परीक्षणों (Personality Tests) का संक्षेप में विवरण दिया गया है। इन से व्यक्ति के व्यक्तित्व को मापा जा सकता है तथा उसके आधार पर उसका निर्देशन भी किया जा सकता है।

26.2 व्यक्तित्व मापन की विधियाँ (Methods of Personality Measurement)

व्यक्तित्व मापन की विधियों को तीन प्रकारों में विभाजित किया जा सकता है:

I. व्यक्तिगत मापन की आत्मनिष्ठ विधियाँ (Subjective Methods of Personality Measurment)

1. अवलोकन (Observation)
2. परिस्थिति परीक्षण (Situational Test)
3. आत्मकथा (Autobiography)
4. व्यक्ति इतिहास (Case History)
5. रेंटिग स्केल (Rating Scale)
6. समाजविधि (Sociometry)

II. व्यक्तिगत मापन की वस्तुनिष्ठ विधियाँ (Objective Methods of Personality Measurement)

1. प्रश्नावली तथा व्यक्तिगत परिसूचि (Questionnaire and Personal Inventory)
2. साक्षात्कार

III. प्रक्षेपी विधियाँ (Projective Techniques)

नोट: मापन की विधियों के बीच उपयुक्त रेखा खींचना अत्यन्त कठिन कार्य है।

26.3 प्रक्षेपण विधियाँ अथवा तकनीकें (Projective Methods or Techniques)

प्रक्षेपण विधियों का अर्थ (Meaning of Projective Methods)

छात्र के व्यक्तित्व को भली-भाँति समझने के लिए ऐसी विधियों का उपयोग किया जाता है जो छात्र की अचेतन आकांक्षाओं, प्रेरणाओं तथा भावनाओं आदि के विषय में जानकारी दे सकें। प्रक्षेपण विधियाँ इस प्रकार की क्रियाएँ हैं जिनके द्वारा व्यक्ति अथवा छात्र अपनी दबी हुई इच्छाओं को किसी प्रतिक्रिया द्वारा बाहर प्रकट करता है। यह विधियाँ छात्र के कल्पनाशील उत्तरों पर आधारित हैं।

प्रक्षेपण विधियों के प्रकार (Types of Projective Methods)

(1) *रोर्शा स्याही परीक्षण* (*Rorschach Inkblot Test*): इस परीक्षण विधि के जन्मदाता स्विटजरलैण्ड निवासी *हरमन रोर्शा* (Hermann Rorschach) थे। इसमें 10 कार्ड होते हैं। 5 कार्डों पर पूरी तरह काले, 2 पर काले तथा लाल तथा बाकी 3 कार्डों पर रंग-बिरंगे धब्बे अत्यन्त सावधानी तथा मनोवैज्ञानिक ढंग से बनाए जाते हैं। ये कार्ड छात्र को एक-एक करके क्रमानुसार दिखाए जाते हैं, फिर उनसे पूछा जाता है कि वे इसमें क्या देखते हैं। धब्बों से विभिन्न चीजों तथा तथ्यों का बोध होता है, जैसे बिगुल बजाती बालिकाएँ, चिड़ियाँ, पशु, दैत्य आदि। छात्र पर होने वाली प्रतिक्रियायों को ध्यानपूर्वक देखा जाता है। छात्र के उत्तर देने का ढंग, उत्तर देने की क्रिया, व्यवहार आदि बातों को लिख लिया जाता है। छात्रों की प्रक्रिया आदि को देखकर अध्यापक अथवा परामर्शदाता उनकी संवेगात्मक प्रकृति, पर्यवेक्षण शक्ति, मन की स्थिति के बारे में जानकारी प्राप्त करता है जो छात्र को समझने में तथा उसे परामर्श देने में बहुत सहायक होती है।

(2) *टी.ए.टी. परीक्षण* (*Thematic Apperception Test*): इस विधि का निर्माण सबसे पहले *मुरे* (*Murray*) ने किया तथा यह विधि 1938 में प्रयोग में लाई गई। इस विधि में छात्रों के सम्मुख कुछ चित्र प्रस्तुत किए जाते हैं। इसमें कुल 20 चित्र हैं। ये चित्र जीवन की सामान्य घटनाओं से सम्बन्धित होते हैं। चित्र को देखकर छात्र अपनी प्रतिक्रिया प्रदर्शित करता है। छात्र जो कुछ बताता है, उसे लिख लिया जाता है। कुछ समय के पश्चात् व्यक्ति को पुनः ये चित्र दिखाए जाते हैं। छात्र के पहले तथा दूसरे कथनों का विश्लेषण किया जाता है। छात्र की प्रतिक्रिया से उसकी कल्पनाशक्ति का बोध होता है। छात्र सामाजिक वृत्ति रखता है या अकेलेपन की–इन बातों का बोध होता है। चित्रों को देखकर छात्रों को कहानी लिखने के लिए भी कहा जाता है। छात्रों

की प्रतिक्रियाओं से उनकी आदतों, पारिवारिक सम्बन्धों तथा अन्य समस्याओं का अध्ययन किया जाता है।

(3) *वाक्यपूर्ति परीक्षण* (*Sentence Completion*): इस प्रकार के परीक्षण में परीक्षणकर्त्ता छात्रों को वाक्यों के प्रथम शब्द देता है और उन्हें पूरे वाक्य बनाने के लिए कहा जाता है। वाक्यपूर्ति से छात्र अपनी इच्छाओं को अभिव्यक्त करता है। परीक्षणकर्त्ता छात्र के उत्तरों का विश्लेषण करके उनकी दबी हुई इच्छाओं और अभिवृत्तियों आदि का पता लगाता है। छात्र के सम्मुख नीचे लिखे शब्द प्रस्तुत किए जा सकते हैं:

(i) बच्चा, (ii) संसार, (iii) मेरा घर, (iv) मेरा पिता, (v) धन, आदि।

(4) *खेल प्रविधियाँ* (*Play Techniques*): इन प्रविधियों का उपयोग तब होता है जब छात्र खेलने में व्यस्त रहता है। इसमें छात्रों को दिए खेल उपकरणों से खेलने के लिए प्रोत्साहित किया जाता है। जब छात्र इन दिए गए उपकरणों से खेलता है, तब उसका व्यवस्थित ढंग से निरीक्षण किया जाता है और उसके व्यवहारों को अंकित कर लिया जाता है।

खेल विधि में चित्र बनाना, मिट्टी के खिलौने बनाना और गुड्डे-गुड़ियों आदि का उपयोग होता है। खेल में छात्र स्वाभाविक रुचि रखता है। साथ ही जब अधयापक तथा निरीक्षणकर्त्ता उसे खेलने के लिए प्रोत्साहित करता है तब छात्र खेल में तन्मय हो जाता है।

प्रक्षेपण विधियों के प्रयोग में सावधानियां (Precautions in the Use of Projective Methods): इन विधि में ध्यान रखने की बात है कि निरीक्षणकर्त्ता छात्र को खेलने के लिए किसी प्रकार का संकेत अथवा सुझाव न दे।

ये विधियाँ प्राय: अनुभवी तथा प्रतिशक्षित परामर्श लाते हैं।

प्रक्षेपण विधि के गुण (Merits of Projective Methods)

(i) प्रक्षेपण परीक्षण एक प्रकार का परोक्ष परीक्षण है। इसलिए छात्रों/व्यक्तियों को यह पता नहीं चल पाता कि मनोवैज्ञानिक क्या नाप रहा है। अत: वे बे-झिझक होकर अनुक्रियायें करते हैं।

(ii) प्रक्षेपण विधि मनोवैज्ञानिक और विषयी छात्र में सामंजस्य (Rapport) स्थापित करने में सहायक होता है। अत: विषयी के अन्दर लज्जा की भावना और अपने को बचा कर बात करने की भावना दूर हो जाती है। इसमें कोई सही या गलत अनुक्रिया नहीं होती। अनुक्रियाओं को गुणात्मक ढंग से वर्गीकृत करके निष्कर्ष निकाला जाता है।

(iii) चूँकि छात्र को यह पता नहीं चलता कि परीक्षण में अंक किस तरह से दिये जायेंगे, इसलिए बनावटी उत्तर देने की प्रवृत्ति कम हो जाती है।

प्रक्षेपण विधि की न्यूनताएँ (Limitations of Projective Methods)

(i) मनोवैज्ञानिक को निष्कर्ष निकालने के लिए असीमित अवसर एवं मनमानी छूट रहती है। अत: मनोवैज्ञानिक खुद की अभिवृत्तियों, पसन्दों और ना-पसन्दों को निष्कर्ष निकालने में जोड़ सकता है। इस कारण निष्कर्ष गलत हो सकते हैं।

(ii) विषयी को निर्देश देने में थोड़ा-सा भी हेर-फेर हो जाने पर विषयी का परीक्षण व्यवहार कफी बदल सकता है।

(iii) इससे प्राप्त अंकों की विश्वसनीयता निर्धारित करना कठिन है।

(iv) इस परीक्षण की प्रामाणिकता निर्धारित करना भी अत्यन्त कठिन है।

(v) प्रक्षेपण परीक्षणों के लिए मानक तालिका (Norm table) न होने के कारण मनोवैज्ञानिकों को अपने अनुभवों के आधार पर ही निष्कर्ष निकालना पड़ता है।

26.4 मनोविश्लेषण विधि के रूप में (Psycho-analysis as a Method)

मनोविश्लेषण

विधि के जन्मदाता तथा पोषक (Founder and Supporters of Psycho-analysis Method): फ्रायड (Freud) इस विधि के जन्म दाता हैं। जुंग (Jung) तथा एडलर (Adler) ने इस विधि के विकास में बहुत योगदान दिया।

मनोविश्लेषण विधि का अर्थ (Meaning of Psycho-analysis Method): मनोविश्लेषण विधि का अर्थ इस विधि से है जिसकी सहायता से हम अचेत मन (Unconscious mind) के रुझानों का पता लगाते हैं। यह मानक विधि मन के विचारों तथा व्यक्तित्व के दोषों को जानने में सहायक होती है।

मनोविश्लेषण की प्रक्रिया (Process of Psycho-analysis): इस प्रक्रिया में निम्नलिखित तत्त्व महत्त्व रखते हैं–1. रोगी के साथ घनिष्टता स्थापित करना। 2. रोगी को प्रोत्साहित किया जाता है कि वह खुले मन से जो कुछ उसके मन में आता है, साफ-साफ कह दें। 3. रोगी को कुछ संवेगात्मक शब्द दिए जाते हैं तथा उन का उत्तर देने के लिए कहा जाता है। 4. रोगी के चेहरे के हाव-भाव, उत्तर के स्वरूप तथा प्रतिक्रिया से रोगी की मनोदशा जानने का प्रयास किया जाता है। 5. रोगी के स्वप्नों का विश्लेषण (Dream Analysis) भी किया जाता है।

मनोविश्लेषण के लाभ (Merits of Psycho-analysis): 1. रोगी के व्यक्तित्व की समस्या की गहराई को समझने में सहायता मिलती है। 2. यह व्यक्तित्व के विकास में बचपन के अनुभवों को महत्त्व देता है।

मनोविश्लेषण की सीमाएँ (Limitations of Psycho-analysis): 1. इस विधि में बहुत समय लगता है। 2. यह विधि बहुत महंगी है। 3. इस विधि के परिणामों की वैज्ञानिक पुष्टि नहीं हो सकती है। 4. इस विधि का प्रयोग अत्यन्त अनुभवी मनोवैज्ञानिक ही कर सकते हैं।

निदानात्मक विधि (Clinical Method)

निदानात्मक विधि का अर्थ: निदानात्मक विधि वह विधि है जिसका प्रयोग तब किया जाता है जब व्यक्तियों का डरों, चिन्ताओं, हताशों, ग्रन्थियाँ आदि को जानना चाहते हैं जिनके कारण उनका समायोजन नहीं हो पाता।

विधि का प्रयोग: निदानात्मक विधि का प्रयोग प्राय: निदानात्मक मनोवैज्ञानिकों तथा चिकित्सकों द्वारा बाल निर्देशन केन्द्रों (Child Guidance Clinics) में किया जाता है।

निदान की तकनीकें: मुख्य तौर पर निम्नलिखित तकनीकों को प्रयोग में लाया जाता है: (i) शारीरिक परीक्षण, (ii) व्यक्तित्व अध्ययन, (iii) मनोवैज्ञानिक परीक्षण, (iv) निदानात्मक साक्षात्कार।

उपचार की तकनीकें (Remedial Techniques): वातावरण को बदलने के प्रयास किए जाते हैं। व्यक्ति के दृष्टिकोण में परिवर्तन करके इसमें सुधार लाया जाता है। उपचार के लिए विभिन्न व्यक्ति केन्द्रित तकनीकें अपनाई जाती हैं। ये तकनीकें हैं–(i) सम्मोहन

(Hyponism), (ii) आत्म सुझाव (Anti suggestion), (iii) विद्युत उपचार (Electric Canvaslike Therapy), (iv) मनोविश्लेषण (Psycho-analysis)।

निदानात्मक विधि का मूल्यांकन (Evaluation of Clinical Method): यह विधि प्राय: विशिष्ट व्यक्तियों की समस्याओं के उपचार के लिए प्रयोग में लायी जाती है। जब बालक निम्न प्रकार की समस्याओं से झूझते हैं तो यह विधि सर्वोत्तम विधि मानी जाती हैं: (i) पढ़ने की तीक्ष्ण अयोज्यता, (ii) संवेगात्मक रूप से अत्यन्त कुआयोजन (Maladjustment), (iii) अत्यधिक अटक कर बोलना या हकलाना।

इस विधि के कई दोष हैं (Limitations and Demerits of Clinical Method): (i) यह विधि बहुत लम्बी है। (ii) यह विधि बहुत खर्चीली है। (iii) इस विधि का प्रयोग सामान्य स्कूल परिस्थितियों में नहीं किया जा सकता है। (iv) इस विधि के परिणामों का प्रयोगझाती प्रयोगशाला में प्रमाणीकरण (verification) नहीं किया जा सकता है।

26.5 भारत में निर्मित व्यक्तित्व परीक्षण तथा परिसूचियाँ (Personality Tests and Inventories Constructed in India)

1. Adjustment Inventory for School Students (Hindi) by A.K.P. Sinha and R.P. Singh.
2. Adjustment Inventory (Student Form) by H.M. Singh.
3. Adjustment Inventory for College Students (Hindi) by A.K.P. Sinha.
4. Adjustment Inventory (Hindi) by D.N. Srivastava.
5. Adjustment Inventory (Hindi) by R.K. Srivastava and V. Srivastava.
6. A Youth Adjustment Analyser by M.D. Bangle.
7. Aggression Questionnaire by G.C. Patti.
8. Battery of Pre-adolescence Personality Test by U. Pareek, T.V. Rao and others.
9. Children's Personality Questionnaire (Hindi) by Kapoor and Rao.
10. Dependence Proneness Scale (Hindi) by B.P. Singh.
11. Ego Strength Scale (Hindi) by Q. Hasan.
12. 'Eysench' Maudslay Personality Inventory (Hindi) by Jalota and Kapoor.
13. Family Relation Inventory (Hindi) by G.P. Sherry and Sinha.
14. Indian Adaptation of Saranson's General Anxiety Scale for School-going Children (Hindi) by A. Kumar.
15. Indian Adaptation of Rosenweig Picture Frustration Study, Children's Form (English/Hindi).
16. Indian Adaptation of 'Adult Form' (English/Hindi) by U. Pareek, R.S. Devi and S. Rosenweig.
17. Indian Adaptationof Lowenfeld Mosaic Test by B.B. Chatterji.
18. Indian Adaptation of Murray's Thematic Apperception Test, Bureau of Psychology, U.P. Allahabad.
19. Indian Adaptation of Thematic Apperception Test by Uma Choudhary.
20. Indian Adaptation of Children's Apperception Test by Uma Choudhary.

21. Indian Adaptation of Senior Apperception Test by Uma Choudhary.
22. Indian Adaptation of IPAT Neuroticism Scale Questionnaire (English) by Kamlesh Kapoor.
23. Introversion-Extroversion Inventory (Hindi) by Aziz and Agnihotry.
24. Inferiority and Insecurity Questionnaire by G.C. Patti.
25. Junior and Senior High School Personality Fact Questionnaires by Kapoor and Mehrotra.
26. Jung's Word Association Test (Hindi) by Kapoor.
27. Kent Rosenoffs World Association Test (Hindi) by Kapoor.
28. Kundu Introversion-Extroversion Inventory (English) by R.N. Kundu.
29. Locus of Control Scale for Children, Adolescents and Adults by Roma Pal.
30. Moony Problem Check-list by M.C. Joshi and J. Pandey.
31. Multivariable Personality Test (English) by B.C. Muthayya.
32. Mohsin Self-Concept Inventory (English/Hindi) by S.M. Mohsin.
33. Personality Adjustment Inventory (English/Hindi) by C.P. Sharma.
34. Personality Need Inventory by C.P. Sharma.
35. Personality Inventory (Hindi), Bureau of Psychology, Allahabad, U.P.
36. Personality Differential Scale (Hindi/English) by K.G. Agarwal.
37. Prolonged Deprivation Scale by G. Misra and L.B. Tripathi.
38. Personality Inventory (Hindi) by Y. Singh and H.M. Singh.
39. Kundu Neurotic Personality Inventory (English) by R.N. Kundu.
40. Problem Check-list by N. Bhagia.
41. SC (Self-confidence) Inventory (English) by M. Basavanna.
42. Self-concept Questionnaire (English/Hindi) by R.K. Saraswat.
43. Self-concept Scale (English) by N.K. Chaddha.
44. Social Adjustment Inventory by R.C. Deva.
45. Sixteen Personality Factor Questionnaires (Hindi) by S.D. Kapoor.
46. Student Problem Check-list, NCERT.
47. Self-disclosure Inventory (Hindi/English) by Virender Sinha.
48. Security-insecurity Inventory by K. Diwedi.
49. Sinha's Anxiety Scale (English/Hindi) by D. Sinha.
50. Sinha's Comprehensive Anxiety Scale (Hindi) by A.K.P. Sinha and L.N.K. Sinha.
51. Swatva Bodh Parikshan (Hindi) by G.P. Sherry and R.P. Verma.
52. Test Anxiety Scale (English/Hindi) by V.P. Sharma.

26.6 उपलब्धि निष्पत्ति विभिन्नता तथा शैक्षिक निहितार्थ (Achievement Differences and Educational Implications)

26.7 उपलब्धि का अर्थ (Meaning of Achievement)

छात्र अथवा व्यक्ति अपने जीवन में अनेक प्रकार का ज्ञान तथा कौशल प्राप्त करता है। इस ज्ञान तथा कौशल में व्यक्ति ने कितनी दक्षता प्राप्त की है, इसका पता हम उपलब्धि

परीक्षण से लगाते हैं। विद्यालय में उपलब्धि परीक्षाओं का अर्थ है वे परीक्षाएँ जिनकी सहायता से पढ़ाए जाते विषय तथा सिखायी जाने वाली कुशलताओं (Skills) में छात्रों की सफलता/असफलता तथा कमजोरी का ज्ञान प्रगट होता है। उपलब्धि परीक्षा बालक की वर्तमान योग्यता का किसी विशिष्ट विषय में तथा उसके क्षेत्र में उसके ज्ञान तथा कौशल का मूल्यांकन करती है।

निम्नलिखित विद्वानों के विचार उपलब्धि परीक्षणों के विभिन्न पक्षों पर प्रकाश डालते हैं। उनके अर्थ तथा महत्त्व को दर्शाते हैं:

1. *ब्लम व बेलिंसकी* (Blum and Balinsky) के विचार में "उपलब्धि परीक्षण किसी व्यवसाय या विद्यालय विषयों में अर्जित कुशलता या ज्ञान का माप करती है।"

2. *सुपर* (Super) उपलब्धि परीक्षण तथा दक्षता को एक ही कहकर पुकारते हैं। ये इसकी परिभाषा देते हुए कहते हैं–"एक उपलब्धि या दक्षता परीक्षण यह निश्चित करने के लिए प्रयोग की जाती है कि क्या तथा कितना सीखा गया है या किस दक्षता से कार्य सम्पन्न किया गया है। इसमें मुख्य ध्यान भूत के मूल्यांकन का होता है न कि भविष्य का। भविष्य का तो केवल इतना ध्यान रखा जाता है कि प्राप्त ज्ञान तथा दक्षता भविष्य में हितकारी सिद्ध होगा।"

3. *बिंघम* (Bingham) के शब्दों में, "उपलब्धि परीक्षण माप विद्यालय के अन्दर तथा बाहर प्राप्त ज्ञान को प्रशिक्षण के समय तथा प्रकृति के अनुसार देखा जाता है।

4. *गैरेट* (Garrett) ने लिखा है, "उपलब्धि परीक्षण का प्रयोग छात्रों के सामान्य शैक्षिक स्तर या स्थिति और किसी विशेष विषय में उनके ज्ञान का निश्चय करने के लिए किया जाता है।

5. *जोन्स* (Jones) का कहना है, "उपलब्धि परीक्षण का प्रयोग यह जानने के लिए किया जाता है कि कुछ समय तक अध्ययन करने के बाद छात्र द्वारा क्या सीखा गया है। अर्थात् उसने किन आदतों और कुशलताओं का विकास किया है।"

जोन्स ने एक अन्य स्थान पर इस प्रकार लिखा है, "उपलब्धि परीक्षण यह निश्चय करने के महत्त्वपूर्ण स्थान है कि छात्र ने किसी वांछित लक्ष्य की ओर किस सीमा तक प्रगति की है, वह अधिक प्रगति करने के लिए उद्यत है या नहीं और उसकी उपलब्धि उसके समूह के अन्य सदस्यों की तुलना में कितनी है।"

26.8 उपलब्धि परीक्षणों की आवश्यकता तथा लाभ (Need and Uses of Achievement Tests)

चार्ट 26.1 में परीक्षणों के लाभों को दर्शाया गया है।

26.9 व्यक्तिगत उपलब्धि भिन्नताएँ तथा निर्देशन (Individual Differences in Achievement and Direction)

1. **छात्रों में विकसित होने वाली क्षमताओं की खोज:** इन परीक्षणों से पता चलता है कि छात्र ने किन विषयों में कितनी सफलता प्राप्त की है। उसके प्राप्त अंक केसे हैं। इससे भावी शिक्षा-निर्देशन में सहायता प्राप्त होती है तथा पता चलता है कि छात्र को भविष्य में किन विषयों के अध्ययन में अधिक सफलता प्राप्त हो सकती है।

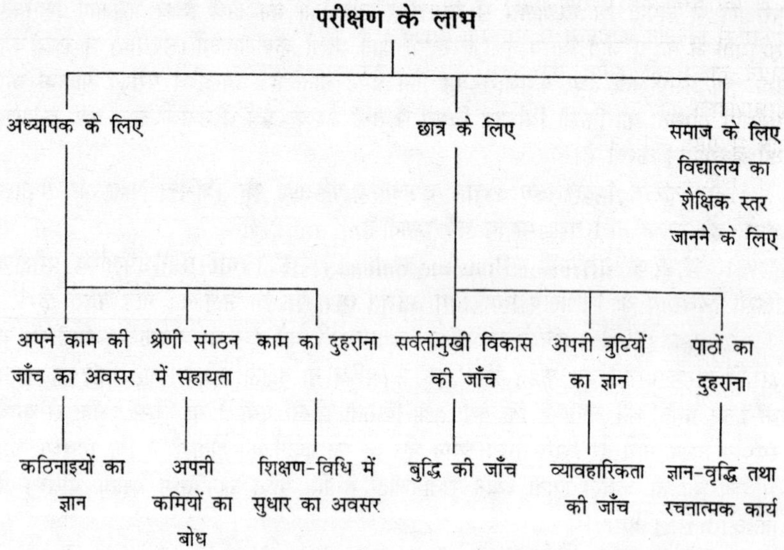

चार्ट 26.1: परीक्षण के लाभ

2. समय-समय पर छात्र को सफलता से परिचित रहना: निर्देशन छात्र की गति को जानकर उसी के अनुसार अगला कार्यक्रम बनाता है। धीमी गति के कारणों की खोज करके उन्हें निदान किया जाता है।

3. छात्रों तथा अभिभावकों को विषय चयन में परामर्श: विभिन्न विषयों में छात्र की प्रगति देखकर उनको तथा उनके अभिभावकों को परामर्श दिया जाता है कि उनके बच्चे किन विषयों का चुनाव करें। उनके सामने तथ्य प्रस्तुत किए जा सकते हैं जिनके आधार पर वे कोरी कल्पना न करके वास्तविक स्थिति को देखकर व्यवसाय का चुनाव करें।

4. अध्यापकों को परामर्श: जब कक्षा के अधिक छात्र पर्याप्त सफलता प्राप्त नहीं करते तो उसे आत्म-निर्देशन का अवसर प्राप्त होता है। वह अपने शिक्षण को सुधारने का प्रयत्न करता है।

5. संचयी अभिलेख पत्र तैयार करने में सुविधा: संचयी अभिलेख पत्र तैयार करने में उपलब्धि परीक्षण सहायता देते हैं। संचयी अभिलेख पत्र में छात्र द्वारा प्राप्त अंक लिखे जाते हैं। संचयी अभिलेख के बारे में विस्तृत विवरण अन्य स्थान पर दिया गया है।

6. नियुक्ति कार्यक्रम तथा कॉलेज प्रवेश में सुविधा: उपलब्धि परीक्षण के आधार पर कॉलेज तथा कई स्कूल छात्रों का प्रवेश एवं उनका विषय-चयन करते हैं। नियुक्तिकर्ता भी अंक के आधार पर चयन कर लेते हैं।

7. उपलब्धि के अनुसार श्रेणी विभाजन: छात्रों को उनकी उपलब्धि के अनुसार श्रेणियों में विभाजित करके उनको अध्ययन करने के लिए निर्देशन दिया जाता है।

8. प्रतिभाशाली तथा मंद बुद्धि वाले छात्रों का निर्देशन: ऐसे छात्रों का चयन करके उनकी योग्यता के अनुसार अध्ययन करने के लिए निर्देशन दिया जाता है।

क्रो तथा क्रो (Crow and Crow) के विचार में–''उपलब्धि परीक्षण दो महत्त्वपूर्ण प्रकार से निर्देशन कार्यक्रम में सहायता दे सकते हैं। (1) बालक को अंक बताकर, जो उसे अपने लक्ष्य की प्राप्ति की ओर अपनी प्रगति को जानने में सहायता देते हैं। (2) परामर्शदाता को बालक के उस ज्ञान की मात्रा बताकर, जो उसने सीखने के किसी विशिष्ट क्षेत्र में प्राप्त की है।''

26.10 विश्वसनीयता तथा वैधता के आधार पर उपलब्धि परीक्षणों का वर्गीकरण

(Classification of Achievement Tests in the Basis of Reliability and Validity)

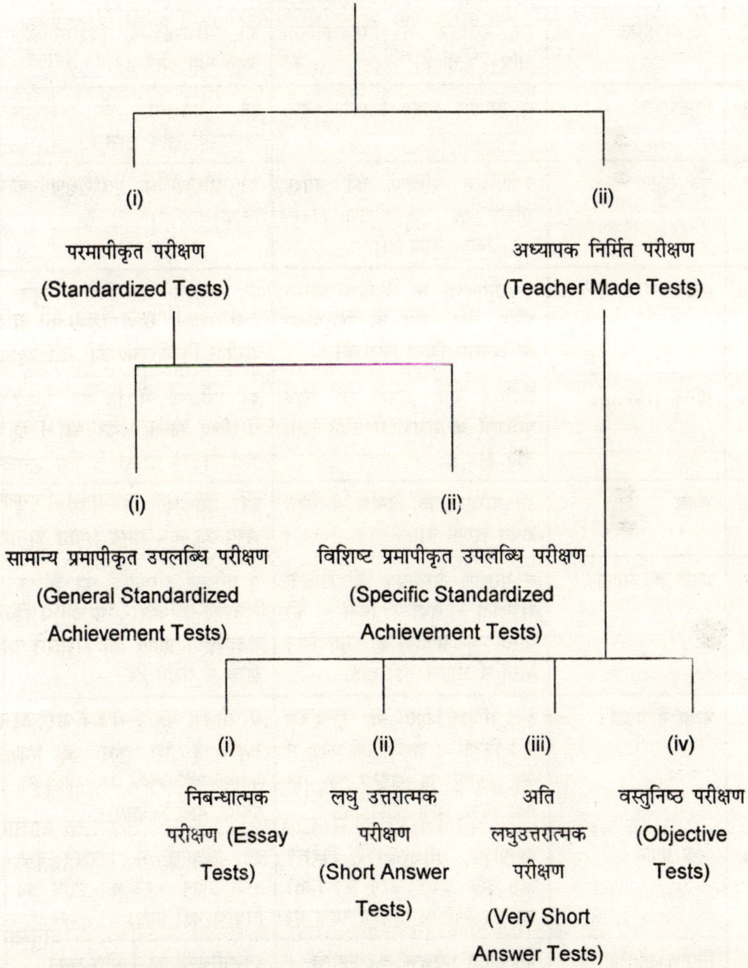

26.11 प्रमापीकृत परीक्षण तथा अध्यापक निर्मित परीक्षणों में अन्तर (Difference Between Standardized Tests and Teacher Made Tests)

	तथ्य	*प्रमापीकृत परीक्षण (Standardized Tests)*	*अध्यापक निर्मित परीक्षण (Teacher Made Tests)*
1.	कार्यक्षेत्र	प्रमापीकृत परीक्षणों का कार्यक्षेत्र विस्तृत होता है। ये परीक्षण देश अथवा क्षेत्र के किसी भी स्कूल के छात्रों के लिए प्रयुक्त हो सकते हैं।	अध्यापक निर्मित परीक्षणों का क्षेत्र प्राय: सीमित होता है। अधिकतर अध्यापक इन परीक्षणों का निर्माण स्कूल की किसी विशेष कक्षा में ही प्रयोग के लिए करते हैं।
2.	विश्वसनीयता	इन परीक्षणों में विश्वसनीयता अधिक होती है।	इन परीक्षणों की विश्वसनीयता बहुत कम होती हैं।
3.	निर्माणकर्त्ता	ये परीक्षण विषय विशेषज्ञों द्वारा बनाए जाते हैं।	इन परीक्षणों का निर्माण अध्यापक स्वयं करते हैं।
4.	पूर्वपरीक्षण	प्रमापीकृत्त परीक्षणों की परीक्षा सामग्री का पूर्व-परीक्षण (Try-out) किया जाता है।	इन परीक्षणों का पूर्वपरीक्षण नहीं किया जाता है।
5.	पाठ्यक्रम से सम्बन्ध	इन परीक्षणों का निर्माण समस्त राज्यों, देश, क्षेत्र के पाठ्यक्रम के अनुसार किया जाता है।	इन परीक्षणों का निर्माण स्कूल तथा कक्षा के पाठ्यक्रम के अनुसार किया जाता है।
6.	मानक (Norms)	विभिन्न छात्र समूहों के लिए परीक्षणों के मानक निर्धारित किए जाते हैं।	इन परीक्षणों में विभिन्न समूहों के लिए मानक तैयार नहीं किए जाते हैं।
7.	समय	इन परीक्षणों के निर्माण में बहुत समय लगता है।	इन परीक्षणों के निर्माण में अध्यापक कम समय लगाता है।
8.	प्रगति का मापन	ये परीक्षण अध्यापक की शैक्षिक सफलता तथा छात्रों की वास्तविक प्रगति का मूल्यांकन करने में सफल नहीं होते।	ये परीक्षण अध्यापक की शैक्षिक सफलता और छात्रों की वास्तविक प्रगति का मूल्यांकन करने में सक्षम है।
9.	कक्षा में पढ़ाई	इन परीक्षणों द्वारा यह मूल्यांकन नहीं किया जा सकता कि कक्षा में क्या पढ़ाया जा सकता था और क्या पढ़ाया जाना चाहिए था।	ये परीक्षण यह मूल्यांकन करने में सक्षम हैं कि कक्षा में क्या पढ़ाया जा सकता था और क्या पढ़ाया जाना चाहिए।
10.	अंक प्रदान	प्रमापीकृत परीक्षणों में निर्देशन तथा अंक प्रदान करने की विधि का पूर्व लिखित विवरण रहता है।	इन परीक्षणों में निर्देशन तथा अंक प्रदान करने की विधि का विवरण नहीं होता।
11.	निर्माण सुविधा	प्रमापीकृत परीक्षणों का निर्माण करना एक कठिन कार्य है।	इन परीक्षणों का निर्माण बहुत सरल होता है।

26.12 सामान्य प्रमापीकृत उपलब्धि परीक्षण (General Standardized Achievement Tests)

प्रमापीकृत उपलब्धि परीक्षण के क्षेत्र में अमेरिका में विस्तृत कार्य किया गया है। कुछ प्रमापीकृत उपलब्धि परीक्षणों का संक्षिप्त विवरण नीचे दिया गया है:

परीक्षण का नाम	*परीक्षण का संक्षिप्त क्षेत्र*
1. कैलेफोर्निया उपलब्धि परीक्षण (California Achievement Test)	1. पढ़ने की योग्यता, 2. गणित, तर्कशक्ति।
2. मैट्रोपॉलिटन उपलब्धि परीक्षण (Metropolitan Achievement Test)	ग्रेड 9 के लिए पढ़ना, गणित, सामाजिक विज्ञान आदि विषय।
3. एस.आर.ए. उपलब्धि परीक्षण (S.R.A. Achievement Test)	दूसरे ग्रेड तक के लिए पढ़ना, लिखना तथा गणित आदि।
4. आयोवा परीक्षण का बेसिक कौशलों का परीक्षण (IOWO Test of Basic Skills)	इसमें ग्रेड तीन से लेकर नौवें ग्रेड तक के लिए पढ़ना, स्मृति, भाषा, गणित आदि विषय।

इस प्रकार विशिष्ट प्रमापीकृत उपलब्धि परीक्षण निर्मित किए गए हैं।

26.13 व्यावसायिक उपलब्धि परीक्षण (Vocational Achievement Test)

शैक्षिक उपलब्धि परीक्षणों की भाँति व्यावसायिक उपलब्धि परीक्षण भी निर्मित किए गए हैं।

26.14 अध्यापक निर्मित उपलब्धि स्कूल परीक्षण (Teacher Made Performance School Tests)

विद्यालय परीक्षणों को कई प्रकार से बाँटा जा सकता है:

(क) *समय के अनुसार*: इसमें वार्षिक, अर्द्धवार्षिक, त्रैमासिक, मासिक, साप्ताहिक तथा दैनिक परीक्षाएँ आती हैं।

(ख) *प्रश्नों के अनुसार*: इसमें लिखित तथा मौखिक विधियाँ आती हैं। लिखित परीक्षा दो प्रकार की होती हैं–निबन्धात्मक तथा वस्तुनिष्ठ।

(ग) *परीक्षकों के अनुसार*: बाह्य अथवा आन्तरिक।

26.15 निबन्धात्मक परीक्षाएँ (Essay Type Tests or Examinations)

निबन्धात्मक परीक्षाओं में कुछ प्रश्न दिए जाते हैं जिनमें से कुछ प्रश्नों की छूट दी जाती है, जैसे कि दस प्रश्नों में से कोई सात प्रश्न करें। दूसरे शब्दों में, समस्त पढ़ाई गई सामग्री में से कुछ पर ही प्रश्न पूछे जाते हैं और इन प्रश्नों का उत्तर निबन्धात्मक रूप में देना होता है।

निबन्धात्मक परीक्षाओं में प्रयुक्त होने वाले प्रश्नों के प्रकार:

1. वर्णनात्मक प्रश्न (Descriptive Questions)
2. व्याख्यात्मक प्रश्न (Explanatory Questions)
3. विवेचनात्मक प्रश्न (Discussion Questions)
4. परिभाषात्मक प्रश्न (Definition Questions)
5. उदाहरणार्थ प्रश्न (Illustrative Questions)

7. रूपरेखात्मक प्रश्न (Outlined Questions)
8. आलोचनात्मक प्रश्न (Criticism Questions)
9. विश्लेषणात्मक प्रश्न (Analytical Questions)
10. वर्गीकरणात्मक प्रश्न (Classification Questions)

निबन्धात्मक प्रश्नों की विशेषताएँ तथा गुण (Characteristics and Merits of Essay Type Tests)

1. रचना की सुविधा (Easy Construction)
2. प्रशासन की सुविधा (Easy Administration)
3. जाँच की सुविधा (Easy Marking)
4. विचारों की अभिव्यक्ति (Freedom of Expression)
5. मितव्ययिता (Economical—Less Expensive)
6. विचारों की स्वतन्त्रता (Freedom of Views)
7. आलोचनात्मक चिन्तन (Reflective Thinking)
8. लेखन शैली की प्रभावकता (Effectiveness of Style of Writing)
9. उच्च मानसिक योग्यताओं का अध्ययन (Examination of Higher Mental Capacities)
10. नकल की कम सम्भावना (Less Chance of Unfair Means)
11. विस्तृत तथा गहन अध्ययन को प्रोत्साहन (Encouragement to Extensive and Intensive Studies)
12. समस्त विद्यालय विषयों की उपयुक्तता (Stability for All Subjects)

निबन्धात्मक परीक्षा के मुख्य दोष (Chief Shortcomings of Essay Type Tests)

निबन्धात्मक परीक्षा-पद्धति के दोषों की बहुत चर्चा की गई है और इसे घृणा के कई नामों से पुकारा जाता है। कुछ इसे 'एक बला' कहते हैं, कुछ इसे 'वास्तविक शिक्षा की शत्रु', 'खून चूसने वाली', 'शिक्षा का मृतक हाथ', 'परस्पर शत्रुता उत्पन्न करने वाली', 'रटने की शान', 'शिक्षा में रुकावट', 'बढ़ता हुआ अत्याचार' आदि नाम देते हैं।

ये दोष इस प्रकार हैं:

संयोग की प्रधानता: प्राय: देखा जाता है कि बहुत से छात्र कुछ ही प्रश्नों को याद करते हैं और दूसरों को छोड़ देते हैं। यदि ये प्रश्न परीक्षा-पत्र में आ जाते हैं तो वे सफल हो जाते हैं। परन्तु प्रश्न यह उत्पन्न होता है कि क्या वास्तव में उन्होंने ज्ञान प्राप्त कर लिया है? उत्तर स्पष्ट है कि नहीं?

कई छात्र ऐसे भी होते हैं, जो सारा वर्ष कार्य करते हैं, परन्तु दुर्भाग्यवश वे परीक्षा के समीप बीमार पड़ जाते हैं और उन बेचारों का एक वर्ष अकारण ही बरबाद हो जाता है।

छात्रों पर कई प्रकार का बोझ: परीक्षा का भूत जब छात्रों पर सवार हो जाता है तो उनके मन तथा शरीर पर बहुत बोझ पड़ जाता है। बेइज्जती का भय, साथियों की आलोचनाएँ, माँ-बाप की भर्त्सना, शिक्षकों की कटु आलोचना आदि बातें उनके जीवन पर बहुत बुरा प्रभाव डालती हैं। बहुत-से छात्र ऐसे भी होते हैं, जो साल-भर तो परिश्रम नहीं

करते, परीक्षा निकट आने पर पढ़ने-लिखने में दिन-रात एक कर देते हैं। रात-रात भर जागकर पढ़ने से उनके स्वास्थ्य पर बुरा प्रभाव पड़ता है।

परीक्षा के विभिन्न माप: छात्रों की उत्तर-कापियाँ जाँचने का निश्चित मापदण्ड नहीं होता है। परीक्षक अपने-अपने दृष्टिकोण से छात्रों की कापियाँ जाँचते हैं। कोई छात्र के लेख से, कोई भाषा से, कोई विवरण से प्रभावित होकर अंक देते हैं। इस प्रकार परीक्षकों में मतभेद होने के कारण परीक्षाफल का एक माप नहीं होता। यहाँ तक देखा गया है कि उत्तर-पर्चों के अंकित करने में एक ही परीक्षक द्वारा दूसरे दिन अथवा सवेरे और शाम में ही काफी अन्तर आ जाता है। कहा जाता है कि जब परीक्षक शोक अथवा क्रोध में होता है तो वह कम अंक देता है।

रटने की प्रवृत्ति: वर्तमान परीक्षा-प्रणाली से छात्रों में रटने की प्रवृत्ति बढ़ती है। वे सहायक पुस्तकों, जैसे–कुंजियाँ और प्रश्नोत्तरी पर अधिक निर्भर रहते हैं। छात्रों के वास्तविक ज्ञान का जानना अत्यन्त कठिन हो जाता है।

छात्रों के स्वभाव की अवहेलना: वर्तमान शिक्षा-पद्धति छात्रों के स्वभाव पर विशेष ध्यान नहीं देती। बहुधा देखा गया है कि कई योग्य छात्र परीक्षा के समय बिल्कुल घबरा जाते हैं। वे प्रश्न-पत्रों के उत्तर ठीक प्रकार नहीं दे पाते और अपनी योग्यता को पूर्ण रूप से प्रकट करने में असमर्थ रहते हैं। परीक्षाएँ उन्हें कम्पायमान और भयभीत कर देती हैं!

निबन्धात्मक प्रश्न-पत्रों में सुधार (Reforms in Essay Type Tests)

एक अच्छा तथा आदर्श प्रश्न-पत्र निर्मित करने के लिए पर्याप्त चिन्तन, अनुभव एवं व्यावसायिक निपुणता अत्यन्त आवश्यक है। निबन्धात्मक प्रश्न-पत्र बनाते समय निम्नलिखित बातों को दृष्टिगत रखना चाहिए:

1. *शिक्षण लक्ष्यों की पूर्ति*: इस बात के लिए प्रयत्न करना आवश्यक है कि निर्धारित लक्ष्यों की भली-भाँति जाँच हो सके।

2. *विषयवस्तु की पूर्ति*: पढ़ाए गए पाठ्यक्रम में से इस प्रकार के प्रश्न-पत्र बनाने चाहिए कि चुने गए प्रश्न विषय-वस्तु का आदर्श नमूना हो, जो अधिक से अधिक विषयवस्तु की जाँच करने की क्षमता रखते हैं।

3. *विकल्प-प्रश्नों की व्यवस्था*: प्रश्न-पत्रों में विकल्प नहीं होना चाहिए अर्थात् इस प्रकार से चुनाव का अवसर देना 'कोई पाँच प्रश्न करो'। एक ही प्रश्न के भीतर विकल्प प्रश्नों की व्यवस्था की जा सकती है।

4. *कठिनाई का स्तर*: छात्रों की शैक्षिक निष्पत्ति का अनुमान ठीक ढंग से लगाने के लिए जरूरी है कि प्रश्न-पत्र में सरल, औसत तथा कठिन प्रश्नों की संख्या पूर्व निर्धारित होनी चाहिए।

5. *निर्देश*: प्रश्न-पत्र को हल करने के स्पष्ट निर्देश देने चाहिए।

6. *अंकों का वितरण*: उचित होगा यदि प्रश्नों के भीतर अलग-अलग हिस्सों पर अंकों का वितरण सतर्कता तथा सावधानी से किया जाए।

7. *आदर्श उत्तर, अंकन कुंजी तथा अंकन विधि (Model Answer, Scoring Key and Marking Key)*: परीक्षक प्रश्न-पत्र बनाते समय ये कार्य स्वयं कर लें ताकि प्रश्न-पत्रों के उत्तरों आदि के बारे में पूर्ण जानकारी हो सके तथा उत्तर-पुस्तिकाओं का मूल्यांकन वैज्ञानिक तथा वस्तुनिष्ठ बन सके।

26.16 वस्तुनिष्ठ प्रश्न (Objective Questions)

- अभिज्ञान रूप (Recognition Type)
  - एकान्तर प्रत्युत्तर (Alternate Response)
  - बहुनिर्वचन (Multipurpose Choice)
  - क्रमबद्धीकरण (Matching)
  - वर्गीकरण (Classification)
- प्रत्यास्मरण रूप (Recall Type)
  - साधारण प्रत्यास्मरण (Simple Recall)
  - रिक्त स्थान पूर्ति (Completion)
  - शुद्ध-अशुद्ध परीक्षण (True False Test)

26.17 भारत में निर्मित उपलब्धि परीक्षण (Achievement Tests Made in India)

1. Academic Achievement Motivation Test (Hindi) by T.R. Sharma.
2. Achievement Motivation Test (Hindi) by V.P. Bhargava.
3. An Achievement Test in Hindi for Class VIII. Central Institute of Education, Delhi.
4. Achievement Values and Anxiety Inventory (English/Hindi) by Prayag Mehta.
5. Adult Education Achievement Test by V.V. Malaya.
6. Coimbatore Achievement Test (Social Studies) by R.K. Mission.
7. Coimbatore Standard Test in English by A. Aram and P. Ramaswamy
8. English Test Parts I and II (Spelling Test), B.R. College, Agra.
9. General Classroom Achievement Test by A.K. Singh and A. Sen Gupta.
10. General Science Achievement Test by J.S. Gupta.
11. Hindi Achievement Test by L.N. Dubey.
12. Mathematics Test (Arithmetic, Algebra and Geometry), B.R. College Agra.
13. Mohsin's Scholastic Attainment Test in General Science for Class VII.
14. Mother Tongue Test (Hindi) by B.K. Srivastava.
15. Statistics Achievement Test (Hindi) by R.C. Deva.
16. Vigyan Pariksha (General Science Test) for Class VIII by M.S.L. Saxena.

27

बुद्धि का प्रत्यय तथा मानसिक योग्यताएँ
(Concept of Intelligence and Mental Abilities)

27.1 बुद्धि का अर्थ तथा परिभाषा
(Meaning and Definition of Intelligence)

एक व्यक्ति की बुद्धि दूसरे व्यक्ति से भिन्न होती है। बुद्धि शब्द का प्रयोग प्राय: दैनिक जीवन में सफलता अथवा असफलता के प्रकरण में लोकप्रिय है, सफलता का कारण उच्च अथवा तीव्र बुद्धि तथा असफलता का कारण निर्मल अथवा कमजोर बुद्धि माना जाता है। जो व्यक्ति जीवन की विभिन्न परिस्थितियों का सामना करने में सक्षम है, उसे बुद्धिमान माना जाता है। जो व्यक्ति जीवन की विभिन्न परिस्थितियों का समाना करने में सक्षम है, उसे बुद्धिमान माना जाता है। इसके विपरीत कम बुद्धिमान।

बुद्धि के सही अर्थ को जानने के लिए तथा इसके विभिन्न पक्षों को भली प्रकार समझने के लिए इसकी निम्न परिभाषाएँ दी जा रही है:

1. *वातावरण को व्यवस्थित रखने की शक्ति*: बिनेट (Binet) ने बुद्धि की परिभाषा उसकी मुख्य क्रियाओं के आधार पर की। बिने ने बुद्धि में तीन तत्त्व सम्मिलित किए–(i) निश्चित निर्देशन लेने तथा उन्हें कायम रखने की प्रवृत्ति, (ii) उपयुक्त उद्देश्यों की प्राप्ति हेतु निश्चित निर्णय लेना, तथा आत्म-विवेचन की शक्ति।''

2. *क्षमता: बर्ट (Burt)* के शब्दों में–''बुद्धि जन्मजात सर्वतोमुखी मानसिक कार्यकुशलता है। सापेक्षतया: नवीन परिस्थितियों में अभियोजन की क्षमता।''

3. *योग्यताओं का समूह*: स्टाडर्ड (*Stoddard*) ने बुद्धि की अत्यन्त व्यापक परिभाषा दी है–''बुद्धि उन कार्यों को सम्पन्न करने की क्षमता है जिनमें कठिनाई, विषमता, अमूर्तता, मितव्ययता, उद्देश्य के साथ समायोजनशीलता, सामाजिक मूल्य तथा मौलिकता के गुणों का प्रयोग हो तथा जिन्हें सम्पादित करने में शक्ति की एकाग्रता तथा प्रत्यावत संवेगात्मक शक्तियों का सामना करना पड़े।''

4. *सार्वभौम शक्ति: डी. वैशलर* (*D. Wechsler*) के शब्दों में–''बुद्धि व्यक्ति की वह समस्त एवं सार्वभौम शक्ति है जो उसे ध्येययुक्त कार्य करने, तर्कपूर्ण चिन्तन करने एवं वातावरण के साथ प्रभावपूर्ण समायोजन करने में सहायता करती है।''

5. *सुव्यवस्थित-शक्ति: पिन्टर* (*Pinter*) ने बुद्धि के बारे में इस प्रकार कहा–''शक्ति द्वारा जीवन में आनेवाली नवीन परिस्थितियों में अपने आपको सुव्यवस्थित करने की क्षमता ही बुद्धि है।''

6. *वातावरण के साथ अनुकूलन शक्तिः* नन (*Nun*) का कहना है कि–"बुद्धि मस्तिष्क की उस परिवर्तनशील क्रिया का नाम है, जिसके द्वारा हम अपने आपको नये वातावरण के अनुकूल बनाते हैं।

7. *प्रतीकों को समझने की शक्तिः गैरिट* (*Garret*) ने कहा है–"बुद्धि उन समस्याओं को हल करने की योग्यता है जिनमें ज्ञान और प्रतीकों के समझने एवं प्रयोग की आवश्यकता हो, जैसे–शब्द, अंक, रेखाचित्र आदि।"

8. *आवश्यक बातों की समझः ए.एच. हेलम* (*A.H. Helm*) का विचार है–"बुद्धिमत्तापूर्ण कार्य में आवश्यक बातों की समझ और उनके प्रति उचित प्रक्रिया करना निहित है।"

9. *विचारों की खोजः रेक्स नाइट* (*Rex Knight*) के विचार में "बुद्धि का अर्थ है सम्बन्धित विचारों की खोज।"

10. *अमूर्त वस्तुओं के सोचने की शक्तिः टरमैन* (*Terman*) के शब्दों में–"अमूर्त वस्तुओं के विषय में सोचने की योग्यता बुद्धि है।"

समीक्षाः उपरोक्त परिभाषाओं के अवलोकन के पश्चात् हम बुद्धि को इस प्रकार परिभाषित कर सकते हैं कि बुद्धि विभिन्न तत्वों की एक संयुक्त मानसिक योग्यता है जिसके परिणामस्वरूप विचार करके तथा तर्क करके निर्णय लेने की शक्ति है जिससे व्यक्ति अपने वातावरण से अनुकूलता स्थापित करता है अथवा वातावरण पर नियन्त्रण प्राप्त करता है।

परिभाषाओं की समस्या का समाधान करने के लिए फ्री-मैन (Freeman) ने बुद्धि की अनेक परिभाषाओं को एकत्रित किया और उनका विश्लेषण करते हुए इस नतीजे पर पहुँचा कि बुद्धि की सभी परिभाषाओं को तीन प्रकार या वर्गों में बाँटा जा सकता है–

1. बुद्धि की वे परिभाषाएँ जो इस बात पर बल देती हैं कि बुद्धि सीखने की योग्यता या क्षमता है (Capacity to learn)।

2. वे परिभाषाएँ जो यह बताती हैं कि बुद्धि अमूर्त्त एवं उच्चस्तरीय मानसिक क्रिया करने की योग्यता है (Ability to carry on abstract or higher mental processes)।

3. वे परिभाषाएँ जो इस बात को अधिक महत्त्व देती हैं कि बुद्धि वातावरण के साथ समायोजित और अनुकूलित होने की शक्ति है (Capacity to adjust and adapt to the Environment)।

थॉर्नडाइक (*Thorndike*) तथा कुछ अन्य मनोवैज्ञानिकों का विश्वास है कि बुद्धि के कई प्रकार हैं और उन्हें एक दूसरे से अलग पहचाना जा सकता है। इस प्रकार उनके अनुसार बुद्धि को तीन प्रकार से बाँटा जा सकता है:

1. *सामाजिक बुद्धि* (*Social intelligence*) अथवा व्यक्तियों को समझने और उनके साथ व्यवहार करने की क्षमता।

2. *मूर्त्त या यांत्रिक बुद्धि* (*Concrete or Mechanical intelligence*) अथवा वस्तुओं, यंत्रों तथा औजारों के साथ व्यवहार करने की क्षमता।

3. अमूर्त्त बुद्धि (*Abstract intelligence*) अर्थात् संकेतों तथा प्रतिबिम्बों से सम्बन्ध रखने वाली योग्यता।

बुद्धि अवधारणा की जटिलता को देखकर हिलगार्ड (Hilgard) ने कहा कि "बुद्धि वही है जिसे बुद्धि परीक्षण मापते हैं। इस प्रकार प्रो. *आर.आर. कुमरिया* ने लिखा है, "इसे

(बुद्धि) व्यवहारिक मेधा कहें, इसे व्यावहारिकता कहें। यह विभिन्न मापों तथा ग्रेडों में नहीं है।

27.2 बुद्धि के मुख्य तत्त्व (Chief Elements of Intelligence)

उपर्युक्त परिभाषाओं के आधार पर कहा जा सकता है कि बुद्धि में प्रमुख तत्व इस प्रकार हैं–

(i) सीखने की क्षमता।
(ii) तर्क की योजना।
(iii) विविध वस्तुओं को पहचानने की क्षमता।
(iv) विविध सम्बन्धों को समझने की योग्यता।
(v) नई परिस्थितियों में अपने ज्ञान का समुचित प्रयोग करने की क्षमता।

27.3 बुद्धि की विशेषताएँ (Characteristics of Intelligence)

1. बुद्धि जन्मजात है।
2. बुद्धि पर वंशानुक्रम का प्रभाव पड़ता है।
3. बुद्धि में लिंगभेद अन्तर नहीं लाते।
4. बुद्धि का विकास किशोर अवस्था की मध्य अवधि तक पूरा हो जाता है।
5. प्राय: बच्चे औसत बुद्धि के होते हैं।
6. बुद्धि व्यक्ति को कठिन तथा जटिल परिस्थितियों तथा समस्याओं का समाधान पाने में सहायता देती है।
7. विभिन्न व्यक्तियों में बुद्धि की तीव्रता या शक्ति भी भिन्न होती है।
8. बुद्धि व्यक्तियों को वातारण के साथ स्वयं को समायोजन में सहायता देती है।
9. बुद्धि परीक्षणों को जातीय, सामाजिक, आर्थिक तथा सांस्कृतिक कारक प्रभावित करते हैं।
10. बुद्धि तथा ज्ञान का घनिष्ट सम्बन्ध है।

27.4 व्यक्तिगत मानसिक योग्यताओं में भिन्नताओं के सिद्धान्त (Principles of Individual of Differences in Mental Abilities)

व्यक्तिगत मानसिक योग्यता से भिन्नता के बारे में मनोवैज्ञानिकों ने अनेक सिद्धान्तों का प्रतिपादन किया है। जहाँ पर कुछ सिद्धान्तों का उल्लेख किया जा रहा है:

1. दो-खण्ड तथा दो कारकों का सिद्धान्त (Spearman's Two-Factor Theory) जी (G) तथा एस (S) स्पीयरमैन।
2. थरस्टन का सात खण्ड अथवा सात कारक सिद्धान्त (Thurst one's Seven Factor)
3. केली का 9 खण्ड योग्यता सिद्धान्त (Nine Factor Theroy of Kelly)
4. गिलफोर्ड का बुद्धि की संरचना का सिद्धान्त (Structure of Intellect by Guilford)

1. स्पीयरमैन का दो कारक सिद्धान्त (Two-Factor Theory of Spearman): स्पीयरमैन के अनुसार प्रत्येक व्यक्ति में दो प्रकार की मानसिक योग्यताएँ होती हैं:

(i) सामान्य योग्यता (General Ability)

(ii) विशिष्ट योग्यता (Specific Ability)

सामान्य योग्यता की मुख्य विशेषताएँ निम्नलिखित हैं:

(a) यह योग्यता व्यक्ति में जन्मजात होती है।

(b) यह योग्यता व्यक्ति में सदा एक जैसी रहती है।

(c) यह योग्यता व्यक्ति के सब मानसिक कार्यों में प्रयोग की जाती है।

(d) यह योग्यता प्रत्येक व्यक्ति में भिन्न होती है।

(e) यह योग्यता जिस व्यक्ति में जितनी होती है, वह उतना ही अधिक सफल होता है।

(f) यह योग्यता भाषा, विज्ञान तथा दर्शन आदि में सामान्य सफलता प्रदान करती है।

विशिष्ट योग्यता कारक (Special's Factor Ability): विशिष्ट योग्यताओं का सम्बन्ध व्यक्ति की विशिष्ट क्रियाओं से होता है। इन योग्यताओं की मुख्य विशेषताएँ हैं:

1. ये योग्यताएँ अर्जित की जा सकती है।
2. ये योग्यताएँ एक दूसरे से स्वतन्त्र हैं।
3. विभिन्न योग्यताओं का सम्बन्ध विभिन्न कुशलात्मक कार्यों में से होता है।
4. ये याग्यताएँ विभिन्न व्यक्तियों में विभिन्न तथा अलग-अलग मात्रा में होती है।
5. जिस व्यक्ति में जो योग्यता अधिक होती है, उसी से सम्बन्धित कुशलता में वह विशेष सफलता प्राप्त करता है।

2. थरस्टन द्वारा दर्शायी गई 8 मानसिक योग्यताएँ (Thurstone's Eight Mental Abilities): *थर्स्टन* (Thurstone) ने बुद्धि को आठ योग्यताओं का एक पुंज कहा है। उनके अनुसार निम्नांकित आठ योग्यताओं के द्वारा बुद्धि का गठन होता है:

1. प्रेक्षण शक्ति (Spatial Ability) (S)
2. संख्या गणना शक्ति (Number Ability) (N)
3. शाब्दिक शक्ति (Verbal Ability) (V)
4. वाक् शक्ति (Word Fluency) (W)
5. स्मरण शक्ति (Memory) (M)
6. आगमन तर्क-शक्ति (Inductive Reasoning) (I)
7. निगमन तर्क-शक्ति (Deductive) (D)
8. पर्यवेक्षण गति (Perceptual Speed) (P)

3. केली द्वारा दर्शायी गई 9 मानसिक योग्यताएँ:

1. रूचि (Interest)
2. गामन योग्यता (Motor Ability)
3. सामाजिक योग्यता (Social Ability)
4. सांख्यिक योग्यता (Numerical Ability)
5. शक्द्धिक योग्यता (Verbal Ability)
6. शारीरिक योग्यता (Physical Ability)
7. संगीतात्मक योग्यता (Musical Ability)
8. यान्त्रिक योग्यता (Mechancial Ability)
9. स्थान तथा दूरी से सम्बन्धित योग्यता (Spatial Ability)

27.5 गिलफोर्ड का बुद्धि का संरचना का सिद्धान्त अथवा मानसिक योग्यताओं का सिद्धान्त (Guildford's Principle of Structure of Intellect)

बुद्धि की संरचना का सिद्धान्त गिलफोर्ड (1997-1888) तथा उसके साथियों ने दक्षिणी केलीफोर्निया की लॉस ऐंजिल्स स्थित मनोविज्ञान प्रयोगशाला में विभिन्न परीक्षणों के तत्वों के विश्लेषण (Factor Analysis) के आधार पर 1966 में प्रतिपादित किया। तथा 120 मानसिक क्रियाओं को बुद्धि के घटक अथवा योग्यताओं की संज्ञा दी। परन्तु 1980 के दशक में 120 के स्थान पर 180 योग्यताओं का मिश्रण कहा।

गिलफोर्ड के विचार में मन की संरचना में कम से कम तीन आयाम (Dimension) है गिलफोर्ड का प्रतिमान (Model) बौद्धिक योग्यताओं का वर्गीकरण है:

1. विषय-वस्तु (Subject-Matter)
2. संक्रियाएँ अथवा क्रियाएँ (Operations)
3. उत्पादन (Product)

1. विषय-वस्तु (Content or Subject Matter): इसके अन्तर्गत निम्नलिखित बिन्दु हैं:

(i) दृश्य सामग्री (Visual)
(ii) श्रव्य सामग्री (Auditory)
(iii) सांकेतिक (Symbolic)
(iv) शब्दार्थ (Semantic)
(v) व्यवहारात्मक (Behavioural)

2. क्रियाएँ (Operations): (i) *ज्ञान अथवा संज्ञान* (*Cognition*): अधिगम प्रक्रिया की मूलभूत क्रिया अर्थात् वस्तु की पहचान।

(ii) *स्मृति* (*Memory*): बोध अथवा जानी गई वस्तु में धारण या याद रखने की क्रिया।

(iii) *स्मृति अंकन* (*Fixing Memory*): स्मृति को पक्का करना।

(iv) *एक दिशा चिन्तन* (*Convergent Thinking*): सब से उत्तम परिणाम देने की क्रिया।

(v) *बहुविधा चिन्तन* (*Divergent Thinking*): सोचने पर विभिन्नता तथा नवीनता का अनुभव करना।

(vi) *मूल्यांकन*

नोट: नवीनतम प्रतिमान में विषय के अन्तर्गत आकृतिक विषय-वस्तु के स्थान पर दृश्य तथा श्रव्य वस्तुएँ जोड़ दी गई।

क्रियाओं के अन्तर्गत स्मृति को दो भागों में बांट दिया गया-स्मृतिधारण तथा स्मृति अंकन उत्पादन में कोई अन्तर नहीं।

3. उत्पादन (Products): जब किसी वस्तु की किसी विषय वस्तु के साथ अन्तर्क्रिया होती है, तब छ: प्रकार के उत्पादन प्राप्त होते हैं:

(i) *इकाइयाँ* (*Units*): आकृतिक, सांकेतिक तथा अर्थात्मक (शब्दार्थ)

(ii) *वर्ग* (*Classes*): इकाइयों का वर्गीकरण करना।
(iii) *सम्बन्ध* (*Relations*): पदों के बीच सम्बन्ध देखना।
(iv) *पद्धतियाँ अथवा व्यवस्थाएँ* (*Systems*): ज्ञान का सुसंगत निकाय।
(v) *रूपान्तरण* (*Transformation*): पूर्व के प्रदतो में परिवर्तन।
(vi) *निहितार्थ अथवा अभिग्रस्तताएँ* (*Implications*)

27.6 गिलफोर्ड के बुद्धि की संरचना प्रतिमान सिद्धान्त के शैक्षिक निहितार्थ (Educational Implications of SOI Model)

गिलफोर्ड के सिद्धान्त के निम्नलिखित शैक्षिक निहितार्थ हैं:

1. छात्रों की असंतोषजनक प्रगति के कारणों का पता लग जाता।
2. मानसिक योग्यता पर शिक्षण-अधिगम प्रक्रिया में ध्यान देने की आवश्यकता का ज्ञान होना।
3. छात्रों का विशिष्ट योग्यता की जानकारी का मिलना।
4. पाठ्यक्रम में सुधार लाने की जरूरत का पता लग जाना।
5. शिक्षण विधियों में सुधार करने की आवश्यकता का अनुभव होना।
6. प्रतिभाशाली छात्रों की सृजनात्मकता तथा चिन्तन शक्ति को बढ़ावा देना।
7. कमजोर छात्रों के लिए क्षतिपूरक पाठन सामग्री की व्यवस्था करना।
8. शैक्षिक तथा व्यावसायिक निर्देशन में मानसिक क्रियाओं की जानकारी का होना।

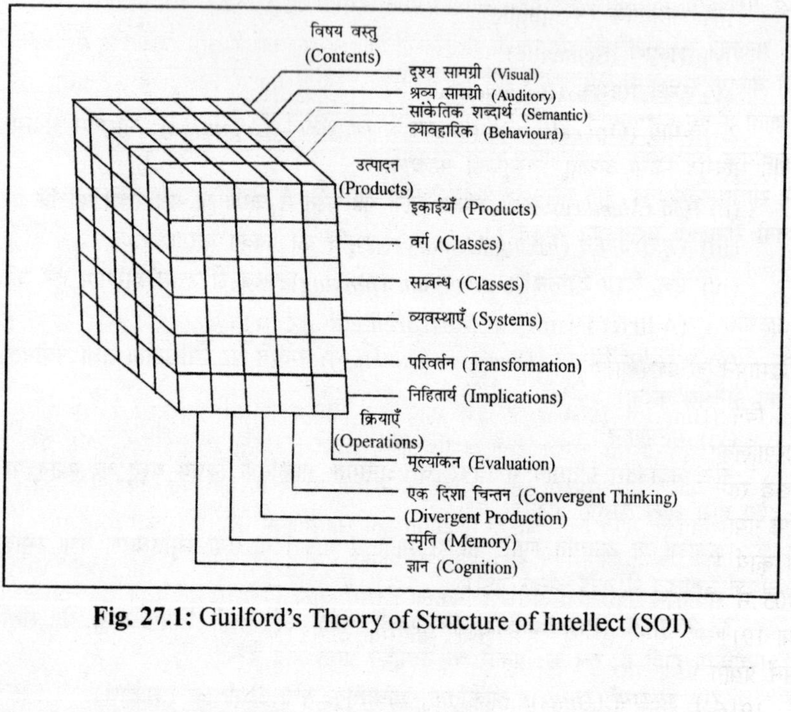

Fig. 27.1: Guilford's Theory of Structure of Intellect (SOI)

28

मानसिक योग्यता परीक्षण तथा उनका उपयोग
(Mental Ability Tests and Their Uses)

28.1 मानस योग्यता परीक्षण का अर्थ
(Meaning of Mental Ability Test)

मानसिक योग्यता परीक्षण से अभिप्राय: उस परीक्षण से है जिससे मानसिक स्तर का अनुमान लगाया जा सकता है या मापन किया जा सकता है इसके लिए बुद्धि परीक्षणों का प्रयोग किया जाता है।

बुद्धि परीक्षणों की आवश्यकता (Need for Intelligence Tests)

बालकों की मानसिक योग्यताओं में स्वाभाविक अन्तर होता है। इस अन्तर के कारण सभी बालक समान रूप से प्रगति नहीं कर पाते हैं। ऐसी स्थिति में जटिल समस्या उत्पन्न हो जाती है कि इस स्थिति का किस प्रकार समाधान किया जाए। बुद्धि परिक्षण इस स्थिति में सहायक सिद्ध होता है। विद्यालय में बुद्धि परीक्षणों का प्रयोग व्यावहारिक कार्यों के लिए और साधारणतया यह ज्ञात करने के लिए किया जाता है कि छात्र विद्यालय के कार्य में कितनी सफलता प्रदान कर सकते हैं।

28.2 बुद्धि मापन का संक्षिप्त इतिहास
(A Brief History of Measurement of Intelligence)

बुद्धिमापन के जन्मदाता

बिने (Binet) ने 1904 ई. में इस कार्य को आरम्भ किया। इन दिनों पैरिस की नगरपालिका के सम्मुख पाठशालाओं में पाठशाला सम्बन्धी कार्यों में कई विद्यार्थियों के पिछड़े रहने की गम्भीर समस्या थी। समस्या के कारण जानने के लिए यह कार्य बिने को सौंपा गया। बिने ने अपने मित्र साइमन (Simon) की सहायता से ऐसी परीक्षाओं के निर्माण का कार्य शुरू किया जिनसे वे इस मानसिक शक्ति (बुद्धि) को माप सकें। इस प्रकार 1905 में सर्वप्रथम एक बुद्धि-परीक्षण निकला जिसमें कुल मिलाकर 30 प्रश्न थे। 1908 तथा 1911 में इसका संशोधन हुआ तथा 'मानसिक आयु' (Mental Age) का प्रथम बार इसमें प्रयोग किया गया।

1916 में बिने ने स्टेनफोर्ड विश्वविद्यालय में अपने सहयोगियों के साथ मिलकर

बुद्धि-माप का संशोधन किया और इसे 'स्टेनफोर्ड बिने-टेस्ट' का नाम दिया। इसमें प्रश्नों की संख्या 90 थी। इसका मापीकरण 1000 बालकों पर किया गया।

28.3 मानसिक आयु का अर्थ (Meaning of Mental Age)

मानसिक आयु बालक या व्यक्ति की सामान्य मानसिक योग्यता बताती है।

बुद्धिलब्धि का अर्थ (Meaning of I.Q.): बुद्धिलब्धि बालक या व्यक्ति को सामान्य योग्यता के विकास की गति बताती है।

28.4 बुद्धि लब्धि निकालने की विधि (Intelligence Quotient—I.Q.)

बुद्धि लब्धि निकालने के लिए निम्नलिखित सूत्र का प्रयोग किया जाता है:

$$\text{बुद्धि लब्धि} = \frac{\text{मानसिक आयु}}{\text{वास्तविक आयु}} \times 100$$

$$\text{I.Q.} = \frac{\text{M.A.}}{\text{C.A.}} \times 100$$

मानसिक आयु निकालने के लिए परीक्षण का प्रयोग और उस पर अंक दान इस प्रकार होता है:

छः वर्ष के स्तर के सभी प्रश्नों का सही उत्तर	= छः वर्ष आधार आयु
सात वर्ष के स्तर के छः प्रश्नों में से तीन प्रश्न सही	= छः माह
आठ वर्ष स्तर के छः प्रश्नों में से एक प्रश्न सही	= दो माह
नौ वर्ष स्तर के सभी प्रश्न गलत	= शून्य माह
कुल मानसिक आयु	= छः वर्ष आठ माह = अस्सी माह

$$\text{बुद्धि लब्धि} = \frac{80}{70} \times 100 = 114$$

इस सूत्र में वास्तविक आयु केवल चौदह वर्ष तक की अवस्था तक ही प्रयोग में लाई जाती है। इस अवस्था से ऊपर के लोगों के लिए विशेष प्रकार की पद्धति लगाकर बुद्धि लब्धि निकाली जाती है। संयुक्त राज्य अमेरिका में इस परीक्षण के लिए सामान्य बुद्धि का औसत 100 और 16.5 का प्रामाणिक विचलन होता है।

I. टरमन के अनुसार बुद्धि-लब्धि के आधार पर व्यक्तियों का वर्गीकरण (Terman's Classification of I.Q.)

बुद्धि लब्धि सीमा	*वर्गीकरण*
140 से अधिक	श्रेष्ठ बुद्धि (Genius)
120-140	अधिक अच्छे (Very Superior)
110-120	अच्छी बुद्धि (Superior)
90-110	औसत बुद्धि (Average)
80-90	मन्द बुद्धि (Dullness)
70-80	सीमा पर (Border)
70 से कम	निश्चित मन्द बुद्धि (Definite Feeble Mindness)

950 से 70 अल्प बुद्धि, 20-25 से 50 मूर्ख बुद्धि (Imbricate), 20-25 से कम महामूर्ख (Imbricate)

II. प्रा. ई.ए. पील (E.A. Peel) (इंग्लैंड) ने इस प्रकार वर्गीकरण किया:

वर्ग	*बुद्धिलब्धि*	*प्रतिशत जनसंख्या*
प्रतिभाशाली (Exceptionally Bright)	145 तथा उससे ऊपर	2.0
अधिक उच्च बुद्धि वाले (Very Bright)	130-144	3.8
उच्च बुद्धि वाले (Bright)	115-129	10.0
सामान्य बुद्धि (Average)	85-114	68.0
मन्द बुद्धि (Dull and Backward)	70-84	10.0
मानसिक दौर्बल्य (Mentally Deficien)	55-69	3.8
जड़ बुद्धि (Idiot)	55 से नीचे	2.4

III. भारत में बालकों का बुद्धि लब्धि के अनुसार वर्गीकरण डी.एस. रावत (D.S. Rawat) ने इस प्रकार दिया है:

वर्ग का नाम	*बुद्धि-लब्धि*	*प्रतिशत जनसंख्या*
प्रतिभाशाली (Genius)	140 और उससे ऊपर	1.5
असामान्य (Extra-ordinary)	130-139	3.5
अत्यन्त उच्च (Very Superior)	120-129	9
उच्च (Superior)	110-119	15
सामान्य (Normal)	90-109	42
पिछड़े हुए (Backward)	80-89	15
अत्यन्त पिछड़े हुए (Very Backward)	70-79	9
सीमा पर (Border line)	60-69	3.5
मन्द बुद्धि (Moron)	40-59	
अधिक मन्द बुद्धि (Imbecile)	20-59	1.5
जड़ बुद्धि (Idiot)	20 से अधिक	

IV. गैरट (Garret) के अनुसार बुद्धि लब्धि का प्रतिशत में वितरण

बुद्धि लब्धि	वर्गीकरण	प्रतिशत
140 से अधिक	प्रतिभाशाली	1.5
120-139	कुशाग्र बुद्धि	11.0
110-119	तीव्र बुद्धि	18.0
90-109	औसत बुद्धि	14.0
70-79	अतिमन्द बुद्धि	5.0
0-69	कमजोर बुद्धि	2.5

28.5 बुद्धि मापन के परीक्षण
(Tests for Measuring Intelligence)

बुद्धि को बुद्धि परीक्षणों के द्वारा मापा जाता है। यह कार्य करने के लिए अनेक प्रकार के बुद्धि परीक्षणों का प्रयोग किया जाता है। इन्हें प्राय: निम्न चार वर्गों में विभाजित किया जा सकता है:

1. व्यक्तिगत शाब्दिक परीक्षण (Individual Verbal Tests)
2. व्यक्तिगत क्रियात्मक परीक्षण (Individual Performance Tests)
3. सामूहिक शाब्दिक परीक्षण (Group Verbal Tests)
4. सामूहिक अशाब्दिक परीक्षण (Group Non-Verbal Tests)

1. व्यक्तिगत शाब्दिक परीक्षण: जिन परीक्षणों को एक समय में एक ही व्यक्ति की परीक्षा लेने के लिए काम में लाया जा सके तथा जिनमें शब्दों या भाषा का प्रयोग होता है, उन्हें इस वर्ग में शामिल किया जाता है। जैसे: (i) स्टैनफोर्ड-विने परीक्षण (Stanford-Binent Test) तथा (ii) वैश्लर-वेलेव्यू परीक्षण (Weschler Bellevue Test)।

भारत में प्रयुक्त इस वर्ग के परीक्षणों के उदाहरण के लिए निम्न परीक्षणों का नाम लिया जा सकता है:

(i) *डॉ. सी.एच. राइस* (*Dr. C.H. Rice*) द्वारा संशोधित स्टेनफोर्ड-विनेट स्केल हिन्दुस्तानी विने-क्रियात्मक स्केल (Hindustani Binet Performance Scale) नाम दिया गया है।

(ii) *विलियम स्टीफनसन* (*William Stephenson*) के परीक्षण का हिन्दी रूपान्तर–'सामान्य बुद्धि परीक्षा'। इसे राजकीय शिक्षा एवं व्यावसायिक निर्देश ब्यूरो, ग्वालियर द्वारा तैयार किया गया है।

(iii) प्रो. उदयशंकर द्वारा निर्मित सी.आई.ई. बुद्धि परीक्षा (*C.I.E. Tests of Intelligence*)

(iv) शिक्षण प्रशिक्षण महाविद्यालय, पटना द्वारा निर्मित स्टैनफोर्ड हिन्दुस्तानी रिविजन (Stanford Hindustani Revision)।

(v) प्रौढ़ों को बुद्धि परीक्षा के लिए जवाहरलाल नेहरू विश्वविद्यालय में कार्यरत श्रीमती प्रभारामालिंगा स्वामी द्वारा निर्मित परीक्षण।

2. व्यक्तिगत क्रियात्मक परीक्षण: इन्हें व्यक्तिगत अशाब्दिक परीक्षण भी कहा जाता है। इन परीक्षणों को व्यक्तिगत रूप से ही काम में लाया जा सकता है और इनमें शब्दों या भाषा का प्रयोग बिल्कुल नहीं किया जाता। अत: इन परीक्षणों की परीक्षण सामग्री तथा उनके उत्तर (Responses) शब्दों या भाषा में नहीं दिए जाते बल्कि उनकी अभिव्यक्ति चित्रों तथा क्रियाओं के माध्यम से होती है। सामान्यत: इस प्रकार के परीक्षणों में निम्न प्रकार की गत्यात्मकता क्रियाएँ (Motor Activities) सम्पन्न कराई जाती हैं। ये परीक्षण इस प्रकार के हैं:

(i) *अधूरे चित्र को पूरा करना:* इस प्रकार के परीक्षणों में अधूरे चित्रों का एक सैट होता है। विद्यार्थी को एक-एक करके यह चित्र पकड़ाए जाते हैं और उन्हें वह केसे और कितने समय में पूरा करता है, इस आधार पर उसकी बुद्धि का मापन किया जाता है। हैली चित्र पूर्णता परीक्षण (The Healy Pictorial Completion Test) को इस तरह के परीक्षणों के उदाहरणार्थ उल्लेख किया जा सकता है।

(ii) *ब्लॉक या घनों का डिजाइन बनाना* (*Constructing Designs with the Help of Blocks or Cubes*): इसमें परीक्षार्थी को कुछ ब्लॉक या घन (Blocks or Cubes) दिए जाते हैं तथा उसे उनकी सहायता से दी गई किताब के डिजाइन बनाने को कहा जाता है। कोह ब्लाक डिजाइन परीक्षण (Koh's Block Designs Test), ऐलेक्जैन्डर पास एलोंग परीक्षण (Alexander's Pass-along Test), आदि इस प्रकार के परीक्षणों के उदाहरण हैं।

(iii) *छेदों में ब्लॉक लगाना* (*Fitting the Blocks in the Wholes*): इस प्रकार के परीक्षणों में परीक्षार्थी को एक बोर्ड दिया जाता है जिसमें विभिन्न आकृतियों तथा आकारों के छेद होते हैं जो किन्हीं निश्चित ब्लाकों की सहायता से भरे जा सकते हैं।

3. सामूहिक शाब्दिक परीक्षण: ऐसे परीक्षणों में परीक्षार्थियों को समूह में बिठाकर एक साथ बुद्धि परीक्षा ली जाती है। इनमें शब्दों तथा भाषा का प्रयोग किया जाता है। भारत में मुख्य परीक्षण इस प्रकार है:

(i) डॉ. एस जलोटा द्वारा निर्मित सामूहिक योग्यता टैस्ट (Jalota's General Mental Ability Test)।

(ii) डॉ. प्रयोग मेहता द्वारा निर्मित सामूहिक बुद्धि टैस्ट (P. Mehta's Group Test of Ability)।

4. सामूहिक अशाब्दिक परीक्षण: बुद्धि परीक्षण समूह के अन्तर्गत शामिल परीक्षार्थियों का किया जाता है। इनमें शब्दों तथा भाषा का प्रयोग बिल्कुल नहीं किया जाता है। भारत में इस परीक्षण के उदाहरण हैं:

(i) सी.आई.ई. अशाब्दिक सामूहिक परीक्षण (C.I.E. Non-Verbal Group Test of Intelligence)।

(ii) एन. त्रिवेदी कृत अशाब्दिक सामूहिक बुद्धि परीक्षण (N. Trivedi's Non-Verbal Group Test of Intelligence)

डॉ. एस. जलोटा द्वारा निर्मित सामूहिक बुद्धि परीक्षण (Dr. S. Jalota's Group Test of Intelligence)

1. *प्रयोग*: यह परीक्षण 8वीं से 11वीं कक्षा के छात्रों-छात्राओं तथा 12-16 आयु समूह के लिए है।
2. *प्रथम संपादन*: 1950, इसका प्रयोग अधिकतर शैक्षिक-व्यावसायिक निर्देशन, चयन, निदान तथा वर्गीकरण के लिए किया जाता है।
3. *मदों की संख्या*: निम्नलिखित क्षेत्रों से 100 मदें ली गईं:
   (i) शब्द भण्डार
   (ii) वर्गीकरण
   (iii) अंक श्रृंखला
   (iv) समानता व असमानता, तथा
   (v) तर्क
4. *परिष्करण*: मौलिक परीक्षण को 1963 में परिष्कृत किया गया तथा 1963 में इसका संशोधित प्रकरण छपा।

5. *परिष्कृत संस्करण*: परिष्कृत तथा संशोधित प्रकरण में 100 मदें 14 उदाहरणों के साथ थीं। ये मदें व्यक्ति की सात योग्यताओं से सम्बन्धित थीं–
   (i) शब्द भण्डार–समान
   (ii) शब्द भण्डार–विपरीत
   (iii) संख्या शृंखला
   (iv) सर्वोत्तम उत्तर
   (v) वर्गीकरण
   (vi) अनुमान
   (vii) समानताएँ/असमानताएँ
6. *समय*: 100 मदों को हल करने के लिए 20 मिनट का समय।
7. *मानसिक आयु व बुद्धि लब्धि*: कच्चे आँकड़ों से मानसिक आयु का निर्धारण किया जाता है तथा कुंजी की सहायता से IQ का निर्धारण किया जाता है।

28.6 कुछ विशेष परीक्षणों के नाम (Names of Some Important Tests)

(अ) व्यक्तिगत क्रियात्मक परीक्षण

1. बिने–स्टेनफोर्ड परीक्षण,
2. बैश्लर–बैलेव्यू परीक्षण,
3. बर्ट के तर्क–शक्ति परीक्षण,
4. मिनेसोटा पूर्व–विद्यालय परीक्षण,
5. मेरिल–पामर मानसिक परीक्षण,
6. जैसिल विकास अनुसूची,
7. कोहोज ब्लाक्स डिजाइन टेस्ट, तथा इसी प्रकार के अन्य क्रियात्मक टेस्ट।

(ब) समूह परीक्षण (Group Tests)

इस परीक्षण में एक साथ अनेक व्यक्तियों का परीक्षण लिया जाता है। कुछ प्रमुख समूह परीक्षणों के नाम नीचे दिए जाते हैं:

1. आर्मी अल्फा परीक्षण,
2. आर्मी बीटा परीक्षण,
3. आर्मी जनरल क्लासीफिकेशन परीक्षण,
4. बहूलमैन–एण्डरसन बुद्धि परीक्षण,
5. टरमन ग्रुप टेस्ट आफ मेन्टल मैच्यूरिटी,
6. टरमन–मैक्नीमर टेस्ट आफ मेन्टल एबिलिटी,
7. नार्थम्बरलैण्ड टैस्ट्स,
8. डॉ. सोहनलाल की सामूहिक बुद्धि–परीक्षा,
9. प्रयाग मेहता का सामान्य बुद्धि–परीक्षण।

(स) क्रियात्मक परीक्षण (Construction Tests)

इस प्रकार की परीक्षाओं में परीक्षार्थी को कुछ क्रियाएँ करनी पड़ती हैं तथा चित्रपूर्ति, चित्र में गलती निकालना, मनुष्य की आकृति खींचना आदि।

1. फार्म बोर्ड टेस्ट (Form Board Test)
2. पोर्टस मेज टेस्ट (Porteus Maze Test)
3. क्यूब कन्स्ट्रक्शन टेस्ट (Cube Construction Test)
4. अलेक्जैन्डर्स पास-एलांग टेस्ट (Alaxender's Pass-along Test)
5. पील्स ब्लाक्स टेस्ट (Peel's Blocks Test)
6. भाटियाज बैटरी आफ परफारमैंस टेस्ट्स आफ इन्टेलीजेन्स (Bhatia's Battery of Performance Test of Intelligence)

शक्ति परीक्षा (Power Test): इस प्रकार की परीक्षा में किसी व्यक्ति की एक विशेष क्षेत्र से सम्बन्धित शक्ति की परीक्षा ली जाती है। इस प्रकार की परीक्षा में सर्वप्रथम सरल प्रश्न दिए जाते हैं। तदुपरान्त जटिल प्रश्नों को हल करने हेतु कोई समय निर्धारित नहीं किया जाता है।

शाब्दिक परीक्षा (Verbal Test): इस प्रकार की बुद्धि परीक्षाओं में शब्दों का प्रयोग किया जाता है।

गति परीक्षा (Speed Test): परीक्षा के प्रश्न एक जैसी कठिनाई के होते हैं। हल करने के लिए निश्चित समय दिया जाता है। परीक्षाओं में गति को देखा जाता है।

28.7 बुद्धि परीक्षण का निर्माण (Construction of Intelligence Test)

परीक्षण-निर्माण में निम्नांकित चरण (Steps) निहित हैं:

(अ) परीक्षा की योजना (Planning the Test)
(ब) परीक्षा-निर्माण (Preparing the Test)
(स) परीक्षा की परीक्षा (Try-Out of the Test)
(द) परीक्षा का मूल्यांकन (Evaluating the Test)

28.8 बुद्धि परीक्षा का निर्देशन में उपयोग (Uses of Intelligence Tests in Guidance)

कुप्पास्वामी के विचार में: "विद्यालय-निर्देशन के कार्यक्रम में बुद्धि-परीक्षा का प्रयोग छात्र की उच्च शिक्षा की सम्भावनाओं की भविष्यवाणी करने के लिए किया जा सकता है।

ब्लम व वेलिंसकी ने इस प्रकार कहा: "बुद्धि-परीक्षाएँ शैक्षिक सफलता के अपेक्षिक स्तर और व्यवसायों के अन्तर्गत अनुकूलतम सीमा को निश्चित करने के लिए लाभप्रद होती है।"

स्किनर ने कहा है: "बुद्धि-परीक्षाएँ, बालकों की मानसिक योग्यताओं और शक्तियों का अधिक ठीक मापन करती हैं।"

बुद्धि परीक्षा के मुख्य लाभ नीचे दिए गए हैं:

1. छात्रों का विभिन्न पाठ्यक्रम चयन करने में (Selection of Courses): विभिन्न विषयों के लिए विभिन्न बुद्धि की मात्रा चाहिए। कुछ विषयों के अध्ययन हेतु ऊँची बुद्धि चाहिए जबकि कुछ विषयों में सामान्य बुद्धि से कार्य चल जाता है। इसलिए छात्रों की बुद्धि ज्ञात करने के पश्चात् उसके आधार पर विषय-चयन कराया जाना चाहिए।

अमरीका में बुद्धि के अनुसार छात्रों का विभिन्न विषयों के लिए उपयुक्त बुद्धि-लब्धि:

पाठ्यक्रम के विषय	औसत बुद्धि-लब्धि
तकनीकी (Technical)	114
वैज्ञानिक (Scientific)	108
मानवीय (Humanities)	106
वाणिज्य (Commerce)	104
ट्रेड (Trade)	92

बर्ट (*Burt*) ने इस सम्बन्ध में निम्न सह-सम्बन्धों की खोज की:

Intelligence and Composition	0.63
Intelligence and Reading	0.56
Intelligence and Arithmetic (Problem)	0.55
Intelligence and Spelling	0.52
Intelligence and Writing	0.21
Intelligence and Hand Work	0.18
Intelligence and Drawing	0.15

इसका अर्थ है कि उच्च स्तर की बुद्धि-लब्धि वाले बालक साहित्यिक विषयों जैसे रचना, वाचन, अक्षर-विन्यास में प्रतिभावान होते हैं।

2. छात्रों का वर्गीकरण: तीव्र बुद्धि वाले तथा मन्द बुद्धि वाले छात्रों का वर्गीकरण करके उनका श्रेणी विभाजन करने में बुद्धि परीक्षण लाभदायक सिद्ध होता है।

3. विद्यालय सफलता की भविष्यवाणी करने में: बुद्धि परीक्षा द्वारा हमें यह पता चलता है कि छात्र विद्यालय में कहाँ तक सफलता प्राप्त कर सकता है। शिक्षक छात्र के मानसिक स्तर को ज्ञात कर सकता है। बुद्धि-लब्धि को क्षमता का सूचक कहा जाता है।

4. असामान्य छात्रों का पता लगाने में: बुद्धि परीक्षा द्वारा हम यह पता लगा सकते हैं कि कौन-से छात्र प्रतिभाशाली हैं और कौन-से जड़। तदुपरान्त उन्हें उसी के अनुसार निर्देशित करते हैं।

5. छात्रवृत्तियों के लिए छात्रों का चयन करने में: कई क्षेत्रों में तथा कक्षाओं में छात्रवृत्तियाँ देने के लिए बुद्धिपरीक्षाओं के परिणामों को देखा जाता है।

6. विद्यालय में छात्रों का चयन करने में: कई अच्छे विद्यालय छात्रों को प्रवेश देते समय उनका बुद्धि परीक्षण करते हैं।

डॉ. राइस द्वारा पंजाबी छात्रों का बुद्धि के आधार पर वर्गीकरण:

श्रेणी	बुद्धि-लब्धि
मेधावी या प्रतिभाशाली (Genius)	165 से ऊपर
अति उच्च बुद्धि (Very Superior)	140 से 165
उच्च बुद्धि (Superior)	120 से 140
सामान्य (Average)	85 से 120
मन्द बुद्धि (Dull)	70 से 85
सीमा रेखा (Border Line)	55 से 70
मूढ़ (Feeble-minded)	55 से नीचे

7. नौकरी में चुनाव में: सेना तथा कई अन्य विभागों में कर्मचारी चुनने में बुद्धि परीक्षाओं को प्रयोग में लाया जाता है।

8. अध्यापकों के कार्य का मूल्यांकन: जब छात्रों को किसी विषय में उनकी बुद्धि के अनुसार सफलता नहीं मिलती तो यह अनुमान लगाया जा सकता है कि कक्षा में अध्यापक द्वारा पढ़ाई में कुछ कमी रह गई है।

9. व्यवसाय का चुनाव-बुद्धि-लब्धि: व्यवसाय निर्देशन में बुद्धि परीक्षा का सबसे प्रमुख प्रयोग व्यवसाय चयन से सम्बन्धित है। बुद्धि-परीक्षा द्वारा व्यवसायों के लिए उपयुक्त बुद्धि का पता लगाया जाता है। बर्ट ने निम्नलिखित व्यवसाय सम्बन्धी बुद्धि सूची दी है:

1. वकील, डॉक्टर, प्राध्यापक जैसे उच्च प्रशासकीय व्यवसायों हेतु 150 बुद्धि-लब्धि वाले व्यक्तियों का चयन उपयुक्त है।
2. निम्न श्रेणी के प्रशासकीय कार्य हेतु 130 से 150 के मध्य बुद्धि-लब्धि आवश्यक है।
3. क्लैरीकल काम के लिए यथा-टाइपिस्ट, विक्रेता, नर्स आदि के लिए 115 से 130 तक की बुद्धि-लब्धि होनी चाहिए।
4. दक्षतापूर्ण कार्य (Skilled Work) हेतु यथा दर्जी, बढ़ई, मुद्रक आदि के लिए 100 से 115 तक बुद्धि-लब्धि पर्याप्त है।
5. अर्द्ध-दक्षतापूर्ण कार्य (Semi Skilled) हेतु यथा नाई, खदान कर्मचारी, इत्यादि के लिए 85 से 100 तक की बुद्धि-लब्धि पर्याप्त है।
6. अदक्षतापूर्ण कार्य (Unskilled Work) हेतु यथा–श्रमिक, पैकर आदि के लिए 70 से 85 तक की बुद्धि-लब्धि पर्याप्त है।
7. निम्न कोटि के श्रमिक हेतु 50-70 के मध्य बुद्धि-लब्धि आवश्यक है।
8. जिनकी बुद्धि-लब्धि 50 से कम है, वे कोई व्यवसाय स्वतन्त्र रूप से नहीं कर सकते हैं।
9. राष्ट्रीय एवं अन्तर्राष्ट्रीय अन्तरों को जानने हेतु–बुद्धि-परीक्षाओं द्वारा हम विभिन्न राष्ट्रों के विद्यार्थियों की बुद्धि और व्यवहार का अध्ययन करके अन्तरों को जान सकते हैं।
10. पिछड़ेपन का निवारण करने हेतु: साधारणतया माना जाता है कि निष्पत्ति-परीक्षण छात्रों की शैक्षिक योग्यताओं की खोज करने में पूर्णतया असमर्थ होते हैं। परीक्षा में असफलता केवल निम्न बुद्धि के कारण नहीं होती है। बुद्धि-परीक्षण द्वारा निदान-सम्बन्धी सहायता उपलब्ध हो सकती है।

28.9 भारत में बुद्धि-परीक्षण का संक्षिप्त इतिहास
(A Brief History of Intelligence Tests in India)

1922–डॉ. सी. राईसे (C. Risc) ने बिने-परीक्षण (Binet Test) का भारतीयकरण कर इसे प्रमापीकृत प्रदान किया और इसका नाम 'हिन्दुस्तानी बिने परफार्मेंस पोआंईटस स्केल' रखा। यह परीक्षण उर्दू तथा पंजाबी दोनों भाषाओं में था।

1927–डॉ. जे. मनरी ने प्रीलिमीनरी क्लासीफिकेशन परीक्षण (Preliminary Classification Test) का निर्माण तीन भाषाओं–हिन्दी, उर्दू और अंग्रेजी में किया।

1933—पं. एल.एस. झा (Pt. L.S. Jha) ने रिचर्डसन के साधारण बुद्धि परीक्षण का प्रमापीकरण भारतीय स्थिति के अनुसार किया।

1939—डॉ. वी.वी. कामथ (Dr. V.V. Kamat) ने बिने परीक्षण का भारतीय वातावरण के अनुकूल प्रमापीकरण कन्नड़ और मराठी भाषा में किया।

1942—डॉ. सोहनलाल ने 11 वर्ष से ऊपर की आयु के बालकों के लिए सामूहिक-बुद्धि परीक्षण का निर्माण हिन्दी और उर्दू दोनों भाषाओं में किया।

इस वर्ष डॉ. टी.सी. विकारी ने 'यूनियन क्रिस्चियन ट्रेनिंग कॉलेज नान वरबल ग्रुप' का निर्माण किया। यह परीक्षण 8 से 15 वर्ष के बालकों के लिए था।

1953 में श्री उदयशंकर द्वारा 'सी.आई.ई. टेस्ट ऑफ इंटेलीजेंस का निर्माण किया गया। इसके अतिरिक्त उल्लेखनीय परीक्षण निम्नलिखित हैं:

1. प्रो. आर.आर. कुमरिया (R.R. Kumaria) ने (Pasrur Group Intelligence Test-Urdue)
2. Group Intelligence Test by Bureau of Psychology, Allahbad.
3. 'बुद्धि-मापक परीक्षा'—श्री बी.जी. भीगरन, धर्म समाज कॉलेज, अलीगढ़ (उ.प्र.)

1966—*फर्स्ट मेन्टल मेजरमेंट हैंडबुक फार इण्डिया* जो कि राष्ट्रीय शैक्षिक अनुसंधान तथा प्रशिक्षण परिषद द्वारा प्रकाशित की गई। इस पुस्तक का सम्पादन कार्य *लोइस लांग* तथा *पेरिन एच. मेहता* ने किया। इस पुस्तक में उन परीक्षणों के सम्बन्ध में चर्चा की गई है जिनमें भारत में कार्य हो चुका है अथवा चल रहा है। इसके अन्तर्गत 326 परीक्षणों का उल्लेख किया है।

28.10 बुद्धिलब्धि की स्थिरता अथवा परिवर्तनता (Constancy of I.Q. or Otherwise)

बुद्धि-उपलब्धि के सम्बन्ध में अनेक प्रयोग किए जा चुके हैं। उन प्रयोगों से पता चलता है कि मनुष्य की बुद्धि का तो जन्म के पश्चात् 25 या 28 वर्ष की आयु तक विकास होता रहता है और उसकी मानसिक आयु भी बढ़ती रहती है परन्तु उसकी बुद्धि-उपलब्धि लगभग स्थिर रहती है। फिर भी देखा गया है कि वातावरण तथा शारीरिक स्वास्थ्य के बहुत सीमा तक बदल जाने से बुद्धि-उपलब्धि पर भी कुछ न कुछ प्रभाव पड़ता ही है। यह प्रभाव कभी-कभी 10 अंक तक चला जाता है। अर्थात् जिस व्यक्ति की बुद्धि-उपलब्धि 6 वर्ष पहले 98 थी वह 88 या 108 तक बदल सकती है।

परिवर्तन के कारण

1. *बुद्धि-उपलब्धि की प्रकृति का ज्ञान न होना:* हमें अभी तक इस बात का ठीक-ठीक ज्ञान नहीं कि बुद्धि की प्रकृति क्या है। इसलिए हमारा इस सम्बन्ध में परीक्षा-पत्र बिल्कुल सत्य तथा विश्वसनीय नहीं हो सकता। ऐसे मापक यन्त्रों से या उनके दोषपूर्ण प्रयोग से परिणामों में अन्तर हो सकता है।

हमारे शारीरिक तथा मानसिक विकास का आधार तो क्रोमोसोम तथा उनके जीव होते हैं परन्तु विकास तो वातावरण के आश्रित ही होता है। यदि किसी फसल का बड़ा अच्छा बीज घटिया भूमि में बोया जाये और उसे जल, प्रकाश आदि जैसी आवश्यक वस्तुएँ पर्याप्त

मात्रा में न मिलें तो उसका पूरा विकास नहीं हो सकता। इसी प्रकार बुद्धि के विकास पर भी वातावरण का प्रभाव पड़ता है।

न्यूमैन ने एक समानाकार युगल बच्चों के जोड़े का अध्ययन किया। वे दोनों बहनें थीं। वे आरम्भिक अवस्था में ही पृथक्-पृथक् हो गईं। एक का पालन-पोषण किसी बड़े कस्बे में हुआ और दूसरी का किसी गाँव में एक किसान के घर। 28 वर्ष की आयु होने पर उनकी परीक्षा ली गई। उनकी बुद्धि-लब्धि में 19 अंकों का अन्तर था। कस्बे वाली लड़की की बुद्धि-लब्धि अधिक पाई गई। इतने अधिक अन्तर का कारण कस्बे का उत्तम वातावरण ही हो सकता था। किसान के घर में पली लड़की का भार 28 पौंड अधिक था और उसका कद भी एक इंच अधिक हो गया। वैसे भी उसका शारीरिक विकास अच्छा था परन्तु कस्बे के वातावरण में दूसरी लड़की की शिक्षा का प्रबन्ध अच्छा हो गया। उसका मानसिक विकास भी दूसरी लड़की से अच्छा होना सम्भव था। वह किसी कार्यालय में टाईपिस्ट बन गई।

कई और उदाहरणों से पता चलता है कि उच्च व्यवसाय वाले घरों के बालकों की बुद्धि-उपलब्धि भी अधिक होती है। इसका एक कारण उत्तम परम्परा भी हो सकता है परन्तु उत्तम वातावरण का प्रभाव अवश्य ही पड़ता है।

2. *शारीरिक दशा*: यह तो एक प्रसिद्ध कहावत है कि "स्वस्थ शरीर में स्वस्थ मन का निवास होता है।" शारीरिक अवस्था बुद्धि-उपलब्धि पर कुछ प्रभाव अवश्य ही डालती है। प्रत्येक प्रकार की मानसिक क्रियाओं का आधार तो व्यक्ति का नाड़ी-मण्डल ही होता है। यदि शारीरिक दशा अच्छी न हो तो मस्तिष्क पर भी प्रभाव पड़ता है क्योंकि मस्तिष्क शरीर का ही एक भाग है। यदि नाड़ी-मण्डल अथवा मस्तिष्क ही निर्बल हो तो व्यक्ति की मानसिक दशा भी ठीक नहीं रह सकती। दीर्घ स्थायी रोगों वाले व्यक्तियों की बुद्धि-उपलब्धि उत्तम नहीं हो सकती।

3. *भावात्मक दशा*: मानसिक क्रियाओं के ठीक ढंग से कार्य करने के लिए यह आवश्यक है कि व्यक्ति में भावात्मक स्थिरता हो। भावात्मक सुरक्षा तथा स्थिरता न रहने से व्यक्ति का मानसिक स्वास्थ्य ठीक नहीं रह सकता। उसकी बुद्धि-उपलब्धि पर भी प्रभाव पड़ता है। दीर्घ स्थायी भावात्मक दोष बुद्धि पर धीरे-धीरे प्रभाव डालते रहते हैं। बुद्धि का सबसे महत्त्वपूर्ण कर्त्तव्य यही है कि परिस्थिति में से आवश्यक सम्बन्धों का निरीक्षण करें, उपयोगी सम्बन्धों का चुनाव करें और उन्हें परिस्थिति की आवश्यकताओं के अनुसार प्रयोग में लाए। भावात्मक और भड़का हुआ व्यक्ति इस प्रकार की मानसिक क्रिया नहीं कर सकता। इसलिए उसकी बौद्धिक योग्यता प्रयोग में कम आती है।

28.11 बुद्धि परिक्षण टैस्ट

A. Group Tests

1. Culture Fair (Free) Intelligence Scale by Rao (Hindi).
2. Group Test of Intelligence 2/7C (Hindi) by R.K. Tandon.
3. Group Test of Intelligence 1/61 (Hindi) by R.K. Tandon.
4. Group Test of Intelligence (Hindi) by R. Prakash.
5. Group Intelligence Test (Hindi) by Prayag Mehta.

6. Group Test of Intelligence (English) by Pramila Ahuja.
7. Group Test of Intelligence (English) by G.C. Ahuja.
8. Group Test of Intelligence CIET-3, CIET-4, Central Institute of Education, Delhi.
9. A Group Test of General Intelligence by S. Chatterji.
10. Group Test of General Mental Ability (in Hindi, 1972) by S.S. Jalota.
11. Mixed Type Group Test of Intelligence (Verbal and Non-verbal) by P.N. Mehrotra.
12. Non-verbal Test of Intelligence by G.H. Nafde.
13. Non-verbal Test of Intelligence (Adaptation of Jenkins Test), Central Institute of Education, Delhi.
14. Non-verbal Group Test of Intelligence for Children (Hindi) by M.C. Joshi and R.B. Tripathi.
15. Sadharam Manisk Yogyata Priksha (Hindi) by S.S. Jalota and J.B. Sing.
16. Test of General Intelligence No. 1 (Hindi) by S.M. Mohsin.
17. Verbal Intelligence Test (in Hindi) by R.K. Ojha and K. Roy Choudhary.
18. Verbal Group Test of Intelligence (Hindi), Bureau of Psychology, Allahabad (U.P.).
19. Verbal Group Test of Intelligence (Hindi) by S.M. Mohsin.

B. Individual Tests of Intelligence

1. Battery of Performance Test of Intelligence by C.M. Bhatia.
2. Bicycle Drawing Test for Measuring Intelligence by T.R. Sharma.
3. Draw-a-Man Test for Children by P. Pathak.
4. Draw-a-Man Test by A.N. Sharma.
5. Indian Adaptation of Standard Binet Test 1960 (Hindi) by S.K. Kulshreshtha.
6. Indian Adaptation of Weschler Adult Intelligence Scale by Pemlingaswamy.

29

सृजनात्मकता एवं सौन्दर्य अनुभूति: अर्थ तथा प्रकृति

(Creativity and Aesthetic Appreciation: Meaning and Nature of Creativity and Methods of Nurturing Creative Talents)

29.1 सृजनात्मकता का महत्व (Significance of Creativity)

सृजनात्मकता का जीवन के प्रत्येक पक्ष में अत्यन्त महत्त्व है। यदि हम अपने जीवन के किसी भी पक्ष पर दृष्टिपात करें तो यह ज्ञात होता है कि प्रतिदिन कुछ न कुछ नवीन वस्तुएँ, परिवर्तन, नई परिस्थितियाँ एवं नए विचार हमारे सम्मुख आते रहते हैं। यह सब कुछ सृजनशीलता का ही परिणाम है। संसार में प्रत्येक प्रकार की प्रगति का आधार सृजनात्मकता ही है। यह सृजनात्मकता का ही परिणाम है कि मानव ने उद्योग, कृषि, वाणिज्य, यातायात एवं संचार, विज्ञान एवं तकनीकी आदि में चकाचौंध उन्नति की है। अत: छात्रों में इसका विकास बहुत जरूरी है।

29.2 सृजनात्मकता का अर्थ (Meaning of Creativity)

सृजनात्मकता का अर्थ है—मौलिक चिन्तन, नई प्रकार के संगठन, नई वस्तुओं का निर्माण, पुरानी समस्याओं के नवीन समाधान तथा जीवन में नए दृष्टिकोणों का होना तथा नई खोजें तथा आविष्कार।

सृजनात्मकता का अर्थ समझने के लिए कुछ विद्वानों के विचार नीचे जा रहे हैं:

सृजनशीलता की परिभाषा का अध्ययन करने का प्रयास **रहोडस** (Rhodes) ने 1961 में किया। उसने सृजनशीलता की लगभग 50 विख्यात एवं प्रचलित परिभाषाओं को एकत्रित किया तथा उनका अधययन करने के पश्चात् वह इस निष्कर्ष पर पहुँचा कि इन सभी परिभाषाओं को चार वर्गों में बाँटा जा सकता है। ये परिभाषायें मुख्यत: निम्नलिखित पर विशेष बल देती हैं:

I. सृजनशीलता को उत्पादन तत्त्व के संदर्भ में परिभाषित करना। (Creativity as product)

II. सृजनशीलता को एक प्रक्रिया के रूप में मानना। (Creativity as process)

III. सृजनशीलता को व्यक्तित्व या सृजनशील व्यक्ति के रूप में परिभाषित करना। (Creativity as a Creative Person or Creative Personality)

IV. सृजनशीलता को सृजनशील परिस्थिति के रूप में देखना (Creativity as a creative situation)

V. सृजनशीलता को कई दृष्टिकोणों से देखना। (Considering Creativity from Various Angles)

इसके अतिरिक्त कुछ ऐसे भी विद्वान हैं जैसे गिलफोर्ड जो कि सृजनशीलता को एक मानसिक शक्ति के रूप में भी मानते हैं।

I. सर्जनात्मकता सृजनात्मक उपज के रूप में (Creativity as a Product)

1. ***स्टीन (Stein—1953)*** ने सृजनशीलता की परिभाषा देते हुए लिखा है कि कोई भी मानसिक प्रक्रिया सृजनशील तभी कही जायेगी जब वह किसी मौलिक कार्य या उत्पादन में परिणित हो और उसे प्राप्त किया जा सके या वह उपयोगी हो या किसी एक समूह के द्वारा किसी समय पर सन्तोषप्रद हो।

उसके अनुसार किसी भी उत्पादन को हम सृजनशील (Creative) तभी मानेंगे जब उसमें मौलिकता एवं उपयोगिता के दोनों ही गुण हों।

2. ***हॉलमैन (Hallman)*** के अनुसार सृजनात्मक प्रक्रम से जो उत्पादन होता है वह अवश्य ही मौलिक (original) होना चाहिए। उसने किसी भी सृजनात्मक उत्पादन के निम्नलिखित चार गुण बताये हैं जिनके आधार पर हम कह सकते हैं कि कोई भी उत्पादन सच में मौलिक है या नहीं।

(i) नवीनता (Novelty or Newness)

(ii) जिसके सम्बन्ध में पहले से कुछ न बताया जा सके (Un-predictable) अर्थात् जो कुछ भी पहले से उपलब्ध है उसके आधार पर उस उत्पादन के सम्बन्ध में कुछ कहा न जा सके।

(iii) *विलक्षणता (Uniqueness)*: जो अद्वितीय हो, जो पहले देखा सुना न गया हो, जिसकी तुलना न की जा सके।

(iv) *अचम्भा (Surprise)*: वह मनोवैज्ञानिक प्रभाव जो कि किसी नवीन अद्भुत, अद्वितीय वस्तु को देखने से होता है।

II. सृजनात्मकता एक सृजनात्मक प्रक्रम के रूप में (Creativity as a Process)

3. ***मेडनिक (Madnick)*** ने सृजनशीलता की प्रक्रमात्मक (Process) परिभाषा दी है। उसके अनुसार "सृजनात्मक चिन्तन सहचर्यात्मक तत्त्वों (Associative elements) के नवीन सम्मिश्रण या समुच्चय (Combination) का निर्माण है, यह समुच्चय या तो किसी पूर्व नियोजित आवश्यकता की पूर्ति करता है या किसी-न-किसी रूप में उपयोगी होता है। जितना ही यह नया समुच्चय सामान्य चिन्तन से दूर होगा उतनी ही मात्रा में हम उस प्रक्रम को या हल को सृजनशील कहेंगे।"

4. ***अर्नल्ड (Arnold)*** सृजनात्मक प्रक्रम को, पूर्व अनुभवों का एक नया नमूना या नया समुच्चय मानता है जो कि सृजन करने वाले के लिंग और सम्भवतः समाज के लिए सन्तोषप्रद हो।

5. *ग्राहम* (*Grahm*) के अनुसार सृजनात्मक प्रक्रम में निम्नलिखित चार अवस्थायें (stages) बतायी हैं–

(a) *आयोजन* (*Preparation*): इस अवस्था में व्यक्ति समस्या पर भली प्रकार विचार करता है, उसे देखता है तथा गहराई के साथ उसका अध्ययन करता है।

(b) *उद्भवन* (*Incubation*): चेतन, चिंतन प्रक्रिया में ढीलापन आ जाता है। तार्किक नियंत्रण ढीले पड़ जाते हैं और अचेतन प्रक्रम सक्रिय हो जाये इसकी सम्भावनायें बढ़ जाती हैं।

(c) *प्रबुद्धि* (*Illumination*): यह समस्या समाधान का चमत्कारिक अनुभव है। अचानक, अन्तर्दृष्टि उत्पन्न होती है। विचार आते हैं, समस्या का समाधान हो जाता है।

(d) *विस्तरण* (*Elaboration*): इस अवस्था में आये हुए समाधानों का अत्यन्त गहराई से एवं व्यवस्थित रूप से अध्ययन किया जाता है। निष्कर्षों एवं समाधानों का परीक्षण एवं जाँच किया जाता है।

III. सृजनशीलता व्यक्ति के रूप में (Creativity as a Person)

इस दृष्टिकोण से सृजनशीलता को सृजनशील व्यक्तियों की विशेषताओं के रूप में परिभाषित करने की चेष्टा की जाती है। बहुत से मनोवैज्ञानिकों का विचार है कि सृजनशीलता व्यक्तित्व के विशिष्ट गुणों का ही प्रतिफल है।

6. *रोजर्स* (*Rogers*) ने सृजनशील व्यक्तियों के व्यक्तित्व के गुणों की चर्चा करते हुए निम्नलिखित तीन विशेषताओं पर विशेष बल दिया है–

(1) सृजनात्मक व्यक्ति में नये-नये अनुभव करने के लिए एक प्रकार का खुलापन (openness) होता है।

(2) सृजनशील व्यक्तियों में सम्प्रत्ययों एवं विचार बिन्दुओं के साथ मनोरंजन एवं खिलवाड़ करने की इच्छा एवं योग्यता होती है।

(3) सृजनशील व्यक्तियों में अपने सृजनात्मक उत्पादन के लिए अपनी निजी कसौटी होती है। वे इस बात की परवाह नहीं करते कि दुनिया उनके बारे में क्या सोचती है या कहती है। वे अपने व्यवहारों को अपनी आन्तरिक कसौटी पर ही कसना चाहते हैं।

7. *मासलो* (*Maslow*) ने सृजनात्मक व्यक्तित्व के गुणों की चर्चा करते हुये इससे भी विस्तृत सूची दी है। उसके अनुसार सृजनशील व्यक्ति के व्यक्तित्व में निम्नलिखित विशेषतायें पाई जाती हैं–

(1) सृजनशील व्यक्ति तत्क्षण कार्य करने में सक्षम होते हैं (Spontaneous)।

(2) वे अभिव्यक्ति करने में सक्षम होते हैं (Expressive)।

(3) उनके विचारों में एक प्रकार का प्रवाह रहता है जो कि बिना किसी प्रयास के स्वयं ही बहता रहता है (Effortless)।

(4) सृजनशील व्यक्ति भोला होता है और वह फरेब तथा मक्कारी से दूर रहता है (Innocent)।

(5) वे अज्ञात एवं अस्पष्ट वस्तुओं एवं विचारों से घबराते और भय नहीं खाते हैं।

(6) वे अनिश्चितता एवं अन्तरिम/अथवा कामचलाऊ (Tentative) सुझावों एवं विचारों को स्वीकार करने में सक्षम होते हैं।

(7) उनमें विरोध को सहने की अधिक क्षमता होती है।

इस प्रकार संक्षेप में हम कह सकते हैं कि मासलो का विश्वास है कि सृजनशील व्यक्ति एक स्वस्थ एवं आत्मसिद्धि (Self Actualization) करने वाला व्यक्ति होता है।

8. *मैकिनन* (*Mackinnon*) ने सृजनशील व्यक्तियों के व्यक्तित्व पर हुये अनुसन्धानों का अध्ययन करने के पश्चात् सृजनशील व्यक्तियों के व्यक्तित्व से संबंधित गुणों को इस प्रकार सारांश रूप में प्रस्तुत किया है:

(i) सृजनशील व्यक्ति बुद्धिमान होते हैं।

(ii) वे मौलिक (Original) होते हैं।

(iii) इनमें विचार एवं आचार स्वातंत्र्य होता है।

(iv) इनमें आन्तरिक एवं बाह्य जगत् दोनों के ही अनुभव प्राप्त करने के लिए एक प्रकार का खुलापन होता है। वे अन्त:प्रज्ञा (Intution) से सम्पन्न होते हैं।

(v) उनमें सौंदर्यात्मक संवेदनशीलता अधिक होती है।

(vi) वे गतिविधियों को जकड़ने वाले अवरोध (Inhibition) से मुक्त होते हैं।

(vii) उनमें उच्च स्तर की कार्यशक्ति होती है।

(viii) उनमें एक प्रकार की सुदृढ़ भरोसे अथवा भक्तिव्यता (Destiny) का शक्तिशाली भाव होता है जिसमें कार्य करने की दृढ़भावना और संकल्प भी सम्मिलित है।

9. *मैकिनन*: ने अपने अनुसंधानों में यह भी पाया कि सृजनात्मक व्यक्ति अर्थों एवं विचारों में अधिक तथा छोटी-मोटी बातों और व्यवहारिक जीवन में कम रुचि रखते हैं।

IV. सृजनशीलता एक योग्यता या क्षमता के रूप में (Creativity as an Ability)

सृजनशीलता को बहुत से मनोवैज्ञानिकों ने मानसिक योग्यता के रूप में परिभाषित किया है। सृजनात्मक शक्ति की प्रकृति को समझने के लिए *गेटजेल* और ***जैक्सन*** (Getzel and Jackson) ने शोध कार्य किया और इस निष्कर्ष पर पहुँचे कि सृजनशीलता एवं बुद्धि दोनों पर्यायवाची नहीं हैं। उन्होंने अपने अनुसंधान में दो टोलियाँ बुद्धि-परीक्षण एवं सृजनशीलता के परीक्षण के आधार पर बनायीं। पहली टोली में अति उच्च बुद्धि के बालक थे किन्तु वे सृजनशीलता के परीक्षण में नीचे थे। दूसरी टोली में वे बालक थे जो बुद्धि परीक्षण में तो नीचे थे किन्तु सृजनशीलता के परीक्षण पर अति उच्च थे। जब इन दो टोलियों की बुद्धि और सृजनशीलता में सह-सम्बन्ध निकाला गया तो सह-सम्बन्ध लगभग शून्य था। इस प्रकार वे इस निष्कर्ष पर पहुँचे कि उच्च बुद्धि-लब्धि के स्तर पर बुद्धि एवं सृजनशीलता में कोई सह-सम्बन्ध नहीं है।

V. सृजनात्मकता विभिन्न रूपों में (Creativity in Different Forms)

गिलफोर्ड (*Guiford*) के अनुसार कभी सृजनात्मकता का अभिप्राय: क्षमता से होता है, कभी प्रक्रिया से तथा कभी उत्पादकता से।

निष्कर्ष: ऊपर दी गई परिभाषाओं से हम इस निष्कर्ष पर पहुँचते हैं कि सृजनात्मकता बहुपक्षीय अवधारणा है। इसमें मौलिकता (Originality) तथा नवीनता (Novelty) के मुख्य पक्ष हैं। इसका अर्थ भली प्रकार से जानने के लिए इसकी निम्नलिखित विशेषताओं से परिचित होना आवश्यक है:

29.3 सृजनात्मकता की प्रकृति अथवा विशेषताएँ (Nature and Characteristics of Creativity)

उपरोक्त परिभाषाओं के आधार पर सृजनात्मकता की विशेषताओं का वर्णन (चित्र 29.1) निम्न प्रकार से किया जा सकता है:

1. सृजनात्मकता एक ऐसी सार्वभौमिक योग्यता है जो लगभग हर व्यक्ति में कुछ-न-कुछ अंश में पाई जाती है।
2. सृजनात्मकता के आधार पर व्यक्ति पूर्णरूप से या आंशिक रूप से किसी नवीन वस्तु या विचार को जन्म देता है।
3. सृजनात्मक योग्यता का विकास विशेष प्रकार की शिक्षा और प्रशिक्षण द्वारा किया जा सकता है।
4. समाज द्वारा मान्य तथा उपयोगी वस्तु या विचार को ही सृजनात्मक कार्य के अन्तर्गत स्वीकार किया जा सकता है।
5. कोई भी सृजनात्मक अभिव्यक्ति सृजनकर्त्ता के लिए आनन्द का स्रोत होती है।
6. सृजनात्मकता के लिए व्यक्ति अपनी इच्छानुसार प्रक्रिया या विधि का चुनाव करता है।
7. सृजनात्मकता का क्षेत्र अत्यन्त व्यापक है। जीवन का कोई भी पक्ष या क्षेत्र जैसे–कविता, कहानी, नाटक आदि साहित्यिक क्षेत्र, नृत्य, संगीत, चित्रकला, शिल्पकला आदि कलात्मक क्षेत्र, वैज्ञानिक आविष्कार या अनुसंधान संबंधी क्षेत्र आदि का कोई भी क्षेत्र सृजनात्मकता की आधारभूमि बन सकता है।

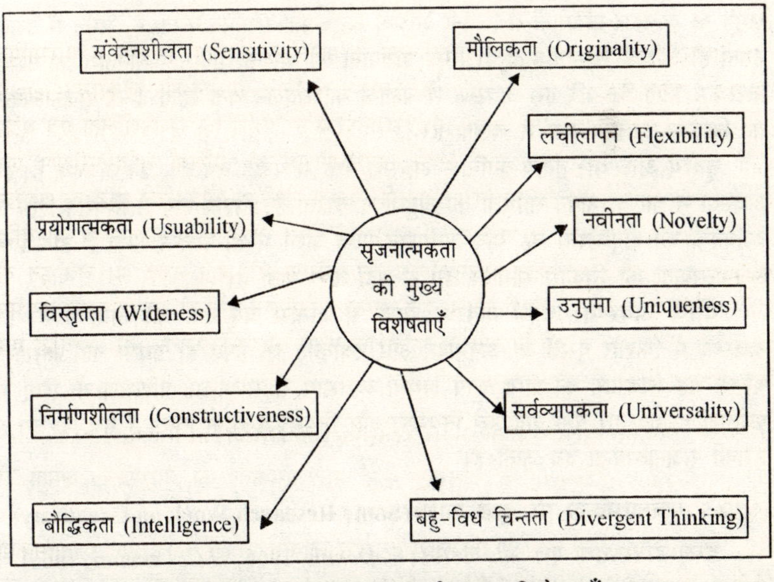

चित्र 29.1: सृजनात्मकता की मुख्य विशेषताएँ
(Chief Characteristics of Creativity)

8. सृजनात्मकता किसी भी समस्या का समाधान प्रस्तुत करती है।
9. सृजनात्मकता में दो या अधिक वस्तुओं के संयोग से नवीनता उत्पन्न की जा सकती है।
10. सृजनात्मकता में नवीनता, उपयुक्तता, रूपांतरण और संक्षेपण के तत्त्व सम्मिलित होते हैं।

29.4 सृजनात्मकता का विकासः आयु कारक (Development of Creativity: Age Factor)

सृजनात्मकता का उदय बाल्यावस्था में ही हो जाता है। सर्वप्रथम बालकों के खेल में इसकी अभिव्यक्ति होती है। बालक की आयु वृद्धि के साथ-साथ यह खेल के अतिरिक्त अन्य क्षेत्रों में फैल जाती है। *अरस्ते* (*J.D. Arasteh,* 1968) के अनुसार बाल्यावस्था से किशोरावस्था तक कुछ प्रमुख क्रान्तिक काल (Critical Periods) निम्न प्रकार से हैं:

प्रथम अवस्थाः प्रथम क्रान्तिक काल पाँच-छः वर्ष की अवस्था का समय है जब बालक विद्यालय जाना प्रारम्भ करता है। इस अवस्था में बालक को अध्यापकों की आज्ञा मानने, विद्यालय के नियमों का पालन करने आदि सम्बन्धी शिक्षा दी जाती है। साथ ही साथ उसे घर के नियमों का पालन करने के लिए बाध्य किया जाता है। अरस्ते का विचार है कि बालक पर नियन्त्रण यदि अधिक होता है या उसे अधिक नियन्त्रण और अनुशासन में रखा जाता है तो उसकी सृजनात्मकता रुक जाती है और दमित हो जाती है।

द्वितीय अवस्थाः द्वितीय क्रान्तिक अवस्था आठ से दस वर्ष की अवस्था है। इस अवस्था में बालक विभिन्न साथी समूहों का सदस्य बनना पसन्द करता है। वह अपने साथी समूह के व्यवहार प्रतिमानों से जितनी अधिक अनुरूपता स्थापित करता है, समूह में उसका उतना ही अधिक सम्मान होता है। समूह प्रतिमानों को बालक यदि नहीं मानता है तो उसका तिरस्कार होता है। यदि इस अवस्था से बालक का संतुलन बना रहता है तो सृजनात्मकता का विकास सामान्य रूप से चलता है।

तृतीय अवस्थाः तृतीय क्रान्तिक अवस्था तेरह से पन्द्रह वर्ष तक की अवस्था है। इस अवस्था में बालक अपने साथियों का अनुमोदन चाहता है; विशेष रूप से विपरीत लिंग के व्यक्तियों का अनुमोदन। वह यदि अनुमोदन प्राप्त करने में ही संलग्न रहता है तो उसकी सृजनात्मकता का विकास सामान्य ढंग से नहीं चल पाता है।

चतुर्थ अवस्थाः चतुर्थ अवस्था सत्रह से उन्नीस वर्ष तक की अवस्था है। इस अवस्था में किशोर दूसरों के अनुमोदन और स्वीकृति के लिए ही प्रयास नहीं करता है बल्कि वह व्यवसाय को प्राप्त करने अथवा व्यवसाय से सम्बन्धित प्रशिक्षण के लिए भी प्रयत्नशील होता है। यहाँ यदि उसे नियन्त्रण और नियमबद्ध रहना पड़ता है तब निश्चय ही उसकी सृजनात्मकता दब जाती है।

29.5 सृजनात्मकता पर कुछ शोध (Some Research Work on Creativity)

डब्लू डेनिस तथा *एच. सी. लेहमैन* (*W. Dennis,* 1966, *H.C. Lehman*, 1966) के अनेक अध्ययनों से यह निष्कर्ष निकला है कि सृजनात्मकता लगभग तीस वर्ष की अवस्था तक अपनी चरम सीमा पर पहुँचती है, इसके बाद या तो वह स्थिर रहती है या इसमें अवनति प्रारम्भ हो जाती है।

लेहमैन (1953) का विचार है कि तीस वर्ष की आयु से पहले भी सृजनात्मकता चरम सीमा पर वातावरण कारकों के कारण पहुँच सकती है।

जे.डी. अरस्ते तथा *ई.पी. टोरेंस* (*J.D. Arasteh*, 1968; *E.P. Torrance*, 1962) के अध्ययनों में यह देखा गया है कि लड़कियों की अपेक्षा लड़कों में अधिक सृजनात्मकता होती है। बाल्यावस्था से आगे यह अन्तर अधिक देखा गया है। इस अन्तर का मुख्य कारण यही प्रतीत होता है कि लड़कों को अधिक स्वतन्त्रता प्राप्त होती है। यह भी देखा गया है कि बालकों को बालिकाओं की अपेक्षा अधिक प्रोत्साहन प्राप्त होता है। उन्हें पालन पोषण करने का अवसर भी अधिक मिलता है, तथा उन्हें लड़कियों की अपेक्षा कुशलता प्राप्त करने के अवसर भी अधिक प्राप्त होते हैं। इन्हीं कुछ कारणों से लड़कों में लड़कियों की अपेक्षा अधिक सृजनात्मकता पाई जाती है।

अध्ययनों में यह भी देखा गया है कि बड़े परिवारों की अपेक्षा छोटे परिवार के बच्चों में सृजनात्मकता अधिक होती है क्योंकि उन पर प्रतिबन्ध और नियन्त्रण कम से कम होते हैं। कुछ अध्ययनों (L.E. Dalta 1968; R. Eiseman, 1969; F. Harrison, 1969; J.R. Staffieri 1970) में यह भी देखा गया है कि जिन बच्चों की जन्म क्रम संख्या अन्तिम या मध्य होती है, उनमें सृजनात्मकता अधिक होती है।

अध्ययनों में यह भी पाया गया है कि उच्च सामाजिक-आर्थिक स्तर वाले बालकों में अन्य बालकों की अपेक्षा अधिक मात्रा में सृजनात्मकता होती है। इन बालकों में अधिक सृजनात्मकता होने का मुख्य कारण बालकों को अधिक साधनों का होना है।

एक अध्ययन (M.L. Lembright & K. Yamamato, 1965) में यह भी देखा गया कि शहरी बालकों की अपेक्षा ग्रामीण बालकों में सृजनात्मकता कम होती है। इस अध्ययन में कम सृजनात्मकता का कारण यह है कि ग्रामीण बालकों का लालन-पालन प्रभुत्वशाली वातावरण में होता है, इससे उन्हें स्वतन्त्रता कम मिलती है और साधनों का अभाव होता है। अतः इन बालकों में सृजनात्मकता का विकास अवरुद्ध हो जाता है।

बालकों के जन्म-क्रम के सम्बन्ध में हुए अधययनों से यह स्पष्ट हुआ है कि जन्मक्रम में पहले बच्चों की अपेक्षा दूसरा और तीसरा बच्चा अधिक सृजनात्मक होता है। इसका मुख्य कारण यही प्रतीत होता है कि पहले बच्चे को सामाजिक अनुरूपता अधिक सिखाई जाती है, अतः उसमें सृजनात्मक व्यवहार की अपेक्षा सामाजिक अनुरूपता सम्बन्धी व्यवहार अधिक दिखाई देता है।

29.6 सृजनात्मकता और बुद्धि (Creativity and Intelligence)

प्रायः देखा गया है कि कुछ व्यक्तियों में उच्च सृजनात्मकता होती है परन्तु उनका बौद्धिक स्तर निम्न होता है। इसी प्रकार से यह भी आवश्यक नहीं है कि जिनका बौद्धिक स्तर उच्च हो, उनमें सृजनात्मकता भी उच्च स्तर की हो। उच्च बौद्धिक स्तर और उच्च सृजनात्मकता का साथ-साथ चलना बाह्य कारकों पर निर्भर करता है। सृजनात्मकता के लिए बुद्धि के अतिरिक्त अन्य तत्त्वों की भी आवश्यकता है। बहुधा लेखकों, गणितज्ञों, इंजीनियरों आदि में सृजनात्मकता अधिक मात्रा में होती है परन्तु यह आवश्यक नहीं है कि इनमें बुद्धि अधिक मात्रा में हो ही। सृजनात्मक शून्य में क्रियाशील नहीं हो सकती है। इसमें पूर्व अर्जित ज्ञान का उपयोग होता है, यह ज्ञान का उपयोग बौद्धिक क्षमताओं से सम्बन्धित है। अतः सृजनात्मकता और बुद्धि का समन्वय स्वाभाविक है।

बुद्धि और सृजनशीलता के सह-सम्बन्धों पर हुये अनुसंधानों का जिक्र करते हुए टारेन्स ने निम्नलिखित निष्कर्ष निकाले हैं:

(अ) बुद्धि परीक्षण और सृजनात्मक परीक्षण के सह-सम्बन्ध अधिकतर अनुसंधानों में कम ही पाया गया है (.30 के आसपास) किन्तु यह सह-संबंध बालकों की अपेक्षा बालिकाओं में अधिक पाया गया है।

(आ) उच्चस्तरीय बुद्धि-लब्धि (132 से 186 बुद्धि-लब्धि तक जैसा कि बिना परीक्षण द्वारा मापा जाता है) पर जब सृजनात्मक परीक्षण से सह-सम्बन्ध निकाला जाता है तो सह-सम्बन्ध .03 के लगभग ही रहता है।

वैलाच और कोगान (Wallach and Kogan) ने अपने अध्ययनों के आधार पर सृजनशीलता और बुद्धि-लब्धि के संबंध में अलग-अलग निम्नलिखित चार समूह पाये:

(अ) वे लोग जो उच्च सृजनात्मक शक्ति और उच्च बुद्धि-लब्धि दोनों से ही सम्पन्न हैं (High creativity—high intelligence)।

(आ) उच्च सृजनशीलता और निम्नबुद्धि-लब्धि से सम्पन्न लोग (High creativity—low intelligence)।

(इ) निम्न सृजनशीलता और उच्च बुद्धि-लब्धि से सम्पन्न लोग (Low creativity—high intelligence)।

(ई) निम्न सृजनशीलता और निम्नबुद्धि-लब्धि से सम्पन्न लोग (Low creativity—low Intelligence)।

29.7 सृजनात्मकता और व्यक्तित्व (Creativity and Personality)

इस दिशा में (J.D. Arastch, 1968; E.F. Hammer, 1964; E.P. Torrance, 1969) द्वारा किए गए अध्ययनों से यह स्पष्ट है कि सृजनात्मक व्यक्तियों के व्यक्तित्व में कोई एक लक्षण (Trait) न होकर लक्षणों का समूह होता है जिसे Creativity Syndrome कहते हैं। इन लक्षणों में कुछ प्रमुख हैं–साहसी कार्य की प्रवृत्ति, जिज्ञासा, आत्मविश्वास, बौद्धिक स्थिरता, विनोदी भाव, स्पष्ट विचारधारा, आत्म-अनुशासन, उच्च आकांक्षाएँ, स्वतन्त्रता की आवश्यकता, लचीलापन, विचारों को प्रहस्थन करने की पसन्द, कार्यों में स्वतन्त्रता, सौन्दर्यात्मक आदर्श आदि। प्रत्येक सृजनात्मक बालक में यह व्यक्तित्व लक्षण समान मात्रा और संख्या में नहीं होते हैं।

सृजनात्मक बालकों का समायोजन बहुत कुछ वैसा ही होता है जैसे कि प्रतिभाशाली बालकों का समायोजन होता है। सृजनात्मक बालकों में व्यक्तियों के उपरोक्त लक्षणों के साथ यदि बुद्धि की प्रधानता है तो ऐसे बालकों का वैयक्तिक और सामाजिक समायोजन अच्छा होगा तथा उपलब्धि में भी सफलता प्राप्त होगी। व्यक्तित्व लक्षणों की एक अवस्था यह भी हो सकती है कि उपरोक्त व्यक्तित्व लक्षणों के साथ बुद्धि कम मात्रा में हो, इस अवस्था में बालक का समायोजन दूषित हो सकता है, वह विद्रोही तथा विरोधी हो सकता है। अतः ऐसी अवस्था में वह सामाजिक मूल्यों के साथ अनुरूपता करने वाला हो सकता है।

30

सृजनात्मक बालक: पहचान एवं सृजनात्मक पोषण की विधियाँ

(Creative Children: Identification and Methods of Nurturing Creative Talent)

30.1 सृजनात्मक छात्रों के गुण अथवा विशेषताएँ (Qualities or Characteristics of Creative Students)

सृजनशील बालक के व्यवहार में निम्न विशेषताएँ पाई जाती हैं, जिनका अध्ययन करके सृजनशील बालकों की पहचान की जा सकती है:

(i) सृजनशील बालकों के व्यवहार में मौलिकता होती है।

(ii) उसके अन्दर स्वयं निर्णय लेने की क्षमता होती है।

(iii) सृजनशील बालकों में संवेदना अधिक होती है।

(iv) वे किसी भी कार्य को गम्भीरता से लेते हैं।

(v) वे अपने कार्य को अपना समझकर उत्तरदायित्वपूर्ण ढंग से करते हैं।

(vi) उनके विचार तथा अभिव्यक्ति में प्रवाहात्मकता (Fluency) होती है।

(vii) उनमें उत्सुकता के कारण कुछ-न-कुछ करने की लगन बनी रहती है।

(viii) उनका व्यवहार लचीला होता है। वे आवश्यकतानुसार व्यवहार को परिवर्तित कर लेते हैं।

(ix) हर काम को विस्तार में कहने व करने की उनकी आदत होती है।

(x) उनमें प्रगतिशीलता होती है।

(xi) उनमें रहस्यपूर्ण, अज्ञात तथा अनजान के प्रति आकर्षण व निर्भयता होती है।

(xii) उन बालकों में वस्तुओं में निहित सम्बन्धों को देखने और सम्बन्ध स्थापित करने की योग्यता होती है।

(xiii) उनके अन्दर कल्पना शक्ति की प्रचुरता होती है।

(xiv) उनमें उच्चतर की सौन्दर्यानुभूति, सौन्दर्यग्राह्यता व सौन्दर्यपरख क्षमता होती है। वे किसी भी सुन्दर वस्तु की तरफ शीघ्र आकर्षित होते हैं व उसकी सराहना करते हैं।

(xv) उनमें विपरीत परिस्थितियों में सामंजस्य करने तथा साहस भरे कार्यों के लिए चुनौती स्वीकार करने की क्षमता होती है।

(xvi) सृजनशील बालकों में किसी भी कार्य को करने के लिए आत्मविश्वास की प्रचुरता होती है।

(xvii) उनमें एक ही समय में कई विचारों को सम्मुख रखने की योग्यता होती है।

(xviii) उनमें स्वतन्त्र रूप से निर्णय लेने की योग्यता होती है।

(xix) उनमें विरोधी तत्त्वों का समन्वय करने की क्षमता होती है।

(xx) उनमें करने की शक्ति उच्च कोटि की होती है।

(xxi) उनमें आनेवाली समस्याओं की पूर्व कल्पना होती है।

(xxii) वे अपनी जिम्मेदारी को भली प्रकार समझते हैं।

(xxiii) उनमें अपूर्व धैर्य होता है।

(xxiv) वे कठिनाईयों से जूझना जानते हैं।

30.2 सृजनात्मकता छात्रों की शिक्षा की आवश्यकता तथा महत्त्व (Need and Importance of Eduction of the Creative Children)

सृजनात्मकता का बालकों के लिए बहुत अधिक महत्त्व है क्योंकि इससे बालकों को सन्तोष ही प्राप्त नहीं होता है बल्कि उन्हें इससे व्यक्तिगत आनन्द भी प्राप्त होता है। सृजनात्मकता से प्राप्त सन्तोष और आनन्द से बालकों के व्यक्तित्व पर महत्वपूर्ण प्रभाव पड़ता है। उदाहरण के लिए, बच्चे अपने खेल में जब किसी नई चीज का सृजन करते हैं तो उन्हें बहुत सन्तोष प्राप्त होता है, आनन्द आता है। वह अपने खेल में किसी डब्बे को उल्टा कर लकड़ी से पीटने वाला बाजा बना सकते हैं, दो कुर्सियों पर चादर ढककर छुपने के लिए घर बना सकते हैं, या दीवार पर अपने ढंग से स्याही, पेन्सिल या खड़िया से ड्राइंग बना सकते हैं, आदि।

बालकों को खेल में वैसे ही आनन्द आता है परन्तु उनके खेल में यदि कोई नई बात जुड़ जाती है अथवा वे कोई नया खेल बना लेते हैं तब निश्चय ही उन्हें अतिरिक्त आनन्द प्राप्त होता है। इस अवस्था में उनका सामाजिक समायोजन अधिक सुदृढ़ हो जाता है। अतिरिक्त आनन्द की अवस्था में उनका व्यक्तिगत समायोजन तो अति उत्तम होता है। बालक की आयु की वृद्धि के साथ-साथ उसके लिए सृजनात्मकता का मूल्य और उद्देश्य बदलता जाता है। वह धीरे-धीरे यह समझने लगता है कि जीवन में समायोजित रहने के लिए उपलब्धि का महत्त्व अधिक है। इस अवस्था में बालक के लिए वह सृजनात्मकता अधिक महत्वपूर्ण हो जाती है जो उसकी सफलता प्राप्ति में सहायक होती है।

विद्यालय में सृजनशीलता के अध्ययन और विकास के महत्त्व पर प्रकाश डालते हुए *टारेन्स* (*Torrance*) ने निम्नलिखित तथ्य प्रस्तुत किये हैं:

(1) बालकों में सृजनशीलता का अध्ययन उनके व्यक्तित्व और मानसिक स्वास्थ्य की दृष्टि से अत्यन्त आवश्यक है क्योंकि यदि बालकों में सृजनशीलता का दमन किया जायेगा तो उनके व्यक्तित्व का विकास ही नहीं रुक जाएगा, बल्कि उनका व्यक्तित्व ही छिन्न भिन्न हो जाएगा।

(2) सृजनात्मक चिन्तन नयी-नयी जानकारियों के अर्जन में बहुत महत्त्वपूर्ण योगदान देता है।

(3) सृजनात्मक चिन्तन व्यावसायिक उन्नति के लिए ज्ञान के प्रयोग में अपनी भूमिका निभाता है।

(4) समाज की दृष्टि से भी सृजनात्मक प्रतिभा से सम्पन्न व्यक्तियों की पहचान, उनका विकास तथा उनकी योग्यताओं का उपयोग बहुत ही महत्त्वपूर्ण है क्योंकि किसी भी देश का भविष्य उस देश के सृजनशील व्यक्तियों पर ही निर्भर करता है।

30.3 सृजनात्मक बालकों की समस्याएं, आवश्यकताएं तथा उनकी पूर्ति (Problems and Needs of Creative Children and Their Proper Satisfaction)

सृजनात्मक बालकों की प्रमुख समस्याएं तथा आवश्यकताएँ इस प्रकार हैं:

(i) सृजनात्मक बालकों की अध्यापकों द्वारा पहचान करना।

(ii) सृजनात्मक बालकों को आत्माभिव्यक्ति तथा आत्मप्रदर्शन के अवसर प्रदान करना।

(iii) सृजनात्मक बालकों की विशेष योग्यताओं को समझना।

(iv) सृजनात्मक बालकों के लिए विशेष परिस्थितियां अथवा उचित वातावरण का प्रावधान करना।

(v) अध्यापकों द्वारा सृजनात्मक छात्रों के अहम-भाव का उचित ढंग से समायोजन करना।

(vi) अध्यापकों द्वारा सृजनात्मक बालकों से उचित सम्पर्क स्थापित करना तथा उनका सहयोग लेना।

अध्यापकों द्वारा सृजनात्मक बालकों की पहचान (Indentification of Creative Children by the Teachers): सृजनात्मक बालकों की पहचान करने के लिए प्राय: निम्नलिखित विधियों का प्रयोग किया जाता है:

(i) बालक के व्यवहार का निरीक्षण (Observation of Child's Behaviour)।

(ii) सृजनात्मक परीक्षणों का प्रयोग (Use of Creativity Tests)।

30.4 बालकों के व्यवहार का निरीक्षण (Observation of Children's Behaviour)

सृजनशील बालक के व्यवहार में निम्न विशेषताएं पाई जाती हैं, जिनका अध्ययन करके सृजनशील बालक की पहचान की जा सकती है:

(i) सृजनशील बालक के व्यवहार में मौलिकता होती है।

(ii) उसके अन्दर स्वयं निर्णय लेने की क्षमता होती है।

(iii) सृजनशील बालकों में संवेदना अधिक होती है।

(iv) वे किसी भी कार्य को गंभीरता से लेते हैं।

(v) वे अपने कार्य को अपना समझकर उत्तरदायित्वपूर्ण ढंग से करते हैं।

(vi) उनके विचार तथा अभिव्यक्ति में प्रवाहकता होती है।

(vii) उनमें उत्सुकता के कारण कुछ-न-कुछ करने की लगन बनी रहती है।

(viii) उनका व्यवहार लचीला होता है। वे आवश्यकतानुसार व्यवहार को परिवर्तित कर लेते हैं।

(ix) हर काम को विस्तार में कहने व करने की उनकी आदत होती है।

(x) उनमें प्रगतिशीलता होती है।

(xi) उनमें रहस्यपूर्ण, अज्ञात तथा अनजान के प्रति आकर्षण व निर्भयता होती है।

(xii) उन बालकों में वस्तुओं में निहित सम्बन्धों को देखने और स्रम्बन्धों को स्थापित करने की योग्यता होती है।

(xiii) उनके अन्दर कल्पनाशक्ति की प्रचुरता होती है।

(xiv) उनमें उच्चस्तर की सौन्दर्यानुभूति, सौन्दर्यग्राह्यता व सौन्दर्यपरख क्षमता होती है। वे किसी भी सुन्दर वस्तु की तरफ शीघ्र आकर्षित होते हैं व उसकी सराहना करते हैं।

(xv) उनमें विपरीत परिस्थितियों में सामंजस्य बनाने तथा साहस भरे कार्यों के लिए चुनौती स्वीकार करने की क्षमता होती है।

(xvi) सृजनशील बालकों में किसी भी कार्य को करने के लिए आत्मविश्वास की प्रचुरता होती है।

30.5 सृजनात्मक परीक्षणों का प्रयोग (Use of Creative Tests)

बालकों की सृजनात्मक योग्यता का पता लगाने के लिए मनोवैज्ञानिकों ने अनेक परीक्षणों की रचना की है। इसमें से कुछ मुख्य परीक्षण निम्नलिखित हैं:

(i) टोरेन्स सृजनात्मक चिंतन परीक्षण (Torrance Test of Creative Thinking)

(ii) गिलफोर्ड का ब्रिक्स टैस्ट (Guilford's Bricks Test)

(iii) मिनीसोटा सृजनात्मक चिंतन परीक्षण (Minnesota Test of Creative Thinking)

(iv) बाकर मेंहदी का सृजनात्मक चिंतन परीक्षण (Baquer Mehandi's Test of Creativity Thinking)

इन सृजनात्मक परीक्षणों के अलावा और भी बहुत से परीक्षणों का निर्माण तथा प्रयोग किया गया है।

इन सृजनात्मक परीक्षणों में शाब्दिक (Verbal) और अशाब्दिक (Nonverbal) दोनों प्रकार के परीक्षण होते हैं। शाब्दिक परीक्षणों में पदार्थों का नवीन प्रयोग, नए सम्बन्धों की स्थापना, विचारों में मौलिकता, पुनर्व्याख्या एवं निरन्तरता का परीक्षण किया जाता है और अशाब्दिक परीक्षण में चित्र रचना, चित्र पूर्ति आदि के द्वारा सृजनात्मकता के गुणों का परीक्षण किया जाता है।

30.6 सृजनात्मकता के सामान्य परीक्षण

(1)	(2)	(3)	(4)
चित्रपूर्ति परीक्षण (Figure Completion Test)	वृत्त परीक्षण (Circle Test)	उत्पादक विकास कार्य (Product Improvement Test)	टीन के डिब्बों का (Unusual Uses of Tin Boxes)

बाकर मेंहदी सृजनात्मकता परीक्षण
(Baqur Mehandi Test of Creativity)

भारत में निर्मित परीक्षण के उपभाग

(1)	(2)	(3)	(4)
यदि ऐसा हो जाए तो (If it so happen) सम्बन्धी प्रश्न	वस्तुओं के नए-नए प्रयोग (Variety of Experiments with Objects) उदाहरण:	नए सम्बन्धों का पता लगाना (Tracing New Relations)	उत्पादक विकास कार्य (Product Improvement Task)
उदाहरण: यदि मनुष्य पक्षियों की भांति उड़ने लगे तो	पत्थर का टुकड़ा, लकड़ी की छड़ी तथा पानी	उदाहरण: हवा और पानी	उदाहरण: काठ के घोड़े के सम्बन्ध में परिवर्तन लाना जिससे अधिक आनन्द मिल सके।

नोटः यह परीक्षण 13 वर्ष की आयु के छात्रों के लिए है।

30.7 बालकों में सृजनशीलता का विकास एवं पोषण : अध्यापक का कार्य (Development and Nourishment of Creativity among Children: Role of the Teacher)

बालकों में सृजनशीलता की क्षमता व योग्यता का पता लगाने के पश्चात् यह आवश्यक है कि उसके उचित विकास व पोषण के लिए उचित अवसर व सुविधाएँ प्रदान करने के लिए विद्यालय में इस प्रकार का वातावरण प्रस्तुत किया जाए जिसमें छात्रों की सृजनशीलता को आगे बढ़ने का मौका मिले। इस दिशा में निम्न प्रयास किए जा सकते हैं:

1. ***जिज्ञासा की प्रवृत्ति को बढ़ानाः*** बालक स्वभाव से ही जिज्ञासु होता है अतः अध्यापक को चाहिए कि वह विद्यार्थियों को अधिक से अधिक प्रश्न पूछने की स्वतंत्रता और अवसर दे। साथ ही उनके द्वारा पूछे गए प्रश्नों या शंकाओं का उचित उत्तर एवं समाधान प्रस्तुत करें।

2. ***रचनात्मक प्रवृत्ति को प्रोत्साहित करनाः*** बच्चों में रचनात्मक प्रवृत्ति जन्मजात होती है। वह कुछ न कुछ बनाते-बिगाड़ते रहते हैं। अतः विद्यालय में भी बच्चों को रचनात्मक कार्यों में लगाने के लिए उचित सुविधाएँ प्रदान करनी चाहिए।

3. ***मौलिकता की भावना का विकास करनाः*** अध्यापक को बच्चों में सृजनशीलता का विकास करने के लिए जो भी ज्ञान उन्हें दिया जाए, उसे वे नवीन रूप में प्रस्तुत कर सकें यही मौलिकता है।

4. ***मौलिकता को प्रोत्साहित करनाः*** बच्चों के कार्य में जो भी मौलिकता हो अध्यापक उसे स्वीकार करे और उसकी प्रशंसा करे जिससे बच्चों को अपने नवीन विचार प्रस्तुत करने के लिए प्रोत्साहन मिले।

5. ***आत्मविश्वास में वृद्धि करनाः*** बच्चों में सृजनशीलता का विकास करने के लिए

उनमें आत्मविश्वास होना अत्यन्त आवश्यक है। अतः किसी भी नए कार्य को करने के लिए उन्हें आशावादी बनाना चाहिए जिससे वे पूरे आत्मविश्वास के साथ उस नवीन कार्य में पूरी लग्न से जुट सकें।

6. *कार्य के प्रति सकारात्मक दृष्टिकोण का विकास करना:* सभी कार्य समान हैं। कोई भी कार्य अपने आप में छोटा या बड़ा नहीं होता है। अध्यापक को बच्चों में कार्य के प्रति इसी प्रकार का सकारात्मक दृष्टिकोण विकसित करने का प्रयत्न करना चाहिए।

7. *सृजनात्मकता अभिव्यक्ति के अवसर प्रदान करना:* कक्षा में चित्र, चार्ट आदि बनवाकर लगवाना, हस्तनिर्मित वस्तुओं की प्रदर्शनी का आयोजन, बुलेटिन बोर्ड या विद्यालय पत्रिका की व्यवस्था, संग्रहालय, वाद विवाद, आदि विभिन्न पाठ्यक्रम सहगामी क्रियाओं का आयोजन आदि कार्यक्रम छात्रों को अपनी-अपनी सृजनात्मक योग्यता को प्रदर्शित करने के अवसर प्रदान करते हैं। अतः अध्यापक को विद्यालय में इन क्रियाओं एवं कार्यक्रमों का आयोजन करना चाहिए।

8. *अभिप्रेरणा देना:* बच्चों को उनकी रुचि एवं योग्यता के अनुसार सृजनशील कार्यों में लगने के लिए अभिप्रेरणा देनी चाहिए।

9. *पुरस्कार तथा प्रशंसा का प्रयोग करना:* बालकों द्वारा प्रदर्शित किए गए नवीन विचार, नवीन पदार्थ एवं नवीन क्रियाओं यदि अध्यापकों एवं अभिभावकों द्वारा प्रशंसित किए जाते हैं तो इससे उन्हें और भी अच्छा कार्य करने के लिए प्रोत्साहन मिलता है।

10. *अनुकूल व्यवहारजन्य आदतों को विकसित करना:* सृजनशीलता के विकास के लिए बच्चों में कुछ स्वस्थ व्यवहारजन्य आदतों का होना भी आवश्यक है। जैसे: परिश्रम, लगन, निर्भयता, विनोदप्रियता, सहनशीलता आदि। इस प्रकार की आदतों का अध्यापक को बालक में विकास करना चाहिए।

11. *विशेष शिवरों का आयोजन करना:* सृजनात्मक छात्रों के लिए विशेष शिवरों का आयोजन किया जाए; जिनमें विशेषज्ञ व्यक्तियों को आमन्त्रित किया जाए तथा उनके विचार तथा कार्य जानने के अवसर दिए जाएँ।

12. *समुदाय में उपलब्ध क्रियात्मक सृजनात्मक स्थितियों का उपयोग करना:* समुदाय में विभिन्न क्षेत्रों में उत्कृष्टता से युक्त अनेक व्यक्ति होते हैं। उन्हें समय-समय पर स्कूल में आमन्त्रित किया जाए।

13. *छात्रवृत्तियों तथा अन्य सुविधाओं का प्रावधान करना:* राष्ट्रीय, राज्य तथा स्कूल स्तर पर छात्रों में सृजनात्मकता के विकास के लिए विभिन्न प्रकार की सुविधाएँ प्रदान की जाएँ। आवश्यकतानुसार फीस से भी उन्हें मुक्त किया जाए।

14. *शैक्षिक भ्रमण यात्राएँ:* सृजनात्मक छात्रों को महत्वपूर्ण वैज्ञानिक, औद्योगिक तथा अनुसन्धान आदि स्थानों पर ले जाया जाए।

15. *विशेष क्विज (Quiz) आदि का आयोजन करना:* विभिन्न विषयों पर क्विज आयोजित किए जाएँ। क्विज-आयोजन से पहले छात्रों को तैयारी का अवसर अवश्य दिया जाए।

16. *विशेष शिक्षा तकनीकें:* भूमिका अदा करना (Role Playing), खेल तकनीक (Games Technique) तथा मस्तिष्क उद्वेलन (Brain Storming) आदि तकनीकों का आयोजन किया जाए।

17. ***अध्यापक का स्वयं सृजनात्मक होना तथा इसमें रुचि लेना:*** जहां तक सम्भव हो अध्यापक अपने में सृजनात्मकता का विकास करे तथा छात्रों में सृजनात्मकता के विकास में रुचि ले।

18. ***विद्यालय का सृजनात्मक वातावरण:*** छात्रों में सृजनशीलता का विकास करने के लिए विद्यालय तथा कक्षा का वातावरण भी उपयुक्त होना चाहिए। इसके लिए निम्न बातों पर ध्यान देना चाहिए:

(i) विद्यालय का भौतिक तथा भावात्मक वातावरण उत्साहवर्द्धक होना चाहिए।

(ii) पाठ्यक्रम में विषयों और क्रियाओं की इस प्रकार से व्यवस्था की जाए जिससे छात्रों की सृजनशीलता को विकसित होने का अवसर मिल सके।

(iii) कक्षा-शिक्षण में अध्यापक परम्परागत शिक्षण विधियों के स्थान पर ऐसी नवीन तकनीकों को अपनाएँ जिससे छात्रों को कुछ नया करने का अवसर तथा प्रेरणा मिले।

30.8 सौन्दर्यात्मक आशंसन अथवा अनुभूति (Aesthetic Appreciation)

30.9 सौन्दर्यात्मक अनुभूति का अर्थ (Meaning of Aesthetic Appreciation)

सौन्दर्यात्मक आशंसन का अर्थ है, किसी भी वस्तु, साहित्य या कला की भावनापरक चेतना जिसमें रसानुभूति और सबोध हो। सौन्दर्यात्मक कल्पना वह मानसिक क्रिया है जिसके द्वारा व्यक्ति अनुभव करता है। यह कल्पना एवं अनुभूति आन्तरिक होती है। इसके अन्तर्गत कला, साहित्य, संगीत आदि के प्रति सुख, सन्तोष एवं आनन्द की अनुभूति निहित है। इसे सृजनात्मक क्रियाओं में भी सम्मिलित किया जाता है।

30.10 सौन्दर्यात्मक अनुभव की क्रियाएँ (Aesthetc Appreciation Activities)

सृजनात्मक क्रियाएँ वे क्रियाएँ होती हैं जिनके द्वारा बालकों की आन्तरिक रचनात्मक प्रवृत्ति की अभिव्यक्ति होती है। ऐसी क्रियाओं का मुख्यतया सम्बन्ध है चित्रांकन, काष्टकर्म तथा संगीत से। काव्य तथा साहित्य में भी बालक-बालक की मुक्त आत्म-स्फूर्ति एवं पूर्ण आत्माभिव्यक्ति होती है।

30.11 सौन्दर्यात्मक अनुभूति के उद्देश्य (Objectives of Aesthetic Appreciation)

1. बच्चों में स्वीकारणीय तरीकों से भावनाओं के प्रकटीकण होने के अवसर प्रदान करना।
2. बच्चों की कल्पना शक्ति को जागृत करना।
3. बच्चों का दैनिक जीवन में आनन्द बढ़ाना।
4. बच्चों को ऐसे अच्छे ढंग से काम करना सिखाना कि उसके पूर्ण होने पर उसमें सौन्दर्य चमकने लगे।
5. बच्चों में आत्मविश्वास बढ़ाना।
6. बच्चों को अपनी अभिरुचियों के अनुसार कार्य करने के अवसर प्रदान करना।
7. बच्चों को अपने कार्य के बारे में स्वयं निर्णय लेने के योग्य बनाना।
8. सजावट के लिए रुचि उत्पन्न करना।
9. शिक्षण सामग्री को तैयार करने में सहायता लेना।

30.12 सृजनात्मक कला के प्रकार (Types of Creative Art)

स्कूल में कला का कार्यक्रम निम्नलिखित दो प्रकार का होता है:

1. कला का रसग्रहण या गुण-दोष विवेचन अथवा कला का आशंसन।
2. कला की अभिव्यक्ति।

30.13 कला सीखने के चरण (Steps in Learning Art)

बच्चा कला सीखने के सात चरणों से गुजरता है। अत: उचित निर्देशन के लिए आवश्यक है कि अध्यापक इन चरणों से परिचित हो। ये चरण इस प्रकार हैं। पहले चरण में बच्चा पैंसिल या ब्रुश के प्रयोग से मनमाने ढंग से पृष्ठ के एक ओर से दूसरी ओर तक सीधी या तिरछी अथवा एक-दूसरे को काटने वाली विभिन्न प्रकार की रेखाएँ खींचता है।

दूसरे में आकर अंकित करने की चेष्टा जिसमें बच्चे या तो क्षितिज बनाते हैं या धरातल को चित्रित करते हैं जिस पर सब वस्तुएँ खड़ी होती हैं या जिसमें वे एक के ऊपर बहुत से तल दिखाते हैं।

तीसरे में जिसे संकेत चरण कहा जा सकता है; इसमें एक त्रिभुज वृत को या एक वृत मानवाकृति को प्रदर्शित कर सकता है।

चौथा कलात्मक चरण जिससे बच्चा जो कुछ जानता है, उसको अभिव्यक्त करने का प्रयत्न करता है।

पाँचवें चरण में स्थिर और अस्थिर वस्तुओं के स्टिल एवं लाइफ चित्रण हैं।

छठा चरण है—व्यक्ति चित्र बनाना।

सातवाँ चरण है—किसी विषय पर अपने मन से चित्र रचना करना।

30.14 कलात्मक क्रियाकलाप (Activities Relating to Art)

1. बच्चों को रंगीन पेंसिलों, पानी के रंग, तेल के रंग, मॉडल बनाने की मिट्‌टी, धातु, लकड़ी, प्लास्टिक, नक्काशी के लिए साबुन और कपड़ा आदि माध्यमों के उपयोग से अनुभव कराना।

2. कला सम्बन्धी क्रियाकलापों में प्रदर्शनीय वस्तुएँ तैयार करना।

3. दीवार पर लटकाई जाने वाली सजावट की वस्तुएँ, सचित्र पुस्तकें, फूलों के गुल्दस्ते या सजावटें और आकर्षक तरीके से बुलेटिन बोर्ड पर बनाना शामिल हैं।

4. बच्चों के कला सम्बन्धी अनुभवों के लिए उन्हें अच्छी कलाकृतियाँ दिखाना ताकि उनकी सौन्दर्य बोध की योग्यता बढ़ सके। उन्हें कला प्रदर्शनियों में ले जाना।

30.15 संगीत महत्व (Significance of Music)

संगीत को मानव जीवन का रस कहा जाता है। संगीत के बिना मानव जीवन अधूरा है। यह वह अनुभूति है जिसमें मनुष्य कुछ समय के लिए अपनी सुधबुध खोकर तल्लीन हो जाता है। यह एक सर्वविदित तथ्य है कि छोटे बच्चों को संगीत से बहुत प्यार होता है। छोटे बच्चों को मीठी चीजें या खिलौने जितने प्रिय होते हैं संगीत भी उनके लिए उतना ही प्रिय है।

संगीत कला बहुत पुरानी है। आज के स्कूलों के बच्चे संगीत के बहुत से क्रियाकलापों में भाग लेते हैं। वे गाते हैं, नाचते हैं, गाते-बजाते हैं। संगीत के स्वरों को पढ़ते और उन का प्रयोग करते हैं और मौलिक संगीत का सृजन करते हैं।

संगीत के क्रियाकलाप: संगीत सुनना, लय, गीत, तारत्व (Pitch) और भावदशा (Mode) का ज्ञान।

बाल गीत शिक्षण के उद्देश्य: नर्सरी बाल गीत शिक्षण का उद्देश्य केवल बच्चों का मनोरंजन मात्र नहीं है बल्कि उसके द्वारा उनका ज्ञानवर्द्धन कराना तथा भाषा विकास कराना है। इसमें कोई सन्देह नहीं कि बाल गीत बच्चों के मानसिक, सामाजिक, बौद्धिक और भावात्मक विकास का एक बहुत ही उपयोगी साधन है।

बाल गीतों की आवश्यकता:

1. बच्चे बाल गीत सीखना बहुत पसन्द करते हैं क्योंकि उनमें लय और शब्द सौन्दर्य होता है।
2. बच्चे बाल गीत जल्दी सीखते हैं क्योंकि वे सरल होते हैं और बच्चे शब्दों का आनन्द उठाते हैं।
3. बाल गीतों द्वारा बच्चे छोटे-छोटे वाक्य बोलना सीख जाते हैं।
4. बाल गीतों द्वारा बच्चे अपना तथा दूसरे का भी मनोरंजन करते हैं।
5. बाल गीतों द्वारा बच्चों में कविता के प्रति लगाव पैदा होता है।
6. बाल गीतों से सीखी बातें बच्चों को आगामी जीवन में सहायक सिद्ध होती हैं।
7. बाल गीत बच्चों में और सीखने की भावना उत्पन्न करते हैं।
8. बाल गीत बच्चों को सामाजिक बनाते हैं।
9. बाल गीत बच्चों की आवाज भी सुधार सकते हैं।
10. बाल गीत बच्चों में सौन्दर्य भावना बढ़ाते हैं।

बाल गीतों का चुनाव: बाल गीतों के चुनाव में निम्नलिखित बातों को ध्यान में रखा जाना चाहिए:

1. बाल गीत बच्चों की आयु को ध्यान में रखकर चुने जाएँ।
2. बाल गीत ऐसे हों जिनसे बच्चों का मनोरंजन, ज्ञानवर्धन और भाषा विकास हो।
3. बाल गीत बच्चों के मानसिक स्तर के अनुकूल हों।
4. बाल गीतों में लय हो।
5. बाल गीतों की भाषा सरल हो।
6. ये गीत बच्चों को एक कहानी-सी कहें चाहे वह कहानी कितनी सीधी-सादी और छोटी क्यों न हो।
7. गीत के विचार बच्चों के अनुभव से परे न हों।
8. गीत बच्चों में एक नई भावना और कौतुक भरें।

अध्यापकों की गीतों में रुचि: यह अत्यन्त आवश्यक है कि अध्यापक स्वयं संगीत से अनुराग रखें। ऐसा करने से बच्चे संगीत में अधिक रुचि लेंगे। यदि हो सके तो अध्यापक स्वयं गीत लिखना सीखें। अध्यापक सामूहिक गीतों पर बल दें?

अभ्यास प्रश्न

अध्याय 1: शिक्षा मनोविज्ञान का अर्थ तथा प्रकृति

A. निबन्धात्मक प्रश्न

1. शिक्षा मनोविज्ञान का अर्थ स्पष्ट करें।
2. शिक्षा मनोविज्ञान की सबसे उत्तम परिभाषा लिखें तथा इसकी विवेचना करें।
3. शिक्षा मनोविज्ञान की प्रकृति पर प्रकाश डालें।
4. "शिक्षा मनोविज्ञान एक व्यावहारिक अध्ययन हैं" इस कथन को स्पष्ट करें।
5. क्या शिक्षा मनोविज्ञान एक पूर्ण विज्ञान है? इस कथन पर अपने विचार लिखें?
6. "शिक्षा मनोविज्ञान की संज्ञा विज्ञान से की जाती है" इस पर अपने विचार लिखें।

B. लघुउत्तरात्मक प्रश्न

1. शिक्षा मनोविज्ञान के विशिष्ट उद्देश्य लिखें।
2. शिक्षा मनोविज्ञान की कोई सी चार सीमाएँ लिखें।

अध्याय 2: शिक्षा मनोविज्ञान का कार्यक्षेत्र तथा प्राथमिक स्कूल अध्यापक के लिए उपयोगिता

A. निबन्धात्मक प्रश्न

1. "एक अध्यापक के लिए अपने छात्रों को जानना उतना ही आवश्यक है, जितना कि अपने विषयों कों" इस सूत्र की व्याख्या करें।
2. "शिक्षा मनोविज्ञान को बिना जाने कोई अच्छा अध्यापक नहीं बन सकता है।" इस कथन की विवेचना करें।
3. शिक्षा मनोविज्ञान का क्षेत्र क्या है।
4. शिक्षा मनोविज्ञान की शिक्षा में क्या देन है?

B. लघु उत्तरात्मक प्रश्न

1. शिक्षा मनोविज्ञान अनुशासन स्थापित करने में किस प्रकार योगदान देता है?
2. शिक्षा मनोविज्ञान के क्षेत्र पर किन्ही तीन लेखकों के विचार लिखें।

अध्याय 3: बाल विकास अध्ययन, बाल मनोविज्ञान तथा शिक्षा मनोविज्ञान

A. निबन्धात्मक प्रश्न

1. बाल मनोविज्ञान का अर्थ स्पष्ट करें।
2. बाल विकास अध्ययन का क्षेत्र क्या है?

3. प्राथमिक स्कूल अध्यापक के लिए बाल विकास की क्या उपयोगिता है?
4. बाल विकास प्रक्रिया के आधारभूत तथ्यों पर प्रकाश डालें जिन्हें अध्यापक के लिए जानना अत्यन्त आवश्यक है।
5. बालक की प्रकृति, विकास तथा शिक्षण के बारे में विद्वानों के विचार लिखें।

B. लघु उत्तरात्मक प्रश्न

1. बाल विकास अध्ययन का अर्थ लिखें।
2. बालक की प्रकृति के बारे में किन्ही चार महत्त्वपूर्ण तथ्यों का उल्लेख करें।

अध्याय 4: बाल्यावस्था एवं पूर्व किशोरावस्था पर अधिगमकर्त्ता के व्यवहार को जानने के उपागम

A. निबन्धात्मक प्रश्न

1. उपागम का क्या अर्थ है? किन्हीं तीन उपागमों का विवरण दें जिन्हें आप छात्र के व्यवहार को जानने के प्रयोग में लाऐंगे।
2. आत्मकथा का छात्र-व्यवहार जानने में क्या स्थान है? इस विधि को किस प्रकार वस्तुनिष्ठ बनाया जा सकता है।
3. छात्र-व्यवहार को जानने की विधियाँ लिखें। किसी एक विधि की विस्तारपूर्वक चर्चा करें।

B. लघुउत्तरात्मक प्रश्न

1. छात्र के व्यवहार को जानने की क्या आवश्यकता है।
2. निम्न पर नोट लिखें।
   (i) आकस्मिक निरीक्षण अभिलेख।
   (ii) क्रम निर्धारण मापदण्ड।
   (iii) अर्न्तगत उपागम।
3. प्रश्नावली का छात्र-व्यवहार अध्ययन में क्या स्थान है।

अध्याय 5: समाजमिति तथा प्रश्नावली

A. निबन्धात्मक प्रश्न

1. समाजमिति का क्या अर्थ है? छात्र व्यवहार अध्ययन में इसका प्रयोग क्यों किया जाता है।
2. समाज आलेख का निर्माण कैसे किया जाता है? इससे किस प्रकार के तथ्यों का पता लगाया जाता है।
3. प्रशनावली का क्या अर्थ है? छात्र व्यवहार में इसकी क्या उपयोगियता है?

B. लघु उत्तरात्मक प्रश्न

1. प्रश्नावली के चार उपयोग लिखें।
2. प्रश्नावली की चार सीमाएँ लिखें।

अध्याय 6: अधिगमकर्त्ता अथवा सीखने वाले के व्यवहार को समझने की विधियाँ: अवलोकन तथा साक्षात्कार

A. निबन्धात्मक प्रश्न

1. छात्र व्यवहार को जानने का क्या महत्त्व है? अवलोकन विधि पर प्रकाश डालें।
2. साक्षात्कार का छात्र-व्यवहार अध्ययन में क्या स्थान है? इसे किस प्रकार प्रभावी बनाया जा सकता है।

B. लघु उत्तरात्मक प्रश्न

1. अवलोकन विधि का वर्गीकरण लिखें।
2. अवलोकन विधि के कोई से तीन गुण तथा तीन सीमाएँ लिखें।
3. साक्षात्कार कर्त्ता के गुणों का विवरण दें।
4. साक्षात्कार विधि के सोपान लिखें।
5. साक्षात्कार विधि के तीन गुण तथा तीन सीमाएँ लिखें।

अध्याय 7: सर्वेक्षण विधि तथा व्यक्ति अध्ययन विधि

A. निबन्धात्मक प्रश्न

1. शैक्षिक सर्वेक्षण का अर्थ लिखें। इसके प्रमुख उद्देश्य लिखें।
2. सर्वेक्षण विधि की उदाहरण सहित व्याख्या करें।
3. छात्र अध्ययन विधि को प्रयोग में क्यों लाया जाता है? इसमें किस प्रकार के प्रदत्त एकत्रित किए जाते हैं?

B. लघु उत्तरात्मक प्रश्न

1. सर्वेक्षण विधि के सोपान लिखें।
2. सर्वेक्षण विधि की कोई भी तीन सीमाएँ लिखें।
3. छात्र अध्ययन विधि का अर्थ स्पष्ट करें।
4. छात्र अध्ययन बनाने के लिए दिशा निर्देश लिखें।

अध्याय 8: प्रयोगात्मक विधि

A. निबन्धात्मक प्रश्न

1. प्रयोगात्मक विधि की विशेषताएँ बताइए। कक्षा में अध्ययन सम्बन्धी किसी भी विषय को चुन कर उस पर प्रयोगात्मक विधि का विवरण दें।
2. प्रयोगात्मक विधि का क्या अर्थ है? इस का उद्देश्य क्या होता है? इसके विभिन्न चरण लिखें।
3. प्रयोगात्मक विधि की विशेषताएँ लिखें।

B. लघु उत्तरात्मक प्रश्न

1. शिक्षा में प्रयोगात्मक विधि का क्या स्थान है?
2. प्रयोगात्मक विधि के तीन गुण तथा तीन दोष लिखें।
3. प्रयोगात्मक विधि के प्रयोग में ली जाने वाली सावधानियाँ लिखें।

अध्याय 9: अधिगमकर्त्ता की वृद्धि तथा विकास

A. निबन्धात्मक प्रश्न

1. वृद्धि तथा विकास का अर्थ तथा अन्तर लिखें।
2. विकास के सिद्धान्त लिखें।
3. विकास तथा वृद्धि के सिद्धान्तों की शिक्षा में क्या उपयोगिता है?
4. विकास की अवस्थाएँ लिखें। प्रत्येक अवस्था का संक्षिप्त विवरण दें।

B. लघु उत्तरात्मक प्रश्न

1. बाल्यावस्था की मुख्य विशेषताएँ लिखें।
2. किशोर अवस्था की मुख्य विशेषताएँ लिखें।

अध्याय 10: बाल्यावस्था तथा पूर्व किशोरावस्था में विकासात्मक कार्य

A. निबन्धात्मक प्रश्न

1. विकासात्मक कार्यों का क्या अर्थ है? इनकी विशेषताएँ लिखें।
2. विकासात्मक कार्यों का निर्माण किस प्रकार किया जा सकता? इन की पूर्ति में कौन-कौन सी बाधाऐं हैं?
3. विभिन्न अवस्थाओं पर विकासात्मक कार्यों का विकास किस प्रकार किया जा सकता है?
4. विकासात्मक कार्यों में शिक्षा का क्या योगदान है।

B. लघुउत्तरात्मक प्रश्न

1. परिवार के बाल विकास सम्बन्धी कार्यों का उल्लेख करें।
2. पूर्व किशोर अवस्था में विकासात्मक कार्यों को बढ़ावा देने के लिए शैक्षिक कार्य लिखें?

अध्याय 11: व्यक्ति के विकास पर वंशानुक्रम तथा वातावरण (पर्यावरण) का प्रभाव

A. निबन्धात्मक प्रश्न

1. वंशानुक्रम तथा वातावरण का अर्थ लिखें। इनकी बालक के विकास में क्या भूमिका है?
2. "व्यक्तित्त्व के विकास पर वंशानुक्रम तथा वातावरण का प्रभाव पड़ता है।" इस कथन को स्पष्ट करें।
3. शिक्षक के लिए छात्रों के वंशानुक्रम तथा पर्यावरण का जानना क्यों आवश्यक है?
4. शिक्षक छात्रों के लिए किस प्रकार प्रभावी वातावरण कर निर्माण कर सकता है?

B. निबन्धात्मक प्रश्न

1. वंशानुक्रम के प्रभाव का कोई एक अध्ययन लिखें।
2. वंशानुक्रम के किन्हीं तीन प्रभावों का उल्लेख करें।

3. वातावरण के प्रभाव का कोई अध्ययन लिखें

अध्याय 12: बाल्यावस्था तथा पूर्व किशोर अवस्था में शारीरिक विकास की विशेषताएँ

A. निबन्धात्मक प्रश्न

1. शारीरिक विकास का क्या अर्थ है? इसके महत्त्व पर प्रकाश डालें।
2. "स्वास्थ्य शरीर के स्वस्थ मन का विकास हो सकता है" इस कथन की व्याख्या करें।
3. बाल विकास की शारीरिक बुद्धि तथा विकास को प्रभावित करने वाले कारक लिखिए।
4. पूर्व-किशोर अवस्था में लड़के तथा लड़कियों के विकास की तुलना करें।

B. लघुउत्तरात्मक प्रश्न

1. बाल्यवस्था में शारीरिक विकास की विशेषताएँ लिखें।
2. शारीरिक विकास की दिशाएँ लिखें।

अध्याय 13: बाल्यावस्था तथा पूर्व किशोर अवस्था में संवेगात्मक (भावात्मक) विकास की विशेषताएँ

A. निबन्धात्मक प्रश्न

1. संवेगात्मक विकास का क्या अर्थ है? संवेगात्मक व्यवहार की विशेषताएँ लिखें।
2. संवेगों का बालक के जीवन में क्या महत्त्व है? संवेगों का नियन्त्रण तथा प्रशिक्षण किस प्रकार किया जा सकता है।
3. किन्हीं चार संवेगों पर चर्चा करें।

B. लघुउत्तरात्मक प्रश्न

1. संवेगात्मक रेचन का क्या अर्थ है?
2. क्रोध को किस प्रकार नियन्त्रित किया जा सकता है?

अध्याय 14: बाल्यावस्था तथा पूर्व किशोर अवस्था में सामाजिक विकास की विशेषताएँ

A. निबन्धात्मक प्रश्न

1. सामाजिक विकास का क्या अर्थ है? बालक का सामाजिक विकास क्यों किया जाए?
2. बालक के सामाजिक विकास पर स्कूल का क्या प्रभाव पड़ता है? इस सम्बन्ध में स्कूल के कार्यों का उल्लेख करें।
3. बालक के सामाजिक विकास की कौन-कौन सी कसौटियाँ हैं। प्रत्येक को स्पष्ट करें।
4. बालक के सकारात्मक तथा असकारात्मक व्यवहार की व्याख्या करें।
5. बालक के सामाजिक विकास को प्रभावित करने वाले कारकों पर प्रकाश डालें।

B. लघुउत्तरात्मक प्रश्न

1. बालक का सामाजिक विकास क्यों होना चाहिए।

2. बालक के निषेधात्मक व्यवहार के कौन-कौन से लक्षण है?

अध्याय 15: बाल्यावस्था तथा पूर्व-किशोर अवस्था में भाषा विकास की विशेषताएँ

A. निबन्धात्मक प्रश्न

1. सम्प्रेषण का क्या अर्थ है? इसके महत्त्व पर प्रकाश डालें।
2. भाषा का अर्थ लिखें इसके कौन-कौन से रूप हैं।
3. भाषा के विकास के सिद्धान्तों की व्याख्या करें।
4. भाषा विकास की क्या आवश्यकता है? इसके विकास के चरण लिखें।
5. पठन योग्यता तथा लेखन योग्यता का विकास किस प्रकार किया जा सकता है?
6. भाषा विकास के प्रभावित करने वाले कारकों की व्याख्या करें।

B. लघुउत्तरात्मक प्रश्न

1. भाषा विकास का क्या महत्त्व है?
2. शब्दावली का विकास किस प्रकार किया जा सकता है?
3. भाषा विकास के कोई से चार उपाय लिखें।

अध्याय 16: ज्ञानात्मक विकास: पियाजे का सिद्धान्त तथा अवस्थाएँ—शिक्षण प्रभाव

A. निबन्धात्मक प्रश्न

1. ज्ञानात्मक विकास का क्या अर्थ है? इसका क्या महत्त्व है?
2. ज्ञानात्मक विकास की प्रक्रिया का विवरण लिखें।
3. ज्यों पियाजे के संज्ञात्मक विकास के विचारों को स्पष्ट करें?
4. मानसिक विकास के प्रत्येक चरण की व्याख्या करें।
5. बालकों के ज्ञानात्मक विकास पर घर तथा स्कूल के वातावरण का क्या प्रभाव पड़ता है?

B. लघुउत्तरात्मक प्रश्न

1. ज्यों पियाजे द्वारा लिखित किन्हीं तीन पुस्तकों के नाम लिखें।
2. पियाजे के सिद्धान्तों पर किस प्रकार की शिक्षण सामग्री का निर्माण किया जाता है?

अध्याय 17: गत्यात्मक अथवा क्रियात्मक विकास

A. निबन्धात्मक प्रश्न

1. बालक के गत्यात्मक विकास का अर्थ तथा महत्त्व लिखें?
2. क्रियात्मक विकास से क्या अभिप्राय है? इसकी कौन-कौन सी विशेषताएँ हैं?
3. बालक के विभिन्न पक्षों के विकास के परस्पर सम्बन्ध की व्याख्या करें।

B. लघुउत्तरात्मक प्रश्न

1. बालक के गायन विकास सम्बन्धी ज्ञान को जानने की अध्यापक के लिए क्या आवश्यकता है?
2. बच्चों के गामन विकास के उपाए लिखें।

अध्याय 18: परिवार, विद्यालय तथा समाज का बालक के विकास पर प्रभाव

A. निबन्धात्मक प्रश्न

1. 'आदर्श परिवार, आदर्श बाल विकास' इस पर टिप्पणी करें।
2. बाल विकास में परिवार की क्या भूमिका है? परिवार किस प्रकार अपनी भूमिका भली भान्ति निभा सकता है।
3. बच्चों की कौन-कौन सी विकास सम्बन्धी आवश्यकताएँ हैं?
4. बालक के विकास में स्कूल का क्या उत्तरदायित्त्व है? स्कूल यह उत्तरदायित्त्व किस प्रकार निभा सकता है।

B. लघु उत्तरात्मक प्रश्न

1. परिवार में बाल विकास को प्रभावित करने वाले कारकों पर प्रकाश डालें।
2. बच्चों की भावात्मक आवश्यकताएँ कौन-कौन सी हैं? परिसर का इस सन्दर्भ में क्या उत्तदायित्त्व है?
3. परम्परागत परिवार तथा आधुनिक परिवार के शैक्षिक तथा विकासात्मक कार्य लिखें।

अध्याय 19: बच्चों की सामान्य खेल क्रियाएँ तथा उनकी वृद्धि विकास में योगदान

A. निबन्धात्मक प्रश्न

1. बच्चों के जीवन में खेलों का क्या महत्त्व है?
2. खेल का क्या अर्थ है? इसके प्रकार लिखें। खेलों की कौन-कौन सी विशेषताएँ हैं?
3. खेल को प्रभावित करने वाले तत्त्वों की व्याख्या करें।
4. किन्ही पाँच खेलों का संक्षिप्त विवरण दें।
5. शारीरिक विकास सम्बन्ध व्यावहारिक क्रियाएँ लिखें।

B. लघुउत्तरात्मक प्रश्न

1. खेल को प्रभावित करने वाले कोई से चार तत्त्व लिखें।
2. भावात्मक विकास सम्बन्धी क्रियाओं पर प्रकाश डालें।
3. बालकों के विकास में खेल का क्या स्थान है?

अध्याय 20: व्यक्तित्व के अर्थ तथा परिभाषा

A. निबन्धात्मक प्रश्न

1. व्यक्ति का अर्थ स्पष्ट करें।
2. व्यक्तित्त्व को परिभाषित करें। आपके विचार में इसकी सर्वश्रेष्ठ परिभाषा क्या है?

3. व्यक्तित्त्व की विशेषताओं पर चर्चा करें।
4. व्यक्तित्त्व को प्रभावित करने वाले कारक लिखें। इस सन्दर्भ में स्कूल तथा अध्यापक के कार्यों की व्याख्या करें।
5. संतुलित व्यक्तित्त्व का क्या अर्थ है? इसका किस प्रकार विकास सम्भव है?

B. लघुउत्तरात्मक प्रश्न

1. बर्हिमुखी तथा अन्तर्मुखी व्यक्तित्त्व में क्या अन्तर है?
2. बाल्यावस्था में व्यक्तित्त्व निर्माण में कौन-कौन सी बाधाएँ हैं?
3. बालक के व्यक्तित्त्व निर्माण में स्कूल में किस प्रकार की क्रियाओं का आयोजन किया जाना चाहिए।

अध्याय 21: बाल्यावस्था तथा पूर्व-किशोरावस्था में व्यक्तित्व निर्माण की विधियाँ: सामाजीकरण-आदत तथा गुण निर्माण

A. निबन्धात्मक प्रश्न

1. बालक के सामीकरण का क्या अर्थ हैं। शिक्षा की इस सन्दर्भ में क्या भूमिका है?
2. बच्चे के सामाजीकरण में स्कूल का क्या उत्तरदायित्त्व है?
3. बालक के सामाजीकरण में शिक्षा के क्या कार्य हैं?
4. आदत का अर्थ क्या है? अच्छी आदतें बालकों में किस प्रकार विकसित की जा सकती है?

B. लघुउत्तरात्मक प्रश्न

1. बुरी आदतों से कैसे छुटकारा पाया जा सकता है?
2. गुणों का व्यक्तित्त्व विकास में क्या महत्त्व है?
3. गुणों के बारे में आलपार्ट के विचार लिखें।
4. व्यक्तित्त्व के निर्माण में किन्हीं पाँच उपायों का उल्लेख करें।

अध्याय 22: आत्म-अवधारणा, रुचियों, अभिवृत्तियों तथा मूल्यों का विकास

A. निबन्धात्मक प्रश्न

1. आत्म-अवधारणा का अर्थ स्पष्ट करें। इसका किस प्रकार विकास किया जा सकता है?
2. रुचियों का क्या अर्थ है? इनका किस प्रकार विकास किया जा सकता है?
3. अभिवृत्ति का क्या अर्थ है? बालकों में वाँछित अभिवृत्तियों के विकास किस प्रकार किया जा सकता है?
4. मूल्यों का अर्थ स्पष्ट करें। इनका विकास छात्रों में किस प्रकार किया जा सकता है।

B. लघुउत्तरात्मक प्रश्न

1. निर्देशन तथा परामर्श में रुचि परीक्षण का क्या महत्त्व है?
2. रुचि मापन का कोई एक परीक्षण लिखें तथा इसका विवरण दें।
3. भारत में रुचि परीक्षण पर नोट लिखें।
4. नैतिक शिक्षा का क्या अर्थ है? छात्रों से इसका किस प्रकार विकास किया जा सकता है?

5. वातावरण का मूल्यों के विकास में क्या स्थान रहता है?
6. किन्हीं पाँच मूल्यों का उल्लेख करें जिनका विकास आप अपने छात्रों में करना चाहते हैं?

अध्याय 23: मानसिक स्वास्थ्य: घर तथा स्कूल में समायोजन (सांमजस्य)

A. निबन्धात्मक प्रश्न

1. मानसिक स्वास्थ्य का अर्थ तथा महत्त्व लिखें। मानसिक स्वास्थ्य की विशेषताओं पर चर्चा करें।
2. कुसमायोजन का क्या अर्थ है? इसके कौन से कारण हैं?
3. छात्रों के मानसिक स्वास्थ्य को प्रभावित करने वाले कारकों पर प्रकाश डालें।
4. स्कूल तथा अध्यापकों के छात्रों के मानसिक स्वास्थ्य सम्बन्धी कौन-कौन से कार्य हैं?
5. मानसिक समायोजन के लिए प्रतिरक्षा विधि लिखें।

B. लघुउत्तरात्मक प्रश्न

1. मानसिक ग्रन्थि का अर्थ लिखें।
2. आत्महीनता के भाव को किस प्रकार दूर किया जा सकता है?
3. मानसिक द्वन्द से क्या अभिप्राय है?
4. अध्यापकों के मानसिक समायोजन का छात्रों पर क्या प्रभाव पड़ता है?
5. अध्यापकों की निराशा के कोई से चार कारण लिखिए?
6. मानसिक समायोजन वाले अध्यापक के कोई चार लक्षण लिखें।

अध्याय 24: अधिगमकर्त्ताओं में अन्तर व्यक्तिगत तथा अन्तर विभिन्नताएँ: उनके शैक्षिक निहितार्थ

A. निबन्धात्मक प्रश्न

1. "कोई भी दो छात्र समान नहीं है।" इस कथन का छात्र के व्यक्तित्त्व विकास में क्या महत्त्व है?
2. अन्तरा भिन्नता तथा अन्तर व्यक्तिगत भिन्नता का अर्थ स्पष्ट करें। इनके कुछ उदाहरण दें।
3. व्यक्तिगत विभिन्नता के क्या कारण हैं? इनका शैक्षिक महत्त्व क्या है?

B. लघुउत्तरात्मक प्रश्न

1. व्यक्तिगत भिन्नताओं का अध्ययन क्यों किया जाए?
2. व्यक्ति अध्ययन में किस प्रकार की सूचनाएँ एकत्रित की जाती हैं?

अध्याय 25: बुद्धि, अभिरुचि तथा व्यक्तित्व में विभिन्नता: इनके शैक्षिक निहितार्थ

A. निबन्धात्मक प्रश्न

1. योग्यता का क्या अर्थ है? इसका शैक्षिक महत्त्व क्या है?